Entfessele Dein bestes Denken!

Heinz W. Droste

Entfessele Dein bestes Denken!

RQ - RATIONALITÄTS-QUOTIENT

Die Vermessung der Vernunft

pedion verlag

Impressum

Droste, Heinz W.

Entfessele Dein bestes Denken!

RQ - Rationalitäts–Quotient - *Die Vermessung der Vernunft*

Auflage 1 – 06/22

***

Bibliografische Information der Deutschen Nationalbibliothek

Die Deutsche Nationalbibliothek verzeichnet diese Publikation in der Deutschen Nationalbibliografie; detaillierte bibliografische Daten sind im Internet über https://dnb.d–nb.de abrufbar.

ISBN 978-3-9822034-2-3

Redaktion, Layout, Satz, Grafik und Produktionsleitung:

Pedion Verlag Hückelhoven

Umschlag: Design - Pedion Verlag;

Artwork - Adobestock-Lizenz (Twindesigner)

Für meinen Sohn Marlon H. Droste
Ich bin stolz auf Dich!

Inhaltsübersicht

Vorwort 8

TEIL 1 KOGNITIONSPSYCHOLOGIE: DAS KONZEPT DES RATIONALITÄTS-QUOTIENTEN 17

1. Rationalität gleicht Intelligenz–Defizite aus. 19
2. Die Entwicklung des Modells rationalen Denkens 35
3. Hindernisse – allgegenwärtiger kognitiver Geiz und fehlende Mindware 63
4. Die Konstruktion des Frameworks zur Messung rationalen Denkens 85

TEIL 2 NEUROWISSENSCHAFT: DIE MECHANISMEN RATIONAL DENKENDER GEHIRNE 117

5. Neurowissenschaftliche Forschung erklärt menschliches Entscheidungsverhalten 119
6. Die evolutionären Bedingungen des Aufkommens rationalen Denkens 133
7. Im Überblick: Die Neuro-Biologie rationalen Denkens 149
8. In Details: Die neuronalen Mechanismen hinter Detektion und gelungener Simulation 161
9. Die energetischen Grundlagen rationalen Denkens und unseres freien Willens 203

TEIL 3 RATIONALITÄTS-QUOTIENT: DER CART-FRAGEBOGEN UND AUSWERTUNG 225

A Probabilistisches und statistisches Urteilen 232

B Wissenschaftliches Urteilen 262

C Rücksetzen auf den autonomen Mind 282

D Scheitern einer anhaltenden Überschreibung 300

E Übersparsames, suboptimales Denken 344

F Wissens– und Mindware–Lücken 372

G Kontaminierte Mindware 392

H Denkdispositionen und kognitive Stile 418

ABSCHLUSS: DEN RATIONALITÄTS-QUOTIENTEN NUTZEN 441

10. Trainieren Sie Ihr bestes Denken! 443

ANHANG 471

Quellenhinweise 472

Index: Namen- und Sachregister 488

Vorwort

Rationalitäts-Quotient Worum geht es?

Das vorliegende Buch basiert auf dem CART – dem Comprehensive Assessment of Rational Thinking (Umfassender Test zur Bewertung rationalen Denkens). Auf den Punkt gebracht: auf dem vollständigsten Messinstrument für rationales Denken, das derzeit existiert. Vorgestellt wurde der CART von Keith E. Stanovich und seinem Team im Jahr 2015 im MIT-Press-Buch »The Rationality Quotient«. Dieser Veröffentlichung folgten zahlreiche Artikel in psychologischen Fachzeitschriften, was wiederum Einladungen der Autoren zu internationalen Fachkongressen nach sich zog.

Am deutschsprachigen Publikum ging die Diskussion dieses ersten Messverfahrens unseres »besten Denkens« bisher weitgehend vorbei. Selbst Wissenschaftsjournalisten hierzulande nahmen sich bis jetzt wenig des Themas an.

Ein Grund dafür ist wahrscheinlich, dass »The Rationality Quotient« vor allem ein Thema in kognitionspsychologischen Fachkreisen ist, wobei die Diskussion solide Kenntnisse über eine jahrzehntelange Forschungspraxis erfordert und der Diskurs zudem beinahe ausschließlich in englischer Sprache erfolgt. Diese Hürden überwindbar zu machen, ist eines der Ziele der folgenden ca. 500 Seiten.

Zurück zum CART: Kern des Instruments, das von der Gruppe Psychologie-Professoren in den USA und in Kanada entwickelt wurde, ist die Messung des sogenannten Rationalitäts-Quotienten (RQ). Stanovich und sein Team – renommierte Kognitions- und Entwicklungspsychologen – schlossen mit dieser Arbeit eine große Lücke:

Bis zur Entwicklung des CART hatten es Psychologen bisher völlig versäumt, Bewertungsinstrumente für unsere einzigartigen rationalen Fähigkeiten zu entwickeln.

Dieses Versäumnis wiegt besonders stark, verdeutlichen wir uns, dass rationale Fähigkeiten weit über die kognitive Kompetenz hinausgehen, zu deren Bewertung üblicherweise Intelligenztests verwendet werden. – Zwar genießt die Intelligenz-Messung begründetermaßen große Akzeptanz in der Psychologie. Ohne die Bedeutung des IQ zu schmälern, mussten Stanovich und sein Team allerdings in vielerlei Hinsicht feststellen, dass das Rationalitäts-Konzept wesentlich umfassender und facettenreicher ist als das Intelligenz-Konzept.

Wer an dieser Stelle stockt und sich schnell über die Intelligenz-Rationalität-Differenz informieren möchte, kann dies vor dem Weiterlesen dieses

Vorworts schnell erledigen. Das Schlusskapitel 10 bietet dazu die wesentlichen Informationen auf wenige Seiten komprimiert.

Doch nun weiter mit den wesentlichen Hintergründen des CART:

Dem Psychologen-Team um Keith E. Stanovich gelang es mit der Entwicklung dieses Test-Instrumentariums, herausragende Untersuchungsergebnisse aus beinahe 50 Jahren heuristics & biases-Forschung in eine integrierte Testbatterie zu synthetisieren.

Frage:

Welchen Nutzen können Personen außerhalb der »Psychologen-Gemeinde« aus so einem neuartigen Test-Konzept ziehen?

Antwort:

Die in der Folge vorgestellten Details zur Entwicklung des Instrumentariums zur Messung der Rationalität werden Leserinnen und Lesern vielerlei Ansatzpunkte dafür liefern, für sich Wege zu besserem Denken zu finden und sich selbst und andere für solches Denken zu coachen.

Anknüpfungspunkte sind dabei nicht allein die zahlreichen Tests des CART, die hier vorgeführt werden.

Besonders fruchtbar und insbesondere praktisch ist die Theorie rationalen Denkens, die in Teil eins vorgestellt wird. In Teil zwei wird dieser von Stanovich und seinem Team entwickelte kognitionspsychologische Ansatz mit Ergebnissen aktueller neurowissenschaftlicher Forschung zu selbstkontrollierenden Hirnfunktionen ergänzt. Zusammengenommen haben wir damit eine Grundlage, realistisch einzuschätzen, wie rationales Denken gezielt gefördert werden kann: Im Sinne des deutsch-amerikanischen Sozialpsychologen Kurt Lewin können wir sagen: *»Es gibt nichts Praktischeres als eine gute Theorie.«*

Wichtig - wegen der Krise der Vernunft, bei der uns Intelligenz im Stich lässt

Nächste Frage:

Warum ist Rationalität und das Coachen von rationalem Denken eine wichtige Herausforderung für Gegenwart und Zukunft?

Antwort:

Das vorliegende Buch folgt Keith E. Stanovich und seinem Team dabei, an einem Problem anzusetzen, das nicht nur laufend neue, sondern ständig mehr global wirkende Probleme verursacht:

Wir müssen zunehmend schlechtes Verhalten und suboptimale Entscheidungen insbesondere von hochintelligenten Personen hinnehmen.

Im Augenblick des Schreibens dieser Zeilen leiden beispielsweise global große Bevölkerungsgruppen immer noch unter Fehlentscheidungen »Hoch–Intelligenz–begabter« Individuen bei der Bekämpfung der Corona–Pandemie. Und angetrieben durch »schlaue« aber einseitige Machtinteressen haben in Osteuropa Kriegshandlungen eingesetzt, die Tod und Leiden unzähliger Kriegsopfer, aber voraussichtlich auch Hungersnöte etwa in afrikanischen Ländern bewirken werden. Außerdem ist davon auszugehen, dass als Konsequenz des Krieges die international vereinbarten Klimaschutzziele zur Begrenzung der globalen Erderwärmung auf unter 2°C unerreichbar werden. Denn die notwendigen Strategien in Bezug auf die Ablösung fossiler Energieträger durch Regenerative zur Verhinderung des sich steigernden Klimawandels wurden kriegsbedingt außer Kraft gesetzt.

Und zu allem Überfluss prägt sich parallel zu diesen »Intelligenz–Katastrophen« ein weiteres Phänomen mit globaler Streuung aus: Seit längerem verbreitet sich ein allgemeiner Zweifel am Wert wissenschaftlicher Erkenntnis.

Vermehrt scheint es Personen und Gruppen zu geben, die willkürlich bei bestimmten Themen Wissenschaften als Erkenntnis–Quellen verwerfen. Angesichts der Tatsache, wie wichtig für zukünftige Entscheidungen Wissen ist, das solide auf der Basis strenger empirischer Forschung entwickelt wurde, lässt sich für die Zukunft Schlimmes befürchten. *(Sinatra & Hofer 2021)*

Wie ist mit Blick auf den CART, den RQ und die dahinterstehende Rationalitäts–Forschung auf dieses Phänomen zu reagieren, dass intelligente Menschen derart folgenreich »unklug« handeln?

Was das Grundkonzept dieses Buchs ist

Offenbar kann es nicht Anspruch dieses Buchs sein, ein sicheres Rezept zur »Weltenrettung« angesichts der gerade erwähnten globalen Probleme anzubieten.

Zwar können wir im Zusammenhang mit den Krisen–Szenarien von fehlender Rationalität sprechen.

Doch das zunehmende Verfehlen von Rationalität in breiten gesellschaftlichen Kreisen und das Umsichgreifen von »irrationalen« Zuständen zwischen Nationen und Weltregionen lässt sich nicht direkt auf Versagen individuellen Denkens zurückführen.

Denn dabei spielen gesellschaftliche Mechanismen und Aktivitäten von großen politisch–ökonomischen Organisationen eine wesentliche Rolle. Besonderes Merkmal dieser gesellschaftlichen Tatbestände ist, dass sie der direkten Kontrolle durch einzelne Personen entzogen sind.

Dennoch wäre es erfolgversprechend, wenn sich beispielsweise Entscheider in politischen und wirtschaftlichen Institutionen an Regeln rationalen Denkens orientieren und diese in ihrem Handeln umsetzen. Denn sie haben es in der Hand, die Arbeit politischer und ökonomischer Organisationen zu gestalten. Je mehr die beteiligten Individuen rational denken, entscheiden und handeln, desto größer die Chance, bessere, rationalen Standards unterworfene soziale, politische und ökonomische Systeme zu bilden.

Und wenn sich darüber hinaus auch die Individuen, die sich zwar nicht in Entscheidungs–Positionen befinden und keine großen »weltbewegenden« Anstöße geben können, zunehmend an rationalen Standards orientieren, um ihre persönlichen Ziele besser und verträglicher mit ihrem Umfeld zu erreichen – umso besser!

Wenn das Grundkonzept des vorliegenden Buchs jetzt vor diesem Hintergrund definiert werden soll, ist ein kleiner gedanklicher Exkurs notwendig:

Wie bereits angedeutet ist der Hintergrund der Entwicklung des CART-Instruments zur Messung des Rationalitäts–Quotienten das Heuristics & Biases–Forschungsprogramm. Diese Forschungsrichtung in der internationalen Kognitionspsychologie wurde in den 1970er Jahren von Amos Tversky und Daniel Kahneman begründet.

Für eines ihrer Konzepte – die prospect theory – wurde Kahneman im Jahr 2002 *der Alfred–Nobel–Gedächtnispreis für Wirtschaftswissenschaften* verliehen. Dadurch wurde die von ihm und seinem Partner Tversky vertretene Rationalitätsforschung einem breit gestreuten Publikum bekannt.

Diese Bekanntheit konnte Daniel Kahneman noch wesentlich steigern, als er im Jahr 2011 in den USA das Buch *»Thinking, Fast and Slow« (deutsch: Schnelles Denken, langsames Denken)* veröffentlichte, das ein internationaler Bestseller wurde und zahlreiche Preise gewann. Damit war es ihm gelungen, nicht nur die Bandbreite der Experimente aus der heuristics–and–biases-Forschung bekannt zu machen, sondern auch – vermutlich handelt es sich hierbei um sein Hauptanliegen – seinem bereits im Jahr 1996 verstorbenen Forschungspartner Amos Tversky ein Denkmal zu setzen. Ein überragender PR–Erfolg!

Die Grundbotschaft des Buchs von 2011 hat große Verbreitung gefunden: Individuen »verfolgen mentale Muster, welche diese zu verhängnisvollen Fehlentscheidungen führen können«. Ursächlich seien dabei zwei verschiedene Weisen zu denken: die von System 1 – schnell und stereotypisierend – und diejenige von System 2 – langsam, träge und »faul«.

Die Metapher vom »langsamen und trägen Denken« wurde »viral« und konnte zum allgemein verbreiteten Gedankengut vieler gebildeter Menschen in westlich geprägten Ländern aufsteigen. Wir alle glauben, bei uns selbst regelmäßig zu beobachten, wie wir teilweise schwerwiegende Fehler machen, weil wir uns nicht aufraffen konnten, im Vorfeld unseres Handelns ausreichend angestrengt nachzudenken – oder?

Keith E. Stanovich und sein Team gehören zum Kreis der Kognitionspsychologen, die jahrzehntelang in der von Tversky und Kahneman begründeten Tradition arbeiten und dabei zahlreiche Experimente durchgeführt haben, welche immer wieder zeigten, unter welchen Umständen diese schwerwiegenden Fehler auftreten. Die Forscher dieses Feldes befinden sich in einem engen Dialog und arbeiten insbesondere mit Blick auf die Analyse menschlicher Rationalität an einem gemeinsamen, geteilten Erkenntnisfortschritt.

Mit Blick auf diese Gemeinschaftlichkeit sind wir so weit, das besondere Konzept des vorliegenden Bandes anzusprechen. Denn dieses ist grundsätzlich anders angelegt als der internationale *»Schnelles Denken, langsames Denken«*–Bestseller.

Dazu kommen nun die Details:

Wer die ersten Seiten des Buchs von 2011 aufmerksam liest, wird darauf stoßen, dass Kahneman zugibt, gerade die erfolgreiche Metapher vom schnellen System 1 und trägen System 2 gar nicht selbst erdacht zu haben. Tatsächlich – das tut er!

Zwar hat er diesen Umstand lediglich in Form von Anmerkung 1 seines ersten Kapitels »gebeichtet« – dennoch drückt er seine Dankbarkeit an seine Kollegen recht deutlich und ausführlich aus. *(Kahneman 2019, S. 572)*

Unter anderem schreibt er: *»Ich entlehne die Termini ›System 1‹ und ›System 2‹ aus früheren Arbeiten von Stanovich und West, die einen großen Einfluss auf mein Denken hatten (…)«*

Und es ist genau diese Metapher, die nachvollziehbar macht, inwieweit sich der von Stanovich und seinem Team entwickelte Ansatz des Rationalitäts–Quotienten von anderen Ansätzen aus der heuristics & biases–Tradition und insbesondere der Konzeption von Kahnemans Buch unterscheidet: Stanovich und sein Team verwerfen ausdrücklich die Termini »System 1« und »System 2«, um eine Theorie rationalen Denkens zu entwickeln, die über diese Metaphorik weit hinausgeht.

Die in dieser Theorie angelegte Weiterentwicklung von Zwei–Prozess–Ansätzen ist zunächst einmal die Grundlage dafür, dass das Team um Stanovich ihre Lösung des Problems der Messung von Rationalität entwickeln konnte. Und der Theoriefortschritt, der den Forschern gelungen ist, bringt außerdem genau die Vorteile, von denen das vorliegende Buch profitiert:

Vorteil 1: Das besondere Prozess–Modell ermöglichte es, die kognitionspsychologische Erklärung von Rationalität mit aktuellen Befunden aus den Neurowissenschaften abzugleichen.

Vorteil 2: Durch die Gliederung des CART in acht verschiedene prägnante »Typen« von Herausforderungen unseres Denkens bekommen die gesammelten Ergebnisse der Rationalitäts–Forschung einen verstärkt pädagogischen Effekt. Es wird auf dieser Basis leichter, Individuen in Fragen rationalen Denkens zu coachen und ihnen beizubringen, besseres Denken zu trainieren.

Es ist das Ziel dieses Buchs, gerade diesen pädogigischen Aspekt zu betonen. Für die Zielerreichung wurde darüber hinaus auf weitere Umsetzungs–Details geachtet:

Bei der Wahl von Formulierungen war die Verständlichkeit der Sprache wesentliches Kriterium.

Zur Vermittlung von Details, die kompliziert oder komplex waren, kamen umfangreich grafische Darstellungen zum Einsatz – selbst Comics erwiesen sich hierzu als nützlich.

Als es an die Erläuterungen von Test–Aufgaben und deren Lösungen ging, wurde komplett auf »höhere« Mathematik verzichtet. – Zwar musste das Grundkonzept der Wahrscheinlichkeits–Rechnung angesprochen werden. Für das Verständnis dieses statistischen Details benötigen Leserinnen und Leser in diesem Buch dennoch nicht mehr als das kleine Einmaleins. Die Darstellung der Berechnung von Wahrscheinlichkeiten konnte wiederum mit Hilfe von grafischen Darstellungen bewältigt werden.

Wie das Buch gegliedert ist

Das Buch verfügt über eine dreigliedrige Struktur:

Teil 1 – die kognitiven Prozesse rationalen Denkens

Das Konzept des ersten Teils ist es, das von Stanovich und seinem Team entwickelte Konzept hinter der Messung des Rationalitäts–Quotienten selbst für Laien transparent zu machen. Im Einzelnen wird die von den Psychologen entwickelte Theorie der Rationalität so detailliert dargestellt, dass die Schritte einfach nachvollzogen werden können, auf denen das Konzept des CART–Fragebogens aufbaut. Leserinnen und Leser werden also hautnah mit der besonderen »Test–Logik« hinter der Rationalitäts–Messung vertraut gemacht.

Konzept Teil 2 – die neuronalen Mechanismen hinter rationalem Denken

Jedes Denken basiert auf neuronalen Prozessen in unserem Gehirn. Deshalb kann eine psychologische Theorie nur dann ernst genommen werden, wenn diese auf die neuronalen Mechanismen Bezug nimmt, welche die Bedingungen der per Theorie definierten Prozesse erklärbar machen. Ohne eine solche Hirn-physiologische Begründbarkeit fehlte einer psychologischen Rationalitäts-Theorie empirisch-wissenschaftliche Qualität.

Es wird sich in Teil zwei zeigen, dass Forschungsergebnisse mit Blick auf neuronale Netzwerke im menschlichen Cortex tatsächlich zur Bestätigung und Konkretisierung des kognitionspsychologischen Prozess-Modells in Stanovichs Theorie herangezogen werden können.

Konzept Teil 3 – die Details des CART-Instruments inklusive Beispielaufgaben

Nachdem in Teil eins die Prozesse rationalen Denkens definiert, damit die Basis des CART hergeleitet wurde, und in Teil zwei Rationalität mithilfe aktueller Theorien neurowissenschaftlich erklärt wurde – wird es nun für die Leserinnen und Leser konkret. Auf der Basis ausgewählter Tests bekommen sie nicht nur einen detaillierten Einblick in den Aufbau des Frageinstruments. Sie erhalten eine unvermittelte Erfahrung der Stärken und Grenzen ihres eigenen rationalen Denkens, wenn sie Beispielaufgaben aus den acht verschiedenen Aufgabenbereichen des Testinstruments lösen.

Gebrauchsanleitung: Wie das Buch genutzt werden kann

Dieses Buch soll vielfältig genutzt werden.

Leserinnen und Lesern werden deshalb verschiedenste Einstiegs- und Ausstiegs-Möglichkeiten rund um das Thema Rationalitäts-Quotient geboten.

Wer von Beginn an tief eintauchen möchte, liest das Buch **von Anfang bis Ende** – vom psychologischen Prozess-Konzept und der Entwicklung des CART über die Darstellung der dazugehörenden neuronalen Mechanismen bis hin zur detaillierten Fragebogenstruktur und der Lösung einzelner Aufgaben.

Wer möchte, kann den Band allerdings **ganz anders als sonst üblich »konsumieren«.**

Es ist möglich,

- **nur den kognitionspsychologischen ersten Teil** zu lesen und lediglich die eine oder andere Aufgabe aus Teil drei genauer anzusehen

- **oder sich auf das neurowissenschaftliche Thema beschränken und nur Teil zwei lesen** – die Prozess-Theorie wird hier auf die wesentlichen Züge komprimiert dargestellt
- wer sich weniger für wissenschaftliche Theorien interessiert, aber gerne seine rationale Denkkompetenz auf die Probe stellen möchte, beschäftigt sich direkt **mit den Aufgaben in Teil drei**

Auch für den modernen Typus des **Schnell-Konsumenten von Literatur** wird in diesem Buch eine Lösung geboten:

Wer **innerhalb einiger Minuten** verstehen möchte, was dran ist am Rationalitäts-Quotienten und dabei den Facetten-Reichtum des Konzepts rationalen Denkens kennenlernen möchte, lässt einfach Teil eins bis Teil drei links liegen und beschränkt sich auf das Lesen von **Kapitel 10**. Für den Fall, er möchte andere mit seinem neuen Schnell-Wissen beeindrucken, bekommt er hier auch ein »**Cheat-Sheet**« (deutsch wörtlich: »Betrugs-Zettel«) bzw. einen »**Spickzettel**« in Form einer doppelseitigen Mindmap geliefert.

Mischformen der Nutzung werden empfohlen – Hauptsache die Konsumenten ziehen reichlich Nutzen aus diesem Band!

Eine letzte Idee:

Selbst einfaches **Durchblättern**, Lesen hier und da, das Anschauen der reichlich vorhandenen **Bilder und Diagramme** kann eine lohnende und inspirierende Art der »Lektüre« darstellen.

Und nun los! Viel Erfolg und viel Spaß!

Wem ich zu Dank verpflichtet bin

Während wahrscheinlich die meisten Buchnutzer nach Lesen der Gebrauchsanleitung »losgerannt« sind zu der für sie passenden Startposition, möchte ich an dieser Stelle die Gelegenheit nutzen, mich zu bedanken.

An erster Stelle denke ich dabei an Keith E. Stanovich. Ohne seine zahlreichen Veröffentlichungen und die Arbeit seines Teams, gäbe es dieses Buch nicht.

Besonders verpflichtet bin ich Professor Stanovich für die Gelegenheit, ihn im Jahr 2020 zu interviewen – in einer bewegten Zeit, als sich die COVID 19-Pandemie international besonders heftig auswirkte und auf den Straßen der USA schwerste Unruhen ausbrachen – unter anderem wegen des Todes von George Floyd. Wir führten das Interview schriftlich und angesichts meiner zahlreichen Fragen in mehreren »Sessions« durch. Das Ergebnis unseres

Austauschs findet sich abgedruckt in Teil drei. Nochmals vielen Dank für die Geduld mit mir und meinen vielen Fragen!

Weiterhin besonders verpflichtet bin ich dem im Februar 2020 verstorbenen Wissenschafts-Philosophen, Physiker und Freund Mario Bunge von der McGill University, Montreal, mit dem ich mich über zehn Jahre insbesondere über wissenschaftstheoretische Fragen austauschen durfte. – Hätte er mir nicht durch seine Arbeiten etwa über das Leib-Seele-Problem, die Computer-Metapher in der Psychologie, das Problem menschlicher Autonomie und insbesondere über das Konzept des systemischen Materialismus die richtige Richtung gewiesen, hätte mir die Perspektive gefehlt, die vorliegenden 500 Seiten zustande zu bringen.

Wichtig zu erwähnen ist an dieser Stelle auch die kanadische Psychologin und ehemalige Präsidentin der Association for Psychological Science (APS) Lisa Feldman Barrett von der Northeastern University, Boston. Ihre zahlreichen Veröffentlichungen sind Basis meiner Darstellungen neurowissenschaftlicher Hintergründe menschlicher Kognitionen.

Direkt unterstützt haben mich während meines kontinuierlichen Schreibens, diejenigen, die ich nötigte, Kapitel zu lesen und zu kommentieren: insbesondere meine Frau Marion Droste. Ein weiterer regelmäßiger Leser war mein Freund Professor Dr. Georg Simet, der mich darüber hinaus wirkungsvoll durch unsere regelmäßigen gemeinsamen Philosophie- und Wissenschafts-Podcast-Sessions unterstützte. Durch unsere Gedanken-Experimente konnte zur Verbesserung meines Schreibens manche Idee geschärft und konnte manches Unausgegorene aussortiert werden.

Auch Leserinnen und Lesern möchte ich jetzt schon für ihr Interesse danken: Auf ihre Hinweise auf Unklarheiten, Korrekturvorschläge und Ergänzungswünsche freue ich mich.

Heinz W. Droste (**hd@psychology-news.de**)

Im Juni 2022

»Wenn Sie sich selbst als neugierigen Menschen oder als lebenslang Lernenden sehen, ist die Änderung Ihres Denkens ein Moment des Wachstums!«

Lebensweisheit –»aufgeschnappt«– bei Twitter im Frühjahr 2022

TEIL 1

KOGNITIONSPSYCHOLOGIE: DAS KONZEPT DES RATIONALITÄTS-QUOTIENTEN

1. Rationalität gleicht Intelligenz–Defizite aus.

Von klugen Menschen, die sich dumm verhalten

Unsere »geistige Fitness« – sprich: Unser individuelles kognitives Potenzial bzw. unsere kognitive Leistungsfähigkeit ist uns enorm wichtig.

Angesprochen ist damit unsere Fähigkeit, Aktivitäten des Wahrnehmens, Denkens, Vorstellens, Lernens, Beurteilens usw. möglichst kompetent zu nutzen.

Kognitive Kompetenz scheint vor allem auf Intelligenz zu beruhen. Deshalb werden Intelligenztests oft so betrachtet, als erfassten sie mehr oder weniger unsere sämtlichen kognitiven Fähigkeiten.

An diese Betrachtungsweise knüpfen wir im Folgenden an. Dabei werden wir der Arbeit des Kognitions-Psychologen Keith E. Stanovich und seines Teams *(E. Stanovich & West, 1998; Stanovich, 1999, 2005, 2009; Stanovich & West, 1997, 2000)* folgen, die einen komplett neuen Test intellektueller Fähigkeiten entwickelt haben. Statt um die Messung von Intelligenz handelt es sich dabei um die Messung von Rationalität *(Stanovich, 2011, S. 191–246; Stanovich & Toplak, 2016)*.

Stellt sich die Frage:

Was soll das Messen von Rationalität bringen, wenn das Messen unseres IQs unsere kognitiven Fähigkeiten bereits umfassend bewertet?

Stanovich bezweifelt, dass Intelligenztests tatsächlich unsere Kompetenzen derart umfassend abbilden. Es gäbe stattdessen eine wichtige Klasse kognitiver Fähigkeiten, die in den üblichen IQ-Messungen unerreicht bleiben – und zwar: rationale Denkkompetenzen.

Wir werden Stanovichs Belegen folgend zeigen, dass Intelligenz, operational definiert durch das, was die üblichen, bewährten Intelligenztests messen, wesentliche Aspekte rationalen Denkens vermissen lässt.

Eine Möglichkeit, den Unterschied zwischen Rationalität und Intelligenz zu verstehen, besteht gemäß Stanovich darin, eine einfache Analyse eines von uns allen beobachteten Phänomens durchzuführen *(Stanovich & Toplak, 2016, S. 3–4)*:

Offenbar begegnen uns oft »kluge« Menschen, die sich »dumm« verhalten. – Wir reagieren überrascht, wenn jemand, den wir für klug halten, dumme Dinge behauptet und tut.

Aber wieso sind wir eigentlich überrascht?

Es scheint, dass kluge Menschen ständig Dummheiten begehen – zunehmend sogar mit dem Potenzial, globale Krisen auszulösen. Gerade in Zeiten der aktuellen Corona-Pandemie verloren fast täglich prominente Persönlichkeiten »ihr Gesicht«, wenn sie dumme Dinge über die Herkunft des Virus, seine Verbreitung, über den Nutzen von Impfungen und Schutzmaßnahmen usw. äußern und verantwortungslos handeln. Und war nicht bereits die

Finanzkrise im Vorfeld des Jahres 2008 übersät mit klugen Menschen, die dumme Dinge taten – von den Käufern und Verkäufern »toxischer« Hypothekenpapiere in renommierten internationalen Finanzinstituten bis hin zu Hauskäufern in den USA, die sich hatten weismachen lassen, der Wert ihrer Häuser würde sich alle drei Jahre verdoppeln?

Wenn es also nicht selten vorkommt, dass kluge Leute töricht handeln, warum dann die Überraschung?

Tatsächlich rührt unsere Verwirrung daher, dass wir auf die Ungereimtheiten und die Inkohärenz unserer Alltagssprache hereinfallen.

Die volkstümlichen Begriffe, die in dieser Diskussion verwendet werden, benötigen dringend ein wenig Aufarbeitung. – Eine typische Wörterbuch-Definition des Adjektivs »klug« lautet »gekennzeichnet durch scharfes, schnelles Denken« oder »gescheit« oder »der Kluge verfügt über bzw. zeigt schnelle Intelligenz oder wache geistige Fähigkeit«. Laut Wörterbuch scheint »klug sein«, synonym mit »intelligent« zu sein.

Wörterbücher klären uns darüber auf, dass eine »dumme« Person »langsam lernt oder versteht«, »ihr fehle es an Intelligenz bzw. sie zeichne sich durch mangelnde Intelligenz aus«.

Auf diese Weise stellt uns laienhafte Sprache vor ein Problem: Wenn eine kluge Person intelligent ist und dumm einen Mangel an Intelligenz bedeutet, dann ergibt der Ausdruck »kluge Person, die dumm ist« keinen Sinn. Obgleich wir wie gesehen häufig sich dumm verhaltende kluge Menschen beobachten.

Durch Lösung dieses Problems werden wir im nächsten Schritt dem Konzept der Rationalität auf die Spur kommen.

Das geht so:

Eine weitere verbreitete Definition des Wortes »dumm« ist, »die Neigung zu haben, auf schlechte Entscheidungen oder leichtfertige Fehler zu verfallen« – eine Formulierung, die das Gefühl abschwächt, es mit einem Widerspruch zu tun zu haben.

Ähnlich verhält es sich, wenn wir das Wort »dumm« in seiner ganzen Bedeutungsvielfalt betrachten, um zu analysieren, ob die Formulierung »klug, aber dennoch dumm« nicht vielleicht doch Sinn macht. Die Definition, die wir oben unter die Lupe genommen haben, beschreibt »dumm« als das Antonym von Intelligenz, was wie gesehen zu einem Widerspruch führt. Aber in Sätzen, die sich auf Dummheiten im Kontext von Entscheidungen oder Handlungen beziehen, wie z.B. »wie dumm es ist, so etwas zu tun«, erkennen wir eine weitere Definition von dumm: »Dazu neigen, schlechte Entscheidungen zu treffen oder leichtfertige Fehler zu machen«. Denn diese Phrasen weisen auf eine besondere Bedeutung von »dumm« oder »dämlich« hin.

Ebenso verhält es sich mit dem Wort »närrisch«. Eine närrische Person ist eine Person, »der es an gutem Verstand oder Urteilsvermögen fehlt; die einen Mangel an Verstand zeigt; die unklug ist; der es an Einschätzungs- oder Urteilsvermögen mangelt«.

Damit sind wir auf den Aspekt von »dumm«, »dämlich«, »närrisch« gestoßen, auf den Keith E. Stanovich uns aufmerksam machen möchte – der Aspekt, der sich nicht auf Intelligenz (allgemeine geistige »Helligkeit«) bezieht, sondern auf die Neigung, vernünftige bzw. rationale (oder eher unvernünftige) Entscheidungen zu treffen und rationale Urteile zu fällen.

Wie auch immer wir es formulieren – »klug, aber dumm handelnd«, »klug, aber närrisch handelnd« oder was auch immer – wir haben das Phänomen schließlich herausgearbeitet: Obwohl wir intelligente Menschen sind, führen wir bisweilen unüberlegte Handlungen aus oder wir vertreten ungerechtfertigte Überzeugungen.

Offenbar stellen wir uns, geleitet durch unsere laienhafte »Alltags-Psychologie« zwei unterschiedliche Charakterzüge vor:

- geistige »Helligkeit« (Intelligenz) (1) und
- das Treffen vernünftiger Entscheidungen bzw. das Fällen von Urteilen (auf der Basis rationalen Denkens)(2).

Wenn wir uns darüber im Klaren wären, dass die beiden Eigenschaften unterschiedlich sind, würde das Gefühl der Paradoxie oder der Überraschung über das Phänomen »intelligent, aber närrisch handelnd« verschwinden.

Was aber die Überraschung fortwirken lässt, ist die Tatsache, dass wir dazu neigen, diese beiden Eigenschaften als ein einziges Merkmal oder zumindest beide für miteinander verbunden zu betrachten.

Unsere Verwirrung wird dadurch begünstigt, dass die akademische Psychologie mit dem Intelligenztest bisher lediglich über ein Messverfahren für die erste, die intelligente Eigenschaft verfügt. Für die zweite Eigenschaft – die Rationalität – gab es bis vor kurzem noch kein Messverfahren.

Die Psychologie verfügt über eine mehr als hundertjährige, traditionsreiche Geschichte der Messung des Intelligenzmerkmals. Obwohl es seit einiger Zeit psychologische Arbeiten zum rationalen Denken gibt, begann eine Rationalitäts-Forschung, die Grundlage für ein eigenes Messverfahren werden kann, wesentlich später.

Aus der Sicht von Professor Stanovich können die in diesem Kapitel bisher durchdachten Punkte nicht nur Laien, sondern selbst den angehenden Absolventen eines Psychologiestudiums verwirren *(Stanovich & Toplak, 2016, S. 5–6)*. – Denn er könnte behaupten, Definitionen von Intelligenz gelesen zu haben, die Rationalität einschließen. Ein solcher Student hätte Recht. Manche theoretischen Definitionen von Intelligenz in der Fachliteratur integrieren das Rationalitäts-Konzept, indem sie Urteilsvermögen und Entscheidungsfindung einschließen. Andere Definitionen betonen verhaltensbedingte adaptive Anpassungsfähigkeit und fügen auf diese Weise ebenfalls Rationalität in das Intelligenzkonzept ein.

Das Problem an dieser Stelle ist, dass keine dieser Komponenten der Rationalität – adaptive Reaktion auf Umweltanforderungen, kompetentes Urteilsvermögen und kompetente Entscheidungsfindung – in der Praxis der Intelligenztests bewertet wird.

Kurz gesagt, viele Betrachtungen und Definitionen des Intelligenzkonzepts gehen mit der Bandbreite menschlicher kognitiver Fähigkeiten »freizügig« um. Statt eindeutig und streng zu definieren, werden »weiche« Charakterisierungen von Intelligenz und Rationalität vorgelegt.

Hierauf basierende freizügige Theorien schließen in ihre Deutungen für intelligent gehaltene Aspekte des kognitiven Funktionierens ein, die eher einem umgangssprachlichen Begriff »Intelligenz« entsprechen. Unabhängig davon, ob diese Aspekte tatsächlich durch bewährte Intelligenztests gemessen werden oder nicht, schließen sie in ihre Konzepte beispielsweise Anpassung an die Umgebung, das Zeigen von Cleverness, Kreativität usw. ein.

Forschungsfundierte Theorien hingegen beschränken den Begriff der Intelligenz auf die Menge der mentalen Fähigkeiten, die durch IQ–Tests gemessen werden.

Das Akzeptieren freizügiger Definitionen des Begriffs der Intelligenz führt dazu, zu verschleiern, welche Aspekte menschlicher kognitiver Kompetenz in bestehenden IQ–Tests tatsächlich gemessen und welche bei diesen Messungen ausgelassen werden.

Um den in IQ–Tests fehlenden kognitiven Elementen auf die Spur zu kommen, verwenden Stanovich und seine Kollegen bei der Entwicklung des Rationalitäts–Quotienten ein sorgfältig begründetes Intelligenzkonzept. Dieses Konzept ist konsequent darin verankert, was IQ–Tests tatsächlich messen.

Wie das aussieht, schauen wir genauer an, bevor wir uns weiter mit dem Rationalitäts–Quotienten beschäftigen.

Eine fundierte Theorie der Intelligenz

Ein Warnhinweis vorweg:

Es gibt keine vollständig einheitliche Theorie der Intelligenz in der Psychologie. Die einem Konsens am nächsten kommende, fundierte Theorie der Intelligenz ist die Cattell–Horn–Carroll (CHC)–Theorie der Intelligenz *(Stanovich, 2002, 2009, 2011, S. 150–190; Stanovich et al., 2020; Stanovich & Toplak, 2016, S. 15–16; Sternberg, 2019)*. Diese basiert auf einem wissenschaftlichen Konzept der allgemeinen Intelligenz, das in der Regel durch ein »G« symbolisiert und mit einer Anzahl weiterer allgemeiner Faktoren in Verbindung gebracht wird, von denen zwei vorherrschend sind:

Da ist zum einen die *»fluide Intelligenz« (Gf)*. Diese flüssige Intelligenz spiegelt die Fähigkeiten wider, schlussfolgernd zu denken, welche in einer Vielzahl von Lebensbereichen – einschließlich Situationen mit bisher unbekannten neuartigen Herausforderungen – zum Einsatz kommen.

Die fluide Intelligenz wird durch Tests des abstrakten Denkens gemessen, wie z.B. Tests auf der Basis von figuralen Analogien, von Raven‹schen Matrizen und von Reihenvervollständigung (z.B. was ist die nächste Zahl in der Reihe 1, 4, 5, 8, 9, 12, ...?).

Die zweite Hauptkomponente ist die *»kristallisierte (crystallized) Intelligenz« (Gc)*. Dieser Intelligenzaspekt spiegelt deklaratives Wissen (Sachwissen, Wissen über Sachverhalte) wider, das Individuen im Rahmen ihrer Sozialisation und per Konfrontation mit der sie umgebenden Kultur erlernt haben.

Kristallisierte Intelligenz wird anhand von Wortschatzaufgaben, verbalem Verständnis und allgemeinen Wissensaufgaben gemessen.

Diese beiden Intelligenzkomponenten korrelieren miteinander – treten gemeinsam miteinander auf und variieren parallel. Die Konzepte von Gf und Gc verfügen in der Psychologie über eine lange Geschichte der Deutung als zweier unterschiedlicher Aspekte der Intelligenz – und zwar *Intelligenz als Prozess bzw. Vorgang (= flüssige Intelligenz)* und *Intelligenz als Wissen (= kristallisierte Intelligenz)*.

In der Cattell–Horn–Carroll (CHC)–Theorie gibt es neben Gf und Gc weitere allgemeine Faktoren, die Dinge wie Gedächtnis und Lernen, auditive Wahrnehmung und Verarbeitungsgeschwindigkeit repräsentieren. Von zentraler Bedeutung in dieser Theorie sowie bei der Messung des IQs sind die beiden Komponenten flüssige und kristallisierte Intelligenz. Wir werden in den folgenden Kapiteln immer wieder an diese beiden Intelligenz–Aspekte anknüpfen.

Es gibt eine umfangreiche Literatur zur CHC–Theorie und zu den Prozesskorrelaten von Gf und Gc. *(»Cattell–Horn–Carroll Theory«, 2020; Colom et al., 2004; Ferrer, 2009; Jaeggi et al., 2008; Jensen, 1998; Schneider & McGrew, 2012*)

Die Konstrukte der Theorie wurden in Studien etwa über Hirnverletzungen, über Bildungsabschlüsse und die kognitive Verarbeitung von Informationen validiert und experimentell bestätigt. Zwar gibt es mit Blick auf die CHC–Konzeption alternative Intelligenz–Konzepte. Aus Sicht von Keith E. Stanovich macht es für die Zwecke der theoretischen Abgrenzung der Intelligenz von der Rationalität keinen Unterschied, welche der derzeit tragfähigen fundierten Konzepte der Intelligenz wir wählen. Diese Theorien haben eins gemeinsam:

Sie alle ignorieren wichtige Ebenen der Analyse menschlicher Kognitionen, die für die Rationalität wichtig sind. – Mit diesen Ebenen werden wir uns in Kürze ausgiebig beschäftigen.

Bevor wir uns zunächst von der Diskussion einer fundierten Theorie der Intelligenz verabschieden, folgen hier ein paar Gedanken zum allgemeinen Gebrauch des Intelligenzbegriffs. Stanovich kritisiert in diesem Zusammenhang den inflationären Gebrauch des Begriffs, der uns täglich begegnet. Denn der Begriff wird bis zur Unkenntlichkeit »aufgeblasen«. Freizügige – »Wischiwaschi«–Theorien arbeiten mit Definitionen von »Intelligenzaspekten« des mentalen Funktionierens, die durch Laienvorstellungen in Bezug auf »erstrebenswerte Denkleistung« bestimmt sind – unter anderem Anpassung an die soziale Umwelt, spontane künstlerische Kreativität, geschmeidige Beweglichkeit, Musikalität, sich selbst steuernde Technologie usw. Doch keine der folgenden »Intelligenz–Arten« wird durch die gängigen Intelligenztests gemessen:

- Praktische Intelligenz
- Bewegungs–Intelligenz
- Emotionale Intelligenz
- Künstliche Intelligenz

usw.

Durch die Nutzung dieser Begriffe wird das Konzept der messbaren, real in unseren Hirnen wirkende Intelligenz als Attribut missbraucht, um irgendeiner vermeintlich attraktiven menschlichen oder technischen Qualität ein positiv besetztes Image zu sichern. In den nächsten Kapiteln werden wir im Detail sehen, dass das, was bei Intelligenztests zu hohen IQ–Werten führt, vor allem mit einem möglichst leistungsfähigen Arbeitsgedächtnis zu tun hat. Hohe Intelligenz bezeichnet offenbar ein zwar wichtiges, aber wesentlich trivialeres Leistungspotenzial menschlicher Gehirne als laienpsychologisch angenommen.

Rationalität in der Kognitionswissenschaft

Rationalität ist ein Begriff, den unterschiedlichste »Nutzergruppen« auf jeweils wiederum unterschiedlichste Weise diskutieren. Beispielsweise innerhalb akademischer Disziplinen wird der Begriff von vielen Fächern höchst divers definiert – etwa in der Soziologie, in der Ökonomie, in der Entscheidungstheorie und der Psychologie.

In der Folge werden wir nachvollziehen, wie Keith E. Stanovich den Rationalitätsbegriff aus den Kognitionswissenschaften für seine Zwecke adaptiert *(Stanovich et al., 2016, S. 205–207, 2020, S. 1109–1120; Stanovich & Toplak, 2016, S. 3–14)*.

Aufgrund der vorausgegangenen Überlegungen ist klar, dass dieser Begriff in der Folge in einem »starken« Sinne verwendet wird. Wie gesehen soll die mit diesem Konzept bezeichnete rationale kognitive Kompetenz bewertet und schließlich im Rahmen eines Rationalitätstests verlässlich gemessen werden.

Das setzt voraus, den Rationalitätsbegriff von unseren alltäglichen eher weichen, »schwachen« Interpretationen abzugrenzen. Diese schwachen Vorstellungen von rationalem Denken gehen vermutlich vor allem auf den Philosophen Aristoteles zurück, der den Menschen als das einzige Tier betrachtete, das sein Handeln auf Vernunft begründen kann. Typisch für Aristoteles‹ Charakterisierung der Rationalität ist, dass diese in folgendem Sinne »kategorisch« ist:

»Rationalität ist fester Bedeutungsbestandteil der ›Kategorie‹ Mensch. Denn dieser gehört gemäß der biologischen Systematik einer Art der Gattung Homo – einer Familie der Menschenaffen – an, die zur Ordnung der Primaten und damit zu den höheren Säugetieren gehört, deren Vertreter sich einzigartiger Weise dadurch auszeichnen, klug zu sein – Name: Homo sapiens (vernünftiger Mensch).«

Nach dieser Auffassung sind Menschen ihrem »Wesen« nach rational, was charakteristischerweise für andere – »arationale« (Rationalitäts–ferne) – Tiere aufgrund dieser Perspektive gerade nicht gelten soll. Typisch ist, dass rationales Denken Menschen als Gattungsmerkmal zugeschrieben wird; für individuelle Unterschiede rationaler Leistungen von menschlichen Individuen ist im Rahmen dieser Auffassung kein Platz.

Kommen wir nun zum Rationalitätsbegriff in den Kognitionswissenschaften: Der in der Laiendiskussion übliche, kategoriale Begriff ist aus dem Blickwinkel von Kognitionswissenschaftlern betrachtet schwach.

Kognitionswissenschaftler nutzen den Begriff stattdessen in starker Bedeutung. Das bedeutet, dass sie Rationalität als normatives Modell verwenden und es systematisch nutzen, um die rationalen kognitiven Leistungen insbesondere von Individuen zu bewerten und zu vergleichen. Die rationale Leistung einer Person variiert grundsätzlich zwischen dem Erreichen maximal möglicher Rationalität auf der einen Seite und dem Verfehlen rationaler Handlungslösungen auf der anderen Seite. Dazwischen liegt ein Kontinuum mehr oder weniger rationaler – anders ausgedrückt: nicht–rationaler bzw. irrationaler – Reaktionen.

Diese Rationalitäts–Vorstellung der Kognitionswissenschaften ist beispielsweise bei »literarischen« Intellektuellen höchst unbeliebt, weil diese dem Begriff des »Irrationalen« mit Abscheu begegnen. Da diese Intellektuellen innerhalb des Rahmens der kategorialen Rationalitäts–Definition argumentieren, ist die Verwendung des Konzepts der Irrationalität für sie gleichbedeutend mit der Behauptung, es gäbe Menschen, die weniger rational handeln und deshalb »weniger menschlich« wären. Stanovich stellt an diesem Punkt fest: Das ist eine Fehlinterpretation! *(Stanovich et al., 2016, S. 5)* Menschen können dumm handeln – d.h., irrational bzw. wenig rational agieren – und sind ethisch betrachtet dennoch ohne Abstriche Menschen. Er macht als Kompromiss–Angebot für »Geisteswissenschaftler« folgenden Vorschlag:

Wer die Rationalitäts–Definition der Kognitionswissenschaften nicht mag, der kann den Ausdruck »rationales Denken« tauschen gegen das Konzept »gutes Denken, das nicht per Intelligenztests bewertet wird«.

Für Kognitionswissenschaftler ist wie angedeutet ein starker Rationalitätsbegriff dringend erforderlich, weil sie als Ausgangspunkt ein Konzept benötigen, das empirisch abgesichert und insbesondere operationalisierbar gefasst ist. Das heißt, es soll möglich sein, Operationen – etwa Messungen – zu nutzen, welche die wesentlichen Aspekte von Rationalität abbilden und erfassbar machen.

Rationalität tritt aus der Sicht der Kognitionswissenschaft wie gesehen in Abstufungen auf – anders gesagt: Es erscheint in einem Kontinuum, das durch Abweichen des Verhaltens eines Menschen vom optimal rationalen Agieren charakterisiert ist. Wenn wir zukünftig diesen »kontinuierlichen« Rationalitätsbegriff nutzen, werden wir damit keineswegs behaupten, hinter dem Verhalten stecke keinerlei Denken oder wir sprächen der betreffenden nicht optimal handelnden Person ihre Menschlichkeit ab.

Apropos Menschlichkeit:

Denken wir an moralische Motivation bei der Betrachtung menschlicher Kognitionen, fällt bei der Festlegung des Rationalitätsbegriffs ein weiterer Aspekt ins Auge. *(Stanovich, 2011, S. 175–190; Stanovich & Toplak, 2016, S. 297–329)*

Denn das übliche kategoriale bzw. schwache Rationalitätskonzept ist mit einem moralischen Defizit verbunden: Die daraus abgeleiteten Definitionen motivieren nicht dazu, sich für Aufklärung im Sinne kognitiver Reformen oder kognitiver Veränderungen zu engagieren. Während der starke Rationalitätsbegriff über den Vorteil verfügt, rationales Denken als prinzipiell messbaren und bewertbaren Tatbestand zu erfassen, ist dies bei der kategorialen Nutzung des Begriffs nicht der Fall. Mit der Kategorie Homo sapiens ist die Rationalität als allgemeines Merkmal definiert und nicht weiter analysierbar. Gibt es demgegenüber eine empirische Bewertungstechnik und ist damit die mehr oder weniger geglückte Rationalität objektiv feststellbar, ergibt sich eine Situation, in der die meisten Menschen ihre rationalen Reaktionen individuell verbessern können, wenn sie dies wünschen.

Kurz zurück zur Intelligenz: Personen unterscheiden sich in ihrer Intelligenz, und Psychologen können zeigen, wie ihre Intelligenz zu fördern ist. Allerdings ist dies nur beschränkt möglich. Intelligenz ist als kognitive Kompetenz zum einen in ihrer Ausprägung vererbbar und zum anderen durch Bedingungen der Sozialisation von Individuen weitgehend determiniert.

In weit größerem Umfang ist es – wie wir im Weiteren detailliert sehen werden – möglich, Menschen beizubringen, wie sie rational handeln und bessere Handlungsergebnisse erzielen können.

Auf der Basis von Rationalitätstests, darauf aufbauendem kognitiven Training können beispielsweise Ärzte lernen, zukünftig in Behandlungssituationen aufgrund von Wirksamkeits–Statistiken bessere medizinische Entscheidungen zu fällen, Lehrer und Erzieher können lernen, bessere Ergebnisse im Feld des Lehrens zu erzielen, Richter lernen, durchweg formallogisch korrekte und widerspruchsfreie juristische Urteile zu sprechen, Investoren lernen, bessere Entscheidungen in Bezug auf ihre finanziellen Transaktionen zu treffen und so weiter.

Zwei Aspekte der Rationalität

Wie gesehen befinden wir uns in diesem Text mittendrin in der Entwicklung des Rationalitäts–Konzepts, das Grundlage ist für die Begründung eines Rationalitäts–Quotienten und damit der objektiven Bewertung individuellen vernünftigen Verhaltens. Im letzten Abschnitt haben wir gesehen, wie Kognitionswissenschaftler hierzu einen starken Rationalitätsbegriff definieren. Nun begleiten wir Keith E. Stanovich dabei, weiter an dem Konzept zu arbeiten, das die Voraussetzung für die Messbarkeit von Rationalität ist. Dabei wird zunächst an eine weitere Schwäche der kategorischen Rationalitäts–Vorstellung angesetzt:

Es ist problematisch, dass schwache Definitionen bewirken können, die Bedeutung von Rationalität deutlich herunterzuspielen und auf »schlussfolgerndes Denken« zu reduzieren. Dadurch wird sie auf eine spezielle Denktechnik reduziert, wie sie beispielsweise in einem Vorbereitungskurs eines Philosophie–Studiums thematisiert werden könnte.

Diese Begriffsverkürzung wird wirkungsvoll vermieden, indem Rationalitäts–Forscher sich auf die Untersuchung von zwei unterschiedlichen, sich ergänzenden Aspekten verlegen. Denn es gibt »instrumentelle Rationalität« und es gibt »epistemische Rationalität«.

Was ist damit gemeint?

Eine Definition der instrumentellen Rationalität lautet:

»Derjenige agiert instrumentell rational, der sich in der Welt derart verhält, dass er auf der Basis seiner körperlichen und geistigen Ressourcen genau das erreicht, was er am meisten wünscht.«

In diesem Kontext betrifft die epistemische Rationalität die Frage, *wie gut die Überzeugungen des Akteurs in Bezug auf reale Sachverhalte mit der tatsächlichen Struktur der Welt übereinstimmen.* – »Epistemisch« leitet sich von dem philosophischen Begriff der Epistemologie ab: der Erkenntnistheorie. Indem der Einzelne die Wahrheit seiner Annahmen über die Welt erwägt, bemüht er sich um eine gute Erkenntnislehre.

Aus der Perspektive der beiden Aspekte – instrumentell und epistemisch – betrachtet betrifft Rationalität zwei entscheidende Dinge: Was wahr ist und was zu tun ist. Zu fragen, ob wir rational sind, ist gleichbedeutend mit der Frage: *Was ist wahr und was soll ich diese Wahrheit berücksichtigend tun, um mein Ziel zu erreichen?*

»Heuristics and biases«

Folgen wir weiter den Details der Bestimmung des Rationalitäts–Konzepts:

Damit unsere Überzeugungen, Vorstellungen, Annahmen – unser Wissen – rational sind, müssen diese mit realen Tatbeständen der Welt korrespondieren – sie müssen wahr sein. Hiermit ist die Norm der epistemischen Rationalität angesprochen. Unsere an dieses Wissen anknüpfenden Handlungen sind rational, wenn diese die bestmögliche Handlungswahl darstellen, die wir treffen können, um unsere Ziele zu erreichen. Wie gesehen sprechen wir auf diese Weise den instrumentellen Aspekt der Rationalität an.

Kognitionswissenschaftler definieren instrumentelle Rationalität formal. Sie definieren diese als die »Maximierung des erwarteten Nutzens«.

Was heißt das?

Ausführlicher umschrieben ist damit gemeint: Um instrumentelle Rationalität zu praktizieren, muss eine Person unter verfügbaren Handlungsalternativen diejenigen Optionen wählen, welche auf der Basis von bestätigtem Wissen erwartbar den größten Nutzen einzubringen versprechen.

An dieser Stelle kommt mit der Erwartbarkeit das Konzept der »Wahrscheinlichkeit« ins Spiel: Ein Akteur, der bestmöglich handeln möchte, hat einzuschätzen, mit welcher Wahrscheinlichkeit seine verschiedenen Verhaltensalternativen bestimmte Resultate erbringen werden. Das bedeutet, dass rational handelnde Menschen die Wahrscheinlichkeit des Eintretens bestimmter Dinge zutreffend erwägen können.

Instrumentelle Rationalität beruht darauf, mit Hilfe verfügbarer Informationen zutreffende Wahrscheinlichkeits–Einschätzungen vorzunehmen und aufgrund der Bewertung von zur Verfügung stehenden Handlungsalternativen erfolgreich zu agieren.

Hieran anknüpfend ergibt sich für das Konzept der epistemischen Rationalität ebenfalls eine Präzisierung: Der rationale Akteur kann mit Wahrheiten rund um die Realität umgehen – im Einzelnen kann er faktisch begründet mutmaßen, unter welchen Umständen, welches Handlungsergebnis eintreten wird. Das heißt, er kann hierzu Hypothesen entwickeln und diese im Kopf durchspielen, mit der Realität abgleichen und überprüfen. Auf dieser Basis ist er in der Lage, für verschiedene Handlungsoptionen vorherzusehen, welches Resultat jeweils mehr oder weniger wahrscheinlich ist.

Drücken wir es ein wenig formaler aus: Epistemisch rationale Individuen verfügen über Argumentationsfähigkeiten in Bezug auf Wahrscheinlichkeiten, über Fähigkeiten zur Bewertung von faktischen Belegen und Evidenzen sowie über eine Kompetenz zur Entwicklung von Hypothesen und deren Überprüfung. Damit eine Person instrumentell rational handeln kann, sollten vor allen Dingen ihre Wahrscheinlichkeits–Schätzungen zutreffend sein und anhand elementarer Grundregeln der Wahrscheinlichkeits–Rechnung plausibel sein.

Schauen wir aufgrund dieser Präzisierung des Rationalitäts–Konzepts in die Realität. Wie gut sind Menschen dabei, epistemisch und instrumentell rational zu agieren?

Umfangreiche Forschungen, die Hunderte von empirischen Studien umfassen, und die über mehrere Jahrzehnte durchgeführt wurden, haben eindeutig nachgewiesen, dass die Reaktionen von Menschen in Handlungs–situationen deutlich von den als rational geltenden Optionen abweichen können. *(Evans et al., 2012; Lichtenstein & Slovic, 2006; Manktelow, 1999; Stanovich, 2016, S. 25–28; Stanovich & Toplak, 2016, S. 9–13)*

Diese Studien werden sich in den nächsten Kapiteln als der Fundus erweisen, auf den Stanovich und sein Team zurückgreifen können, um die verschiedenen Denktests zusammenzustellen, auf deren Basis künftig individuelle Rationalität verlässlich gemessen wird.

Als aufschlussreich hat sich erwiesen, zu beobachten, wie Menschen immer wieder die Normen rationalen Denkens verfehlen, denn

- sie schätzen Wahrscheinlichkeiten falsch ein
- sie testen Hypothesen ineffizient
- sie verletzen die Regeln der Nützlichkeit von Handlungsoptionen

- sie schätzen falsch ein, inwieweit ihre Überzeugungen der Realität entsprechen
- ihre Entscheidungen werden durch irrelevante Informationen und Begleitumstände ungünstig beeinflusst
- sie ignorieren Alternativhypothesen bei der Datenauswertung und
- sie fallen auf zahlreiche andere Verzerrungen bei der Verarbeitung von Informationen herein

Auf der Basis dieser »Verfehlungen« wird Stanovich in der Folge eine Klassifikation rationalen Denkens vornehmen. Zum Hintergrund des Forschungsansatzes, in dessen Rahmen die Grundlagenarbeit geleistet wurde, ein paar Basisinformationen:

Ein Großteil dieser Analysen des rationalen Denkens in der Kognitionswissenschaft stammen aus der Tradition der Forschung zu sogenannten »heuristics and biases« – zu Heuristiken und Verzerrungen. Diese Denkfehler wurden in den 1970er Jahren entdeckt und anschließend intensiv erforscht. Als Forschungspioniere traten dabei die beiden Kognitionswissenschaftler Daniel Kahneman und Amos Tversky auf. *(Kahneman, 2011, 2019; Kahneman et al., 1982; Kahneman & Tversky, 1996)*

Was hat es mit den beiden Hauptthemen der sogenannten »heuristics and biases«–Tradition auf sich?

Es handelt sich allgemein betrachtet um

- »heuristics« = »Heuristiken«, »Daumenregeln«, um »über den Daumen peilen« = um mentale »shortcuts«, kraftsparende Abkürzungen, die von Personen genommen werden beim Versuch, Probleme zu lösen,

- »biases« = »Verzerrungen« = systematische Fehler, die Menschen machen, wenn sie Handlungsentscheidungen treffen und Wahrscheinlichkeiten einschätzen.

Der Begriff »biases« bezieht sich auf das »Was« – auf die systematischen Fehler, die Menschen bei der Wahl von Handlungen und bei der Einschätzung von Wahrscheinlichkeiten machen, und der Begriff »heuristics« bezieht sich auf das »Warum«, wieso Menschen diese Fehler häufig machen – indem sie mentale Abkürzungen (Heuristiken) verwenden, wenn sie sich vergebens bemühen, Probleme zu lösen.

Die Analyse der beiden »Störenfriede« (Heuristiken und Verzerrungen) wird uns in diesem Buch fortlaufend begleiten.

In den nächsten Kapiteln werden wir betrachten, wie Keith E. Stanovich ein aufschlussreiches funktionales Denkmodell entwickelt, in denen die Beiden eine zentrale Rolle spielen.

Auch Intelligenz wird sich als Denkkompetenz von wesentlicher Bedeutung erweisen. Es wird sich allerdings in vielen Details zeigen, dass Rationalität im Vergleich zur Intelligenz das wesentlich umfassendere mentale Konstrukt ist. Denn Intelligenztests erfassen beispielsweise nicht, inwieweit Personen korrekt mit Hypothesen und insbesondere mit Wahrscheinlichkeiten umgehen.

Stanovich bringt diesen Aspekt auf den Punkt, indem er auf ein Statement des Harvard–Professors und Psychologen Steven Pinker hinweist. *(Stanovich & Toplak, 2016, S. 12)* Als Kahneman und Tversky der Alfred–Nobel–Gedächtnispreis für Wirtschaftswissenschaften verliehen wurde, sagte Steven Pinker laut Stanovich:

»(...) wenn wir versuchen zu bestimmen, was jede gebildete Person aus dem Universum des Wissens kennen sollte (...), dann sollte die Erforschung der menschlichen Kognitionen und der Wahrscheinlichkeits–Begründung eines der ersten Dinge sein, die er weiß (...)«

Wenn wir in unserem Leben bekommen möchten, was wir uns wünschen, dann benötigen wir Wissen über unsere Denkkompetenz und über die Begründung von Wahrscheinlichkeiten. Was Keith E. Stanovich für ein verblüffendes Faktum hält: Der Wirtschafts–Nobelpreis wurde zur Ehrung einer Studie von Kahneman und Tversky verliehen, die genau diese wichtigen Kennzeichen des Denkens untersucht hat. Doch die Bewertung dieser Kennzeichen fehlt in dem bekanntesten und am meisten verwendeten Werkzeug zur Bewertung mentaler Leistungen vollständig – im Intelligenz–Test, dem bei der Einschätzung von kognitiver Kompetenz dennoch universelle Bedeutung zugeschrieben wird.

Zusammenfassung: Der starke Begriff der Rationalität

- Rationale Denkkompetenzen liegen außerhalb dessen, was Intelligenz–Tests messen.
- Bis vor kurzem gab es kein Messverfahren zur Bewertung rationalen Denkens und Verhaltens.
- Das Rationalitäts–Konzept ist ein normatives Modell, das wesentliche kognitive Leistungen von Individuen bewertet.
- Rational sind Personen, die in der Lage sind, prinzipiell fehlerlos zu ermitteln, welche Tatsachen–Behauptungen korrekt sind und welche Handlungsalternativen dazu dienen können, ihre Ziele zu erreichen.

- Auf der Basis der aktuellen Kognitions–Forschung ist es möglich, einen Rationalitäts–Test zu entwickeln und Individuen systematisch zu schulen.

2. Die Entwicklung des Modells rationalen Denkens

Eine kognitive Architektur mit zwei Prozessen

Nachdem wir uns auf den vorhergehenden Seiten das Konzept des rationalen Denkens vergegenwärtigt haben, kommen wir zum nächsten wichtigen Thema:

Wir schauen uns an, wie das menschliche Denken funktioniert. Im Detail betrachten wir, wie Rationalität als kognitive Leistung auf der Basis unseres »Denkapparats« realisiert wird.

Hierbei stoßen wir zunächst auf sprachliche Probleme, denen wir uns unmittelbar annehmen. Denn wir bekommen es bei der Architektur des Denkens mit Sachverhalten zu tun, für deren Beschreibung uns im Augenblick noch die passenden Begriffe fehlen. Wir sind es nicht gewohnt, unsere Bewusstseinsvorgänge differenziert sprachlich zu umschreiben.

Schauen wir in diesem Zusammenhang in Studien und Fachliteratur, zeigt sich, dass Kognitionswissenschaftler zur Beschaffung der fehlenden Worte zwei Hauptwege gegangen sind:

Zum einen haben sie den Vorrat an Begriffen aus der Alltagssprache aufgegriffen, die wir seit Generationen nutzen, wenn wir uns selbst dabei beobachten, wie »sich etwas in unserem Kopf regt«.

Zum anderen haben Forscher Begriffe aus technologischen Domänen »importiert«, um diese für die Umschreibung von Denkprozessen zu verwenden. Insbesondere Begrifflichkeiten aus der Computertechnik und dem Programmieren von Software kommen zum Einsatz und haben sich als fruchtbar erwiesen.

Solange wir uns vor Augen führen, dass diese technische und programmiersprachliche Terminologie lediglich im übertragenen Sinne genutzt wird, ist diese Vorgehensweise akzeptabel. Noch etwas halten wir an dieser Stelle fest: Auch wenn wir in der Folge mit Begriffen aus der Alltagssprache arbeiten, die mit diffusen Vorstellungen von unserem »Geist« verbunden sind, bekommen wir es bei der Analyse rationalen Denkens mit Tatbeständen realistischer, empirisch arbeitender Wissenschaft zu tun. »Geist«–Sprechweisen entstammen ideologischen und religiösen Kontexten, die erfahrungsgemäß Forschungs– und Aufklärungs–avers sind.

Jeder Denkvorgang, jede Leistung unseres Bewusstseins basiert auf materiellen Prozessen, die in Gehirnen ablaufen und damit prinzipiell wissenschaftlich zu erklären sind – ausnahmslos. Darüber hinaus: Unsere Gehirne sind weder Computer, noch sind Gedanken digitale Datenströme, noch sind Denkmuster eine Software, die durch digitale Routinen vorprogrammiert wären.

Wir nutzen IT–Sprache lediglich im übertragenen Sinne, um uns kognitive Funktionsweisen vereinfacht vorzustellen. – Diese Vorgehensweise wird von Kritikern für problematisch gehalten. Das sollte den Lesern bewusst sein. In einem späteren Kapitel werden wir dieser Kritik nachgehen und uns speziell mit den angesprochenen Problemen beschäftigen, die unter anderem mit Wissenschaftstheorie und –philosophie sowie aktuellen Theorien aus der Neurowissenschaft zu tun haben. Doch in den nächsten Kapiteln werden wir diese Problematik ausblenden und – wo es hilfreich ist – vorsichtig formulierend Begriffe aus der Alltagssprache nutzen und auf Wörter zurückgreifen, die in der Informationstechnologie und Computertechnik beheimatet sind.

Eine weitere sprachliche Herausforderung müssen wir an dieser Stelle – an der wir offenbar so Einiges zu »beichten« haben – auch noch nennen. Die Erforschung der menschlichen Rationalität, insbesondere die entsprechenden Studien rund um »heuristics and biases« wurden schwerpunktmäßig an Universitäten im angloamerikanischen Kulturkreis durchgeführt – in den USA, in Großbritannien und im englischsprachigen Kanada. Die Sprache der aktuellen psychologischen Erforschung rationalen Denkens ist damit Englisch.

Wenn wir hier wichtige Ergebnisse aus diesen Forschungen nachvollziehen möchten, kommen wir nicht daran vorbei, englischsprachige Terminologien kennenzulernen und wichtige Begriffe zu übernehmen, die sich nicht 1 zu 1 übersetzen lassen. Aber da wir alle mittlerweile gewohnt sind, beispielsweise mit dem Blick auf den »Screen« unserer »Mobilphones« Dinge zu »googlen«, »coole Movies«, »Sound zu streamen« und »Posts« zu lesen oder ganz einfach per »Social Media« zu »chillen«, sollte es kein Problem sein, auch beim Diskutieren des Rationalitäts–Quotienten englische Begriffe zu akzeptieren – oder?

Starten wir direkt mit einem Kernbegriff, der uns demnächst begegnen wird: dem Begriff des »mind«.

Mind ist ein englisches Wort, das rund um das Thema Denken im täglichen Sprachgebrauch nicht nur von »native speakers« umfangreich verwendet wird. Es tritt in zahlreichen idiomatischen Ausdrücken auf – vom »don‹t mind« (»Macht nichts!«) über »losing one‹s mind« (»seinen Verstand verlieren«) bis zu »would you mind?« (»Hätten Sie etwas dagegen?«). Mit dem Begriff ist im Einzelnen ein enorm großes Bedeutungsspektrum* verbunden: »Kopf«, »Verstand«, »Denken«, »Gemüt«, »Sinn«, »Bewusstsein« usw.

(: Dieser Bedeutungshorizont überschneidet sich offenbar mit dem des lateinischen Wortes »mens«, von dem sich unter anderem medizinische Fachbegriffe wie das deutsche Wort »mental« aber auch »demens« (lateinisch »de mente«) ableiten. Laut Wörterbuch deckt mens ein Begriffsfeld ab, das »denkender Geist«, »Verstand«, »Denkart« usw. umfasst. Der Alltagsbegriff »mind« wird in der psychologischen Forschungsliteratur in einem ähnlichen Sinne verwendet.)*

Im Folgenden wird eine konkrete Bedeutung in den Vordergrund treten: die Bedeutung von »mind« als Bezeichnung für eine »Denkfunktion«. Es wird davon gesprochen werden, dass wir einen bestimmten »mind haben«. Damit ist gemeint, dass unser Gehirn ein bestimmtes Denkvermögen realisiert bzw. unter Rückgriff auf neuronale Mechanismen eine bestimmte kognitive Funktion erfüllt.

Wir werden in der Folge drei verschiedene »minds« – *»autonomous mind«, »algorithmic mind« und »reflective mind«* – kennenlernen, was nicht bedeuten soll, Menschen hätten drei verschiedene Gehirne oder Verstandesapparate. Stattdessen wird sich zeigen, dass rationales Denken, das Zusammenspiel von drei verschiedenen Denkfunktionen und die Koordination von drei verschiedenen »minds« voraussetzt.

Starten wir damit, die ersten beiden »minds« kennenzulernen.

Vorstellung der beiden Basisprozesse

Während Rationalitätsforscher begannen, die Denkprozesse von Versuchspersonen zu beschreiben, welche die Aufgabe hatten, »heuristics & biases«–Tests zu lösen, entwickelten sie einen Konzeptrahmen, der auf zwei grundsätzlich unterschiedlichen Denkprozessen basiert. Es war der »Dual–Prozess–Framework« entstanden, für dessen Fruchtbarkeit sich im Ausgang der 1970er Jahre eine Vielfalt an Belegen angesammelt hatte.

Parallel gab es viele Hinweise darauf, dass der Bedarf an einem Zwei–Prozess–Approach nicht nur in der kognitiven Psychologie, der Sozialpsychologie oder der ökonomischen Theorie präsent war. Auch in weiteren Spezialdisziplinen zeigten Forschungsergebnisse, wie fruchtbar ein Zwei–Prozess–Konzept sein kann: in der realistisch–naturalistischen Philosophie, in der Entscheidungstheorie, aber auch in der evolutionstheoretischen und neurophysiologischen Forschung.

Um welche zwei Denkprozesse geht es? *(Vergl.: Evans & Frankish, 2009; Evans & Stanovich, 2013; Stanovich, 2011, S. 3–28; Stanovich et al., 2020, S. 1111–1113; Stanovich & Toplak, 2016, S. 16–22)*

Es handelt sich um zwei grundlegend unterschiedliche Typen von kognitiven Prozessen, die sich gegenüberstehen:

- auf der einen Seite eine durch einen Auslösereiz getriggerte *automatische kognitive Reaktion*
- gegenüber einer *normsetzenden und bewertenden Reaktion* auf der anderen Seite, die meist – allerdings nicht immer – durch kontrolliertere Typen mentalen Prozessierens angeregt wird

Einem breiteren Lesepublikum ist dieses Zwei–Prozess–Konzept durch Daniel Kahnemans Bestseller »Schnelles Denken – langsames Denken« *(Kahneman, 2011, 2019)* nahegebracht worden. In diesem Buch gibt Kahneman einen systematischen Überblick über eine Bandbreite von Forschungsergebnissen aus der von ihm und Amos Tversky initiierten »heuristics and biases«–Forschungstradition. Dabei dramatisiert er Forschungsresultate, indem er »zwei Systeme« spannend inszeniert, deren dynamisches Zusammenwirken offenbar häufig Denkfehler provozieren. Diese System 1– und System 2–Terminologie zur Umschreibung der beiden Denkprozess–Typen wurde ursprünglich durch Keith E. Stanovich und seinem Team in die Forschungsliteratur eingebracht, worauf Kahneman am Anfang seines Erfolgsbuchs hinweist. *(Kahneman, 2011, S. 20)* Bei der Entwicklung des Rationalitäts–Quotienten, der wir hier folgen, verzichtet Stanovich allerdings bewusst auf diesen von ihm selbst in die Diskussion eingebrachten Systembegriff zur Bezeichnung der beiden Denktypen. Er möchte den Eindruck vermeiden, für die beiden Denktypen wäre jeweils genau ein System innerhalb des Gehirns zuständig. *(Stanovich & Toplak, 2016, S. 17–18)* Die diesen Denkprozessen zugrundeliegenden Abläufe, Strukturen und neurowissenschaftlich zu definierenden Komponenten seien zu komplex, um auf zwei Einzelsysteme reduziert zu werden. Im zweiten Teil dieses Buchs werden wir in Details auf die neurowissenschaftliche Grundlegung der Rationalitätsforschung eingehen.

Dass sich Stanovich bei der Entwicklung des Rationalitäts–Quotienten von der System–Terminologie distanziert, die der Nobelpreisträger Kahneman in seinem Bestseller favorisiert, bedeutet nicht, dass beide Forscher grundsätzlich uneinig wären, was die Unterscheidung von Denkprozessen angeht. Kahneman hat Stanovichs Forschung zur Rationalität verfolgt und begrüßt diese ausdrücklich als wichtigen Fortschritt in der Forschung:

> *»Der Rationalitäts–Quotient ist ein bedeutender Fortschritt in der Psychologie der Rationalität. Er stellt die beste Analyse kognitiver Fehler in der wissenschaftlichen Literatur dar und liefert überzeugende Argumente dafür, die Rationalität unabhängig von der Intelligenz zu messen.«*

(Statement auf der ersten Umschlagsseite der Taschenbuch–Ausgabe von: *Stanovich & Toplak, 2016* – Übersetzung von Heinz W. Droste)

Typ 1 – die automatische Verarbeitung *(Stanovich & Toplak, 2016, S. 18–19)*

Das ausschlaggebende Merkmal des Typ 1–Denkprozesses ist seine Autonomie. Tritt in der Umgebung eines Individuums ein entsprechender Reiz auf, wird das Typ 1–Denken als Reaktion automatisch ausgelöst, ohne dass eine Person über ihre ablaufenden Gedanken reflektieren muss. Der Typ 1–Prozess ist also vom bewussten Nachdenken autonom und tritt zwingend auf, sobald ein triggernder Impuls empfangen wurde.

Mit diesen autonomen Prozessen gehen häufig weitere Eigenschaften einher, die allerdings nicht den Status von prägenden Merkmalen des Typ 1–Denkens haben: Das Auslösen dieser Denkreaktion ist in der Tendenz schnell und der Kräfte–Haushalt des Denkens – die Arbeitskapazität der kognitiven Aufmerksamkeit – wird durch sie nicht stark belastet.

Zu diesem kognitiven Typ 1 gehören u.a. unterschiedliche Arten von Denkprozeduren und Denkmodulen:

- angeborene Prozeduren und Module
- Prozeduren, die lange vom Individuum eingeübt wurden, so dass diese automatisch – als Automatismen – funktionieren

Einige dieser Bestandteile schauen wir uns gleich genauer an. Allgemein ist zu sagen, dass darin viele Regeln, Raster zur schnellen Bewertung von Reizen aus der Umgebung sowie Prinzipien der Entscheidungsfindung enthalten sind. Die hierauf basierenden Denkprozesse können mit Blick auf rationales Denken und damit verbundenen Aufgaben eines Individuums zu korrekten oder falschen Reaktionen führen. Im Rahmen von »heuristics and biases«–Experimenten zeigte sich, dass Probanden häufig spontan Antworten geben konnten – verbunden mit großer Zuversicht in Bezug auf deren Korrektheit. Ihre Reaktionsweisen basierten auf Fähigkeiten, die sie über längere Zeiträume geübt und gefestigt hatten, und die tatsächlich häufig zu korrekten Antworten führten. Allerdings können gerade diese gelernten Reaktionsmuster eine große Bedrohung rationalen Verhaltens sein. Denn diese bis zur Automatizität erlernten Regeln können zu allgemein und zu unspezifisch sein, um für eine konkrete Situation zu passen. Sie lösen automatisch Verhalten aus, obgleich wesentliche Merkmale der Situation, in der sich ein Individuum gerade befindet, anders sind als diejenigen, für die es die betreffende Regel ursprünglich gelernt hat.

Typ 2 – problemlösendes – algorithmisches – Denken

(Stanovich & Toplak, 2016, S. 19–20)

Im Unterschied zu Typ 1–Prozessen läuft das Typ 2–Denken relativ langsam ab, erfordert hohe Energie, ist Denkarbeits–extensiv und blockiert Aufmerksamkeit.

Während viele Typ 1–Prozesse gleichzeitig – parallel – ablaufen, verlaufen Typ 2–Prozesse nacheinander – seriell: Wegen der durch Typ 2–Prozesse erforderlichen »kräftezehrenden« Konzentration werden Denkaufgaben nacheinander abgearbeitet.

Typ 2–Prozesse knüpfen häufig an Typ 1–Prozesse an. Denn eine der entscheidenden Funktionen der Typ 2–Verarbeitung besteht darin, die Typ 1–Verarbeitung unter bestimmten Voraussetzungen zu blockieren. Typ 2–Denken bewirkt diesen wesentlichen Schritt bei der Korrektur falscher oder unpassender automatischer Reaktionen durch ein »Überschreiben« – einem »Override«.

Dieses fallweise »Overriding« ist im Rahmen rationalen Denkens wichtig, weil das autonome Prozessieren von Typ 1 heuristische »Faustregel«–Qualitäten aufweist und keine auf eine spezifische Sachlage zugeschnittene Lösung liefern kann. Autonome Prozesse sind in Situationen häufig darauf beschränkt, die Reaktion des Individuums in die zwar korrekte, aber zu grobe Richtung zu lenken, wenn es darum geht, ein konkretes Problem zu lösen oder eine Entscheidung zu fällen.

Dazu kommt, dass Typ 1–Heuristik–Prozesse eine günstige Umgebung erfordern, die durch erkennbare Hinweise geprägt ist, die das »passende« Standard–Verhalten auslösen. In einer feindlichen Umgebung, in der keine hilfreiche Standard–Reaktion zur Verfügung steht, kann das Verlassen auf diese Heuristiken mit teuren negativen Folgen verbunden sein.

Umgebungen – hilfreich oder feindlich

Eine günstige, hilfreiche Umgebung ist eine Umwelt, die nützliche Hinweise enthält, die kompatibel mit den Heuristiken des Typ 1–Prozessierens sind. Es kann sich laut Stanovich um affektauslösende Hinweise oder lebendige und leicht zuzuordnende Reizkomponenten handeln. *(Evans & Stanovich, 2013, S. 229; Stanovich, 2013, S. 19, 2016, S. 27, 2018; Stanovich et al., 2016, S. 209, 2020, S. 1112; Stanovich & Toplak, 2019, S. 162; Toplak et al., 2014, S. 148, 2017, S. 550)*

Damit eine Umgebung günstig wirkt, ist vorausgesetzt, dass es darin keine Personen gibt, die ihr Verhalten darauf abgestimmt haben, autonome Typ 1–Prozesse in den Hirnen ihrer Mitmenschen für ihre eigenen einseitigen Interessen auszubeuten.

Im Gegensatz dazu ist eine Heuristik–feindliche Umgebung eine Umwelt, in der es nur wenige Hinweise gibt, an die autonome Prozesse anknüpfen können, oder gar Hinweise aufweisen, die irreführend sind. Weiterhin sind Umgebungen feindlich, wenn Personen als Gegenspieler darin auftreten, die wissen, welche Hinweise und Reize automatische Reaktionen bei Individuen auslösen, und dieses Wissen missbrauchen. Beispiele können Werbetreibende sein, die per Anzeigenwerbung gezielt bestimmte Reaktionen bei Konsumenten triggern, um diese zu übervorteilen. Oder Gestalter von Supermarktflächen – sogenannte Merchandiser –, die gezielt Anreize nutzen, um automatische Reaktionen auszulösen – indem sie beispielsweise bestimmte, »leckere« aber teure ungesunde Snackprodukte unmittelbar vor der Kasse platzieren, um vom »kleinen Hunger« der Kunden zu profitieren. Oder Programmierer von Software für Social Media–Plattformen wie Facebook, die ihre Kreativität von Jahr zu Jahr steigern, um User mittels ständig neuer Algorithmen zu »ködern«.

Der »kognitive Geizkragen« tritt auf

Unterschiedlichste Arten von Typ 1–Verarbeitungsprozessen können Reaktionen hervorrufen, die zu irrationalen Reaktionen führen, wenn sie nicht außer Kraft gesetzt werden. Denn in vielen Situationen umgehen Menschen Reaktionsweisen, die mit Denkanstrengungen verbunden sind. Sie haben die Tendenz, sich auf Denkressourcen–sparende automatische Reaktionen zu verlassen, statt umständlich einen Override–Vorgang zu starten. Sie handeln als »kognitive Geizkragen« (»cognitive misers«), indem sie Kraftaufwand meiden. Kahneman hat im Rahmen seiner Forschungen beispielsweise den Vorgang des »Substituierens« entdeckt. (*Kahneman, 2011, S. 97–105*). Mit »Substitution« wird üblicherweise der Tausch einer eigentlich erforderlichen Sache gegen einen minderwertigeren Ersatz verstanden. Individuen, die Denkaufwand vermeiden wollen und als »kognitive Geizhälse« agieren, umgehen beispielsweise die aufwendige Suche nach relevanten Fakten und deren Analyse. Stattdessen geben sie sich mit Attributen wie Anschaulichkeit, Lebendigkeit oder gefühlsmäßiger Ansprache zufrieden. So kommt es, dass Medienkonsumenten Nachrichten präferieren, die sie gefühlsmäßig ansprechen, weil sie in eine spannende Geschichte verpackt sind – der Wahrheitswert von diesen Newsstories hat häufig nachrangige Bedeutung für sie.

Der kognitive Geizhals gleicht damit prinzipiell dem sprichwörtlichen Betrunkenen, der seinen Schlüssel lieber im Licht unter der Laterne sucht, statt im Dunkeln auf dem Boden tastend vor der Tür, vor der er diesen verloren hat.

Wenn wir es jedoch mit Risiken zu tun haben, die uns in unserer Umgebung bedrohen, sollten wir uns keinesfalls durch Anschaulichkeit und Lebendigkeit vom sorgfältigen Nachdenken über die Situation abhalten lassen. In solchen Situationen sollten wir den als Override definierten Typ 2–Prozess einsetzen, um die vom kognitiven Geizhals praktizierte Substitution von Situationsmerkmalen zu unterbinden. *(Evans & Stanovich, 2013, S. 237; Stanovich,*

2009a, 2009b, 2011, S. 65–71, 2014, 2015, 2016, S. 28–29, 2018; Stanovich et al., 2016, S. 211–213; Stanovich & Stanovich, 2010, S. 219–225; Stanovich & Toplak, 2016, S. 39–62; Stanovich & West, 2014, S. 147–148)

Typ 2–Leistungsmerkmale beim Unterbinden automatischer Reaktionen

Kognitive Typ 2–Verarbeitungen, die zur Kontrolle an Konflikten anknüpfen, die von autonomen Typ 1–Prozessen ausgelöst werden, greifen auf zwei aufeinander aufbauende Fähigkeiten zurück, um die Typ 1–Verarbeitung wirkungsvoll außer Kraft zu setzen. Deren erste ist die Fähigkeit, diese Verarbeitung zunächst zu unterbrechen. Die Verarbeitung von Typ 2 verfügt mittels dieses Overrides über einen wichtigen »inhibitorischen« Mechanismus. *(Stanovich, 2011, S. 47–59; Stanovich & Toplak, 2016, S. 21–22)* Aber die Fähigkeit, Typ 1–Verarbeitungen zu unterbinden, deckt die Arbeit lediglich zur Hälfte ab. Die Unterbrechung einer automatischen Reaktion ist nur dann hilfreich, wenn es eine bessere Reaktionsweise gibt, welche die schlechte automatische ersetzen kann.

Woher kommen diese besseren Reaktionen – diese optimierten »responses«?

Antwort: Hierzu stellt das Typ 2–Denken laut Professor Stanovich die Kompetenz bereit, hypothetisch zu denken. Hypothetisch Denken bedeutet, sich temporäre Modelle der Welt vorzustellen und gedanklich zu simulieren, um dadurch die Nutzung einer alternativen Handlung in der Imagination durchzuspielen und zu testen.

Um hypothetisch denken zu können, müssen Individuen über eine weitere wichtige kognitive Fähigkeit verfügen: Sie müssen in der Lage sein, die gedankliche Vorstellung der alternativen Zukunft von Repräsentationen der realen Welt zu unterscheiden und nicht damit durcheinanderzubringen. Reale Welt und imaginäre Situationen sind getrennt vorzustellen – mit anderen Worten: Reale Welt und imaginäre Welt sind zu »entkoppeln«.

Diese sogenannten kognitiven Entkopplungsoperationen sind das zentrale Merkmal der Typ 2–Verarbeitung. Das Entkoppeln unserer Repräsentationen der realen Welt und der Repräsentationen der imaginären Welt aufgrund unseres hypothetischen Denkens sind rechnerisch enorm aufwändig und schränken die Möglichkeit stark ein, andere Typ 2–Operationen gleichzeitig durchzuführen.

An einem konkreten Beispiel: *Sie sind in einer Stadt, die ihnen nicht sehr vertraut ist und in der es viele Einbahnstraßen gibt, mit dem Auto unterwegs. Sie ha-*

ben hier einen wichtigen Termin. Zwei Kilometer vor Ihrem Ziel wird der direkte Weg vollgesperrt. Aufgabe: Stellen Sie sich nun per Imagination ohne Rückgriff auf ein Navigationsprogramm alternative Anfahrtswege vor und berücksichtigen Sie dabei die verschiedenen Einbahnstraßen: Könnten Sie gleichzeitig eine gerade von Ihrem Beifahrer gestellte Frage zum bevorstehenden Gesprächstermin beantworten? – Wahrscheinlich nicht! Sie würden sich bei Ihrem Vorstellen von alternativen Anfahrtswegen massiv gestört fühlen und vielleicht spontan unfreundlich auf den Nebenmann reagieren.

Das Zwei–Prozess–Modell

In unserer ersten Abbildung **(Abbildung 1: Das vorläufige Zwei–Prozess–Modell des Denkens)** wird das vorläufige Zwei–Prozess–Modell des Denkens basierend auf der Basis der Details dargestellt, die wir bisher kennengelernt haben. *(Stanovich & Toplak, 2016, S. 20)*

Die Abbildung zeigt die von uns besprochene Typ 2–Override–Funktion sowie den Typ 2–Simulationsprozess. Zusätzlich ist in der Abbildung ein Pfeil dargestellt, der anzeigt, dass Typ 2–Prozesse Inputs von Typ 1–Rechenoperationen empfangen. Diese so genannten präattentiven Prozesse – preattentive processes – wurden von Kognitionsforschern, wie **Abbildung 1** zeigt, als eine Art »Monitoring–Funktion« konzipiert *(Stanovich, 2009, S. 67–68, 2012, S. 352–355; Stanovich et al., 2020, S. 1112–1113)*:

Arbeitet das Typ 1–Denken ausgelöst durch einen Stimulus an einer Reaktion, startet vorbewusst ein Präventivprozess aufgrund des Monitor–Inputs des autonomen Denkens in Richtung der Ebenen des Typ 2–Denkens. Im Fall eines Konflikts stoppt das Typ 2–Denken den Typ 1–Response per Override. Danach startet eine Entkopplung, an die sich eine Simulations–Sequenz anschließt.

Übrigens: An dieser Stelle sei erwähnt, dass in den Kognitionswissenschaften Dual–Prozess–Konzepte weit verbreitet sind. Keith E. Stanovich hat in verschiedenen seiner Veröffentlichungen hierzu Übersichten vorgelegt, die einen Eindruck von den dabei verwendeten unterschiedlichen Begrifflichkeiten geben, die Autoren bei ihren jeweiligen Zwei–Prozess–Ansätzen nutzen *(Evans & Frankish, 2009; Evans & Stanovich, 2013)*. Diese Konzepte sind nicht deckungsgleich und in Details unterschiedlich. In einem späteren Kapitel werden wir auf den Vergleich dieser Ansätze eingehen, um zu sehen, unter welchen Umständen Dual–Prozess–Konzepte problematisch sein können.

Abbildung 1:
Das vorläufige Zwei–Prozess–Modell des Denkens

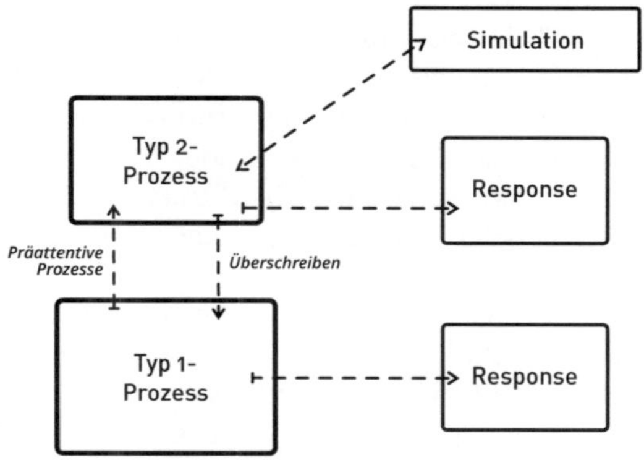

Übersetzung und Adaption von »Figure 2.1 – A preliminary dual–process modell.« (Stanovich & Toplak, 2016, S. 20)

Was haben diese Typ 1– und Typ 2–Prozesse mit Intelligenz zu tun?

Auf den vorhergehenden Seiten haben wir den ersten Entwurf der »Architektur« unseres Denkens kennengelernt. Damit dieses Grundgerüst verstehen helfen kann, wie Rationalität funktioniert, sind noch eine ganze Reihe Verfeinerungen daran vorzunehmen.

Bevor wir in diese weitere Ausarbeitung starten, wird sich mancher Leser fragen: »Moment: Sind diese Typ 1– und Typ 2–Prozesse eigentlich nicht genau das, was wir als ›Intelligenz‹ bezeichnen?« – Gute Frage! Ihre Beantwortung wird uns einen guten Schritt weiterbringen:

Zur Klärung ist es wichtig, sich noch einmal vor Augen zu führen, dass Intelligenz das ist, was Intelligenztests messen. Diese Tests ergeben als Ergebnis für jede Person einen individuellen IQ. Der Durchschnitts–IQ, der in einer Bevölkerungsgruppe bei Personen gemessen wird, ist der Mittelwert, der per Normalverteilung mit dem Wert 100 definiert wird; erfahrungsgemäß erzielen die meisten der getesteten Personen rund um den Mittelwert einen IQ zwischen 85 und 115 Punkten.

Offenbar werden durch Intelligenztests Aspekte menschlicher kognitiver Funktionen gemessen, bei denen sich einzelne Personen mehr oder weniger deutlich voneinander unterscheiden – jede Person erzielt den ihre individuelle Denkleistung bewertenden IQ.

Schauen wir unter diesem Aspekt auf Typ 1–Denkprozesse, die definitionsgemäß autonom und unreflektiert ablaufen:

Typ 1–Prozesse basieren auf einem Kanon von automatisch ablaufenden Einzelfunktionen, aufgrund derer wir bestimmte informationsverarbeitende Operationen und Verhaltensweisen zur Anpassung an unsere Umgebung realisieren – beispielsweise Gesichtserkennung, Häufigkeitsschätzungen, grundlegende Verarbeitung von sprachlichen Strukturen, Bedrohungserkennung, Erfassen emotionaler Reaktionen unserer Mitmenschen oder Farbwahrnehmung.

Hierbei handelt es sich insbesondere um Prozesse, bei denen sich Personen untereinander nicht stark unterscheiden und welche nicht mit Hilfe von IQ–Tests bewertet werden. Keith E. Stanovich macht darauf aufmerksam, dass es dennoch gerade diese »allgemein–menschlichen« Prozesse sind, bei deren Betrachtung Unklarheiten rund um den Intelligenz–Begriff ihren Ausgang nehmen.

So finden sich in populärwissenschaftlichen Zeitungsartikeln über das menschliche Denkvermögen Textpassagen, in denen Redakteure bewundernd die Mechanismen beschreiben, über die wir verfügen, wenn wir Gesichter von Personen erkennen und wiedererkennen, und bezeichnen dies als »einen bemerkenswerten Aspekt der menschlichen Intelligenz«. Oder wir finden in populärwissenschaftlichen Büchern die Beschreibung der kognitiven Mechanismen zur Verarbeitung von sprachlichen Strukturen, Erkennen von Wörtern, Erlernen von Fremdsprachen, die als »faszinierende Produkte der Evolution des menschlichen Intellekts« bezeichnet werden. Und in einem Buch über Evolutionspsychologie könnten wir Darstellungen der bemerkenswert effizienten und »intelligenten« Mechanismen der Verwandtschafts-Erkennung finden, die bei vielen höheren Tieren, einschließlich dem Menschen, beobachtbar sind.

Alle diese Prozesse – Gesichtserkennung, Verarbeitung von Sprache, Verwandtschaftserkennung – gehören zweifellos zur »Maschinerie« unseres Gehirns und werden gerne als Teile der menschlichen Intelligenz beschrieben, obwohl keiner dieser Typ 1–Kognitionen in Intelligenztests operationalisiert wird. Kennzeichnend ist, dass sich Individuen in Bezug auf die Funktionsfähigkeit dieser Typ 1–Kognitionen durchschnittlich kaum unterscheiden. Dagegen bewerten Intelligenztests insbesondere Aspekte unserer kognitiven Funktionen, durch die sich Personen regelmäßig von Mitmenschen unterscheiden.

Stanovich macht in diesem Zusammenhang einen humorvollen Vergleich, der hier übernommen und ein wenig ausgeschmückt wird *(Stanovich & Toplak, 2016, S. 21)*:

Intelligenztests sind in dieser Beziehung ein bisschen wie Anzeigen auf Online-Dating-Plattformen im Internet – sie handeln von den Dingen, die Menschen unterscheiden und zu ihrer individuellen Persönlichkeit beitragen, und nicht von Dingen, die sie gleich machen. An einem Beispiel: Wer online einen Partner sucht, schreibt in seine Selbstdarstellung so etwas wie: »Ich höre gerne die Bands ›New York Dolls‹ oder ›The Sex Pistols‹!«, um einen gleichgesinnten potenziellen Partner mit »punkigem« Musikgeschmack anzusprechen. Worin er sich nicht von anderen unterscheidet, blendet dieser Kontaktsuchende aus – etwa dass er, wenn er Hunger hat, Nahrung zu sich nimmt, oder dass er anschließend irgendwann Stuhlgang hat.

So wie diese Inserate individuell relevante Dinge enthalten, erfassen Intelligenztests Denkfunktionen, deren Ausprägung jeweils individuell variiert. Halten wir fest:

Die Konzepte der Typ 1–Prozesse und der Intelligenz betreffen grundlegend unterschiedliche Sachverhalte. Typ 2–Prozesse dagegen korrelieren mit Intelligenz:

Bei den beschriebenen Typ 2–Prozessen tritt charakteristischerweise individuelles Variieren auf. Am besten, Leser blättern noch einmal zurück: Wir haben in einem der vorhergehenden Absätze das Intelligenz–Konzept betrachtet, das bewährten IQ–Tests zugrunde liegt. Dabei spielte die sogenannte »fluide Intelligenz« (Gf) eine zentrale Rolle. Genau dieser Intelligenzaspekt begegnet uns hier. Denn Gf korreliert deutlich mit den Typ 2–Prozessen, welche die Mechanismen hinter den vorhin beschriebenen Entkopplungs–Operationen bereitstellen, die für hypothetisches Denken notwendig sind. Keith E. Stanovich betont, dass die flüssige Intelligenz die Ressource darstellt, auf deren Basis Entkopplungen ausgelöst und bei laufenden mentalen Simulationen aufrechterhalten werden.

Halten wir mit Blick auf Intelligenz fest:

Die Grundkompetenz, Simulationen aufrechtzuerhalten, während die relevanten Repräsentationen entkoppelt bleiben, stimmt weitestgehend mit der kognitiven Kompetenz überein, die in Intelligenztests als flüssige Intelligenz Gf gemessen wird. Flüssige Intelligenz und Typ 2–Kognitionen sind offenbar Basisbausteine bei der Konstruktion der Architektur des Denkens zur Realisierung rationaler Kognitionen.

Drei Minds und zwei tragische Geschichten

Leser, welche die Argumentation kritisch verfolgen, werden denken: »Aha – Intelligenz und Rationalität stimmen doch überein! Denn Typ 2–Kognitionen korrellieren mit flüssiger Intelligenz.« – Gut mitgedacht – doch es ist anders: Wir kommen nun auf die wesentlichen Aspekte zu sprechen, die belegen, dass Rationalität im Vergleich zur Intelligenz das wesentlich umfassendere Konzept darstellt.

Rationalität erfordert erweiterte hierarchische Kontrollfunktionen des Gehirns, die von IQ–Tests nur teilweise abgedeckt werden. Die Realisierung von Rationalität erfordert eine kognitive Ebene mit Verarbeitungsfunktionen, die grundlegend über den Übersteuerungs–Mechanismus hinausgehen, der auf der Verarbeitungsebene der flüssigen Intelligenz liegt. Um die Mechanismen auf den beiden Ebenen auf Alltags–sprachlichem Niveau zu charakterisieren und zu vergleichen, erzählt Keith E. Stanovich zwei imaginäre Stories *(Stanovich et al., 2020, S. 1113–1116; Stanovich & Stanovich, 2010, S. 206–210; Stanovich & Toplak, 2016, S. 22–26):*

In beiden Geschichten geht eine Dame auf einer Klippe spazieren. Beide Geschichten sind traurig – in beiden stirbt die Dame jeweils.

Der Zweck dieses makabren Gedankenspiels ist es, uns zum Nachdenken darüber anzuregen, wie wir jeweils den Tod der Damen in beiden Geschichten erklären und dabei jeweils beurteilen, welche Rolle rationales Denken spielt.

Bei Story A geht eine Frau auf einer Klippe am Meer spazieren und tritt auf einen großen Felsen. Aber das, was wie ein Felsen aussieht, ist überhaupt kein Felsen. Stattdessen tritt sie in eine Felsspalte, fällt ins Bodenlose und stirbt auf dem Felsengrund aufschlagend.

Bei Story B unternimmt die Dame erfolgreich einen Selbstmordversuch, indem sie sich in die Spalte einer Meeresklippe fallen lässt, und stirbt, als sie auf den Felsen darunter zerschmettert wird.

Wenn wir in beiden Fällen nach der offensichtlichsten Antwort auf die Frage suchen, warum die Dame jeweils starb, könnten wir sagen, dass die Antwort die gleiche ist. Dieselben physikalischen Gesetze der Gravitation, die bei Story A wirkten und dafür verantwortlich sind, dass die Dame beim Aufprall auf den Felsen zerschmettert wird, gelten auch bei Story B.

Uns ist allerdings bewusst, dass die Gesetze der Schwerkraft keine überzeugende Erklärung dafür liefern, was bei beiden Vorfällen geschehen ist. Wenn wir eine differenziertere Erklärung versuchen, scheinen Story A und Story B jeweils andere Erklärungsebenen zu erfordern, wenn wir uns jeweils auf die wesentliche Todesursache konzentrieren.

Bei der Analyse von Story A würde ein Psychologe geneigt sein zu sagen, bei der Verarbeitung von Stimuli – der Sinnesdaten in Bezug auf den Teil der Klippe, der aussah wie ein gangbarer Weg – sei etwas schief gegangen. Hier versagte das informationsverarbeitende System der Dame und schickte falsche Daten an die Response–Entscheidungs–Mechanismen, was dann zu einer katastrophalen motorischen Reaktion führte. Stanovich schlägt vor, diese Verarbeitungsebene von Daten als »algorithmische« Ebene zu bezeichnen. Er greift hiermit auf einen Begriff aus den Kognitionswissenschaften zurück:

Eine algorithmische Ebene ist eine Instanz, die sich mit den »rechnerischen« Prozessen im Gehirn beschäftigt, die zur Ausführung einer Aufgabenlösungs–Routine notwendig sind. Ein Algorithmus ist gemäß einer gängigen Definition eine Berechnungsvorschrift, auf deren Basis Lösungen von Aufgaben ermittelt werden. Diese Ebene wird in den Kognitionswissenschaften von der Ebene der Intentionalität bzw. der Rationalität unterschieden, die mit den Zielen des Systems und den Überzeugungen befasst ist, die für eine rationale Zielerreichung relevant sind.

Beim tödlich tiefen Fall der Frau in Story A ist die algorithmische Ebene die richtige Ebene, um ihr unglückliches Ableben zu erklären. Denn wie gesehen waren es ihre Wahrnehmungs–Registrierungs– und Klassifizierungs–Mechanismen, die versagten und den fatalen Schritt in die Felsspalte bewirkten.

Bei Story B ist es anders: Hier handelt es sich um keinen Informationsverarbeitungsfehler auf algorithmischer Ebene. Der Wahrnehmungsapparat der Frau erfasste den Rand der Klippe genau, und ihre motorischen Kommandozentralen programmierten ihren Körper präzise darauf, sich von der Klippe fallen zu lassen. Die auf der algorithmischen Ebene der Analyse angesiedelten Denkprozesse liefen perfekt ab. Kein Fehler auf dieser Ebene der Analyse erklärt deshalb, warum die Frau in Story B tot ist. Stattdessen starb diese Frau auf Grund ihrer Ziele und wegen ihrer mehr oder weniger rationalen Überzeugungen in Bezug auf ihr Leben und ihre Lebenswelt, die ihre Aktion mit tödlichem Ausgang bewirkte.

Einige Seiten zuvor wurden die Leser darauf vorbereitet, dass der Begriff des »Minds« bei der Darstellung der Hintergründe des Rationalitäts–Quotienten eine wichtige Rolle spielen wird. Jetzt sind wir soweit – der Begriff wird uns ab jetzt kontinuierlich begleiten: Stanovich spricht von nun an von drei verschiedenen Minds, um anzudeuten, dass es im Gehirn von Menschen Kontrollfunktionen ganz unterschiedlicher Art gibt – also: »verschiedene Arten von Minds«. Gemäß dieser Sprechweise hatte die Dame in Story A ein Problem mit dem »algorithmischen Mind« und die Dame in Story B einen Vorfall auf der Basis des »reflektierenden Minds«. Kurz gesagt, der reflektierende Mind befasst sich mit den Zielen des Systems, mit den für diese Ziele relevanten Überzeugungen und mit der Wahl der Handlung, die angesichts der Ziele und Überzeugungen des Systems optimal ist. All diese Merkmale implizieren den reflektierenden Mind in vielerlei Fragen der Rationalität. Es zeigt sich, dass ein hocheffizienter algorithmischer Mind nicht hinreicht, um rationales Denken zu erklären.

Stanovichs Ansatz, die beiden bei der Typ 2–Verarbeitung involvierten Kontrollebenen zu differenzieren und mit der Typ 1–Verarbeitung in einen Zusammenhang zu stellen, ist in Abbildung 2 **(Abbildung 2: Die dreiteilige Struktur des Minds und die Lokalisierung der Unterschiede individueller Kognition)** dargestellt. Die Einzelheiten dieser Grafik werden gleich im Detail erläutert.

Abbildung 2:
Die dreiteilige Struktur des Minds und die Lokalisierung der Unterschiede individueller Kognition

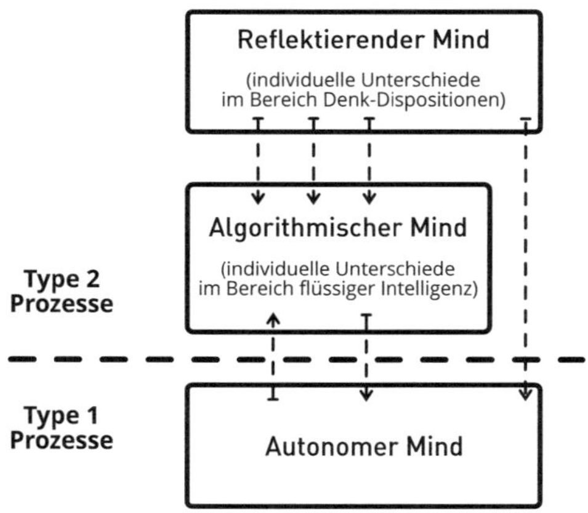

Übersetzung und Adaption von »Figure 2.2 – The tripartite structure of the mind and the locus of individual differences in cognition.« (Stanovich & Toplak, 2016, S. 25)

»Typische« Leistungssituationen und »optimale Leistungssituationen«

Professor Stanovich weist darauf hin, dass es in der psychologischen Literatur viele übereinstimmende Beweise und Theorien gibt, die dafür sprechen, die Unterscheidung der beschriebenen beiden Ebenen vorzunehmen. *(Stanovich & Toplak, 2016, S. 25)*

So haben Psychometriker – Vertreter des Zweigs der Psychologie, der sich mit dem psychologischen Messen befasst, – lange Zeit »typische« Leistungssituationen von »optimalen«, manchmal als »maximal« bezeichneten Leistungssituationen unterschieden.

»Typische Leistungssituationen« wollen wir uns hier als Situationen vorstellen, in denen Individuen im Alltag in die Lage kommen, aufgrund nicht vollständig transparenter Informationen eine möglichst rationale Handlungsweise zu ergreifen. Diesen Akteuren ist nicht von Anfang an klar, wie sie beispielsweise das Verhalten von Mitmenschen zu interpretieren haben und wie in der Situation relevante Sachverhalte und Dinge für das eigene Verhalten bewertet werden können. Leistungsmessungen in diesen typischen Ausgangslagen implizieren laut Stanovich zumindest teilweise, dass der reflektierende Mind in Funktion tritt, damit Individuen situative Bedingungen mit ihren Zielvorstellungen abgleichen können und bewerten, ob sie für die Durchführung der geplanten Handlung hinreichend mit relevanten Informationen versorgt sind. Akteure sind in diesen typischen Leistungssituationen darauf angewiesen, die »Aufgabe«, die ihr Handeln zu lösen hat, selbständig zu interpretieren.

Demgegenüber sind »optimale Leistungssituationen« solche, in denen die Aufgabeninterpretation extern festgelegt wurde. So können einem Probanden bei einem Experiment im Detail die Regeln mitgeteilt werden, nach denen seine Leistungen beurteilt werden – er weiß grundsätzlich, wie er ein bestmögliches, ein optimales Ergebnis erzielen und wie er die Bewertung seiner Lösungsaktivität maximieren kann. Auf diese Weise bewerten Aufgaben zur »optimalen Leistung« Fragen der Effizienz des Handelns von Probanden. Kurz gesagt: Sie erfassen die Verarbeitungseffizienz des algorithmischen Minds.

Offenbar basieren alle Tests der Intelligenz, aber auch kognitive Eignungstests auf Messungen von individuellen Kompetenzen in »optimalen« Leistungssituationen, in denen die Leistungsfähigkeit des algorithmischen Minds gefragt ist. Demgegenüber finden Messungen des reflektierenden Minds – also des kritischen oder rationalen Denkens – unter »typischen« Leistungsbedingungen statt, die Individuen selbständiges Orientieren und Bewerten von Informationen abverlangen.

Rationale Denkstile erfordern mehr als »kognitive Fähigkeiten«

Der Unterschied zwischen dem algorithmischen Mind und dem reflektierenden Mind wird in einer weiteren gut etablierten Unterscheidung bei der Messung der Kognitionen von Individuen erfasst – der Unterscheidung zwischen »kognitiven Fähigkeiten« und »Denkstilen«.

Das Konzept der »kognitiven Fähigkeit« überschneidet sich mit dem des algorithmischen Minds. Denkstile sind etwas anderes und werden in der Psychologie mittels einer Vielzahl von Namen angesprochen – die beiden populärsten sind »Denkdispositionen« oder »kognitive Stile«. »Denkdispositionen« betreffen Überzeugungen, Glaubensstrukturen und, was wichtig ist: Einstellungen zur Gestaltung und Veränderung von Überzeugungen.

Die durch Intelligenztests bewerteten »kognitiven Fähigkeiten« sind nicht von dieser Qualität. Es geht nicht um hochrangige persönliche Ziele und ihre Regulierung – etwa darum, Glauben und Annahmen angesichts gegenteiliger Beweise zu ändern.

Es wurden in der Tat Definitionen von Intelligenz entwickelt, die solche Dinge beinhalten. Solche ungenauen Konzepte definieren Intelligenz oft, indem sie rationales Handeln und Überzeugungen einschließen, wenngleich IQ–Messungen lediglich kognitive Fähigkeiten auf Algorithmen–Ebene messen.

Demgegenüber betreffen Denkdispositionen die Ziele einer Person und ihre Zielhierarchie. Beispiele sind Denkhaltungen, die von Psychologen unter folgenden Labels untersucht wurden:

- »Actively Open minded Thinking« (AOT) – aktives aufgeschlossenes und ergebnisoffenes Denken *(Janssen et al., 2020)*

- »Need for Cognition« – die Notwendigkeit der Kognition bzw. das Engagement für Denk–Herausforderungen und der Spaß am Denken *(Bohner et al., 1994)*

- »Consideration of Future Consequences« (CFC) – die Berücksichtigung potenzieller zukünftiger Folgen von Entscheidungen und Handlungen *(Kruglanski & Webster, 1996)*

- »Need for Closure« – das individuelle Bedürfnis, sich gegenüber Ungewissheiten abzuschotten

Schauen wir uns an, um welche beispielhafte Denkhaltungen es geht:

»Actively Open–minded Thinking« (AOT):

Keith E. Stanovich und sein Team haben zur Messung dieser Denkhaltung einen eigenen Test und eine Mess–Skala entwickelt. Per Interview–Statements – Items – wird erhoben, inwieweit Probanden bei der Abstimmung ihres Wissens mit Situationen ergebnisoffen und bereit sind, bisherige Ansichten zu revidieren. Beispiele für verwendete Items, deren Zutreffen im Rahmen von Interviews durch Teilnehmer zu bewerten sind:

- »Die Bereitschaft, sich von Gegenargumenten überzeugen zu lassen, ist ein Zeichen für einen guten Charakter.« *(ergebnisoffen)*
- »Personen sollten Beweise in Betracht ziehen, die gegen die von ihnen favorisierten Schlussfolgerungen laufen.« *(ergebnisoffen)*
- »Unentschieden oder unsicher zu sein, ist das Ergebnis eines verworrenen Denkens.« *(nicht ergebnisoffen)*
- »Personen sollten ihre Schlussfolgerungen mit Blick auf relevante neue Informationen revidieren.« *(ergebnisoffen)*
- »Das Ändern von Meinungen ist ein Zeichen von Schwäche.« *(nicht ergebnisoffen)*
- »Menschen sollten aktiv nach Gründen suchen, warum sie falsch liegen könnten.« *(ergebnisoffen)*
- »Es ist in Ordnung, Belege zu ignorieren, die den eigenen Überzeugungen widersprechen.« *(nicht ergebnisoffen)*
- »Es ist wichtig, seinen Überzeugungen treu zu bleiben, selbst wenn einmal Beweise gegen sie vorgebracht werden.« *(nicht ergebnisoffen)*
- »Es ist nichts falsch daran, bei der Bewertung vieler Themen unentschieden zu sein.« *(ergebnisoffen)*
- »Wenn wir mit einer rätselhaften Frage konfrontiert werden, sollten wir versuchen, mehr als eine mögliche Antwort in Betracht zu ziehen, bevor wir zu einer Schlussfolgerung kommen.« *(ergebnisoffen)*

»Need for Cognition«

Hinter dieser Haltung steckt die Annahme, dass Individuen Freude am Denken haben und sich gerne bei Aufgaben engagieren, die mit kognitiven Herausforderungen zu tun haben. Items, mit denen dieser individuelle Denkstil im Rahmen von Interviews bewertet wird, können folgendermaßen lauten:

- »Es genügt mir, einfach die Antwort zu kennen, ohne die Gründe für die Antwort eines Problems zu verstehen.« *(abgeschwächtes Engagement)*
- »Ich habe es gern, wenn mein Leben voller kniffliger Aufgaben ist, die ich lösen muss.« *(akzentuiertes Engagement)*
- »Ich würde kompliziertere Probleme einfachen Problemen vorziehen.« *(akzentuiertes Engagement)*
- »In erster Linie denke ich, weil ich muss.« *(abgeschwächtes Engagement)*

»Consideration of Future Consequences« (CFC)

Die »Berücksichtigung zukünftiger Konsequenzen« ist ein weiterer kognitiver Stil, der rationales Denken voraussetzt. Sie ist durch das Ausmaß definiert, in dem Individuen die möglichen zukünftigen Folgen ihres aktuellen Verhaltens in Betracht ziehen und die dabei vorgestellten Folgen berücksichtigen. Individuen, die bei Anwendung der CFC-Skala eine hohe Punktzahl erreichen, konzentrieren sich typischerweise auf die zukünftigen Auswirkungen ihres Verhaltens. Diejenigen, die eine niedrige Punktzahl auf der CFC-Skala erreichen, konzentrieren sich mehr auf ihre unmittelbaren Bedürfnisse und Anliegen. Höhere Punktzahlen lassen auf eine größere rationale Kompetenz schließen.

»Need for Closure«

Personen zeigen unterschiedlich stark ausgeprägte Bedürfnisse, sich »abzuschließen«. Ein Individuum mit einem hohen Schließungsbedürfnis bevorzugt in Entscheidungssituationen Ordnung und Vorhersagbarkeit und fühlt sich angesichts von Mehrdeutigkeiten unwohl. Dagegen sind Personen mit niedrigen Werten auf der Need for Closure–Skala in der Bildung von Vorstellungen flexibler und in ihrer Handlungsweise kreativer – Merkmale, die ebenfalls auf eine höhere rationale Denkleistung hinweisen.

Zum einen gehören zu den Items dieser Skala »Abschließungs–typische« Aussagen wie »Ich denke, dass es für den Erfolg wichtig ist, klare Regeln zu haben und Ordnung walten zu lassen« und »Ich mag keine Situationen, die unsicher sind«. Zum anderen gehören dazu »Öffnungs–typische« Items wie »Selbst, wenn ich mich für etwas entschieden habe, bin ich immer bereit, eine andere Meinung in Betracht zu ziehen« und »Ich schätze es, Freunde zu haben, die unvorhersehbare, überraschende Reaktionen zeigen können«.

Mehr als Intelligenz: Tendenzen rationalen Denkens

Für sein Projekt, den Rationalitäts–Quotienten zu entwickeln, zieht Stanovich ein Fazit in Bezug auf kognitive Dispositionen und Neigungen, die diese Dispositionen und Denkmodelle reflektieren. Seiner Meinung nach sind damit Tendenzen wie die folgenden verbunden:

- Die Tendenz, Informationen zu sammeln, bevor eine Entscheidung gefällt wird
- die Tendenz, in Frage kommende Standpunkte kritisch zu beleuchten, bevor einer dieser Standpunkte akzeptiert wird
- die Bereitschaft, ausführlich über ein Problem nachzudenken, bevor reagiert wird
- die Tendenz, den Grad der Stärke der eigenen Meinung (die eigene Überzeugtheit) mit dem Ausmaß abzugleichen, in dem Beweise vorliegen (faktische Absicherung)
- die Tendenz, über zukünftige Konsequenzen nachzudenken, bevor agiert wird
- die Tendenz, Vor– und Nachteile von Situationen vor einer Entscheidung ausdrücklich abzuwägen
- und die Tendenz, Dinge nuanciert zu betrachten, anstatt bestimmte Interpretationen absolut zu setzen und vor Revision abzusichern

Kurz gesagt, Messungen der individuellen Unterschiede hinsichtlich von Denkdispositionen bewerten, wie sich Personen bei ihrem Zielmanagement, ihrer Bewertung von empirischem Wissen und ihrer Wissens–Selbstregulierung unterscheiden. Es geht damit um Unterschiede in der individuellen Leistungsfähigkeit des reflektierenden Minds. Auch wenn Definitionen von Intelligenz entwickelt wurden, welche die reflektierende Ebene des kognitiven Verarbeitens umfassen, so bewerten Intelligenzmaße wie der IQ nur die kognitive Fähigkeit auf algorithmischer Ebene.

Halten wir an dieser Stelle fest und schauen dabei auf die vorhergehende Grafik:

Abbildung 2 stellt die Klassifizierung der individuellen Unterschiede in der dreigliedrigen Sichtweise der drei Minds dar. Die Abbildung identifiziert individuelle Unterschiede der fluiden Intelligenz (Gf) mit individuellen Unterschieden im Bereich der Effizienz der Prozesse des algorithmischen Minds. Zu einem wesentlichen Teil misst Gf die Fähigkeit, kognitive Entkopplungen zu realisieren, dadurch Typ 1–Aktivität zu unterbrechen und hypothetisches Denken zu ermöglichen. Die Fähigkeit, dabei Simulationen aufrechtzuerhalten und gleichzeitig Repräsentationen von realen und imaginären Zuständen entkoppelt zu halten, ist ein Schlüsselaspekt der Denkleistung des Gehirns, die durch Messungen der fluiden Intelligenz bewertet wird. Auf diese Weise sind Prozesse vom Typ 2 stark mit Gf verknüpft. Darüber hinaus ist der reflektierende Mind eng mit individuellen Unterschieden bei Denkdispositionen in Bezug auf Überzeugungen, Glauben und Zielen verbunden.

Das trichotomische (dreiteilige) Modell des Denkens

Im nächsten Schritt ist das Modell des menschlichen Denkens durch weitere Elemente zu ergänzen, um das Konzept des Rationalitäts–Quotienten von Keith E. Stanovich und seinem Team darauf aufbauend nachvollziehen zu können. Bevor wir das ausgefeilte trichotomische Modell der Denkarchitektur kennenlernen, fassen wir die Ergebnisse der vorhergehenden Abschnitte mit Blick auf die **Abbildung 2** aus der Perspektive von Stanovich zusammen und bringen diese auf den Punkt:

Wie beschrieben muss eine Person, um rational zu sein, über ein gut mit der Realität abgeglichenes Wissen verfügen – psychologisch gesprochen: gut kalibrierte Überzeugungen haben. Darüber hinaus sollte sie, um ihre Ziele zu erreichen, auf der Grundlage dieser Überzeugungen angemessen handeln. Beide Aspekte sind Eigenschaften des reflektierenden Minds. Dass die

Person auch über die algorithmische »Maschinerie« verfügen muss, um die Umwelt so zu verarbeiten, dass die richtigen Überzeugungen angewendet und die richtigen Handlungen durchgeführt werden können, muss ebenfalls vorausgesetzt werden. Wenn wir sagen, Individuen unterschieden sich von anderen Personen durch ihr rationales Denken und Handeln, dann meinen wir damit zum einen, dass sie sich durch die individuelle Leistungsfähigkeit im Bereich der fluiden Intelligenz – beim algorithmischen Mind – und zum anderen aufgrund individueller Unterschiede in Bezug auf ihre zu Tage tretenden Denkdispositionen – beim reflektierenden Mind – unterscheiden.

Vereinfacht gesagt, umfasst das Konzept der Rationalität vor allem zwei Tatbestände – praktizierte Denkdispositionen und Fähigkeiten auf der algorithmischen Ebene. Das Konzept der Intelligenz – zumindest auf der Basis der gängigen Operationalisierung – ist auf Fähigkeiten auf der algorithmischen Ebene beschränkt. Im Rahmen von Intelligenztests wird weder versucht, Aspekte der epistemischen oder instrumentellen Rationalität zu messen, noch werden darin Denkdispositionen analysiert, die mit Rationalität in Beziehung stehen. In der **Abbildung 2** wird festgehalten, warum Rationalität mit Blick auf wichtige Merkmale von Intelligenz unabhängig ist. Rationales Denken hängt zwar auch von unserer algorithmischen Effizienz ab. Aber es tritt vor allem verbunden mit akzentuierten Denkdispositionen auf. Da Denkdispositionen statistisch nicht direkt mit fluider Intelligenz korreliert sind, ergibt sich, dass Rationalität und Intelligenz divergieren.

Was heißt Korrelieren in diesem Zusammenhang?

Ohne uns an dieser Stelle allzu sehr in Details sozialwissenschaftlicher Forschungslogik zu verlieren: Eine Korrelation ist das Maß des Zusammenhangs zweier empirischer Sachverhalte. *(Hintergründe zum Korrelationsbegriff im Statistik–Lehrbuch für Sozialwissenschaftler: Bortz, 1977, S. 245–288)* Der Korrelationskoeffizient ist ein Maß für den Grad des Zusammenhangs zwischen Merkmalen – dieser kann Werte zwischen +1 und –1 annehmen. Bei einem Wert von +1 bzw. –1 besteht ein vollständig positiver bzw. vollständig negativer Zusammenhang der betrachteten Merkmale. Tritt im Fall positiver Korrelation Sachverhalt A auf, tritt auch B auf bzw. bleibt A aus, zeigt sich B auch nicht. Wenn der Korrelationskoeffizient den Wert 0 aufweist, variieren die beiden Merkmale völlig unabhängig voneinander. Forscher beurteilen Korrelationen gemeinhin ab 0,5 als groß, Korrelationen um 0,3 als moderat und klein. Wichtiger Aspekt ist, dass diese Werte bei der Datenerhebung im Rahmen eines Experiments statistisch nur dann signifikant sind, wenn bei der Datenanalyse ein Test zur Untersuchung der Irrtumswahrscheinlichkeit – ein sogenannter Signifikanztest – erfolgreich eingesetzt wurde. Die Irrtumswahrscheinlichkeit etwa aufgrund einer schlechten Stichprobenziehung soll vermieden werden.

Es gibt laut Stanovich zahlreiche empirische Beweise dafür, dass individuelle Unterschiede im Bereich der Denkdispositionen auf der einen Seite und der Intelligenz auf der anderen Seite unvollkommen korreliert sind. *(Stanovich & Toplak, 2016, S. 26)* So haben Studien gezeigt, dass Messungen der Intelligenz nur mäßige bis schwache Korrelationen – in der Regel weniger als 0,3 – mit Denkdispositionen wie beispielsweise »Open–Minded Thinking« oder »Need for Cognition« erreichen. Bei anderen Denkdispositionen treten sogar Nullkorrelationen und negative Korrelationen auf.

Beispielsweise beim Denkstil »Gewissenhaftigkeit«: Gewissenhaftigkeit spielt eine Rolle als einer der Faktoren im Persönlichkeits–Faktoren–Modell »Big 5«. *(Rothmann & Coetzer, 2003)* Es wird mit dem Persönlichkeitsaspekt »Charakter haben« identifiziert – gewissenhafte Personen sind im Allgemeinen fleißig, zuverlässig und zielorientiert. Individuen mit niedriger Gewissenhaftigkeit tendieren dazu, eher entspannt, weniger zielorientiert und weniger erfolgsorientiert zu sein. Bei einer größeren Studie, in der es um die Korrelation der Big 5–Persönlichkeitsfaktoren und flüssiger Intelligenz Gf ging, ergab sich ein interessantes, statistisch signifikantes Ergebnis: Der Intelligenzaspekt Gf und die Denkdisposition Gewissenhaftigkeit sind negativ korreliert. Hochintelligente Personen können also mit einiger Wahrscheinlichkeit dazu tendieren, weniger erfolg– und zielorientiert zu sein als Personen, die lediglich durchschnittlich intelligent sind.

Es gibt einen besonders wichtigen Hinweis, der genau an diese Stelle des Textes gehört: Mancher Leser könnte versucht sein, anzunehmen: »Alles klar! Das habe ich verstanden – es geht um Denkdispositionen: Da brauche ich nicht weiterlesen, um zukünftig besser zu denken. Ich verbessere einfach meinen Denkstil!«

Das ist zwar eine schöne Idee – geht aber an den tieferliegenden Mechanismen zur Ermöglichung menschlicher Rationalität vorbei. Dazu Professor Stanovichs Erläuterung:

Die Überprüfung von Denkdispositionen wird beim Aufbau des in den folgenden Kapiteln beschriebenen Instruments zur Messung des rationalen Denkens, dem CART – Comprehensive Assessment of Rational Thinking *(Umfassende Bewertung Rationalen Denkens)* – zwar eine Rolle spielen. Zu diesen Denkdispositionen gehören wie gesehen die beiden wichtigen Tendenzen, in Frage kommende Standpunkte kritisch zu hinterfragen und bisherige Überzeugungen verwerfen zu können.

Doch es ist nicht so, dass es das Kriterium des rationalen Denkens ist, diese beiden Tendenzen zu »maximieren«. Diese Denkdispositionen des reflektierenden Minds treten auf, wenn wir nach passenden rationalen Mitteln dafür suchen, unsere Ziele zu erreichen. Aber das bedeutet nicht notwendigerweise, dass die maximalen Werte beim kritischen Hinterfragen und dem Verwerfen von Standpunkten optimal sind. Vielmehr muss es ein Gleichgewicht geben. Jemand optimiert z.B. nicht den Erfolg seines reflektierenden Denkens, indem er sich in endlosem Grübeln verliert, durch sein Verwerfen von Standards und Prinzipien nie eine Entscheidung treffen kann und ständig mehr einer pathologisch instabilen Persönlichkeit gleicht. Entscheidungsfreudigkeit bei der Berücksichtigung bisher nicht genutzter Informationen sowie Überzeugungsflexibilität sind insofern »gute« kognitive Stile, als dass durchschnittlich viele Individuen auf diesen Dimensionen nicht hoch genug »punkten«, so dass ein »Mehr« tatsächlich vorteilhaft wäre. Doch wer sich darauf verlegt, Denkdispositionen auf die Spitze zu treiben, wird keine hohen Leistungen beim reflektierenden Denken erreichen. Es ist umgekehrt: Wer beim rationalen Denken hohe Leistungen erzielt, wird als Begleiterscheinung auch hohe Bewertungen bei den Denkdispositionen erreichen. – Aus diesem Grund wird im CART – im Messinstrument des rationalen Denkens – keine direkte Bewertung von Denkdispositionen vorgenommen. Wir werden das in einem späteren Kapitel in Einzelheiten betrachten.

Um die Funktionen der verschiedenen Kognitionsebenen, die sich gegenseitig kontrollieren, noch vollständiger dazustellen und um einen detaillierten Einblick in deren Dynamik zu geben, hat Keith E. Stanovich eine weitere Grafik vorgelegt. Diese hier mit Adaptionen übernommene Grafik – **Abbildung 3** – veranschaulicht die Funktionen der verschiedenen Verarbeitungsebenen und –prozesse.

Dabei wird definiert, dass die Override–Kapazität (Überschreib–Kapazität) des Gehirns gemäß Stanovichs Konzept ein Merkmal des algorithmischen Minds ist, was durch den mit C gekennzeichneten Pfeil angedeutet wird.

Stanovich betont bei der Erläuterung seiner Grafik, einen wichtigen Aspekt, der sein Konzept im Vergleich zu anderen Zwei–Prozess–Ansätzen auszeichnet:

Die bisherigen dualen Prozesstheorien hätten dazu tendiert, diejenigen kognitiven Operationen auf höherer Ebene zu ignorieren, welche diese Override–Funktion zunächst initiieren und starten. Diese Initiierung der Override–Funktion ist eine für rationales Denken entscheidende dispositionelle Eigenschaft des reflektierenden Minds. Im Modell dargestellt in **Abbildung 3** entspricht diese Initiierung dem Pfeil B. Sie stellt die Anweisung des reflektierenden Minds an den algorithmischen Mind dar, das Überschreiben – den Override – des Typ 1–Responses vorzunehmen: Der algorithmische Mind wird angewiesen, den autonomen Mind sozusagen »offline« zu nehmen. Diese Initiierung ist gemäß Stanovichs Konzept (Pfeil B) also grundsätzlich nicht identisch mit der Override–Funktion (Pfeil C) und basiert auf eigenständigen Prozessen des reflektierenden Minds.

Auf den letzten Seiten haben wir Belege dafür nachvollzogen, dass zwei wichtige Funktionen durch verschiedene Arten von individuellen Merkmalen ermöglicht werden:

- Das *Initiieren des Überschreibens* basiert auf der Aktivität *des reflektierenden Minds* und ist verbunden mit rationalen Denkdispositionen,
- während der eigentliche Vorgang des *Überschreibens* auf kognitiven Fähigkeiten des *algorithmischen Mind* basiert, die im engen Zusammenhang stehen mit Kompetenzen, die im Rahmen von Intelligenztest als Gf – *flüssige Intelligenz* – erfasst werden.

Aus Stanovichs Sicht hat die bisherige Fokussierung dualer Prozesstheorien in der Kognitionspsychologie auf die Override–Funktion bewirkt, dass der Simulationsprozess tendenziell aus dem Blick geriet. Die Simulation ist aber ein für die Rationalität wesentlicher Prozess; sie hat die Funktion, alternative Responses zu berechnen und durchzuspielen. Der Override – also das Überschreiben von Responses des autonomen Minds – kann nur dann die Ermittlung einer rationalen Handlungslösung und Reaktion bewirken, wenn dieser Simulationsprozess erfolgreich absolviert und lange genug aufrechterhalten wird. Deshalb stellt die **Abbildung 3** ebenso die Simulationsfunktion (»Simulation«) deutlich dar wie die Tatsache, dass die Anweisung, die Simulation zu initiieren, vom reflektierenden Mind ausgeht (Pfeil F: Initiieren der Simulation). Die Entkopplungsoperation (angedeutet durch Pfeil G) – der Prozess der Trennung von Simulationen der Realität von der Realität selbst – wird ebenfalls vom algorithmischen Mind ausgeführt. Noch einmal betont: Die ausschlaggebende Anweisung, die Simulation zu initiieren (angezeigt durch Pfeil F), geht vom reflektierenden Mind aus.

Abbildung 3:
Ein vervollständigtes Modell der dreiteiligen Struktur des Minds

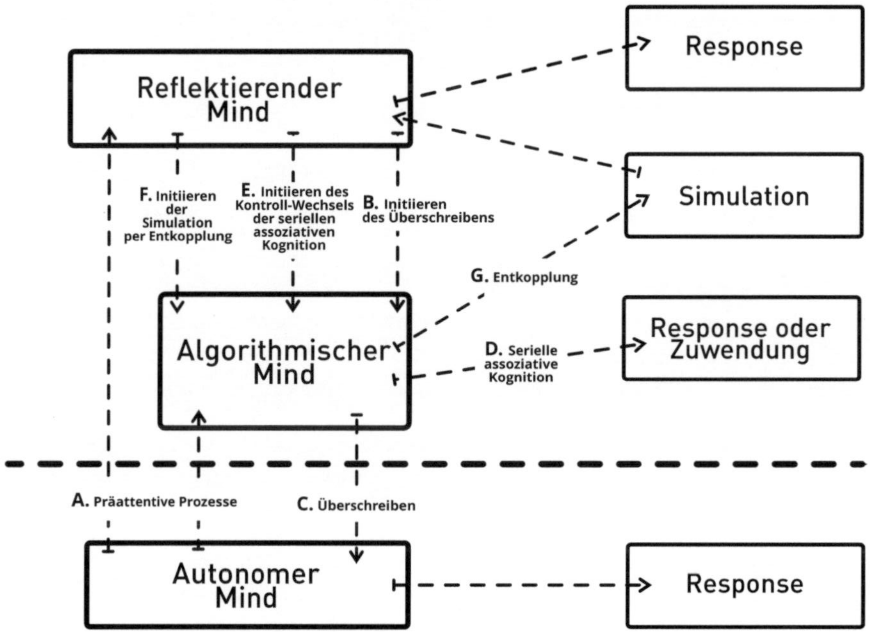

Übersetzung und Adaption von »Figure 2.3 – A more complete model of the tripartite structure of the mind.« (Stanovich & Toplak, 2016, S. 29)

3. Hindernisse – allgegenwärtiger kognitiver Geiz und fehlende Mindware

Zwischenstand: Auf dem Weg zum rationalen Response

Stanovich betont bei der Erläuterung seiner Grafik, dass es zwei unterschiedliche Merkmalsarten der Typ 2–Kognitionen auf den beiden höheren Steuerungsebenen des reflektierenden Minds und des algorithmischen Minds von individuellen Personen sind, die mit dem Initiationsaufruf auf der einen Seite und der Entkopplungsfunktion auf der anderen Seite verbunden sind:

- Denkdispositionen mit dem Initiieren des reflektierenden Minds und

- die fluide Intelligenz des algorithmischen Minds mit der Realisierung der Entkopplung.

Ebenfalls in der Grafik dargestellt ist der Tatbestand, dass die beiden höheren Steuerungsebenen Inputs von der Ebene der Typ 1–Kognitionen des autonomen Minds (Pfeil A) über »präattentive Prozesse« – sozusagen von unten her – zugespielt bekommen. Damit automatische Responses des autonomen Minds gegebenenfalls ausgesetzt werden können, bedarf es dieser Monitoring–Prozesse im Rahmen der Überwachung der »intuitiven« Typ 1–Kognitionen.

Bis zu dieser Stelle seiner Erläuterungen ging es Stanovich um die vertiefende Darstellung einer Reihe von Prozessen und Funktionsweisen des Denkens, die in den vorhergehenden Abschnitten mehrfach erläutert wurden. Es ging im Einzelnen um die Prozesse,

- auf deren Basis Typ 1–Kognitionen einem Override unterworfen wurden,
- der autonome Mind dabei offline gesetzt wurde und
- der reflektierende Mind durch verschiedene Anweisungen bzw. Initiierungen
- den algorithmischen Mind dahin bewegte, über Entkopplungen und Simulationen den Weg frei zu machen für das hypothetische Denken und damit für rationale Responses.

In der **Abbildung 3 »Ein vervollständigtes Modell der dreiteiligen Struktur des Minds«** wird darüber hinaus eine entscheidende und spannende Wendung angedeutet:

Es gibt Typ 2–Denkvorgänge, die anders als ansonsten typisch für »höhere Kognitionen«, die für rationale Responses erforderlichen Prozessschritte verfehlen und dadurch Individuen zu typischen Fehlern verführen.

Ein Karten–Auswahl–Problem entlarvt unsere Denkschwäche.

Was hat es mit dieser Verfehlung auf sich?

Dazu schauen wir in **Abbildung 3** auf die mit D und E gekennzeichneten Pfeile. Diese stehen im Zusammenhang mit einer Typ 2–Prozessierung, welche wie angedeutet eine vollständige kognitive Simulation verfehlen. – Stanovich bezeichnet sie als »seriellen assoziativen« Prozess.

Was wird hier in Serie assoziiert?

Wir schauen uns das im Detail an und nehmen dabei ein bekanntes Experiment unter die Lupe, das Stanovich für seine Erläuterungen heranzieht:

Es handelt sich bei seriellen assoziativen Kognitionen um langsam arbeitende Typ 2–Prozesse, in deren Rahmen es nicht gelingt, alternative Welten zu simulieren und diese erschöpfend zu erforschen. Die Tatsache, dass diese Prozesse häufig auftreten und im Rahmen von Experimenten beobachtbar sind, weist auf eine wichtige Tatsache hin: Es ist die belegbare Einschätzung von Kognitions–Psychologen, dass alles hypothetische Denken einer Prozessierung vom Typ 2 bedarf. Das Umgekehrte gilt nicht: Nicht jede Prozessierung vom Typ 2 beinhaltet hypothetisches Denken. Die serielle assoziative Kognition repräsentiert diese letzte Kategorie – Typ 2–Kognitionen, die nicht in hypothetisches Denken und schließlich in rationale Responses münden.

Schauen wir noch einmal kurz zurück:

Wir erinnern uns, dass kognitive Prozessierungen des autonomen Minds – Kognitionen der Kategorie vom Typ 1 – aus einer Palette folgender Komponenten bestehen:

- affektive Reaktionen
- zuvor erlernte Reaktionen, die bis zur Automatizität eintrainiert wurden,
- konditionierte Reaktionen und
- adaptive (»darwinistische«) Module, die durch unsere Evolutionsgeschichte hervorgebracht wurden

Diese Palette deckt in unserem heutigen Alltag viele Situationen ab und verhilft zu adäquaten Responses, wenn wir auf Stimuli zu reagieren haben. Aber das moderne Leben schafft viele weitere, neue Arten von situativen Problemen, für die keine der enthaltenen automatischen, autonomen Reaktionen eine geeignete Lösung bietet. – Dieses Ungenügen autonomer Prozesse zur Bewältigung unseres modernen Lebens ist ein wichtiger Punkt zur Begründung folgender Behauptung: Aufgaben, die Probanden in Labors der modernen kognitiven Psychologie in der »heuristics and biases«–Tradition gestellt werden, simulieren wesentliche Aspekte dieser Alltagsherausforderungen von Akteuren im 21. Jahrhundert recht gut.

Es gibt eine ganze Reihe von Kritikern moderner kognitionswissenschaftlicher Experimente und deren Ergebnissen, die das Gegenteil behaupten. Davon später mehr.

Schauen wir uns die Sachlage an dieser Stelle anhand eines bekannten Beispiels an:

Stanovich nimmt sich zur Erläuterung die bekannte Vier–Karten–Auswahlaufgabe von Peter Cathcard Wason aus dem Jahr 1966 (»Wason selection task« oder »Four–Card Problem«) vor, an deren Veröffentlichung sich eine umfangreiche Forschungsliteratur angeschlossen hat. *(E. Stanovich & West, 1998; Manktelow, 1999, S. 8; Stanovich, 2015; Stanovich & Stanovich, 2010, S. 204; Stanovich & West, 2008, S. 685, 2014, S. 153)*

Keith E. Stanovich hält diese Selektionsaufgabe und die sich anschließende Diskussion der Fachwissenschaftler für einen hervorragenden Kontext,

- um den Unterschied zwischen einer seriellen assoziativen Kognition auf der einen Seite und
- auf der anderen Seite einer erschöpfenden Erkundung alternativer Welten mittels kognitiver Simulation zur Vorbereitung hypothetischen Denkens zu demonstrieren.

An dieser Stelle betrachten wir das Konzept des zugrundeliegenden Problems, indem wir die Aufgabenstellung zitieren, die Probanden bei Wasons Karten–Aufgabe zu lösen haben:

Betrachten Sie vier Karten, die auf einem Tisch liegen. Jede der Karten hat auf einer Seite einen Buchstaben (Buchstaben–Seite) und auf der anderen Seite eine Zahl (Zahlen–Seite). Es gilt die Regel: »Wenn eine Karte auf ihrer Buchstaben–Seite einen Vokal hat, dann hat sie auf ihrer Zahlen–Seite eine gerade Zahl.«

Zwei der Karten liegen mit der Buchstaben–Seite nach oben und zwei der Karten mit der Zahlen–Seite nach oben. Ihre Aufgabenstellung ist es, zu entscheiden, welche Karte oder Karten umgedreht werden müssen, um herauszufinden, ob die Regel erfüllt (wahr) oder nicht erfüllt (falsch) ist. Geben Sie an, welche Karten umgedreht werden müssen!

Erläuterung:

Auf den vier Karten, die dem Probanden gegenüberliegen, sind die »Stimuli« K, A, 8 und 5 folgendermaßen abgebildet:

Um direkt die »Katze aus dem Sack zu lassen«:

Die meisten Probanden, denen diese Aufgabe vorgelegt wird, antworten falsch.

Leserinnen und Leser, die sich auf die Probe stellen möchten: *Überlegen Sie sich Ihre Lösung und schreiben Sie diese auf, um gleich – ein paar Seiten weiter – ihr Ergebnis mit der richtigen Antwort abzugleichen!*

Um nun die Leser bei den folgenden Erläuterungen des typischen kognitiven Verfehlens beim Versuch der Beantwortung der Karten–Aufgabe »mitzunehmen«, soll die Problemstellung und deren korrekte Lösung ausführlicher erläutert werden als in der Fachliteratur üblich:

Was den meisten Probanden – insbesondere denjenigen, die sich irren – nicht klar geworden sein sollte, ist, dass es sich bei der Aufgabe, um eine typische formallogische Konstellation handelt. Formulieren wir deshalb die Regel in der Aufgabenstellung »logisch«:

»Wenn eine Karte auf ihrer Buchstaben–Seite (p) einen Vokal hat, dann hat sie auf ihrer Zahlen–Seite eine gerade Zahl (q).« bedeutet formallogisch, »wenn p, dann q«.

Eine solche Aussage wird in der Logik als »Konditional« bezeichnet. *(Vergleiche: Quine, 2016, S. 38–45)* Der Wahrheitswert der Gesamtaussage hängt davon ab, inwieweit die Teilaussagen p und q erfüllt sind und welcher Wahrheitswert ihnen zugeordnet werden kann. Dabei »konditioniert« die Teilaussage p den Wahrheitswert der Gesamtaussage, indem sie die ausschlaggebende Bedingung definiert: *Wenn p wahr ist, muss auch q wahr sein.*

So weit sollte der Hintergrund auch für Leser ohne Logik–Ausbildung verständlich sein. Aber – warum machen die Probanden häufig Fehler?

Schauen wir genauer hin:

Im Kartenbeispiel betrifft

- »p« den Buchstabenwert: »Vokal« ist wahr (w) und »Konsonant« ist falsch (f);
- »q« betrifft den Zahlenwert: »Gerade« ist wahr (w) und »ungerade« ist falsch (f).

Fangen wir an, die Dinge logisch–formal »durchzudeklinieren«. Offenbar ist ein Konditional mit wahrem Vorder– und wahrem Hinterglied wahr; ein Konditional mit wahrem Vorder– und falschem Hinterglied ist falsch. Ist das Vorderglied falsch, ist die logische Regel erfüllt, unabhängig davon, ob das Hinterglied wahr oder falsch ist.

Mit Blick auf die folgende Wahrheitstabellierung kann das jeder Nicht–Logiker nachvollziehen:

p	**q**	**wenn p, dann q**
w (Vokal)	w (gerade)	w
w (Vokal)	f (ungerade)	f
f (Konsonant)	w (gerade)	w
f (Konsonant)	f (ungerade)	w

Warum das so ist, ist leicht am Kartenbeispiel nachzuvollziehen, denn es gibt diese vier Möglichkeiten:

- Vorne ist ein Vokal und hinten ist eine gerade Zahl – der Gesamtsatz ist wahr
- Vorne ist ein Vokal und hinten ist eine ungerade Zahl – in diesem Fall ist der Gesamtsatz falsch, weil per Regel aus dem Vorliegen des Vokals eine gerade Zahl auf der Rückseite folgen sollte
- Vorne ist ein Konsonant und hinten ist eine gerade Zahl – dieser Fall wurde durch die Regel nicht definiert. Also kann der Gesamtsatz auf der Basis der Regel nicht als falsch deklariert werden und gilt deshalb als wahr. Der Wahrheitswert von »q« ist sozusagen »egal«.
- Das Gleiche gilt für den Fall, dass ein Konsonant vorne und auf der Rückseite eine ungerade Zahl auftaucht.

Schauen wir auf die Aufgabenstellung mit der vorgelegten Kartenkombination:

- **K** – auf der ersten Karte ist ein Konsonant – es erübrigt sich, die Karte umzudrehen – die Gesamtaussage ist in jedem Fall wahr.
- **A** – auf der zweiten Karte ist ein Vokal – die Karte muss umgedreht werden, um zu schauen, ob die Gesamtaussage wahr (gerade Zahl) oder falsch (ungerade Zahl) ist.
- **8** – auf der dritten Karte ist eine gerade Zahl – die Karte muss nicht umgedreht werden – die Gesamtaussage ist unabhängig davon wahr, ob vorn ein Vokal oder ein Konsonant auftaucht – egal ob Vokal oder Konsonant auf der Buchstabenseite: Die Gesamtaussage ist wahr.
- **5** – auf der vierten Karte taucht eine ungerade Zahl auf – die Karte muss umgedreht werden: Sollte vorne auf der Buchstabenseite ein Vokal auftauchen, wäre die Gesamtaussage falsch.

Die **richtige Antwort ist also »A und 5«.** Denn »A und 5« repräsentiert die einzigen beiden Karten, die zeigen könnten, dass die definierte Regel nicht eingehalten wurde. – Logisch, oder?

Obwohl die Antwort logisch ist, antwortet die Mehrheit der Probanden **falsch mit A und 8**, was als »Matching Bias« bezeichnet wird. Diese Bezeichnung soll andeuten, dass die Probanden auf die Prüfungsfrage reagieren, indem sie sich direkt von der Formulierung der Regel beeinflussen lassen: *»Wenn eine Karte auf ihrer Buchstaben–Seite einen Vokal hat, dann hat sie auf ihrer Zahlen–Seite eine gerade Zahl.«* Das heißt, sie reagieren anscheinend auf die Impulse »Vokal« und »gerade« und geben deshalb als Antwort die Karten–Optionen mit Vokal und gerader Zahl – A und 8 – an. Sie suchen eine Lösung, die mit der Regel und ihren Wörtern direkt übereinstimmt, damit »matched«, statt über das Zutreffen der Antwort konzentriert und ausdauernd nachzudenken.

Probanden protokollieren ihr »Einknicken« vor der Problemlösung.

Diesen Matching Bias diskutiert Stanovich bei seinen Erläuterungen in Details, wobei er sich auf die Arbeit eines Kollegen bezieht. *(Evans, 2006; Stanovich & Toplak, 2016, S. 30–31)* Es handelt sich um Studien des britischen Kognitionspsychologen Jonathan St. B. T. Evans, der darauf hingewiesen hat, dass die Bezeichnung »Matching Biases« einige Forscher dazu verleitet haben könnte, vorschnell zu folgern, dass im Rahmen der Karten–Aufgabe von Wason keine Prozessierung vom Typ 2 stattfindet.

Evans legt Beweise dafür vor, dass in den Köpfen von Probanden während der Bearbeitung der Aufgabe durchaus eine Prozessierung vom Typ 2 stattfindet – auch bei der Mehrheit der Probanden, welche nicht die korrekte A– und 5–Antwort finden, sondern stattdessen die unkorrekte A– und 8–Antwort geben.

Im Einzelnen beobachtete Evans, dass Probanden überproportional intensiv auf diejenigen Karten schauen, die sie anschließend als Lösung nennen werden. Das hatte andere Forscher zu der Schlussfolgerung geführt, dass die Probanden durch autonome Typ 1–Prozesse automatisch zu einer Fokussierung und Fixierung zur falschen Kartenauswahl gekommen waren. Evans weist darauf hin, dass die Probanden viel Zeit mit dem Betrachten dieser Karten verbringen. Aus seiner Sicht deutet das darauf hin, dass analytisches Typ 2–Denken abläuft – auch wenn es bei diesen Kognitionen möglicherweise statt um eine bewertende Reflektion lediglich darum geht, dass die Testteilnehmer eine Rechtfertigung für eine Auswahl von Antwort–Karten suchen, die sich dennoch als falsch erweist.

Stanovich und sein Team sind der Meinung, dass Evans insoweit Recht hat, als dass bei der Bearbeitung der Karten–Aufgabe tatsächlich Typ 2–Kognitionen stattfinden. Sie halten diese Typ 2–Kognitionen für speziell, denn aus ihrer Sicht handelt es sich dabei charakteristischerweise um keine vollständige kognitive Simulation alternativer Weltmodelle. Stattdessen läuft hier eine Typ 2–Prozessierung eines »seichteren« Typs ohne intellektuellen Tiefgang ab. Als Beleg weisen die Forscher auf die wörtlichen Kommentare, die Testteilnehmer während der Bearbeitung der Karten–Aufgabe simultan formuliert haben. Bei der Analyse dieser »Think–Aloud«–Protokolle hat es den Anschein, dass in den Köpfen der meisten Probanden eine langsame, serielle Prozessierung abläuft, die allerdings typischerweise unvollständig ist – die Hintergründe der Karten und die mögliche Relevanz von deren unsichtbaren Rückseiten werden nicht vollständig durchdacht.

Laut Stanovich läuft ein typisches Protokoll eines Probanden folgendermaßen ab: *»Also, mal sehen, ich würde das A drehen, um zu sehen, ob auf der Rückseite eine gerade Zahl steht. Dann würde ich die 8 drehen, um sicherzustellen, dass ein Vokal auf der Buchstaben–Seite ist.«* Dann kommt der Proband mit seinen Überlegungen nicht weiter.

Stanovich stellt hier mehrere Dinge heraus:

So beispielsweise, dass es nachvollziehbar ist, dass keine automatischen Typ 1–Prozesse des autonomen Minds bei der falschen Bestimmung der Kartenauswahl eine Rolle spielen können. Denn die meisten Prozess–Arten aus der Typ 1–Response–Palette wären für eine Bearbeitung der Karten–Aufgabe nicht passend. So scheinen affektive Typ 1–Prozesse keine Rolle zu spielen, da per Emotionsregulierung keine Lösungshinweise für die Auswahl von Karten zu ermitteln sind. Bei dem durchschnittlichen Probanden ist davon auszugehen, dass er kein »Logikspezialist« ist, wie etwa ein Philosophiestudent, der im Rahmen seines Studiums zur Vorbereitung seiner Logik–Prüfung im Grundstudium hochgradig eingeübte Prozeduren zur Lösung von Logik–Aufgaben kognitiv automatisiert hat und zur Lösungsfindung aktivieren kann. Darüber hinaus beruht das Karten–Problem auf keiner Herausforderung, auf die Menschen durch die Evolution vorbereitet worden sind, wodurch sie über darwinistische Module verfügen könnten, die hilfreich wären, um die Karten–Auswahl–Aufgabe zu lösen.

Der Proband bedarf also »höherer« kognitiver Prozesse vom Typ 2, um überhaupt zu irgendeiner Lösung zu kommen. Im Fall der falschen Antwort bleibt der Prozess auf entscheidende Weise unvollständig. Der Proband hat sich auf serielle assoziative Wahrnehmung verlassen, statt eine erschöpfende Simulation einer alternativen Welt vorzunehmen, die als Option alle Fälle einschließt, in denen die in der Aufgabenstellung definierte Regel erfüllt oder nicht erfüllt wird. Er hat sich die Karten nicht systematisch vorgestellt und nicht die Frage gestellt, welche Relevanz es für seine Lösung hat, wenn auf der Zahlenseite einer Karte eine gerade oder ungerade Zahl auftaucht: Dass wie gesehen lediglich das Auftauchen einer ungeraden Zahl in Verbindung mit einem Vokal auf der Buchstaben–Seite zu einem Nichterfüllen der logischen Regel führt.

Stattdessen geht der Proband beim zitierten Protokoll ausschließlich vom gegebenen Modell aus – die Regel ist erfüllt in Verbindung mit einem Vokal und einer geraden Zahl. Eine vollständig simulierte Welt mit allen Möglichkeiten – einschließlich der Möglichkeit eines Falls, in dem die Regel nicht erfüllt wird – wurde vom Probanden nie konsequent durchdacht und konstruiert. Der Proband hat sich nie explizit die Frage gestellt, wie die Buchstaben/Zahlen–Kombination aussehen müsste, um zu einem falschen Ergebnis – sozusagen zu einer Falsifikation – zu führen: der Fall p (w – Vokal) / q (f – ungerade Zahl). Er hat sich stattdessen ausschließlich damit beschäftigt, was vom Experimentator vorgegeben wurde, und das ist die Bestätigung der Regel – sozusagen ihre Verifikation: der Fall p (w – Vokal) / q (w – gerade Zahl).

Vor diesem Hintergrund – der Tatsache, dass diese Probanden nicht die Falsifikation der Regel durchspielen – erweist sich die Art der Prozessierung vom Typ 2, die bei den Antworten dieser Testpersonen auftritt, als unzureichende kognitive Prozessierung. Es handelt sich um ein Denken eines seichteren, intellektuell flacheren Typs – eine Kognition, die unflexibel in einem assoziativen Modus verhaftet ist, der als Ausgangspunkt ein Modell der Welt übernimmt, das dem Probanden durch die Aufgabenstellung vorgegeben wird.

Diese Erläuterungen von Stanovich bringen auf den Punkt, dass serielle assoziative Kognitionen zwar nicht so schnell ablaufen wie Kognitionen des autonomen Minds. Trotz ihres »Zeitinvestments« bleiben sie unflexibel in einem assoziativen Modus verhaftet, der als Ausgangspunkt das Modell der Welt übernimmt, das aufwandslos zu konstruieren ist.

Beim Versuch, die Karten–Selektionsaufgabe zu lösen, argumentieren Probanden von einem einzigen exklusiven Blickwinkel und Fokus aus. Mittels dieses fokalen Modells erzeugen sie systematisch Assoziationen, konstruieren aber nie ein alternatives Modell der Situation. Stanovich bezeichnet solche typischen »seichten« Kognitionen in seinem Modell der kognitiven Architektur deshalb etwas umständlich aber treffend als »serielle assoziative Kognitionen mit einem fokalen Bias«.

Serielle assoziative Kognition als »schlampige« Verarbeitung

Um zu erläutern, worauf diese »seichte« Form des Denkens letztlich zurückzuführen ist, kommt Keith E. Stanovich zurück auf die Charakterisierung der menschlichen Neigung, anstrengendes Denken zu vermeiden: Das Konzept des Menschen als kognitiver Geizhals – als schlampiger Denker mit dem Hang zur unbewussten intellektuellen Leistungsverweigerung (»cognitive miser«). Laut Stanovich sind Menschen kognitive Geizhälse mit der grundlegenden Tendenz, sich auf Verarbeitungsmechanismen mit geringem Rechenaufwand zu verlassen und geistigen Kraftaufwand zu sparen.

Er zitiert David L. Hull, der humorvoll gesagt hat, dass *»die Regel, der die Menschen zu folgen scheinen, darin besteht, das Gehirn nur dann zu belasten, wenn alles andere fehlschlägt – und normalerweise nicht einmal dann«. (Hull, 2001, S. 37)* Außerdem verweist er auf Richerson und Boyd, die den gleichen Punkt aufgreifen und einen Bezug zur Evolution herstellen: *»In der Tat stehen alle Tiere unter dem strengen Selektionsdruck, möglichst so dumm bleiben zu können, wie irgend möglich«. (Richerson & Boyd, 2005, S. 135)*

Laut Professor Stanovich hat die Schlamperei des menschlichen kognitiven Geizhalses zwei Hauptaspekte. *(Stanovich & Toplak, 2016, S. 32–34)* Bisher hätte sich die Dualprozesstheorie in der Kognitionspsychologie hauptsächlich mit der *Regel 1 des kognitiven Geizhalses* beschäftigt: *»Standardmäßig versuchen Individuen, Stimuli möglichst mit Typ 1–Responses zu beantworten«.*

Aber die kognitive Standardverarbeitung per Typ 1–Prozessen ist nicht immer möglich – insbesondere in neuen Situationen, in denen es weder Stimuli für das Auslösen domänenspezifischer evolutionärer Module gibt, noch vielleicht ausreichend Informationen, auf deren Basis eintrainierte und gut verinnerlichte Verfahren ausgeführt werden können, die der autonome Mind durch die Praxis erworben hat.

Zwar ist der kognitive Geizhals in diesen Fällen bereit, auf Typ 2–Verarbeitungsverfahren zurückzugreifen. Dennoch umgeht er dabei erfolgreich kognitive Anstrengung, um Kraftaufwand zu sparen:

Regel 2 des kognitiven Geizhalses ist: »Wenn eine Typ 2–Verarbeitung erforderlich ist, wird standardmäßig die serielle assoziative Kognition mit einer fokalen Verzerrung (eine nicht vollständig entkoppelte kognitive Simulation) verwendet.«

Stanovich weist darauf hin, dass die hinter dieser Regel 2 steckende Idee in der Forschungsliteratur breite Aufmerksamkeit gefunden hat. Die Begrifflichkeit ist dabei teilweise recht unterschiedlich.

In seinem Bestseller »Schnelles Denken, langsames Denken« hat Daniel Kahneman die Idee dahinter als WYSIATI–Regel (»What you see is all there is!« – »Was Du siehst, ist das einzige, das es gibt!«) bezeichnet und damit über die Fachwelt hinaus bekanntgemacht. *(Kahneman, 2011, S. 85–88; Stanovich & Toplak, 2016, S. 33)*

Allen unterschiedlichen Darstellungen dieser Regel gemeinsam ist, dass Forschern bei Probanden eine Verzerrung des Betrachtungs–Fokus auffiel. Diese Fokusverzerrung tritt kombiniert mit der Neigung der Individuen auf, sich bei der Verarbeitung von Informationen nur mit dem am einfachsten zu konstruierenden kognitiven Modell der Welt zu befassen.

Die Nutzung dieses Fokal–Modells ist mit den Tendenzen verbunden, nur einen einzigen Sachverhalt zu repräsentieren sowie bedenkenlos zu akzeptieren, was bei der zu bearbeitenden Aufgabenstellung als wahr präsentiert wird. Es ist das Modell, das den Denkaufwand zwar deutlich minimiert, aber Fehler wahrscheinlich macht.

Nachdem Stanovich seinen Lesern das Konzept der seriellen assoziativen Kognition vorgestellt hat, kehrt er zur **Abbildung 3** zurück. Hier deutet er auf eine dritte Funktion des reflektierenden Verstandes.

Die unsichtbare Funktion des reflektierenden Denkens

Keith E. Stanovich greift bei seinen Erläuterungen dieser bis zu diesem Punkt der Diskussion unsichtbaren Funktion auf seine detailreiche dritte Grafik **(Abbildung 3)** zurück.

Um es Lesern zu erleichtern, seine Erläuterungen und die Hintergründe dieser Funktion nachzuvollziehen, folgen einige ergänzende Flussdiagramme des Autoren. Damit werden die relevanten unterschiedlichen Denkdynamiken der drei Minds jeweils in einer eigenen Grafik illustriert.

Hierzu wird das Black Box–Diagramm der Verhaltensbiologie Schritt für Schritt ausgebaut, das zu einer Zeit konstruiert wurde, als psychische und kognitive Prozesse noch nicht mittels naturwissenschaftlicher Methoden objektiv gemessen und als Denk–Funktionen erfasst werden konnten. Diese Prozesse wurden deshalb als unbekannter Inhalt einer undurchsichtigen »schwarzen Kiste«, als Black Box vorgestellt – vergleiche: **Abbildung 4.**

Abbildung 4 – »Black Box«

Black–Box–Diagramm der Verhaltensbiologie

Wenn wir dieses Basis–Flussschema um die Prozesse des autonomen Minds ergänzen, ergibt sich das in **Abbildung 5** dargestellte Bild, in dem die Black Box eine erste »Füllung« erfährt.

Abbildung 5 – Prozesse des autonomen Minds

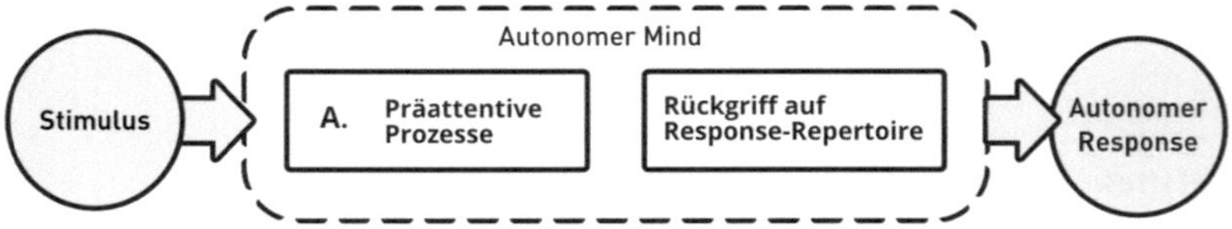

Wird ein Individuum mit einem Stimulus konfrontiert, läuft automatisch ein Prozess ab, bei dem sich der autonome Mind aus dem ihm zur Verfügung stehenden Reaktions–Repertoire bedient. Präattentive Prozesse halten dabei die höheren Denkinstanzen über das Response–Verhalten des autonomen Minds auf dem Laufenden.

Wird ein Individuum mit einem Stimulus konfrontiert, läuft automatisch ein Prozess ab, bei dem sich der autonome Mind aus dem ihm zur Verfügung stehenden Reaktions–Repertoire bedient und aus affektiven, eintrainierten, konditionierten und durch die Evolution erworbenen Reaktions–Alternativen eine Antwort auswählt. Präattentive Prozesse halten dabei die höheren Denkinstanzen über das Response–Verhalten des autonomen Minds auf dem Laufenden.

Reichen die Response–Möglichkeiten auf der Ebene des autonomen Minds nicht für einen erfolgversprechenden Response aus, schaltet sich das reflektierende Denken ein. Es initiiert einen Override–Prozess und stößt damit die Schritte an, die über Override, Entkopplung, Simulation, hypothetisches Denken zu einem reflektierten, rationalen Response führen – vergleiche **Abbildung 6.**

Wie wir gerade gelernt haben, ist diese Mobilisierung des reflektierenden Denkens und der verschiedenen Funktionen des algorithmischen Minds anstrengend. Als kognitive Geizhälse greifen Individuen deshalb in Situationen, die mit Aufgaben verbunden sind, die sich nicht leicht und spontan lösen lassen, auf Lösungsansätze zurück, die sich möglichst einfach nutzen lassen. Diese einfachen Ansätze sind in der jeweiligen Situation bereits durch die Aufgabenstellung vorgegeben und haben den Vorteil, dass Akteure Lösungsalternativen nicht systematisch durchdenken müssen. Im Fall des Karten–Auswahl–Problems von Wason orientieren sie sich an der vorgegebenen Regel und antworten falsch mit der bereits in der Aufgabenstellung formulierten Kombination von Vokal und gerader Zahl (A und 8). Im Flussdiagramm sieht das wie in **Abbildung 7** dargestellt aus, wobei der reflektierende Mind lediglich beim Initiieren des Überschreibens in den Ablauf eingreift.

Abbildung 6: Erfolgreicher rationaler Response – die »normative« Antwort

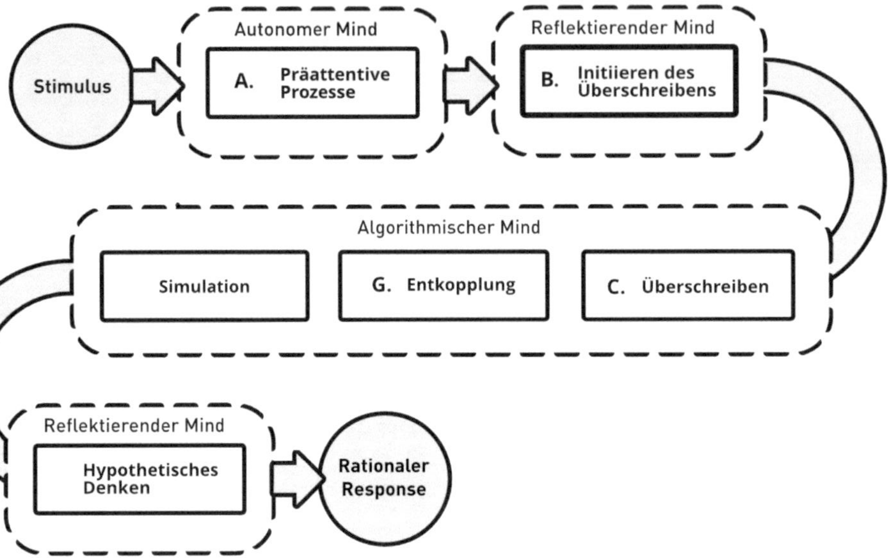

Reichen die Response–Möglichkeiten auf der Ebene des autonomen Minds nicht für einen erfolgversprechenden Response aus, schaltet sich das reflektierende Denken ein. Es initiiert einen Override–Prozess und stößt damit die Schritte an, die über Override, Entkopplung, Simulation, hypothetisches Denken zu einem reflektierten, rationalen Response führen.

Abbildung 7: Seichter – seriell–assoziativer – Response

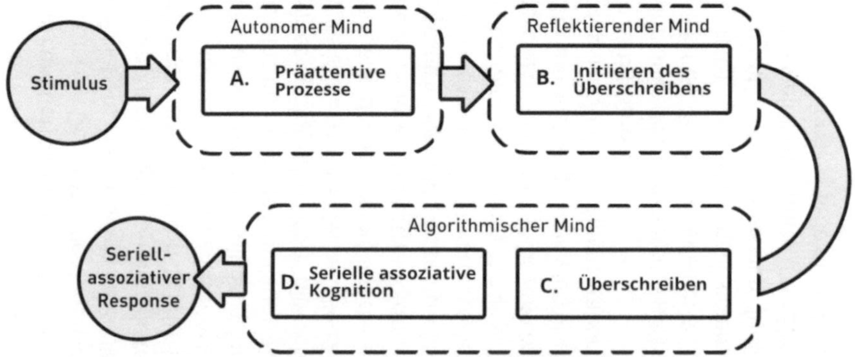

Als kognitive Geizhälse greifen Individuen in Situationen, die mit Aufgaben verbunden sind, die sich nicht leicht und spontan lösen lassen auf Lösungsansätze zurück, die sich möglichst einfach nutzen lassen. Diese einfachen Ansätze sind in der jeweiligen Situation bereits durch die Aufgabenstellung vorgegeben und haben den Vorteil, dass Akteure Lösungsalternativen nicht systematisch durchdenken müssen.
Der reflektierende Mind greift lediglich beim Initiieren des Überschreibens in den Ablauf ein. Entkopplung, Simulation, hypothetisches Denken werden nicht aktiviert – ein reflektierter, rationaler Response unterbleibt.

Die dritte Funktion des reflektierenden Minds: Auslösen eines Kontroll–Wechsels

Soweit das illustrative Zwischenspiel, das dazu dienen sollte, zu vergegenwärtigen, wie die **Abbildung 3** bis zum Auftreten seriell–assoziativer Responses Prozess–Dynamik definiert. Doch wie angekündigt hat Keith E. Stanovich in seine Grafik eine dritte Funktion des reflektierenden Denkens eingebaut, der wir uns nun widmen – vergleiche Details in **Abbildung 3.**

Es ist die Funktion »Initiieren des Kontrollwechsels der seriellen assoziativen Kognition« (E): Dem reflektierenden Mind wird von Stanovich die Fähigkeit zugeschrieben, unter optimalen Bedingungen eine Unterbrechung der seriellen assoziativen Kognition einzuleiten. Das dabei genutzte Interrupt–Signal verhindert den nächsten Schritt in einer seriellen assoziativen Sequenz, die ansonsten das Denken weiter steuern würde. Nach dem Abbruch der seriellen assoziativen Kognition erfolgt eine Entkopplung (G), um anschließend eine umfassende Simulation einzuleiten.

Trotz eines erfolgreichen Kontrollwechsels gelingt diese Abkehr von der seichten Verarbeitungsform der seriellen assoziativen Kognition nicht immer. Stattdessen kann der Schlampigkeit des kognitiven Geizhalses folgend eine weitere, neue serielle assoziative Kette (D) von einem anderen Ausgangspunkt aus gestartet werden. Das temporäre Fokusmodell wird lediglich geändert, um die Quelle einer weiteren assoziativen Kette zu werden. Obwohl der reflektierende Mind per Kontrollwechsel (E) eine Unterbrechung der ersten seriellen assoziativen Kognition bewirkt hatte, startet also lediglich ein weiterer Versuch, dem anstrengenden Weg über Entkopplung, Simulation und hypothetisches Denken zu einem rationalen Response auszuweichen – vergleiche **Abbildung 8.**

Ist die Initiative des reflektierenden Minds stattdessen aber tatsächlich erfolgreich, wird der Pfad der seriellen assoziativen Kognition verlassen. Die Entkopplung (G) startet dann nach einem Hin und Her zwischen serieller assoziativer Kognitionen (D) und dem Initiieren des Kontrollwechsels (E) die konsequenten weiteren Schritte über Simulation und hypothetischem Denken bis hin zum rationalen, reflektierten Response – vergleiche **Abbildung 9.**

Abbildung 8: Wiederholte serielle assoziative Kognition – scheiternder Kontrollwechsel

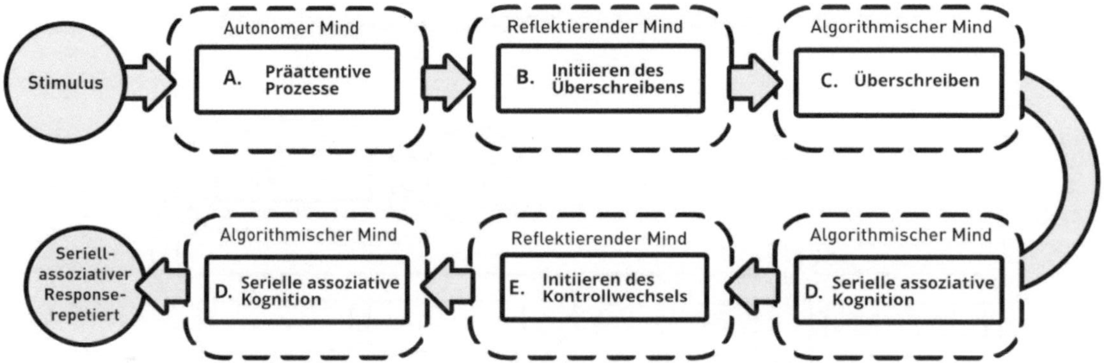

Trotz eines erfolgreichen Kontrollwechsels gelingt die Abkehr von der seichten Verarbeitungsform der seriellen assoziativen Kognition nicht immer. Stattdessen kann der Schlampigkeit des kognitiven Geizhalses folgend eine weitere, neue serielle assoziative Kette von einem anderen Ausgangspunkt aus gestartet werden.

Abbildung 9: Reflektierter Response nach erfolgreichen Kontrollwechseln

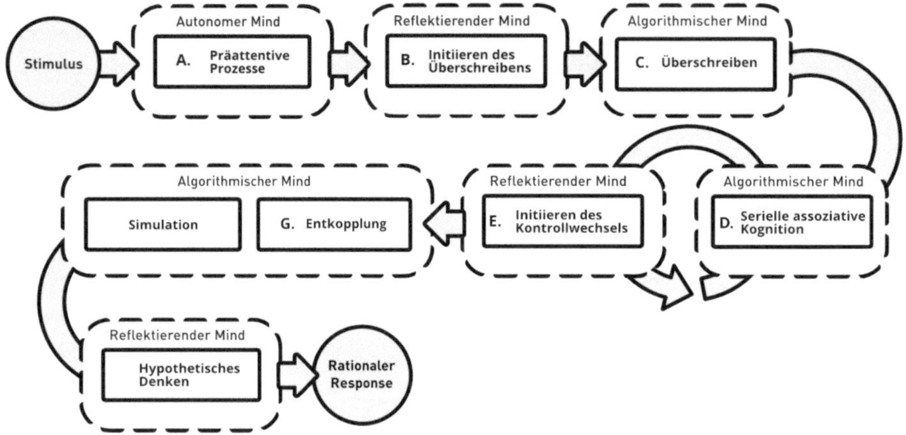

Ist die Initiative des reflektierenden Minds schlussendlich erfolgreich, wird der Pfad der seriellen assoziativen Kognition verlassen. Die Entkopplung startet dann nach einem Hin und Her zwischen seriellen assoziativen Kognitionen und dem Initiieren des Kontrollwechsels die konsequenten weiteren Schritte über Simulation und hypothetischem Denken bis hin zum rationalen, reflektierten Response

Die dritte Funktion in einer imaginären Fall–Geschichte

Wie sich Keith E. Stanovich diese dritte Funktion des reflektierenden Denkens vorstellt, lässt sich wie gesehen in seiner Dynamik und seinen Optionen deutlich illustrieren. Wer sich diese Darstellungen ansieht, wird sich dennoch möglicherweise nicht so leicht vorstellen können, wie die dahinter erfolgenden Prozesse im Alltag ablaufen. Nehmen wir uns deshalb ein wenig Zeit, eine kleine imaginäre Fall–Geschichte durchzuspielen, um die Dramatik hinter der dritten Funktion zu verstehen. Zur Illustration finden die Leser hier einen Mini–Comic, der die Schlüsselsituation der Initiation des Kontrollwechsels dramatisiert.

Vergegenwärtigen wir uns noch einmal, was die Herausforderung ist, welche das reflektierende Denken zum Aktivieren der dritten Funktion motiviert:

Individuen neigen dazu, nach den Regeln kognitiver Geizhälse zu leben:

»Wenn eine Typ 2–Verarbeitung erforderlich ist, wird standardmäßig die serielle assoziative Kognition mit einer fokalen Verzerrung (eine nicht vollständig entkoppelte kognitive Simulation) verwendet.«

In Fällen, in denen sie mit einer nicht alltäglichen Aufgabe konfrontiert werden, versuchen sie nicht automatisch, ausführlich den relevanten Problemhorizont zu analysieren. Sie suchen stattdessen in der Situation Anhaltspunkte, um ohne große Investition in Denkanstrengungen eine rationale Reaktion als Antwort auf die Aufgabe zu finden. Wir erinnern uns an die WYSIATI–Regel aus Kahnemans Buch »Schnelles Denken – langsames Denken«: *»Was Du siehst, ist das einzige, das es gibt!«*. Anders ausgedrückt tritt eine typische Fokusverzerrung auf. Individuen zeigen die Neigung, sich bei der Verarbeitung von Informationen nur mit dem am einfachsten zu konstruierenden kognitiven Modell der Welt zu befassen.

Als kognitive Geizhälse greifen Individuen deshalb in Situationen, die mit Aufgaben verbunden sind, die sich nicht leicht und spontan lösen lassen, auf Lösungsansätze zurück, deren Einsatz möglichst mühelos funktioniert.

Stellen wir uns für unsere Geschichte eine Situation in der Vertriebsabteilung eines Technologie–Unternehmens vor. Dieses Unternehmen hat vor kurzem eine neue Software entwickelt, die in der Cloud – Internet–gestützt – arbeitet. Mit dieser Software können große Immobilienbetreiber über das Internet den Energiehaushalt und die Klimatisierung von großen Bürogebäuden steuern.

Da diese Technik sehr innovativ ist und deren Möglichkeiten in der Fachwelt noch wenig diskutiert wird, möchte das Technologie–Unternehmen an die Zielgruppe »Immobilienbetreiber« direkt und persönlich herantreten. Motiv ist es, die neue Cloud–Software gezielt bei Entscheidern in der Immobilienbranche bekannt zu machen.

Aus diesem Grund wird ein junger Mitarbeiter aus der Werbeabteilung gebeten, für diese Aufgabe »Bekanntmachung und Vertrieb der neuen Software bei Top-Entscheidern« eine Lösung zu entwickeln und vorzulegen. Das Problem für den Mitarbeiter besteht darin, dass er es bei dieser Aufgabenstellung mit einer Zielgruppe zu tun bekommt, die einen höchst spezialisierten fachlichen Hintergrund hat. Dazu kommt, dass die Entscheidung für die neue Software mit hohen Investitionen verbunden ist – die technische Gebäudeausstattung der in Frage kommenden Bürogebäude muss angepasst werden. Offenbar erfordert die Vermarktung der neuen Software, mit Personen auf höheren Hierarchie-Ebenen ins Gespräch zu kommen und technische Details nachvollziehbar als lukrative Vorteile zu präsentieren.

Wie »managt« der junge Mann aus der Werbeabteilung das ihm gestellte Problem?

Im Fall, dass er über ausgeprägte Denkdispositionen verfügt, wird er einen anstrengenden Weg gehen: Er wird sich mit Studien zum Entscheidungsverhalten von Managern in Immobilienunternehmen beschäftigen. Er wird sich Informationen über Konkurrenzunternehmen beschaffen, die über ähnliche Software-Lösungen verfügen usw. Er wird also eine intensive Situationsanalyse vornehmen und darauf aufbauend eine Kommunikations-Strategie entwickeln, um die neue Software seines Arbeitgebers bei den Managern der in Frage kommenden großen Immobilienunternehmen möglichst positiv zu positionieren.

Zu befürchten ist, dass der junge Mann aufgrund fehlender Vorerfahrungen mit der relevanten Zielgruppe auf das zurückgreift, was er bereits kennt, sowie auf die üblichen PR- und Werbemaßnahmen, die seine Kollegen zur Vermarktung von anderer Software tagtäglich einsetzen. Er wird ganz einfach auf der Basis dieser bekannten Maßnahmen einen Gesamtplan zusammenbauen, auch wenn dieser mit Blick auf die anzusprechende Zielgruppe nicht zu Ende gedacht ist und deshalb kaum Erfolgsaussichten hat. Zur Präsentation bei seinem Vorgesetzten wird er diesen Plan in eine Powerpoint-Präsentation packen und damit in die nächste Besprechung gehen.

Schauen wir uns im Mini-Comic an, was dabei passiert.

Der Vorgesetzte des Mitarbeiters erfasst offenbar unmittelbar, dass etwas nicht passt. Der Vermarktungsplan aus Anzeigenwerbung, Pressemitteilungen, Broschüren und Social Media-Beiträgen reicht nicht aus, Investitions-Entscheider zum Kaufabschluss zu bringen. Dazu ist direkter Kontakt und persönliche Diskussion der Softwarelösung notwendig.

Seine Reaktion »Aber wann fangen wir an, mit den Leuten zu kommunizieren?« stoppt die Präsentation der Routinelösung seines Mitarbeiters und initiiert sozusagen einen Kontroll-Wechsel.

»Neulich im Meeting …« *(aus: Droste, 2019, S. 197)*

Ob dieser allerdings im nächsten Schritt tatsächlich in fundiertes hypothetisches Denken eintreten wird und doch noch eine ausgiebige Situationsanalyse versucht, lässt der Comic offen. – Soweit unsere imaginäre aber realistische Fallgeschichte …

4. Die Konstruktion des Frameworks zur Messung rationalen Denkens

Die Bedeutung von Wissen: Mindware

Wir haben bis hierher Keith E. Stanovich bei der Diskussion seiner dritten Abbildung begleitet und nachvollzogen, wie er sein Konzept der Architektur des Denkens detailreich Zug um Zug ausweitet.

Für die meisten Leser ist wahrscheinlich die Grenze der »verschmerzbaren« Komplexität erreicht. – Keine Sorge: Der dreiteilige »Bauplan« des Konzepts ist komplett.

Dennoch ist an dieser Stelle abschließend ein einzelner Aspekt des Denkens zu ergänzen. Wer auch diesen Faktor als Hintergrund der Denkarchitektur verstanden hat, ist gut vorbereitet für den Gesamtentwurf des »Frameworks« hinter dem Rationalitäts–Quotienten.

Nehmen wir die letzte Hürde:

Bis hierhin hat Professor Stanovich bei seinen Erläuterungen einen Aspekt von Dual–Prozess–Theorien mehr oder weniger unerwähnt gelassen. Es handelt sich um die Tatsache, dass erfolgreiche Typ 2–Übersteuerungs–Operationen und die nachfolgenden Schritte zur Realisierung rationaler Responses auf Wissen zurückgreifen müssen – und zwar auf Wissen zweierlei Art. Aus Stanovichs Sicht ist zum einen »prozedurales Wissen« erforderlich – Kenntnisse zum Einsatz von Regeln, nach denen kognitive Prozesse ablaufen. Der zweite Typus ist sogenanntes »deklaratives Wissen«, im Sinne von Kenntnis, die mit Worten beschrieben, also »erklärt« werden kann und das Beherrschen von Sprache voraussetzt. Stanovich nennt als Beispiele symbolische Beschreibungen von Begriffen, Objekten, Fakten oder Situationen.

Während das Auslösen – das Priming – der Typ 1–Responses seitens des autonomen Minds vor allem auf prozeduralem Wissen beruht, wird bei Typ 2–Kognitionen oft gespeichertes Wissen unterschiedlicher Art erforderlich. Während des Simulationsprozesses werden laut Stanovich deklaratives Wissen und sprachlich kodierte strategische Regeln verwendet, um eine entkoppelte innere Vorstellung von einem Tatbestand, eine Repräsentation eines Sachverhalts, zu transformieren.

Zur Bezeichnung dieses Wissens – also der Regeln, Prozeduren und Strategien, die im Gehirn abgerufen und zur Transformation entkoppelter Repräsentationen verwendet werden – schlägt er die Verwendung des Begriffs »Mindware« vor. David N. Perkins von der Harvard Graduate School of Education hatte diesen Begriff in einem Buch aus dem Jahr 1995 geprägt *(Perkins, 1995)*. Anschließend wurde das Konzept von Andy Clark *(Clark, 2014, S. xi)* leicht abgewandelt, bevor Keith E. Stanovich es bei der Entwicklung des Frameworks seines Rationalitäts–Tests übernahm. *(Stanovich & Toplak, 2016, S. 34–35)*

Hinter diesem Konzept steht die Vorstellung von speziellen Wissensstrukturen, die während der kognitiven Simulation zur Verfügung stehen und unter anderem das Produkt vergangener individueller Lernerfahrungen sind. Dies ist die Basis dafür, dass sich Individuen in ihren Fähigkeiten unterscheiden, bessere Alternativen zu einem Typ 1–Response zu simulieren. Denn ihre Alternativlösungen basieren auf der ihnen verfügbaren individuellen Mindware – und die kann als Wissens–Ressource mehr oder weniger optimale Lösungen ermöglichen.

Laut Keith E. Stanovich ist es wichtig zu beachten, dass alle Ebenen im dreigliedrigen Modell auf Wissen zugreifen, um ihre jeweiligen Operationen auszuführen:

- Der *reflektierende Mind* greift nicht nur auf Mindware in Form allgemeiner Wissensstrukturen zu, sondern berücksichtigt vor allem individuelle Meinungen, Überzeugungen und reflektierend erworbene Ziele und Präferenzen des jeweiligen »Gehirn–Trägers«.
- Der *algorithmische Mind* greift auf Mindware in Form von Mikrostrategien für kognitive Operationen und Regeln der Terminierung von Reaktionsabläufen, von Verhaltensweisen und Gedankenroutinen zu.
- Der *autonome Mind* schließlich greift sowohl auf Mindware in Form im Laufe der Evolution erworbener Verhaltensweisen, auf gekapselte Wissensbestände zu, als auch auf Mindware zurück, die durch wiederholtes Üben gesammelt – kompiliert – und automatisiert wurde.

Bei der Erläuterung dieser unterschiedlichen Mindware grenzt Stanovich noch einmal Intelligenz von Rationalität ab. Dazu verweist er wiederum auf die Details der am umfassendsten bestätigten Theorie der Intelligenz: die CHC–(Cattell–Horn–Carroll–)Theorie der Intelligenz. Auch in dieser Theorie spielt Wissen eine Rolle – allerdings lässt sich hieran wiederum zeigen, wie weit Intelligenz und Rationalität auseinanderliegen.

Zur Erinnerung: Hauptkomponente dieser Intelligenztheorie ist neben einem prozeduralen Element – die flüssige Intelligenz Gf – interessanterweise auch ein Wissenselement: die kristallisierte Intelligenz Gc.

Es stellt sich also die Frage: Handelt es sich bei diesem kristallisierten Wissen um Mindware der soeben vorgestellten Art?

Zur Beantwortung dieser Frage gehen wir zunächst noch einmal zurück zu den Eigenschaften der Gf – der fluiden Intelligenz.

Der fluiden Intelligenz kann zugeschrieben werden, eine gewisse Beziehung zur Rationalität zu haben. Denn Gf hat mit der Rechenleistung des algorithmischen Minds zu tun, die erforderlich ist, um hypothetisches Denken zu ermöglichen. Da wie gesehen Leistungen des algorithmischen Minds wie Überschreiben – Override – und Simulation für rationales Denken wichtig sind, ermöglicht Gf in Situationen rationales Handeln. Allerdings sind die Initiierung des Override (Pfeil B in **Abbildung 3)** sowie die Einleitung von Simulationsaktivitäten (Pfeil F in **Abbildung 3**) beides Aspekte des reflektierenden Minds, die im Rahmen von Intelligenztests nicht erfasst werden. IQ–Messungen verfehlen also diese wichtigen Komponenten der Rationalität.

Die Situation in Bezug auf Gc ist ein wenig anders als im Fall der Gf: Wie gesehen hängt rationales Denken entscheidend von der Aneignung bestimmter Arten von Wissen ab.

Kann kristallisierte Intelligenz als diese Mindware zur Ermöglichung von Rationalität klassifiziert werden? Laut Stanovich ist die Antwort: »Nein«. Er begründet dieses Nein folgendermaßen:

Wie wir in folgenden Kapiteln im Einzelnen sehen werden, sind es spezialisierte Wissensstrukturen, auf die sich rationales Denken stützt. Sie definieren Regeln aus Feldern wie wahrscheinlichkeitstheoretisches Denken, statistisches Denken und wissenschaftliches Denken.

Im Gegensatz dazu ist das kristallisierte Wissen, das in IQ–Tests bewertet wird, von Test–Entwicklern absichtlich so konzipiert, dass es sich nicht auf spezialisierte oder spezifische Kenntnisse bezieht. Denn, um sicherzustellen, dass die Aufgaben in diesen Tests kein spezielles Vokabular oder gar Fachwissen voraussetzen, sind die Testformulierungen sprachlich unvoreingenommen und »fair« formuliert. Personen, die aus Bevölkerungsschichten mit unterschiedlichem sozialkulturellem Hintergrund stammen, sollen die jeweils gleichen Chancen haben, ihre kognitive Basiskompetenz zu präsentieren. Das funktioniert in diesen Tests, indem lediglich elementares verbales Verständnis und Allgemeinwissen abgefragt wird.

Kurz gesagt: Die Messung der kristallisierten Intelligenz Gc, die traditionell in Intelligenztests vorgenommen wird, bewertet nicht die individuellen Unterschiede in Bezug auf Formen von Mindware, die relevant für individuelle Rationalität sind.

Mindware spielt bei allen drei Minds eine Rolle.

An dieser Stelle spricht Keith E. Stanovich eine deutliche Warnung aus *(Stanovich & Toplak, 2016, S. 35–37):*

Wer bisher der Erläuterung des kognitiven Modells und insbesondere der Mindware gefolgt ist, könnte zu einem Fehlurteil gebracht worden sein:

Die bisherige Diskussion hat den Eindruck erweckt, dass ausschließlich algorithmischer und reflektierender Mind am rationalen Denken beteiligt sind.

Eine solche Interpretation wäre falsch. – Auch der autonome Mind kann rationale Reaktionen auslösen.

Wie kann der autonome Mind für rationale Responses verantwortlich sein?

In den vorhergehenden Abschnitten wurde unter anderem hervorgehoben, dass der autonome Mind über Regeln und normative Strategien verfügt, die kompiliert wurden und die durch »Überlernen« – durch ständige Wiederholung der Lernprozedur – sowie praktizierendes Üben »automatisiert« werden.

Stanovich führt dieses Überlernen als den Mechanismus ein, durch den Mindware rationalen Zuschnitts – in Form rationaler Regeln – Bestandteil des Response–Repertoires des autonomen Minds wird.

Das bedeutet, dass Individuen zu normativem – rationalen – Response fähig werden, ohne dass eine Simulation im Sinne eines aufwendigen Typ 2–Prozesses notwendig wäre – und zwar auf der Basis »rationaler« Mindware auf der Ebene von Typ 1–Kognitionen.

Stanovich veranschaulicht in seiner Grafik **(Abbildung 10)**, worauf er hinauswill.

Eine kurze Erläuterung zu dieser Grafik: Es handelt sich um ein vereinfachtes Denkarchitektur–Modell, das sowohl automatisierte Mindware als auch Mindware zeigt, die während der Simulation mobilisiert wird. Diese Abbildung wurde von Stanovich vereinfacht, indem alle Pfeilbeschriftungen entfernt und die Kästchen, die serielle assoziative Kognition darstellen, sowie einige Response–Kästchen ausgespart wurden. Absicht ist, das besondere Detail des rationalen Responses auf der Basis des autonomen Minds deutlich herauszustellen.

Die Art des Zugriffs auf Mindware, die in der Forschungsliteratur am meisten diskutiert wird, ist in der Grafik oben rechts dargestellt. In dem dort dargestellten Fall wird ein unpassender, automatischer Response des autonomen Minds unterbrochen und der rechenintensive Prozess der Simulation eines alternativen Response in Gang gesetzt. Die Simulation basiert auf dem »rechenintensiven« Prozess des Zugriffs auf Mindware.

Im Kontrast zu dieser Art des »normalen« Mindware–Zugriffs ist links unten in der Abbildung eine qualitativ andere Art und Weise dargestellt, wie Mindware einen rationalen Response auf der Ebene von Typ 1–Prozessen bestimmen kann.

Abbildung 10: Vereinfachtes Modell der »automatisierten« Mindware

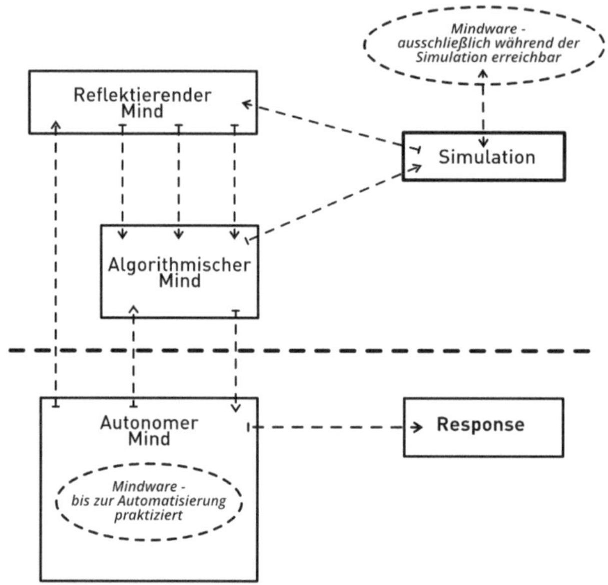

Die Abbildung illustriert den Tatbestand, dass über den autonomen Mind normative Regeln und insbesondere rationale Strategien handlungsleitend werden können, die bis zur Automatizität geübt wurden. Auf diese Weise können diese Strategien mit anderen, nicht–rationalen Response–Optionen des autonomen Minds konkurrieren und diese schließlich verdrängen.
Übersetzung und Adaption von »Figure 2.4 – A simplified model showing both automized mindware and mindware during simulation.« (Stanovich & Toplak, 2016, S. 36)

Die Abbildung illustriert den gerade beschriebenen Tatbestand, dass über den autonomen Mind normative Regeln und insbesondere rationale Strategien handlungsleitend werden können, die bis zur Automatizität geübt wurden. Auf diese Weise können diese Strategien mit anderen, nicht–rationalen Response–Optionen des autonomen Minds konkurrieren und diese schließlich verdrängen.

Stanovich hebt noch einmal Folgendes hervor: In der **Abbildung 10** lässt sich erkennen, dass aus der Tatsache, dass ein Individuum zu einem rationalen Response kommt, keineswegs abgeleitet werden kann, für rationale Antworten wären ausschließlich Typ 2–Kognitionen verantwortlich.

Auch folgt daraus, dass schnelle Responses von Akteuren keineswegs notwendigerweise falsch bzw. nicht rational sind. Keith E. Stanovich widerspricht hiermit explizit vielen Forschern, die dies im Rahmen von aktuellen Untersuchungen zur Dual–Prozess–Theorie aus seiner Sicht fälschlicherweise gefolgert haben.

Stanovichs Hauptzweck von **Abbildung 10** besteht darin, die Idee zu konkretisieren, dass die rationale Mindware nicht ausschließlich während der Simulationsaktivitäten im Rahmen von Typ 2–Prozessen abgerufen wird. Stattdessen betont er, dass diese Mindware vom autonomen Mind direkt und automatisch in die Handlungen von Individuen einfließen können: Voraussetzung – sie haben die Anwendung dieser Mindware in der Vergangenheit genug geübt – vergleiche **Abbildung 11**.

In den folgenden Abschnitten werden wir sehen, dass diese Idee für die Ausgestaltung des zukünftigen Rationalitätstests ein Kernkonzept darstellt.

Abbildung 11: Rationaler Response des autonomen Minds

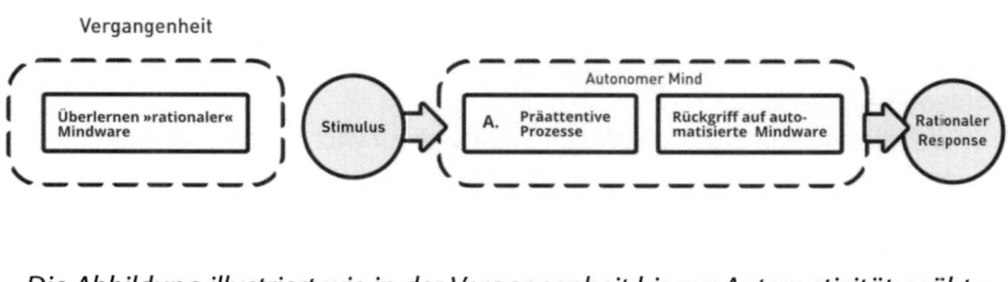

Die Abbildung illustriert wie in der Vergangenheit bis zur Automatizität geübte rationale Mindware in konkreten Situationen handlungsleitend wird.

Das Konzept hinter Heuristik- und Biases-Aufgabenstellungen

Als nächstes begleiten wir Keith E. Stanovich bei den abschließenden Vorbereitungen der Konzeption des Frameworks zur Messung des Rationalitäts-Quotienten. *(Stanovich & Toplak, 2016, S. 37–44)*

Die Vorbereitungen beginnen mit der Wiederholung einiger Gedanken, die er im Zusammenhang mit den Erläuterungen der Typ 1-Kognitionen vorgestellt hatte:

Wie gesehen können Umgebungen für eine Person, die häufig auf diese kraftsparenden, spontanen Kognitionen des autonomen Minds zurückgreift, entweder günstig – gutartig – oder feindselig sein.

Eine gutartige Umgebung ist eine Umgebung, die nützliche Hinweise enthält, die aufgrund von gut eingeübter Mindware oder von im Rahmen der Evolutionsgeschichte angeeigneter Reaktions-Module gut im Rahmen von Typ 1-Prozessen verarbeitet werden können. Darüber hinaus wird eine Umgebung nur dann als gutartig eingestuft, wenn darin keine anderen Individuen auftreten, die ihr Verhalten anpassen, um diejenigen auszubeuten, die sich vorbehaltlos und »gutgläubig« auf unreflektierte Typ 1-Verarbeitungen verlassen.

Genau hier hakt Stanovich ein, wenn er die heutige Lebenswelt von Individuen kritisch beurteilt: Er argumentiert, dass die moderne Welt von einseitig interessierten, getarnten Zeitgenossen so weit durchsetzt ist, dass das Verlassen auf Typ 1-Prozesse zunehmend riskanter wird. Er verweist auf die Werbung, die systematisch Kommunikations-Mechanismen zur Übervorteilung einsetzt, indem sie an Typ 1-Reaktionsmustern ansetzt. Vor diesem Hintergrund sei es wichtig, unsere Tendenz, Stimuli aus der Umgebung mittels intuitiver Typ 1-Reaktionen zu beantworten, genau zu untersuchen. Sein Ansatz ist es, dazu systematisch auf Heuristiken- und Biases-Aufgabenstellungen zurückzugreifen, um dadurch herauszuarbeiten, unter welchen Bedingungen rationale Reaktionsweisen begünstigt und suboptimale Intuitionen vermieden werden.

An dieser Stelle hält es Professor Stanovich für wichtig, noch einmal zu betonen, warum Intelligenztests wichtige Aspekte dieser rationalen Reaktionsweisen nicht erfassen: Leser, welche die letzten Kapitel übersprungen haben und erst an dieser Stelle einsteigen, könnten der Meinung sein, dass Intelligenztests eindeutig Denken vom Typ 2 bewerten. Das erscheint plausibel, weil wir gesehen haben, dass das bewusste Simulieren von Vorstellungswelten bei der Lösung von Problemen vom algorithmischen Denken getragen wird und damit an Leistungen der flüssigen Intelligenz anknüpft – oder?

Grundsätzlich ist es richtig, dass ein hoher IQ und ein hohes Leistungsvermögen im Bereich der flüssigen Intelligenz günstige Voraussetzungen für rationale Responses darstellen. Dennoch deckt der Vergleich von Intelligenz–Tests und »heuristics– and biases«–Aufgabenstellungen einen entscheidenden Unterschied zwischen beiden Bewertungsansätzen menschlichen Denkens auf:

Intelligenztests enthalten typischerweise deutliche Hinweise, dass zur Lösung von Aufgaben in IQ–Testunterlagen Denken vom Typ 2 notwendig ist. Jemandem, der einen Intelligenztest macht, ist von vornherein klar, dass ein schneller, intuitiver Bearbeitungs–Prozess nicht zu einer optimalen Prüfungsleistung führen wird.

Die meisten Tests des rationalen Denkens aus der »heuristics– and biases«–Tradition funktionieren anders: Der Rahmen der Testaufgaben weist die Testperson nicht auf diese Weise ausdrücklich darauf hin, dass von ihr reflektierendes Denken verlangt wird. Stattdessen suggerieren viele der Aufgabenstellungen, dass eine gewisse intuitive Response–Möglichkeit zu favorisieren ist. Dieser Response wird sich dann allerdings – häufig für den Probanden unbemerkt – als falsche Option erweisen. Wir haben dies bei Wasons Karten–Problem im Detail analysiert.

Anders als bei Intelligenztests, die als »optimale Leistungssituationen« wirken, muss die Testperson bei Heuristik– und Biases–Tasks die Unzulänglichkeit des Typ 1–Response von begleitenden Hinweisen »ungestützt« erkennen und dann die Typ 2–Prozessierung in Gang setzen, um zunächst den unpassenden Typ 1–Response zu unterdrücken und dann eine bessere Alternative zu simulieren. Anders ausgedrückt: Testverfahren auf der Basis dieser Aufgabenstellungen – dieser Tasks – wirken als »typische Leistungssituationen«.

Auf der Basis dieser Klarstellungen greift Keith E. Stanovich noch einmal drei wesentliche mentale Bedingungen auf, die für rationales Denken erforderlich sind.

- **Konfliktererkennung:**
  Als erstes müssen Individuen die Notwendigkeit erfassen, die Typ 1–Verarbeitung außer Kraft zu setzen. Eine Person muss in der Lage sein, einen Konflikt zwischen ihrer intuitiven Reaktion auf ein Problem und der durch erlernte normative Regeln vorgeschriebenen Reaktion zu erkennen.

- **Gelernte Mindware:**
  Als zweites muss die Mindware, mit deren Hilfe rationalere Antworten »errechnet« werden können, während der erforderlichen Simulationsaktivitäten verfügbar und zugänglich sein.

- **Anhaltende kognitive Entkopplung:**
  Als drittes ist kognitives Leistungsvermögen auf algorithmischer Ebene notwendig, damit Override- und Simulationsaktivitäten aufrechterhalten werden können. Die Auflösung des Konflikts zugunsten des normativen Response erfordert insbesondere dann bedeutende kognitive Kapazität, wenn die Entkopplung für eine beträchtliche Zeitspanne aufrechterhalten bleiben muss.

Die Interdependenz von Mindware, Konflikterkennung und Override

Folgendes ist aus Stanovichs Sicht von entscheidender Bedeutung: *(Stanovich & Toplak, 2016, S. 44–49)*

- Das Erkennen des Bedarfs an Override (1), das Vorhandensein von Mindware (2) sowie die anhaltende Fähigkeit zum Override (3) sind separate Kategorien von kognitiven Anforderungen, die keineswegs losgelöst voneinander auftreten,

- sondern miteinander verflochten sind.

Er demonstriert als nächstes mehrere solcher Verflechtungen, deren Komplexität sich zunehmend steigert:

Fall 1 – relevante Mindware nicht verfügbar:
Wenn die relevante Mindware nicht zur Verfügung steht, muss sich die betreffende Person zwangsläufig auf die vom autonomen Mind zur Verfügung gestellten Typ-1-Prozesse und den damit »geprimten« Response verlassen. Es ist in diesem Fall unerheblich, ob die Person grundsätzlich die Fähigkeit hat, den erforderlichen Override aufrechtzuerhalten. Auch die Fähigkeit der Konflikterkennung kommt in einer solchen Situation nicht zum Tragen, weil die Mindware nicht vorhanden ist, die als Basis der Erkennung – der Detektion – eines Konflikts zwischen intuitivem und normativem Konflikt notwendig wäre.

Fall 2 – Konflikterkennung funktioniert nicht:
Wenn die relevante Mindware vorhanden ist, könnte ein Konflikt erkannt – detektiert – werden. Allerdings gibt es Fälle, in denen die relevante Mindware vorhanden ist, aber der Proband keinen Grund erkennt, den intuitiven Typ 1-Response zu überschreiben. Die weiteren notwendigen Schritte in Richtung rationalem Response kommen nicht in Gang.

Kurz gesagt:

Ob im Rahmen der Lösung einer Aufgabe bei einer bestimmten Person »nachgelagerte« Fähigkeiten wie der anhaltende Override in Gang gesetzt werden oder nicht, hängt davon ab, ob zunächst bestimmte »vorgelagerte« Fähigkeiten – die Konflikterkennung oder das Bereitstellen von Mindware – in Funktion treten.

Stanovich lenkt die Aufmerksamkeit seiner Leser darauf, wie sich das Versagen beim Override und das Fehlen von Mindware gegenseitig fatal »ergänzen«:

Jemand, der an einer Aufgabe scheitert, der aber über gut erlernte Mindware verfügt, scheitert eher durch mangelnde Leistung beim Override als aufgrund von Lücken in seiner Mindware. Umgekehrt ist es weniger wahrscheinlich, dass Personen mit wenig oder schlecht gelernter Mindware wegen Override-Fehlern scheitern. – Sie kommen wegen fehlender, auf Mindware-gestützter Detektions-Impulse gar nicht so weit, eine Überschreibung zu erwägen:

Grundsätzlich gehen die beiden Kategorien Mindware-Mängel und Override-Defizite kontinuierlich ineinander über – zwischen den beiden ist eine unscharfe Grenze möglich. Wenn eine gut gelernte Regel nicht angemessen angewendet wird, ergibt sich ein Fall von Override-Versagen. Falls diese Regel immer weniger gut angewendet – instanziiert – wird, wird sie irgendwann so schwierig nutzbar, dass sie bei der Override-Prozessierung nicht mehr abrufbar ist. Auf diese Weise bewirkt ein Override-Fehler eine Mindware-Lücke. Kurz gesagt, ein Prozessierungsfehler hat sich in einen Wissensfehler verwandelt.

Professor Stanovich hat zwei Grafiken entwickelt, um diese Beziehungen zwischen Konflikterkennung, Mindware und Entkopplung systematisch zu illustrieren.

Die erste dieser Grafiken – in diesem Buch adaptiert als **Abbildung 12** übernommen – ist um ein Kontinuum herum organisiert, das veranschaulicht, wie gut die jeweilige Mindware bei kognitiven Prozessen zur Bewältigung von Aufgaben umgesetzt – instanziiert – wurde.

Abbildung 12: Prozesszustände im Mindware–Kontinuum

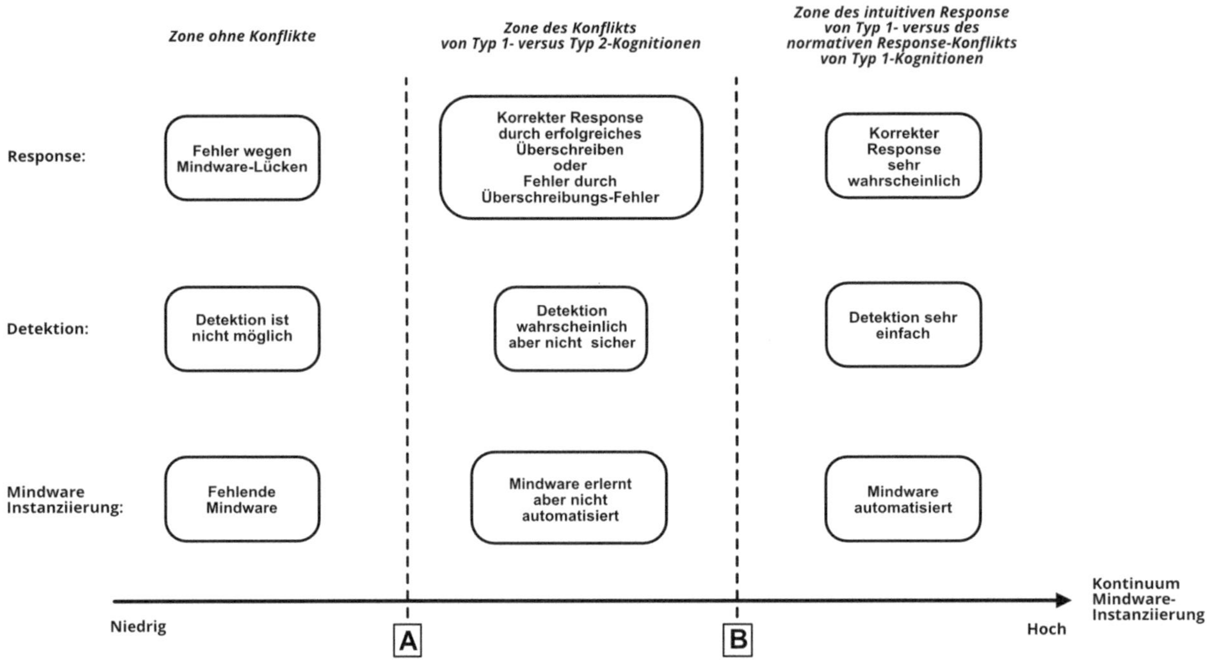

Übersetzung und Adaption von »Figure 3.1 – Processing states on the mindware continuum.«
(Stanovich & Toplak, 2016, S. 46)

Ganz links auf dem Kontinuum in der Abbildung ist die Mindware völlig abwesend (»Fehlende Mindware«). Erst, wenn die relevante Mindware geübt und im Langzeitgedächtnis gespeichert wird, steht sie für den Abruf durch die Prozessierung vom Typ 2 zur Verfügung.

In der Mitte des Kontinuums (»Mindware erlernt, aber nicht automatisiert«) muss die Mindware durch eine aufwendige Prozessierung des Typs 2 abgerufen werden, um einen so genannten »kalkulierten Response« zu erzeugen, der mit dem intuitiven Response konkurriert, der automatisch vom autonomen Mind angeboten wird.

Ganz rechts auf dem Kontinuum (»Mindware automatisiert«) wurde die relevante Mindware so extrem geübt, dass sie in das Repertoire des autonomen Minds übergegangen ist und automatisch und selbstständig ausgelöst wird – wie im Fall von Typ 1–Reaktionen. Diese Mindware ist so sehr eingeübt, dass sie intuitive Responses auf der Basis von Typ 1–Kognitionen automatisch überschreiben kann, ohne eine anstrengende Override–Prozedur vom Typ 2 zu benötigen.

Kurz gesagt, der äußerste rechte Teil des Kontinuums ist der Bereich, in dem kein anhaltender Override benötigt wird. Der intuitive Typ 1–Response wird automatisch durch die neuere Mindware »übertrumpft«, die jetzt Basis des neuen dominanten Response wird. Probanden werden das betreffende Problem fast immer korrekt lösen, wenn sie sich in diesem Teil des Kontinuums befinden und wenn die normative Mindware gut eintrainiert, instanziiert ist.

Diese Situation steht in scharfem Kontrast zu der Situation ganz links auf dem Kontinuum. Hier wurde die Mindware so wenig eingeübt, dass keine Konflikterkennung stattfindet und der Proband aufgrund einer Mindware–Lücke stets einen Fehler machen wird. Ein Überschreiben – ein Override – des Typ 1–Response ist nicht möglich. Denn die Mindware wurde nicht so gut instanziiert, dass der reflektierende Mind die Notwendigkeit eines Override erkennen kann.

Der mittlere Abschnitt der Abbildung stellt die Konfliktzone dar zwischen Typ 1–Kognitionen, die einen intuitiven Response »primen« – in Gang setzen –, und Typ 2–Kognitionen, die diese Intuition unterdrücken und stattdessen im Rahmen einer Simulation einen normativen Response simulieren. Hier hängt es vom Erfolg des anhaltenden Overrides ab, ob der Proband richtig reagiert oder nicht.

Diese Zone des Konflikts zwischen Typ 1–Kognitionen und Typ 2–Kognitionen wird durch den Bereich definiert, der durch die Schwellenwerte A und B auf dem Kontinuum der Mindware–Instanziierung abgegrenzt wird:

- Links von der gestrichelten Linie A ist die Mindware nicht gut genug instanziiert, um während der Simulation eines überlegenen – d.h. normativen – Response aus dem Langzeitgedächtnis abgerufen zu werden.

- In der Mitte – rechts von der gestrichelten Linie A und links von der gestrichelten Linie B – ist die Mindware ausreichend instanziiert, um abgerufen zu werden, aber nicht so vollständig automatisiert, dass sie in den Bestand des autonomen Minds und der Typ 1–Kognitionen aufgenommen wurde. Es handelt sich um die Zone des potenziellen Konflikts zwischen dem Priming eines intuitiven Responses auf der einen Seite und der Berechnung eines alternativen normativen Responses auf der Basis einer entkoppelten Simulation mithilfe von Typ 2–Prozessen auf der anderen Seite.

- Rechts von der gestrichelten Linie B befindet sich der zuvor besprochene Bereich, in dem ein automatisierter normativer Response die intuitive Reaktion übertrumpft.

Keith E. Stanovich betont, dass die Leichtigkeit der Konflikterkennung und der Grad der Mindware–Instanziierung hoch korreliert sind. Aus seiner Sicht stimmen beide Merkmale im Wesentlichen überein – zumindest seien sie schwer auseinanderzuhalten.

Keith Stanovichs zweite Grafik – **Abbildung 13** – stellt diese »Mechanik« von Heuristik- und Biases–Aufgaben noch einmal dar – diesmal eine Stufe detaillierter:

Hier markieren die Buchstaben W bis Z die Kriterienwerte auf dem Mindware–Kontinuum, mit deren Hilfe fünf verschiedene Zustände der Prozessierung definiert werden:

Abbildung 13: Prozesszustände im Mindware–Kontinuum

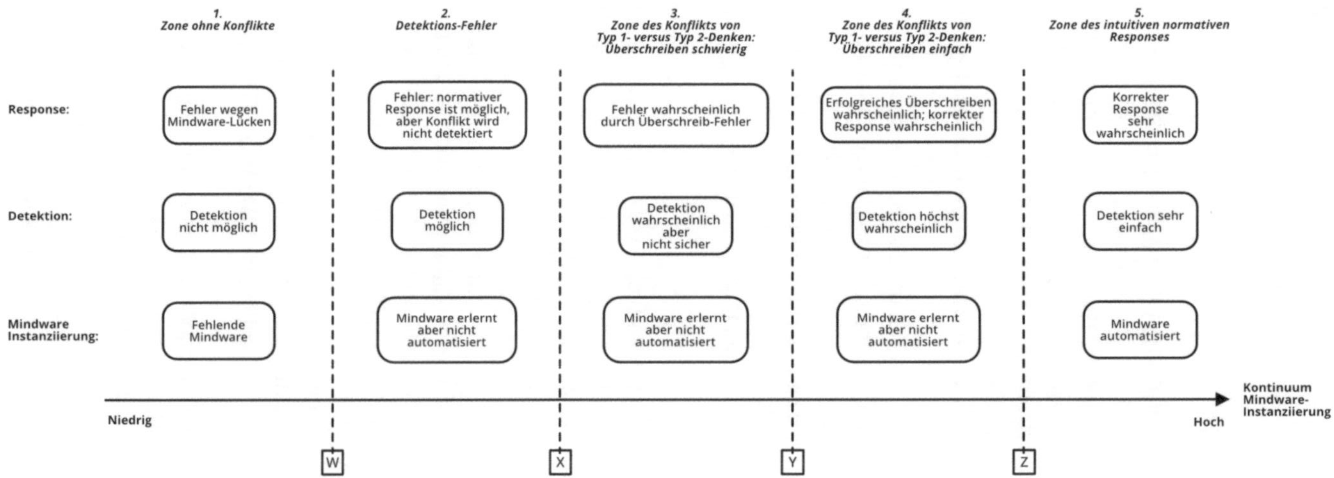

Übersetzung und Adaption von »Figure 3.2 – Processing states on the mindware continuum.«
(Stanovich & Toplak, 2016, S. 48)

1. Zone ohne Konflikte erkennen:
Das Kriterium W markiert die Stelle auf dem Mindware-Instanziierungs-Kontinuum, an dem Konflikte zwischen Typ 1- und Typ 2-Kognitionen auftreten könnten. Links von diesem Kriterium und damit der linken gestrichelten Linie ist die Mindware so wenig etabliert, dass sie als abwesend zu betrachten ist, und somit keine Konflikterkennung ermöglichen kann.

2. Zone des Konflikts – Detektions-Fehler:
Rechts von Kriterium W ist eine Konfliktdetektion grundsätzlich möglich, d. h., das Auftreten eines Konflikts zwischen einer intuitiven Reaktion und der vom Probanden gelernten normativen Regeln sollte erkannt werden können. Die notwendige Mindware steht zum Abruf bereit. Aber der Proband übersieht das Problem, erkennt keinen Konflikt und nimmt daher keinen Override vor. Dieser Zustand der Prozessierung stellt dar, was gemäß Stanovich als »Detektions-Fehler« bezeichnet werden kann.

3. Zone des Konflikts – Override-Fehler:
Die Konflikterkennung ist erst rechts von Kriterium X wahrscheinlich. Allerdings verläuft der Überschreibvorgang nicht immer erfolgreich – trotz Konflikt-Detektion. Kriterium Y grenzt erfolgreiches von erfolglosem, unbeständigem Override ab.

4. Zone des Konflikts – Override wahrscheinlich:
Rechts von Kriterium Y und links von Z des Bereichs des Mindware-Instanziierungs-Kontinuums ist ein Override wahrscheinlich erfolgreich. Gut instanziierte Mindware begünstigt die Erkennung von Konflikten und erleichtert ihr nachhaltiges Abrufen während des Simulationsprozesses, was einen erfolgreichen Override höchst wahrscheinlich macht.

5. Zone des intuitiven normativen Responses
Rechts von Kriterium Z befindet sich schließlich der Prozessierungs-Zustand, bei dem keine Überschreibung von Typ 1-Kognitionen notwendig ist, weil die normative Mindware im autonomen Mind stabil instanziiert, internalisiert ist und einen intuitiven normativen Response bewirkt.

Zusammenfassend lässt sich mit Blick auf **Abbildung 13** sagen:

- 1. Der Bereich links von W bezeichnet einen Detektions-Fehler aufgrund fehlender Mindware;
- 2. der Bereich zwischen W und X ein Scheitern aufgrund von Erkennungsfehlern;

- 3. der Bereich zwischen X und Y ein Scheitern aufgrund von Override-Fehlern;
- 4. der Bereich zwischen Y und Z markiert einen korrekten Response, der durch anhaltenden Override erreicht wurde und
- 5. im Bereich rechts von Z liegen korrekte Responses aufgrund des automatischen Abrufs normativer Responses des autonomen Minds.

Bewegen wir uns in **Abbildung 13** von links nach rechts, steigt die Wahrscheinlichkeit, dass ein korrekter Response »errechnet« wird: Denn je mehr die Mindware automatisiert wurde, desto leichter fällt die Konflikterkennung und umso weniger Kraft erfordert der schließlich notwendige Override.

Wichtiges Detail: **Abbildung 13** bringt einen neuen Aspekt ins Spiel, indem sie nachvollziehen lässt, wie sich die jeweiligen typischen kognitiven Fehler und Erfolge unterscheiden, wenn wir uns entlang des Kontinuums von links nach rechts bewegen – von mangelhaft bis zu gut wirksamer Mindware.

Rationales Denken: Wissen und Prozessierung integriert

Keith E. Stanovich fasst mit Blick auf die letzten beiden Abbildungen ein paar Punkte zusammen, die in der Folge entscheidende Bedeutung haben werden. *(Stanovich & Toplak, 2016, S. 55–57)*

Es gibt offenbar zwei Formen von Abhängigkeiten und Schwierigkeiten, die sich in unterschiedlichstem Grad gegenseitig durchdringen:

- die Abhängigkeit zwischen der Instanziierung von Mindware und der *Schwierigkeit des Overrides* der Typ 1-Kognitionen des autonomen Minds
- sowie die Abhängigkeit zwischen der Instanziierung von Mindware und der *Schwierigkeit der Konflikterkennung*

Diese letzten beiden Abbildungen veranschaulichten unter anderem im Detail, dass anhaltender Override in dem Maße vereinfacht wird, wie die relevante Mindware instanziiert wurde – bis zu dem Punkt, an dem voll automatisierte Mindware einen Override komplett unnötig macht.

Stanovich legt eine weitere Grafik **(Abbildung 14)** vor, um die Abhängigkeit zwischen Wissen und Prozessierung in Heuristik- und Biases-Tasks aus einer weiteren Perspektive zu beleuchten.

Abbildung 14: Die Abhängigkeit von Wissen und Prozessen im Rahmen der Bearbeitung von Denkproblemen

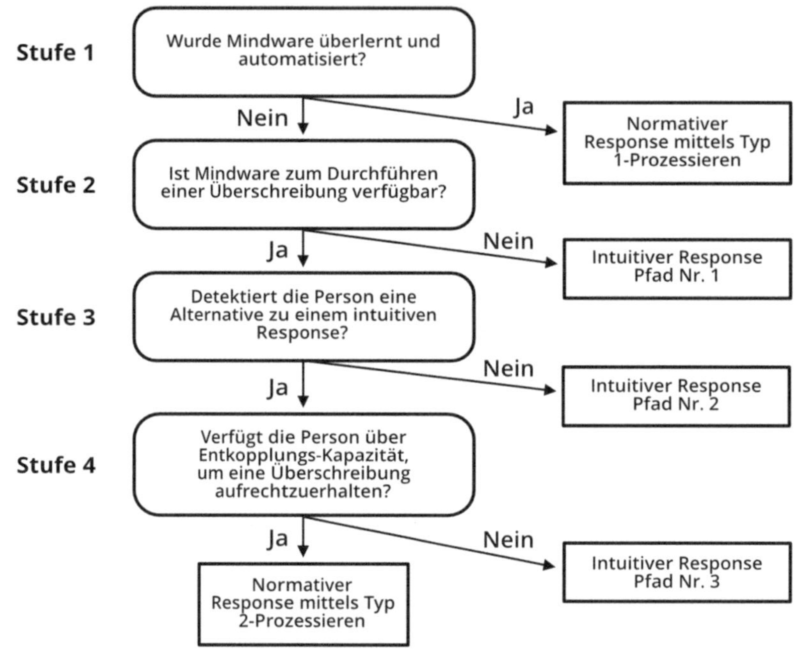

Übersetzung und Adaption von »Figure 3.3 –
Dependence between knowledge and process in heuristics and biases tasks.«
(Stanovich & Toplak, 2016, S. 56)

Diese Abbildung illustriert die entsprechenden Abhängigkeiten, indem die zugrundeliegenden Zusammenhänge als Entscheidungs–Pfad dargestellt werden. Diese Grafik funktioniert, indem sie detailreich nachvollzieht, welche Pfade zu falschen, intuitiven Responses führen können und wie diese dazu verführen, eine wenig anstrengende, aber minderwertige Response–Alternative zu wählen, statt einen normativen, rationalen Response zu erarbeiten.

Wir folgen Stanovichs Erläuterungen seiner Grafik. Angemerkt sei an dieser Stelle, dass wir an der Struktur seiner Abbildung eine leichte Veränderung vorgenommen haben, um den Ablauf für den Leser leichter nachvollziehbar zu machen. Sein inhaltliches Konzept wurde dennoch vollständig beibehalten.

Die Abbildung stellt deutlich heraus,

- dass Detektion und Override von Wissen bzw. Mindware abhängen und
- dass ein Override von einer erfolgreich realisierten Detektion abhängt.

Anhand der Grafik können wir dies nachvollziehen, indem wir dem Pfad der alternativen Reaktionen nach und nach, von oben nach unten folgen.

Stufe 1:
Die Frage, die sich auf der ersten Stufe stellt, ist, ob die zur Bewältigung einer Aufgabe notwendige Mindware überlernt, automatisiert und zur Nutzung durch den autonomen Mind direkt verfügbar ist. Wenn dies der Fall ist, erfolgt unmittelbar ein normativer, rationaler Response – es wird kein Override benötigt. – Dieser Pfad führt direkt zum rationalen Response.

Stufe 2:
Die Frage, die sich auf der zweiten Stufe stellt – falls nicht der spontane rationale Response bereits auf der ersten Stufe erfolgte – ist, ob ein Proband für eine gegebene Aufgabe über die notwendige Mindware verfügt, um eine Überschreibung – einen Override – auszuführen. Also: Verfügt der Proband über relevantes deklaratives Wissen, auf das er zugreifen kann, um den intuitiven Response des autonomen Minds zu ersetzen? Wenn die relevante Mindware nicht verfügbar ist, wird die Person zwangsläufig intuitiv reagieren. Mit Blick auf die Grafik heißt das, die Person begibt sich auf den ersten Pfad des intuitiven Response.

Stufe 3:
Hat sich im Folgeschritt ergeben, dass die relevante Mindware tatsächlich vorhanden ist, dann stellt sich als nächstes die Frage, ob die Person tatsächlich den Grund detektiert, aus dem der intuitive Response übersteuert werden sollte. Andernfalls, selbst wenn die relevante Mindware vorhanden ist, wird der Proband den intuitiven Response zeigen, weil er den Grund nicht erkannte, wegen dem die automatische Reaktion des autonomen Minds zu überschreiben und offline zu nehmen ist, um eine Reaktionsalternative zu suchen. Der Proband folgt also dem zweiten Pfad zum intuitiven Response.

Stufe 4:
Im nächsten Schritt – unter der Voraussetzung, dass die relevante Mindware vorhanden ist und der Proband eine Alternative zu intuitiven Typ 1–Response gefunden hat – stellt sich die Frage, ob er die zur Bewältigung seiner Aufgabenstellung erforderliche kognitive Entkopplung realisieren kann, um den Override des intuitiven Response erfolgreich durchzuführen.

Wenn dies der Fall ist, wird der Proband den normativen Response per Entkopplung und einer Simulation einleiten können. Wenn nicht, dann wird der Proband sich auf den dritten Pfad zum intuitiven Response machen – obwohl er über die relevante Mindware bzw. das Wissen verfügt, das für einen rationalen Response notwendig ist.

Fazit:

Die Abbildung gibt einen Überblick über die Abhängigkeiten zwischen Mindware, Detektion und Override. Es zeigt sich insbesondere, wie das Vorhandensein oder Fehlen von Mindware sich auf die übrigen kognitiven Aspekte auswirkt:

- Sie macht deutlich, dass der Tatbestand fehlender Mindware Fragen danach von vornherein irrelevant macht, ob Konflikte detektiert oder ob ein Override möglich ist.
- Erst wenn Mindware zumindest auf einem minimalen Niveau vorhanden ist, ergibt sich die Möglichkeit eines korrekten rationalen Response oder eines Detektionsfehlers.
- Vom Grad des Vorhandenseins von Mindware, die eine Detektion ermöglicht, ist indirekt abhängig, ob sich die Möglichkeiten ergeben, dass entweder ein anhaltender Override realisiert wird oder ein Override–Fehler auftritt.

Auf dem Weg zu einer Taxonomie von Denkfehlern

Im Rahmen der letzten hier vorgestellten drei Grafiken erläuterte Keith E. Stanovich die Systematik, in der Denkfehler auftreten. *(Stanovich & Toplak, 2016, S. 49–53)* Auf dieser Basis baut er als nächstes ein komplettes Klassifikationssystem auf – eine Taxonomie der Denkfehler –, die sich als das Rückgrad des Messinstruments des Rationalitäts–Quotienten erweisen wird.

Er startet, indem er eine Tabelle vorlegt – **Tabelle 1: Taxonomie von Denkfehlern** *(adaptiert und übersetzt – Table 3.1 Types of reasoning errors – Stanovich & Toplak, 2016, S. 49).*

Nachlässiges Prozessieren			Mindware-Probleme	
Rücksetzen auf Autonomen Mind	Scheitern einer andauernden Überschreibung	Rücksetzen auf serielle assoziative Kognition mit einer fokalen Verzerrung	Mindware-Lücken	Kontaminierte Mindware

Aufbauend auf den Überlegungen bis zu diesem Punkt unterscheiden Stanovich und sein Team Prozessierungs–Probleme von Inhalts–/Wissensproblemen. Dabei ist die dargestellte Verbundenheit zwischen Prozessierung und Wissen im Auge zu behalten: Weniger gut instanziierte Mindware macht das Durchführen eines Override schwieriger und das Zurückfallen auf Typ 1–Prozessierung wahrscheinlicher. Denk–Probleme, die mit der Verarbeitung bzw. dem Prozessieren von Kognitionen zu tun haben, werden in der Folge allgemein als »Tendenz zum nachlässigen Prozessieren« genannt, während Inhalts–/Wissensprobleme allgemein als »Mindware–Probleme« angesprochen werden.

Keith E. Stanovich blickt an dieser Stelle zurück: Dass Menschen kognitiv »herumschlampen«, war in den letzten vierzig Jahren der Forschung in der Psychologie und Kognitionswissenschaft ein Schwerpunktthema. Studien haben gezeigt, wie unsere Gehirne auf verschiedene »Mechanismen« zurückgreifen, um mit schwierigen Situationen umzugehen und gleichzeitig möglichst wenig Energie in ihre Denktätigkeit zu investieren. Diese Mechanismen basieren meist auf einem Kompromiss zwischen möglichst hohem Problemlösungserfolg bei möglichst niedrigem Kraftaufwand: Manche Mechanismen erfordern zwar eine hohe »Rechenleistung« und erlauben dafür aber, eine große Anzahl von neuartigen Problemen zu lösen. Allerdings nehmen diese Mechanismen viel Aufmerksamkeit in Anspruch, sind tendenziell langsam, neigen dazu, andere Gedanken und Handlungen zu stören, die wir ebenfalls auszuführen haben. Darüber hinaus erfordern sie große Konzentration, was von uns Akteuren oft als aversiv erlebt wird.

Der Mensch ist aus Stanovichs Sicht ein kognitiver »Faulpelz« bzw. »Knauser«, weil er grundsätzlich dazu neigt, auf Prozessierungen mit geringem Rechenaufwand zurückzugreifen. Dies sind häufig Prozesse vom Typ 1, aber nicht immer. Denn, wenn ein intuitiver Response blockiert wird und eigentlich ein Typ 2–Verarbeitungsprozess in Richtung hypothetischen Denkens starten müsste, dann ist manchmal ein Typ 2–Verarbeitungsmodus verfügbar, der eine spezielle kraftsparende, »schlampige« Reaktionsmöglichkeit bietet: die serielle assoziative Kognition, deren Funktionsweise wir oben kennengelernt haben.

Stanovichs Tabelle identifiziert auf der Basis dieser Vorüberlegungen drei Arten nachlässiger Prozessierung, von denen wir zwei bereits diskutiert haben *(die Buchstaben in Klammern beziehen sich auf die Systematik des sogenannten CART, den wir im nächsten Abschnitt kennenlernen werden):*

»Rücksetzen auf Autonomen Mind« (C)
Die erste ist die Tendenz, standardmäßig die vom autonomen Mind angestoßene »geprimte« Response–Option zu wählen. Sie stellt die oberflächlichste Art eines Denkfehlers dar, weil in ihrem Fall überhaupt keine Prozessierung vom Typ 2 stattfindet. Diese Tendenz tritt auf, wenn zwar Mindware für einen rationalen – normativen – Response vorhanden sein könnte, aber die Notwendigkeit für den Override als Schritt in Richtung einer Entkopplung und Simulation nicht erkannt wird.

»Scheitern einer andauernden Überschreibung« (D)
Die zweite Kategorie von links in der Tabelle repräsentiert aus Stanovichs Sicht einen grundlegenden Override–Fehler. Sie repräsentiert die Tendenz, die zwar weniger nachlässig ist als das simple Zurückfallen auf die Vorgabe des autonomen Minds. Es treten inhibitorische Typ 2–Prozesse auf und wirken darauf hin, die Typ 1–Prozessierung des autonomen Minds offline zu nehmen und sie offline zu halten, bis bessere Responses aufgrund hypothetischen Denkens synthetisiert werden. Allerdings scheitern diese Prozesse. Bei diesem Override–Versagen findet laut Stanovich zwar eine kognitive Entkopplung statt, aber diese scheitert, indem es nicht gelingt, die Typ 1–Prozessierung anhaltend zu überschreiben und »offline« zu halten. Dieses Scheitern eines anhaltenden Override umfasst unter anderem das, was Laienpsychologen als »Probleme der Willenskraft« bezeichnen würden. Die Motivation des Individuums ist nicht stark genug, um seiner Einsicht bzw. Ahnung konsequent nachzugehen, dass etwas bei der intuitiven Reaktion auf einen Stimulus nicht richtig passt.

»Rücksetzen auf serielle assoziative Kognition mit einer fokalen Verzerrung« (E)
Die dritte Art des nachlässigen Prozessierens, die in der Tabelle festgehalten wird, ist die serielle assoziative Kognition mit einem fokalen Bias. Diese Tendenz haben wir oben im Einzelnen untersucht. Zur Erinnerung: Es handelt sich um eine »übertriebene Sparsamkeit bei der Investition von Denkenergie«. – Kognitionen des Typs 2 scheitern dabei, eine vollständige Simulation alternativer Welten zu realisieren. Die Diskussion der Vier–Karten–Aufgabe von Wason zeigte in Details, wie das Denken von Individuen einen rationalen Response verfehlt, indem es sich durch Vorgaben aus der Handlungssituation von einem konsequenten Durchdenken von Handlungsalternativen ablenken lässt.

»Mindware–Lücken« (F)
Die vierte Kategorie in Stanovichs Tabelle ist die einer Mindware–Lücke. Fehler, die hierdurch verursacht werden, können gemäß folgendem Muster auftreten: Aufgrund fehlenden Wissens reagiert ein Proband mit einem intuitiven Response und macht auf diese Weise einen Fehler, der an der Lösung der jeweiligen Aufgabe scheitern lässt. Die Frage der Konflikterkennung oder des nachhaltigen Override wird in diesem Fall nicht relevant, da der Proband die notwendige Mindware nicht in einem Ausmaß erworben hat, dass er Konflikte zwischen Wissen und seiner intuitiven Reaktion feststellen könnte.

Fehlt beispielsweise Wissen zum Umgang mit Wahrscheinlichkeiten oder Kenntnisse über wissenschaftliche Argumentationsweisen, kann das zu eingeschränkt rationalem Denken oder Verhalten führen, weil dieses Wissen bzw. eine entsprechende intellektuelle Kompetenz während der Simulationsprozesse benötigt würde. Das Fehlen von Mindware hat konkrete Auswirkungen auf den Handlungsrahmen von Akteuren in der realen Welt. So haben Studien zur Untersuchung von pathologischem Glücksspielverhalten erbracht, dass dieses Verhalten mit einem Mangel an Wissen über Wahrscheinlichkeit und über probabilistische Ereignisse zusammenhängt. Entsprechend bewirkt fehlende Mindware im Bereich persönlicher Finanzen Probleme des Geldmanagements und der wirtschaftlichen Lebensplanung.

»Kontaminierte Mindware« (G)
Stanovichs Tabelle stellt einen weiteren, einen fünften Typus von Denkfehlern dar, auf den er bisher noch nicht zu sprechen gekommen war. Es handelt sich um »kontaminierte Mindware«. Bis zu diesem Punkt ging es bei seinen Erläuterungen lediglich um Situationen, in denen Probanden an einem normativen Response scheiterten, weil ihnen bestimmte hilfreiche Mindware fehlte –

weil sie Mindware–Lücken haben. An dieser Stelle soll der Begriff »kontaminierte Mindware« darauf aufmerksam machen, dass auch fehlerhaftes Wissen die direkte Ursache für Handlungen sein kann, die uns am Erreichen unserer Ziele hindern. Ein Proband kann umfassende Komplexe bzw. Cluster von Fehlmeinungen über sein Gedächtnis abrufen, die seine Kompetenz begrenzen, rational zu reagieren. Im Rahmen von heuristics– and biases–Studien sind beispielsweise solche Cluster von Missverständnissen zum Thema der Wahrscheinlichkeit von Ereignissen wiederum bei spielsüchtigen Personen untersucht worden. Stanovich macht bei der Erläuterung der kontaminierten Mindware darauf aufmerksam, dass die Grenze zwischen fehlender Mindware und kontaminierter Mindware in manchen Fällen unscharf sein kann, was sich insbesondere im Bereich des probabilistischen Schlussfolgerns belegen lässt.

CART – das Rahmenkonzept des Rationalitäts–Quotienten

Im Vorhergehenden haben wir Keith E. Stanovich und sein Team dabei beobachtet, wie sie eine Taxonomie der Fehler rationalen Denkens entwickeln, die in **Tabelle 1** zusammengefasst ist. Wir haben im Detail die Erläuterungen der Systematik dieser verschiedenen Fehler verfolgt.

In diesem Abschnitt nun begleiten wir Stanovichs Team dabei, diese Taxonomie der Denkfehler in einen theoretisch begründeten Rahmen mit Tests für die Bewertung des rationalen Denkens umzuwandeln. *(Stanovich & Toplak, 2016, S. 63–73)*

Was als grundlegendes Merkmal dieses Rahmens auffällt: Der Rationalitäts–Quotient ergibt sich aufgrund der Messung von Denkfehlern. Es wird also nicht versucht, Denkstärken an sich zu messen. Stattdessen wird bewertet, ob und in welchem Umfang ein Proband fähig ist, typische Denkfehler zu vermeiden. Diese Fehler treten insbesondere dann auf, wenn der Proband in der Lage sein müsste, epistemisch und instrumentell rational zu denken. Er sollte ausreichend kompetent sein, das bestmögliche Wissen zu mobilisieren und auf dieser Basis angemessen zu handeln.

Diese Fehler–fokussierte Bewertungsstrategie ist die übliche Vorgehensweise in der Heuristik– und Biases–Forschung. Leser von Kahnemans Bestseller »Schnelles Denken – langsames Denken« wurden ausgiebig mit dieser Strategie vertraut gemacht.

Dazu ein kleiner Rückgriff auf unsere Überlegungen weiter oben in diesem Buch:

Als wir uns an den Begriff der Rationalität annäherten, haben wir den sogenannten »axiomatischen Ansatz zur Bewertung von Nutzenmaximierung«

kennengelernt: Die Voraussetzung, dass Menschen darum bemüht sind, ihren eigenen Nutzen zu maximieren.

Stanovich weist darauf hin, dass es schwierig ist, direkt zu beurteilen, ob jemand alle Möglichkeiten einer Situation ausschöpft – maximiert –, um den bestmöglichen Nutzen zu erzielen. Er vergleicht dies mit der Beurteilung der Wurf–Leistung eines Football–Spielers. Es ist schwierig zu erkennen, ob der Spielmacher des Teams – der Quarterback – den Football dem Angriffsspieler tatsächlich ganz genau in den Lauf geworfen und perfekt »aufgelegt« hat. – Stattdessen ist es einfach zu bewerten, wenn der Wurf so ungenau ist, dass der »Pigskin« (Foodball) vom Mitspieler nicht erreicht werden kann.

Trotz dieser Begründung werden Forscher in der Tradition der heuristics & biases oft dafür kritisiert, dass sie die Fehler überbetonten. Aus diesem Grund setzt Stanovich noch einmal an, um diese Orientierung an Fehlern zu legitimieren:

Er weist darauf hin, dass es sich hierbei in vielen akademischen und technologischen Feldern um eine übliche Vorgehensweise handelt. Denn es ist in vielen Bereichen des Lebens sinnvoller, nach Fehlern zu suchen, als danach zu streben, das Bestmögliche zu erzielen. Das liege ganz einfach daran, dass es häufig schwierig sei, zu spezifizieren, was die allerbeste Antwort sein könnte, während Leistungsfehler viel einfacher zu erkennen seien. Keith Stanovich verweist auf eine Argumentation des Medienwissenschaftlers Neil Postman *(Postman, 1988)*: Es wäre oft einfacher, eine Haltung einzunehmen, wie diese unter anderem bei Ärzten üblich ist. Denen fällt es schwer, »perfekte Gesundheit« zu definieren. Dennoch sind sie gut darin, Krankheiten zu erkennen. Die Psychologie der Rationalität sei dieser Logik gefolgt, indem sie sich auf die Identifizierung von Denkfehlern konzentriert habe, so wie sich Ärzte auf Krankheiten konzentrierten. Der Grad der Irrationalität von Probanden–Kognitionen könne anhand der Anzahl und Schwere solcher kognitiven Fehler beurteilt werden. Als Maß für rationales Denken könne die Vermeidung von Fehlern dienen. Genau das sei das Konzept der Messbatterie für die umfassende Bewertung rationalen Denkens (Comprehensive Assessment of Rational Thinking – CART).

Abbildung 15 stellt den umfassenden Bezugsrahmen für das CART–Modell sowie für die Bewertung von individueller Rationalität dar. Der Rahmen stützt sich auf die Struktur der theoretisch abgeleiteten, gerade vorgestellten Fehlertaxonomie sowie auf die Funktionsweise von Heuristik– und Biases–Aufgaben. Ergänzt wurde der Rahmen mit Tests, welche die Kompetenz von Probanden beim Umgang mit grundlegenden Regeln der Wahrscheinlichkeitsrechnung sowie mit wissenschaftlichen Argumentationsweisen messen.

Abbildung 15:
Umfassender Bezugsrahmens für das CART–Modell

Darstellung des umfassenden Bezugsrahmens für das CART–Modell sowie für die Bewertung von individueller Rationalität. Dieser Rahmen stützt sich auf die Struktur der theoretisch abgeleiteten Fehlertaxonomie sowie auf die Funktionsweise von Heuristik– und Biases–Aufgaben. Ergänzt wurde der Rahmen u.a. mit Tests, welche die Kompetenz von Probanden beim Umgang mit grundlegenden Regeln der Wahrscheinlichkeitsrechnung (A) sowie mit wissenschaftlichen Argumentationsweisen (B) messen.

Auf diese Weise ist die linke Hälfte der Tabelle **(A – E)** mit Aufgaben vollgepackt, welche vor allem die individuellen Fähigkeiten beim Prozessieren von Kognitionen bewerten.

Auf der rechten Seite **(F – G)** geht es um Aufgabenstellungen, auf deren Basis vor allem festgestellt werden kann, ob Individuen Mindware–Defizite haben und bei ihnen beispielsweise Wissenslücken bestehen: Wo die Typ 2–Verarbeitung keinen Zugang zu adäquat kompiliertem deklarativem Wissen hat, aus dem normative Antworten synthetisiert werden können, fehlt die Basis zur Übersteuerung intuitiver, fehlerträchtiger Typ 1–Responses.

Laut Stanovich ist nicht jede Mindware hilfreich oder nützlich, um Rationalität zu fördern. In manchen Situationen kann das Vorhandensein minderwertiger Mindware das Problem darstellen, wegen dem der Proband bei einer Aufgabe scheitert. Stanovich und sein Team haben hierfür die Kategorie »kontaminierte Mindware« geprägt: deklaratives Wissen, das eher irrationales als rationales Denken fördert.

Es gibt wahrscheinlich in mehr oder weniger jeder Wissensdomäne vielfältige und spezifische Arten kontaminierter Mindware. Es ist deshalb aus Stanovichs Sicht nicht möglich, im Rahmen eines Tests rationalen Denkens kontaminierte Mindware umfassend zu erkennen. Der CART ist stattdessen auf die Analyse einiger weniger Kategorien kontaminierter Mindware zugeschnitten, die allerdings versprechen, in ihren Auswirkungen eine gewisse Allgemeingültigkeit zu haben:

- abergläubisches Denken,
- anti–wissenschaftliche Einstellungen,
- Verschwörungsglauben sowie
- dysfunktionale persönliche Überzeugungen.

In der ganz rechten Spalte der Tabelle **(H)** erscheinen eine Reihe von zusätzlichen Messwerten, deren Bewertungen zwar im CART enthalten, aber nicht Teil der Gesamtpunktzahl des Rationalitätstests selbst sind. Es handelt sich um die Überprüfung einiger Denkdispositionen, die mit Hilfe von Selbstauskunfts–Fragebögen gemessen werden. Es geht um Dispositionen, die speziell für das rationale Denken relevant sind:

- aktives aufgeschlossenes Denken,
- abwägendes Denken,
- Zukunftsorientierung und
- die Differenzierung von Emotionen.

Die Besonderheit der Bewertung von Denkdispositionen im CART haben wir bereits weiter vorne in diesem Buch erörtert. Wiederholen wir in diesem Zusammenhang ein paar Punkte:

Die Selbsteinschätzungsmaße in Bezug auf diese Dispositionen vermitteln lediglich ergänzende, zusätzliche Informationen. Hintergrund ist, dass die maximale Punktzahl bei einer Messung zur Denkdisposition nicht mit maximaler Rationalität gleichzusetzen ist. Das optimale Funktionieren bei diesen Dispositionen kann durch eine umgekehrte U–förmige Funktion abgebildet werden – vergleiche:

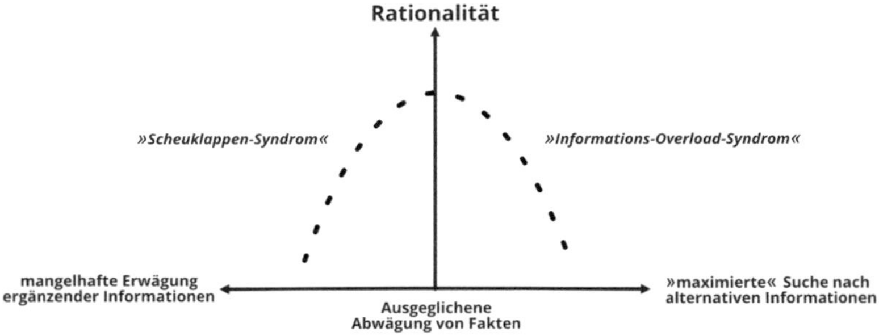

Beispielsweise ist wenig abwägendes Denken und die Tendenz, keine weiteren Informationen zu berücksichtigen, keine gute Voraussetzung für rationales Denken. Entsprechend ist der Versuch der Maximierung bei diesen Dispositionen ebenfalls suboptimal – etwa wenn vor lauter Recherche nach weiteren Informationen das Nachgrübeln über eine Aufgabenstellung kein Ende nimmt. Stattdessen ist ein vermittelndes Mittelmaß bei der Tendenz günstig, Zusatzinformationen zu berücksichtigen. Die Maximierung dieser Dispositionen ist also offenbar nicht das Kriterium für rationales Denken selbst. Denkdispositionen wie diese sind ein Mittel zur Rationalität und dienen nicht als rationaler Selbstzweck.

CART–Subtests im Prozessierungs– und Wissens–Raum

Wie gesehen weist Keith E. Stanovich immer wieder darauf hin, dass Laborstudien gezeigt haben, wie Probanden bei der Lösung von Aufgaben einerseits an mangelhaftem Wissen – also mangelhafter Mindware – scheitern und andererseits daran, dass ihre Denkprozesse zur Problemlösung ungenügend sind. Charakteristischerweise treten diese zwei »Dimensionen« des Scheiterns rationalen Denkens nicht separat auf, sondern kombinieren sich zu einem Gesamtkomplex fehlgehender Kognitionen.

Dies ist ein wichtiger Hintergrund zum Verständnis der weiteren Kapitel – deshalb sei dieser betont:

Die einzelnen Denkaufgaben – Heuristiken– und Biases–Tasks –, die Teil des Messinstruments werden, das Stanovich und sein Team zum sogenannten CART zusammenstellen, werden wegen der Zwei–Dimensionalität stets ineinander verwobene Mindware– und Prozessprobleme ansprechen.

Es wird sich zeigen, dass die Abhängigkeit von Wissen und die Abhängigkeit von Prozessierung bei jeder einzelnen Aufgabenstellung im Testinstrument zur Messung des Rationalitäts–Quotienten unterschiedlich »austariert« ist. Einige Heuristik– und Biases–Tasks sind eher prozessabhängig als wissensabhängig. Andere sind mehr wissensabhängig als prozessabhängig. Wieder andere scheinen gleichzeitig sowohl Wissen als auch Prozessierung recht stark zu betonen.

Stanovich deutet dies in einer einfachen Abbildung **(Abbildung 16)** an, welche die beiden Dimensionen der Prozess– und Wissensabhängigkeit darstellt, in denen sich Heuristik– und Biases–Tasks anordnen. *(Stanovich & Toplak, 2016, S. 57–59)*

Die x–Achse gibt an, wie wissensabhängig Aufgabenstellungen sind. Die x–Werte reichen von hoher Wissensabhängigkeit ganz rechts bis zu geringer Wissensabhängigkeit ganz links. Die y–Achse stellt den Grad dar, in dem der Erfolg bei der Aufgabenbewältigung von der Konflikterkennung und der nachhaltigen Prozessierung, beispielsweise vom Überschreiben – Override – abhängt. Aufgaben, für deren Bewältigung Konfliktdetektion und Override stark ausgeprägt sein müssen – also Schlüsseldeterminanten für den Erfolg bei der Aufgabe sind – befinden sich am oberen Ende des Kontinuums. Lösungen von Aufgaben, die nicht so stark von Konfliktdetektion und Override abhängen, sind am unteren Ende des Kontinuums positioniert. Die gesamte Abbildung zeigt auf diese Weise einen zweidimensionalen Raum gebildet aus den gekreuzten Dimensionen Grad der Wissensabhängigkeit und Grad der Prozessierungs–Abhängigkeit.

In diesem zweidimensionalen Raum dienen drei Rechtecke zur Darstellung von drei wesentlichen Feldern der Prozess–/Wissensabhängigkeit. Der Bereich oben links repräsentiert Aufgabenstellungen, deren Erfolg auf Konflikterkennung und Override fußt, deren Lösung aber weniger vom Vorhandensein spezifischer Mindware bzw. spezifischen Wissens abhängig ist. Wenn bei solchen Aufgaben ein Fehler auftritt, handelt es sich eher um einen Prozessierungs– als um einen Mindware–Fehler.

Abbildung 16:
Raum der Prozess– und Wissensabhängigkeit

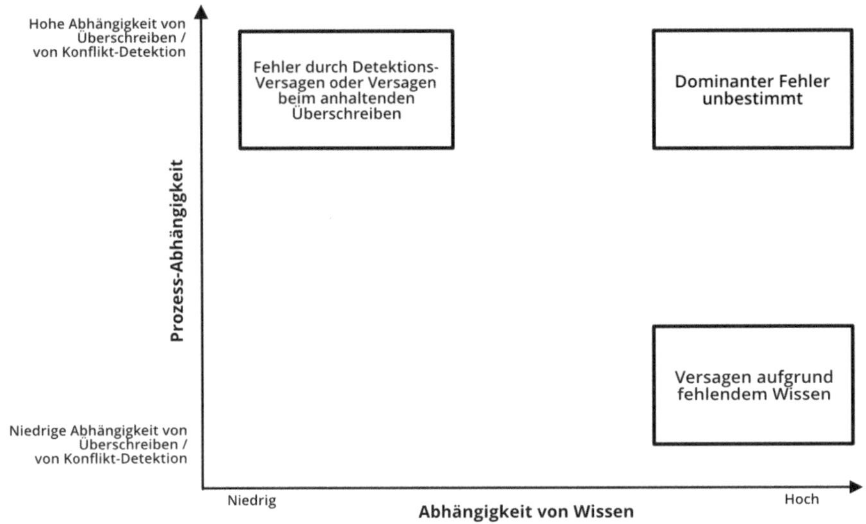

Übersetzung und Adaption von »Figure 3.4 – Space of process dependence and knowledge dependence in which heuristics and biases tasks array themselves.« (Stanovich & Toplak, 2016, S. 58)

Stanovich wird bei der Erläuterung dieser Grafik nicht müde zu betonen, dass keine rationale Denkaufgabe ausschließlich per Prozessierung bewältigt wird. Jede rationale Denkaufgabe wird jeweils eine Prozess- und eine Wissenskomponente haben, die sich auf einem Kontinuum anordnen lassen, basierend darauf, in welchem Maße sie auf Override- oder bzw. Detektions-Tendenzen basieren und wie sehr sie das Vorhandensein von Mindware voraussetzen.

Der untere rechte Bereich der Grafik repräsentiert Aufgaben, deren Bewältigung stark von spezifischem Wissen abhängt. Dabei ist die Abhängigkeit von Konflikterkennung und Override nicht stark ausgeprägt, weil der Proband keine konfliktträchtigen Typ 1-Responses des autonomen Minds überwinden muss. Fehler bei dieser Art von Aufgaben sind eher auf fehlende Mindware zurückzuführen.

Den oberen rechten Teil der Abbildung definiert Stanovich als den Teil des zweidimensionalen Raums, der Aufgaben enthält, bei denen unbestimmt ist, welche der beiden Fehler-Dimensionen letztlich für das mögliche Scheitern des Probanden ausschlaggebend ist. Das heißt, diese Tasks sind in hohem Maße wissensabhängig, erfordern aber auch gut funktionierende Konflikterkennung sowie ausdauernde Override-Prozesse. Die Problemlösung ist derart sowohl stark wissensabhängig als auch prozessabhängig, dass aufgrund der Beobachtung eines Fehlers nicht ermittelt werden kann, ob der Proband bei der Task eher aufgrund von Wissens-Defiziten oder aufgrund von Konflikt-/Übersteuerungs-Defiziten scheitert.

»Halten wir uns vor Augen, dass Gehirne keine Maschinen, sondern äußerst komplexe Biosysteme sind, und bedenken wir, dass zwar Gehirne Maschinen konstruieren können, aber nicht umgekehrt, dann können wir die Idee von einem Gespenst (Seele, Geist, Vernunft), das die Maschine beherrscht, fallenlassen.«

Mario Bunge *(Bunge 1984, S. 23)*

TEIL 2

NEUROWISSENSCHAFT: DIE MECHANISMEN RATIONAL DENKENDER GEHIRNE

5. Neurowissenschaftliche Forschung erklärt menschliches Entscheidungsverhalten

Überwindung der Grenze zwischen Gehirn und Denken

Im ersten Teil dieses Buchs über den Rationalitäts-Quotienten sind wir Keith E. Stanovichs Herleitung des Konzepts für die Messung rationalen Denkens in »The Rationality Quotient« eng gefolgt. In Details haben wir dabei sein komplexes Modell menschlicher Denkprozesse nachvollzogen.

Nun ist es an der Zeit, diese Theorie und dieses Modell aus einer wichtigen, geänderten Perspektive zu betrachten. Denn jetzt geht es darum, den eigentlichen Akteur hinter unseren Denk-Funktionen kennenzulernen und die realen Mechanismen zu verstehen, die rationales Orientieren in der Welt möglich machen: unser Gehirn mit seinen neuronalen Prozessen.

Dazu ist es notwendig, den Rahmen der Psychologie in verschiedenen Richtungen zu erweitern.

Eine gute Einführung in die damit notwendige Perspektive bietet ein Artikel, den der 1929 in Wien geborene, bedeutende amerikanische Neurowissenschaftler Eric R. Kandel zusammen mit seinem Kollegen Larry R. Squire veröffentlicht hat.

Dieser Artikel erschien ursprünglich im Wissenschafts-Magazin »Science« der AAAS (American Association for the Advancement of Science) am 10. November des Jahres 2000. *(Kandel & Squire, 2000)* Übrigens: Genau einen Monat später – am 10. Dezember 2000 wurde Professor Kandel im Konzertsaal von Stockholm der Nobelpreis für Physiologie und Medizin für seine Arbeit an der Entschlüsselung universeller Gedächtnis-Mechanismen von Nervenzellen verliehen.

Wie der Titel des Artikels *»Neuroscience: Breaking Down Scientific Barriers to the Study of Brain and Mind«* (*»Neurowissenschaft: Überwindung wissenschaftlicher Grenzen bei der Erforschung von Gehirn und Denken«*) andeutet, stellen die Autoren dar, warum Wissenschaftler heute auf die Neurowissenschaft zurückgreifen sollten, um die empirischen Bedingungen von Kognitionen und die kausalen Prozesse hinter unserem Denken zu erklären. – Weil sie für die nächsten Kapitel wichtig zu werden versprechen, folgen wir einigen der richtungsweisenden Gedanken von Kandel und Squire:

In der zweiten Hälfte des 20. Jahrhunderts hat die Erforschung des Gehirns sowohl in der Biologie als auch in der Psychologie eine wachsende Bedeutung bekommen, indem sich als interdisziplinärer Bereich die sogenannte Neurowissenschaft entwickelte. Diese florierende Wissenschaft wurde in den zentralen Kern der Biologie integriert, während ihre Forschungsergebnisse zunehmend mit den Konzepten der Psychologie abgestimmt werden.

Die Neurowissenschaft etablierte sich, indem sie sich zunächst auf einfache Systeme konzentrierte, deren Anatomie und Physiologie überschaubar sind. Ergebnis ist ein zunehmend präziserer Einblick in die Funktionsweise der unterschiedlichen Arten von Nervenzellen – Neuronen – im Nervensystem, die heute als universelles kontrollierendes Grundprinzip der Hirn–Biologie betrachtet wird.

Ursprünglich waren Psychologen davon ausgegangen, dass mit Rückgriff auf die Analyse von mikroskopisch kleinen Nervenzellen die Komplexität von menschlichen Kognitionen nicht erklärt werden kann. Doch die Fortschritte in der Neurowissenschaft haben ein Umdenken bewirkt:

Es hat sich in der Psychologie die Erkenntnis durchgesetzt, dass die kognitiven Prozesse, die zwischen Stimulus und Response bei Individuen ablaufen, durch die Erforschung des Gehirns und des dabei maßgeblich wirkenden Nervengewebes erklärt werden können.

Die moderne Neurowissenschaft beruht wesentlich auf den Fortschritten, die durch die Begründung der Neuronen–Lehre ermöglicht wurde. Initiiert wurde sie durch den spanischen Anatomen Santiago Ramón y Cajal (1852 – 1934), der einst ebenfalls mit dem Nobelpreis für Physiologie und Medizin ausgezeichnet wurde (1906).

Cajal stellte fest, dass das Gehirn aus einzelnen Zellen, den sogenannten Neuronen aufgebaut ist, denen er zuschrieb, als elementare Signalisierungseinheiten die Grundlage für unsere Denk–Prozesse zu bilden. Er stellte bereits die Hypothese auf, dass Neuronen über ihre Synapsen mit anderen Nervenzellen in Kontakt treten und Signale austauschen. Heute ist erforscht, dass an den meisten dieser Synapsen ein Spalt – der synaptische Spalt – besteht, über den Verbindung zu anderen Nervenzellen aufgenommen wird. Der Impuls, der vom Signal–gebenden Neuron – der prä(vor)synaptischen Zelle zur empfangenden – der post(nach)synaptischen Zelle – geht, muss diesen Spalt überbrücken. Das gelingt in der Regel mit Hilfe eines chemischen Stoffes – eines sogenannten Neurotransmitters –, der durch den Spalt diffundiert und sich an den Rezeptoren der postsynaptischen Zielzelle andockt. Je nachdem, welche Art von Rezeptor auf diese Weise angesprochen wurde, wird die Funktion dieser postsynaptischen Zelle entweder aktiviert oder gehemmt – inhibiert. Diese neuronale Signalübertragung ist die Grundlage der Mechanismen, die Denk–Prozesse auslösen oder hemmen können.

Die an dieses Grundwissen anknüpfenden Studien über Gehirn–Subsysteme ab der 1950er Jahre zeigten, wie sehr die entstehende Neurowissenschaft von der Psychologie inspiriert ist und wie sehr die Psychologie wiederum vom entstehenden Wissen der Neurowissenschaft profitiert:

Bis dahin hatte die Psychologie – insbesondere in ihrer behavioristischen Ausprägung bei John Watson und Burrhus F. Skinner – die Betrachtung der im Gehirn ablaufenden, von außen nicht beobachtbaren Prozesse zwischen

Stimulus und Response ausgeblendet, und war dadurch in Bezug auf ihr Erklärungs–Potential stark beschränkt.

Die Black Box zwischen Reiz und Reaktion wurde durch die Neurowissenschaft zunehmend aufgefüllt. So stellte sich heraus, dass verschiedene Hirnregionen recht unterschiedliche Reaktions–Eigenschaften aufweisen. Auf diesem Wissen aufbauend wurde es möglich, Mechanismen zu erforschen, die der psychischen Repräsentation der Außenwelt und der daran anknüpfenden Denk–Prozesse zugrunde liegen. Die neurowissenschaftlichen Forschungen zeigten im Einzelnen, wie wichtig es ist, die Funktionsweisen unterschiedlicher Arten von Neuronen zu differenzieren. Es zeichnete sich darüber hinaus immer stärker ab, dass funktionierende Gehirne aus einer Vielzahl von Subsystemen bestehen, in denen diese unterschiedlichen Neuronen entscheidende Rollen spielen.

Kandel und Squire ziehen gegen Ende ihres Artikels ihr Fazit: Neurowissenschaftliche Untersuchungen von Neuronen und Gehirn–Subsystemen haben völlig neue Einsichten in die Natur kognitiver Prozesse wie Wahrnehmung, Gedächtnis und Denken erbracht. Diese Einsichten bieten Psychologen wichtige Ansätze, menschliches Entscheidungsverhalten zu verstehen.

Trotz dieser bemerkenswerten Fortschritte stehe die neurowissenschaftliche Erforschung höherer kognitiver Prozesse erst am Anfang. Damit die Neurowissenschaft die schwierigsten Probleme der Verhaltens– und Biowissenschaften angehen könne, müssten Neurowissenschaftler weiterhin Befunde auf molekularer und zellulärer Ebene sammeln und sie im Rahmen einer Diskussion mit den verschiedenen psychologischen Wissen–schaften einbringen und gemeinsam mit ihren Vertretern fortentwickeln.

»Kein kleiner Mann im Kopf ...«

Über 20 Jahre neurowissenschaftliche Forschung ist seit diesem »programmatischen« Artikel erfolgt. Zwar wissen Forscher noch lange nicht alles – doch sie konnten für einen beträchtlichen Zuwachs von Wissen über Neuronen–basierte Mechanismen sorgen, die kognitiven Prozessen zugrunde liegen. Dieses Wissen wurde inzwischen für Nicht–Neurowissenschaftler zumindest in groben Zügen verständlich ausformuliert und »übersetzt«. *(Barrett, 2018, 2020)*

Dadurch sind wir für das vorliegende Buch in die Lage versetzt, das im ersten Teil vorgestellte Modell rationalen Denkens anhand neurowissenschaftlicher Theorien mit ausgiebig erforschten Mechanismen von Gehirn–Subsystemen in Verbindung zu bringen und dadurch mit empirischen Belegen auszustatten.

In den folgenden Kapiteln wird sich zeigen, dass sich die Ansätze von Stanovich und seinem Team rund um den Entwurf des Rationalitäts–Quotienten durch eine besondere Kompatibilität mit den aktuellen neurowissenschaftlichen Theorien auszeichnen.

Warum ist das gerade mit Blick auf den Framework möglich, den Stanovich und sein Team für die Messung rationalen Denkens entwickelt haben?

Begründung:

Zunächst hat Keith E. Stanovich in seinen Publikationen bereits seit Jahrzehnten kontinuierlich mitbedacht, dass hinter all den von ihm beschriebenen Denk–Prozessen letztlich neurowissenschaftliche Tatbestände stecken. Darauf kommt er beispielsweise zu sprechen, wenn er ausführt, warum die Terminologie und Sprache von Kognitions–Psychologen häufig übertrieben metaphernartig ist und nicht »wörtlich« genommen werden sollte. *(Stanovich, 2005, S. 44–46)*

In diesem Zusammenhang warnt er vor einer naiven und unkritischen Verwendung von »Homunkulus«–Vorstellungen. – Folgen wir seiner Argumentation:

Es sei unzweifelhaft, dass hinter den oben beschriebenen Denk–Prozessen – etwa vom Typ 1 – autonomes Denken –, vom Typ 2 – algorithmisches und reflektierendes Denken –, Mechanismen auf der Basis von Neuronen stecken, welche Operationsweisen komplexer Hirn–Systeme und –Subsysteme ermöglichen.

Wenn also jemand auf der Basis der in Teil 1 dieses Buchs beschriebenen Modelle sagt, *»die autonome Prozessierung unseres Denkens wird auf der Basis von kapazitätsfordernden, bewussten Prozessen des reflektierenden Denkens kontrolliert«,* so kann diese Sprechweise aus der Sicht der Kognitionspsychologie als akzeptabel gelten. Doch Keith E. Stanovich warnt: Mit Blick auf die dahinter ablaufenden neurowissenschaftlich relevanten Hirnprozesse ist diese Art zu formulieren abstrakt und impliziert Modelle von Gehirnfunktionen, die zumindest ungenau oder sogar falsch sind.

Unsere »natürliche« Sprache lasse sich nicht ohne Weiteres mit neurophysiologischen Erkenntnissen in Einklang bringen. Zudem drohe uns, auf elementare, typische »philosophische Fehlgriffe« zu verfallen. Das werde besonders deutlich bei den Themen der Selbstreferenzialität des Denkens, die in dem Modell der unterschiedlichen Denk–Typen eine wichtige Rolle spielt. So haben wir gesehen, dass reflektierendes Denken Kognitionen voraussetzt, in deren Rahmen sich das urteilende Individuum als Akteur selbst beobachtet. Oder denken wir an das Konzept des »cognitive miser« – des »internen Faulpelzes« – den wir in unserem »Inneren« dabei zu beobachten meinen, wie er in entscheidenden Situationen nicht »willens« zu sein scheint, in notwendige Denkanstrengungen zu »investieren«.

Hier deutet sich an, dass der Kognitionspsychologe im Rahmen seiner Formulierungen stillschweigend dazu neigt, die Existenz »einer kleinen Person im Kopf« – einen Homunkulus – anzunehmen, der manchmal das Richtige tut und manchmal aus »Trägheit« darauf verzichtet. Statt die komplexen Neuronen–basierten Prozesse in unseren Hirnen zur Erklärung von rationalem oder nicht rationalem Denken zu beschreiben, wird eine hypothetische Wesenheit im Gehirn postuliert, deren besonderer – häufig moralisch kritisierbarer – Charakter ursächlich für Entscheidungsverhalten sein soll.

Stanovich betont, dass solche »homunkulären« Vorstellungen zwar das Sprechen über Denk–Funktionen erleichtern, aber keine wirklichen Erklärungen liefern und die Analyse der tatsächlich ausschlaggebenden Mechanismen aussparen.

Solche Schein–Erklärungen lassen auf dahintersteckende »dualistische« Philosophien schließen, wie diese beispielsweise von René Descartes im 17. Jahrhundert und sogar von Sir Karl R. Popper noch im 20. Jahrhundert vertreten wurden, aber angesichts der Resultate moderner Neurowissenschaft längst ad absurdum geführt sind. *(Droste, 2015)*

Diese Philosophen postulieren im Rahmen ihrer Ontologien die Existenz zweier unterschiedlicher Substanzen: Geist und Materie. Dabei hat der kartesische Geist die Funktion, die materielle »Körpermaschine« zu steuern – Popper stellt sich im Rahmen seines Welten–Ansatzes in »Das Ich und sein Gehirn« *(Popper & Eccles, 1989)* so etwas wie einen inneren Pianisten vor, der ein telekinetisches, parapsychologisches, mystisches Überbrückungs–Kunststück fertigbringt, indem er aus der Sphäre des Geistigen (Poppers Welt 2 der Gedanken) auf der Klaviatur des Materiell–Physischen (Poppers Welt 1 der materiellen Objekte) spielt und auf diese Weise Handlungen bewirkt.

Demgegenüber sieht Professor Stanovich es als unzweifelhaft an, dass hinter der inneren kognitiven Kontrolle in verschiedenen Gehirn–Subsystemen wirkende neuronale Prozesse physisch die Kontrolle ausüben, die er in seiner Theorie als exekutive und zentrale Entscheidungs–Instanzen beschreibt. So lange den Lesern klar ist, dass Homunkulus–Konzepte lediglich »Redensarten« sind, hält er diese Art des Formulierens für akzeptabel – so lange ihnen somit klar ist, dass unser »Geist«, unser »Ich« sowie das Phänomen des »seine Gedanken kontrollierenden Selbst« emergierende Zustände eines individuellen Gehirns sind, die durch Operationsweisen dieses Organs ermöglicht und laufend moduliert werden.

Mehr als ein Zwei–Prozess–Ansatz

Der Ansatz hinter dem Rationalitäts–Quotienten und der Messung rationalen Wissens hat über das gerade diskutierte Bekenntnis zu einem neurowissenschaftlichen Grundverständnis hinaus weit mehr an Kompatibilität zu bieten.

Hintergrund ist, dass sich Stanovich und sein Team zwar in der Tradition der heuristics & biases–Forschung bewegen und einen »Zwei–Prozess–Ansatz« verfolgen. Wichtig ist auf die Besonderheiten des von ihnen verwendeten Ansatzes zu achten.

»Zwei–Prozess–Ansatz« ist lediglich ein Sammelbegriff für unterschiedlichste theoretische Versuche in der Kognitionspsychologie, die sich zum Teil erheblich voneinander unterscheiden.

Das Konzept hinter dem Rationalitäts–Quotienten enthält insbesondere drei Eigenschaften, die Stanovichs Ansatz Alleinstellungsmerkmale verschaffen: *(Stanovich & Toplak, 2016, S. 51–52)*

- **Erstens** wird – wie wir detailliert verfolgen konnten – vorausgesetzt, dass Individuen im ersten Schritt einen *Konflikt detektieren* müssen, um anschließend Reflektions–Prozesse zu starten, die am Ende zu einem rationalen Response führen. Anders ausgedrückt: Für einen Probanden ist es ausschlaggebend, die Notwendigkeit zu erkennen, eine zu ungenaue, unpassende Prozessierung vom Typ 1 zu überschreiben. Der Proband muss in der Lage sein, einen Konflikt zwischen seiner intuitiven Antwort auf ein Problem und einer erlernten normativen Regel zu erkennen. Wie wir gesehen haben, setzt diese Konflikt–Detektion bereits Wissen bzw. Mindware voraus.

- **Zweitens** ist grundsätzlich *Mindware die Voraussetzung für einen rationalen Response*. Um rational denken zu können, muss diese verfügbar und zugänglich sein. Ansonsten erfolgt kein reflektiertes, normatives Urteilen seitens des Probanden.

- Für einen rationalen Response ist nicht allein Mindware erforderlich – denn **drittens** ist *»Denk–Energie«* – notwendig. Um sicherzustellen, dass Override– und Simulations–Aktivitäten ausdauernd aufrecht erhalten bleiben, muss ausreichend kognitive Kapazität auf algorithmischer Ebene zur Verfügung stehen.

Stanovich vergleicht anhand dieser drei Merkmale die eigene Theorie mit Konkurrenz–Ansätzen und meint dort Lücken zu erkennen:

(1) Das erste Merkmal der Konflikterkennung ist noch kein Standard–Element von Zwei–Prozess–Ansätzen, auch wenn es in der Literatur zunehmend Anerkennung fände.

(2) Zu wenig gewürdigt würde bei der »Konkurrenz« bisher allgemein die Bedeutung der vorerworbenen Mindware.

(3) Bisweilen komplett ignoriert würde manchmal das dritte Merkmal – die mentale Fähigkeit, eine anhaltende kognitive Entkopplung aufrecht zu erhalten.

Als typischen Beleg für dieses Übersehen der Bedeutung anhaltender kognitiver Anstrengung nennt Keith E. Stanovich einen Artikel, den Daniel Kahneman und Shane Frederick – der Entwickler des CRT (Cognitive Reflection Test) – gemeinsam in einem Sammelband im Jahr 2002 veröffentlicht haben. *(Kahneman & Frederick, 2002)*

Die beiden Autoren spekulierten in ihrem Text über die Ursachen positiver Korrelationen zwischen kognitiven Fähigkeiten und rationalen Responses im Rahmen von heuristics & biases–Tests. Sie argumentierten, dass Personen mit größeren kognitiven Fähigkeiten (höherer Intelligenz) in größerem Umfang über relevante logische Regeln verfügten und auch die Anwendbarkeit dieser Regeln in konkreten Situationen erkannten:

> *»Not surprisingly, intelligent people are more likely to possess the relevant logical rules and also to recognize the applicability of these rules in particular situations.« (Kahneman & Frederick, 2002, S. 14)*

> »Es überrascht nicht, dass intelligente Menschen eher über die entsprechenden logischen Regeln verfügen und auch die Anwendbarkeit dieser Regeln in partikulären Situationen erkennen.« *(Übersetzung vom Autor)*

Aus Stanovichs Sicht spielt diese Formulierung auf die beiden ersten Bedingungen dafür an, wie Typ 1–Responses im Rahmen einer Typ 2–Prozessierung gestoppt und ersetzt werden:

(1) Konflikterkennung
(2) Verfügbarkeit von notwendiger Mindware

Aber die Aussage lasse typischer Weise die dritte Bedingung vermissen. Folgendes sei von Kahneman und Frederick übersehen worden: Nachdem die Notwendigkeit für einen Override erkannt wurde und die entsprechende Mindware vorhanden ist, muss der Konflikt zwischen Typ 1–Response und Typ 2–Kontrolle aufgelöst werden. Die Auflösung des Konflikts zugunsten eines rationalen Response kann kognitive Anstrengung erfordern, insbesondere wenn die kognitive Entkopplung für eine beträchtliche Zeitspanne aufrecht erhalten werden muss. Stanovich verweist darauf, dass diese kognitive Entkopplung äußerst kapazitätsfordernd ist und dass die Leistungsfähigkeit von Personen in dieser Beziehung höchst unterschiedlich ausfallen kann. Das Versagen bei dieser Komponente im Modell rationalen Denkens wird – wie wir im ersten Teil gesehen haben – als »Scheitern einer anhaltenden Überschreibung« bezeichnet.

Starke wissenschaftliche Erklärung auf der Basis von Mechanismen

Im Laufe der nächsten Kapitel wird sich zeigen, dass diese drei Besonderheiten in der Theorie hinter dem Rationalitäts–Quotienten ausschlaggebende Bedeutung haben. Anhand dieser besonderen Eigenschaften werden diejenigen Neuronen–basierten Mechanismen identifiziert werden können, welche die Prozesse rationalen Denkens kontrollieren.

Warum ist die Identifizierung von Mechanismen wichtig?

Hintergrund ist, dass die Feststellung von empirisch nachweisbaren Mechanismen und deren theoretische Erfassung die Basis starker wissenschaftlicher Erklärungen darstellt. Ein Mechanismus ist einfach gesprochen »der Prozess, der das Verhalten eines komplexen Dings ermöglicht«. *(Droste, 2020, S. 433–487)*

Ein Beispiel eines Mechanismus in der Physik ist die Kernfusion – der Prozess der Verschmelzung zweier Atomkerne zu einem einzigen Kern, die es Sonnen ermöglicht, Fusionsenergie freizusetzen und in Sonnensystemen u.a. als Wärmeenergie abzustrahlen. Ein Beispiel aus der Soziologie ist die sogenannte Innovations–Diffusion, in deren Rahmen sich unter bestimmten Bedingungen und unter Nutzung verschiedener Kommunikations–Ressourcen neuartige Meinungen in sozialen Systemen – etwa in Gesellschaften – ausbreiten. Ein Beispiel aus der Neurowissenschaft sind die neuronalen Mechanismen des Lernens, welche auf der Basis von selbst–gesteuerten Prozessen neue Neuronen–Systeme aus Nervenzellen kombinieren, die zuvor keine Verbindung zueinander hatten.

In der Folge werden wir die neuronalen und sozialen Mechanismen kennenlernen, die rationales Denken von Individuen ermöglichen. Erst die Umrisse einer daran anknüpfenden »mechanistischen« Erklärung von Prozessen in Systemen – in diesem Fall von neuronalen Systemen in menschlichen Hirnen von in menschlicher Gemeinschaft lebender Personen – bietet den Ausgangspunkt für eine tatsächlich »starke« Erklärung.

RQ – Messkonzept auf dem Boden neuronaler Realität

An dieser Stelle bietet sich noch einmal der Abgleich des Konzepts des Rationalitäts-Quotienten mit dem des Intelligenz-Quotienten an, der uns in diesem Buch von Anfang an interessiert:

In der vorliegenden Analyse der Herleitung des Rationalitäts-Quotienten wird behauptet, dass das dahinterstehende Konzept den Vorzug hat, grundlegend mit den Forschungsergebnissen der inzwischen starken Neurowissenschaft kompatibel zu sein.

Dem Intelligenz-Quotienten fehlt dieses Merkmal aufgrund einer Tradition, die mit dem englischen Statistiker Francis Galton (1822 – 1911) und damit bereits vor der »Geburt« der modernen Neurowissenschaft ohne Wissen über neuronale Mechanismen startete. Auf diese Weise wurde die Entwicklung des Intelligenz-Quotienten zu einer Geschichte von Tests intellektueller Fähigkeiten, die im Laufe der Zeit messtechnisch fortlaufend optimiert wurden und auf diese Weise Resultate erbrachten, die sich zwar mathematisch-statistisch ständig ausgeklügelter darstellen. Doch eine Intelligenzforscher einigende Intelligenz-Theorie konnte sich im Rahmen dieser Entwicklung bisher nicht ergeben. Stattdessen gibt es ein Flickwerk unterschiedlichster improvisierter Hypothesen darüber, welche »kognitive Kompetenz« mit dem sogenannten Intelligenz-Quotienten eigentlich gemessen wird. Es fehlt eine einigende Theorie auf der Basis der Beschreibung ausschlaggebender »Intelligenz-Mechanismen« – also das, was von empirischer Wissenschaft typischerweise erwartet wird.

Was es allerdings gibt, sind im Zusammenhang mit Intelligenz-Forschung ausgiebig untersuchte kognitive Merkmale wie beispielsweise:

- Wahrnehmungsgeschwindigkeit
- Unterscheidungsgenauigkeit
- Kapazität des Arbeitsgedächtnisses und
- Effizienz des Aufrufs der im Langzeitgedächtnis gespeicherten Informationen

Der Psychologe, Soziologe und Intelligenz-Forscher Earl B. Hunt hat 2012 in seinem Artikel »*What makes nations intelligent?*« *(Hunt, 2012)* die Besonderheit der Intelligenz als »vom Himmel gefallen« (»dropped from the sky«) beschrieben. – Zunächst mit Blick auf die Entwicklungs-Geschichte des Intelligenz-Quotienten scheint dieser Ausdruck passend: Psychologen haben von Generation zu Generation fortentwickelte Test- und Auswertungs-Methoden verwendet, ohne »auf den Punkt« bringen zu können, was da eigentlich mit der Skala und dem Standardwert 100 abgebildet wird. Das Intelligenz-Konzept wurde nicht gezielt entwickelt, sondern war einfach da – war förmlich »vom Himmel gepurzelt«.

Noch in anderer Beziehung lässt sich mit Blick auf Earl B. Hunts Ausführungen im Zusammenhang von Intelligenz davon sprechen, dass es sich um ein »vom Himmel gefallenes« Messkonzept handelt. – Folgen wir seinem Gedankengang:

Hunt ist der Meinung, dass die verblüffende Effektivität des Intelligenz-Test-Paradigmas zunächst eine anerkennende Qualifikation als »vom Himmel gefallene« Errungenschaft rechtfertigt. Der Test ermöglicht es tatsächlich, einige wichtige allgemeine kognitive Fähigkeiten innerhalb eines Zeitraums von lediglich 1 bis 3 Stunden zu bewerten.

Die »vom Himmel gefallenen« Untersuchungen können eingesetzt werden, um die Fähigkeit eines Probanden zu prüfen, schnell über Probleme nachzudenken, ein grobes Verständnis der Kapazitäten des Arbeitsgedächtnisses des Probanden zu entwickeln und eine valide Stichprobe seines allgemeinsten Wissens zu erhalten. Solche Untersuchungen umfassen rudimentäre Tests der Fähigkeit des Prüflings, Sprache zu verstehen und einfache Mathematik anzuwenden.

Doch nun kommt Hunt auf das verblüffende Versagen von Intelligenztests zu sprechen sowie auf die Probleme, die ein »vom Himmel gefallenes Test-Paradigma« ohne empirisch-theoretisch-wissenschaftliche Herleitung mit sich bringt:

Was das Testparadigma nicht erfassen kann, sind Bewertungen jener kognitiven Fähigkeiten, die es den Menschen ermöglichen, sich über einen längeren Zeitraum erfolgreich mit Problemen auseinanderzusetzen. Eine besonders wichtige Gruppe von Eigenschaften, die für Kognitionen unerlässlich sind, aber außerhalb des Intelligenz-Testparadigmas liegen, sind die Eigenschaften, die mit der Selbstorganisation, der Planung von Aktivitäten, der Festlegung von Prioritäten und – was vielleicht noch wichtiger ist – dem Beibehalten dieser Prioritäten bei zukünftigen Handlungen zusammenhängen.

Dieses Defizit des »vom Himmel gefallenen« Testens wird laut Hunt durch den Fall von Henry Gustav Molaison (H. M.) dramatisch illustriert, der in vielen psychologischen Lehrbüchern beschrieben wurde:

H. M. litt durch einen neurochirurgischen Eingriff unter der beidseitigen Schädigung seines Hippocampus (paariger Abschnitt des Gehirns – am inneren Rand des Temporallappens befindlich), der es ihm unmöglich machte, neue episodische Erinnerungen (Gedächtnisleistungen in Bezug auf persönliche Erlebnisse und Lebensumstände) zu speichern. Infolgedessen musste er vom Zeitpunkt seiner Gehirn–Schädigung, als er in seinen 20er Jahren war, bis zu seinem Tod in seinen 80ern in einer betreuten Wohnumgebung leben.

Nach seiner Verletzung hatte er einen Intelligenz–Test abgelegt, auf dessen Basis ihm »normale Intelligenz« bescheinigt wurde. Infolgedessen kann von H. M. gesagt werden: »Er litt an einer tiefgreifenden retrograden Amnesie, einer deutlichen Einschränkung seiner Gedächtnis–Leistung, die seine Lebenstauglichkeit stark verringerte – aber er erfreute sich gleichzeitig einer unverändert ›normalen Intelligenz‹«.

Earl B. Hunt zeigt sich verblüfft, wie deutlich Intelligenz–Tests offenbar kognitive Fähigkeiten verfehlen, die in der menschlichen Gesellschaft erforderlich sind, um sich erwachsen und vernünftig zu orientieren.

Wie angedeutet wird in diesem Teil des vorliegenden Buchs behauptet, dass Stanovich und sein Team mit dem Rationalitäts–Quotienten und dem CART diese für den Intelligenz–Quotienten typische »Abgehobenheit« vermeiden.

»Bodenständig« durch über vierzig Jahre Rationalitäts–Forschung

Dazu werden wir ab dem folgenden Kapitel in die Betrachtung der für rationales Denken relevanten Befunde neurowissenschaftlicher Forschung einsteigen.

Doch vorneweg – es gibt noch einen weiteren wesentlichen Umstand, der die »Bodenständigkeit« der Konstruktion der Messung des Rationalitäts–Quotienten zugrunde liegt. Gemeint ist damit der Tatbestand, dass Stanovich und sein Team auf eine in über vierzig Jahren geschaffene, empirisch solide Basis zurückgreifen.

Der CART – die umfassende Messung rationalen Denkens – besteht von seiner ersten Version an aus in zahllosen Studien bewährten Tests, die mit Hilfe des oben beschriebenen theoretischen Frameworks adaptiert und strukturiert wurden.

Im Einzelnen – der CART

- wird vom Start weg in zwei Versionen (Vollversion und Kurzversion) vorgelegt

- die Prüflinge absolvieren 20 Subtests, die acht Testkategorien zugeordnet sind
- in der Vollversion umfasst der Gesamttest 148 Einzeltests – die meisten Probanden benötigen zur Absolvierung ungefähr drei Stunden
- in der Kurzversion umfasst der Gesamttest 100 Einzeltests – die meisten Probanden benötigen knapp zwei Stunden zur Absolvierung

Um den Lesern zu ermöglichen, die Funktionsweise des CART möglichst detailliert nachzuvollziehen, werden im dritten Teil dieses Buchs einzelne Tests des CART vorgestellt, wobei der Lösungsweg und der theoretische Hintergrund anhand von Mustertests erläutert werden.

Dabei wird jede der acht Testkategorien detailliert diskutiert und mit der Theorie rationalen Denkens in Verbindung gebracht.

Aus jeder Kategorie bekommen Leserinnen und Leser Beispiel–Items vorgelegt und erhalten damit die Möglichkeit, anhand des selbständigen Lösens der jeweiligen Beispielaufgabe nachzuvollziehen, wie der Rationalitäts–Quotient Zug um Zug ermittelt wird.

Mit Hilfe ausgesuchter grafischer Symbole – Icons – wird die Beschreibung des CART gegliedert, so dass sich Leserinnen und Leser fortlaufend in Teil drei dieses Buchs orientieren können. So vollziehen sie nach, in welchem Bereich des »Prozessierungs– und Wissens–Raums« rationalen Denkens sie oder er sich gerade befindet.

Eine Vorab–Orientierung bietet die **Abbildung 17:**

CART-Subtests im Prozessierungs- und Wissens-Raum

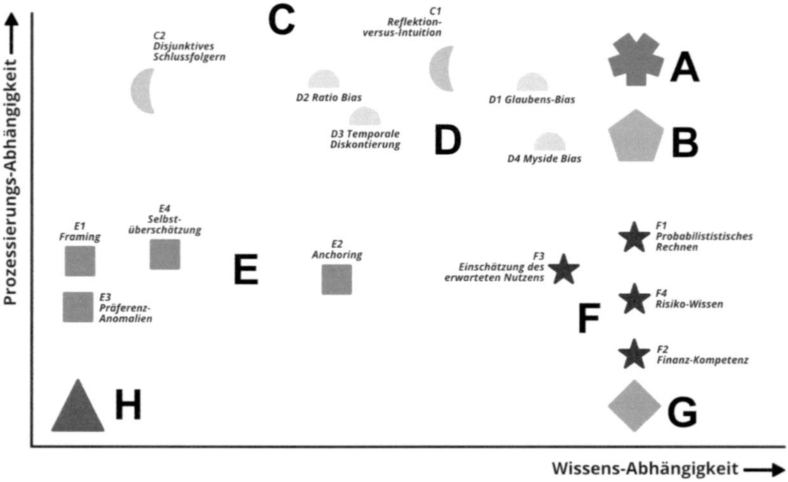

Grundlegendes Urteilsvermögen		Nachlässiges Prozessieren			Mindware-Probleme		Denkstile
A	**B**	**C**	**D**	**E**	**F**	**G**	**H**
Probabilistisches und statistisches Urteilen	Wissenschaftliches Urteilen	Rücksetzen auf autonomen Mind	Scheitern einer andauernden Überschreibung	Rücksetzen auf serielle assoziative Kognition	Mindware-Lücken	Kontaminierte Mindware	Denk-dispositionen

6. Die evolutionären Bedingungen des Aufkommens rationalen Denkens

Denken – Produkt biologischer und kulturell-sozialer Evolution

Stanovichs Framework der Messung rationalen Denkens ist keine neurowissenschaftliche Theorie.

Aus diesem Grund ist es Aufgabe dieses Kapitels, das Konzept von Stanovich und seinem Team so zu »dekonstruieren«, dass es mit der Struktur einer solchen Theorie »harmonisiert«. Wir werden zu diesem Zweck an dieser Stelle Stanovichs Überlegungen zum Framework des Rationalitäts-Quotienten (RQ) als knapp formulierte »Theorie rationalen Denkens« noch einmal neu kennenlernen und sehen, wie der RQ zu den Forschungen der aktuellen Neurowissenschaft passt.

Dazu ist es notwendig, auf eine größere Bandbreite von Veröffentlichungen und Studien von Stanovichs Team zurückzugreifen als in den zurückliegenden Kapiteln. *(Evans & Stanovich, 2013; Stanovich, 2002, 2003, 2005, 2009a, 2009b, 2011, 2012a, 2012b, 2013, 2014, 2015, 2016, 2020, 2021; Stanovich et al., 2016, 2020; Stanovich & Stanovich, 2010; Stanovich & Toplak, 2012, 2016; Stanovich & West, 1999, 2000, 2007, 2008a, 2008b, 2014; Toplak et al., 2014)* Dabei knüpfen wir hier daran an, dass Professor Stanovich seine Forschungen über rationales Denken in einen größeren Zusammenhang – und zwar in einen Evolutions-wissenschaftlichen Rahmen – gestellt hat:

Aus seiner Sicht erschließt sich die Besonderheit rationalen Denkens durch die Dynamik der Evolution. Er differenziert eine biologische und eine sozial-kulturelle Evolution, deren beider Entwicklungen starken Einfluss auf die Ausprägung der Kognitionen menschlicher Akteure haben. *(Evans & Stanovich, 2013, S. 223–224; Stanovich, 2005, S. 83–148; 2009a; 2011, S. 3–28; 2012a, S. 345–347; 2013)*

Zum einen sieht er die biologische Evolution, welche als »Produkte« komplexe Lebewesen – beispielsweise Säugetiere – hervorgebracht hat, die auf ausgeprägte kognitive Leistungen angewiesen sind. Grund ist ein Trend hin zu ständig komplexeren und wechselvolleren Umweltbedingungen, an die sich Bewohner der Erde anzupassen haben.

Er verweist auf eine zweite parallele und dynamische, eine sozial-kulturelle Evolution. Deren Ergebnis sei eine bereits Jahrtausende andauernde Fortentwicklung der unmittelbaren Lebensbedingungen der in Gruppen lebenden Menschheit. Aufgrund dieser Bedingungen verbringen Individuen heute ihre Existenz nicht nur in lokalen Gemeinschaften und Organisationen, sondern unter anderem angetrieben durch gesteigertes Bevölkerungswachstum in global strukturierten, zunehmend – auf der Basis digitaler Technologien – »virtuellen« sozialen Systemen.

Aufgrund dieser doppelt evolutionären »Abstammung« verfügen menschliche Akteure nicht nur über ein biologisch und physiologisch verankertes Erbe, auf das sie bei all ihren Kognitionen angewiesen sind. Sondern sie nutzen darüber hinaus ein sozial-kulturelles Erbe, das von Generation zu Generation durch die Sozialisation von Individuen weitergegeben und entwickelt wird. Es handelt sich dabei unter anderem um Wissen, das per Symbolen und Sprache kodifiziert ist und im Rahmen von kognitiven Prozessen als für Steuerungs-Prozesse unverzichtbare »Mindware« dient.

Stanovich erweitert dieses Szenario, indem er eine zunehmende Tendenz beschreibt, die Individuen in eine kontinuierliche Situation krisenhafter Überforderung versetzt.

Zur Erläuterung greift er auf eine symbolhafte Beschreibung einer »langen und einer kurzen Leine« zurück, an der die Evolution die Gattung Mensch jeweils sprichwörtlich »führt«.

Kurze Leine

In einer früheren Phase der biologischen und sozial-kulturellen Evolution hat sich eine stabile Konstellation – ein »Naturzustand« – herausgebildet, die in einem einfachen »Handlungsbezugsrahmen« folgendermaßen abgebildet werden kann:

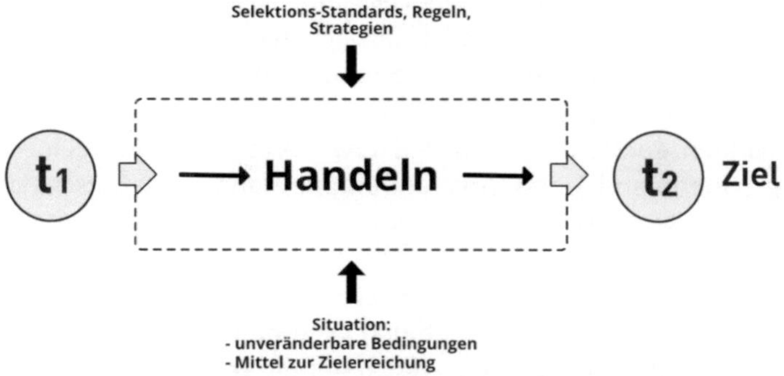

(Handlungsbezugsrahmen: Abbildung 18)

Ein Akteur startet zum Zeitpunkt t1 eine Handlung, die nachfolgend zum Zeitpunkt t2 zur Erreichung seines Handlungsziels führt. Das Individuum hat dabei sozial-kulturell vorgegebene Selektions-Standards, Regeln und Strategien angewendet, um die Vorbedingungen der Handlungs-Situation zu bewältigen. Dabei handelt es sich zum einen um für den Akteur unveränderbare Bedingungen sowie zum anderen um verfügbare Mittel, die bei der Zielerreichung zu berücksichtigen sind und nutzbringend mobilisiert werden können.

Der Akteur ist durch die evolutionär vorgegebenen Bedingungen zunächst an die »kurze Leine« genommen. Denn er ist auf der Basis seiner stabilen kognitiven Verhaltensprogramme an die Lebensbedingungen weitestgehend alternativlos gut angepasst. Sein »Denkapparat« funktioniert meist automatisch und autonom auf der Basis gekapselter Wissensbestände sowie auf der Basis kulturell geerbter oder durch wiederholtes Üben individuell erworbener Mindware, die kompiliert und automatisiert wurde.

Dieses »Zeitalter der kurzen Leine« ist dadurch geprägt, dass die kognitiven Prozesse der Individuen durch weitestgehend stabile und undynamische Umgebungs–Bedingungen bestimmt sind.

Diese »ursprüngliche« Phase verliert irgendwann an Einfluss, weil sowohl die physischen Umgebungsbedingungen des Menschen zunehmend wandelbarer werden, als auch die Individuen sich in immer komplexeren und schneller verändernden Beziehungs–Strukturen orientieren müssen.

Lange Leine

Es wirkt sich zunehmend eine neue Phase aus, in der die Akteure durch die Dynamik insbesondere der sozialen Umstände unter Druck und in Situationen geraten, in denen »kurzleinige« Handlungslösungen scheitern

Stanovich beschreibt es symbolhaft als Phase, in welcher der Mensch durch die Evolution von der kurzen Leine loskommt und ihm eine lange Leine einen größeren »Spielraum« gibt.

Individuen geraten durch dieses erweiterte Spiel ihrer Leine in den Zwang, zunehmend unter Anstrengungen Handlungs–Entscheidungen treffen zu müssen, statt sich auf automatische, ererbte Lösungen verlassen zu können.

Anders ausgedrückt: Menschen müssen selbständig zunehmend die Kapazitäten ihrer plastischen, lernfähigen Gehirne nutzen, um ihr Verhalten selbststeuernd situationsgerecht an sich ständig verändernde Herausforderungen anzupassen. Problematisch ist, dass Individuen eigeninitiativ darauf kommen müssen, wann sie ihre Hirnkapazitäten ins Spiel zu bringen haben, um Fehler oder suboptimales Verhalten zu vermeiden.

Günstige Umstände versus feindliche Umgebungsfaktoren.

Stanovich greift diese Vorstellung der sich dynamisch verändernden Lebensbedingungen immer wieder auf. Er umschreibt diese als »günstige Umstände« auf der einen Seite und zunehmend »feindliche Umgebungsfaktoren« auf der anderen Seite.

Um die Gedanken dahinter besser nachvollziehen zu können, lohnt es sich, auf die Begriffe »heuristics« und »biases« zurückzugreifen:

»Heuristics« bzw. Heuristiken sind die »Daumenregeln«, die wir als Lösungskonzepte nutzen, wenn wir mit Problemen konfrontiert sind. Diese Heuristiken können sich in ihrem intellektuellen Aufwand stark unterscheiden. Im Alltag nutzen wir eher einfache Daumenregeln – etwa wenn wir die Temperatur unseres Badewassers abschätzen, indem wir unseren dicken Zeh als »Temperaturfühler« einsetzen. In der wissenschaftlichen Praxis werden zumeist anspruchsvollere Heuristiken verwendet – etwa die allgemeine Quantorenlogik, wenn es darum geht, die korrekte Ableitung einer Hypothese aus einer Theorie zu überprüfen.

In den meisten alltäglichen Situationen, in denen sie mit einem Stimulus konfrontiert werden, profitieren Individuen von Heuristiken, über die ihr autonomer Mind in Form gekapselten Wissens oder eintrainierter Verhaltensmuster verfügt und die dieser meist mit gelungenen Resultaten automatisch aktiviert. In diesen Situationen reicht anders ausgedrückt autonomes Denken vom Typ 1 aus, um zu einer befriedigenden Lösung zu kommen.

Werden solche Situationen komplexer und müssen Entscheidungen schnell ausgeführt werden, kommt ein weiteres Moment ins Spiel: Akteure haben im Vergleich zu ihren Mitmenschen einen Vorteil und können sich hervortun, wenn sie über ein hohes Maß an flüssiger Intelligenz verfügen. Denn sie erfassen die vorgegebenen Aufgabenstellungen besser und schneller und können entsprechend optimiert reagieren.

Um es auf den Punkt zu bringen: Es liegt eine »optimale« Leistungs-Situation vor, die zum einen gut angepasste automatische Reaktionen des autonomen Minds und darüber hinaus intelligente Leistungen des algorithmischen Minds begünstigt:

Akteure leben auf diese Weise gut angepasst in einer Umgebung, in der sie durch die biologische Evolution mit passender latenter Mindware – gekapselten Wissensbeständen, Mikrostrategien, automatisierten Verhaltensmustern – und mit passender sozial-kultureller Mindware – Wissensbestände, persönliche Ziele, Präferenzen, Know-how – ausgestattet sind.

Mit Stanovich können wir sagen, die hier zugrundeliegende Umgebung ist günstig und hilfreich, weil sie nützliche Hinweise enthält, die meist kompatibel mit den Heuristiken des Typ 1-Prozessierens sind.

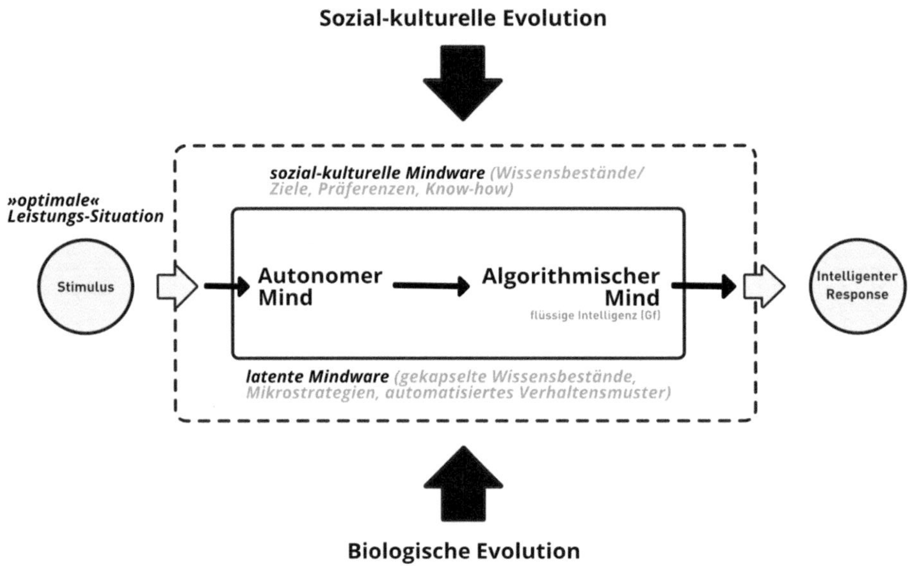

(»Optimale« Leistungs–Situationen: Abbildung 19)

Es handelt sich bei diesen Hinweisen um affektauslösende Indikatoren oder lebendige und leicht zuzuordnende Reizkomponenten der in dieser Umgebung auftretenden Situationen.

Damit eine Umgebung günstig wirkt, muss weiterhin vorausgesetzt werden, dass es darin keine Personen gibt, die ihr Verhalten darauf abgestimmt haben, autonome Typ 1–Prozesse in den Hirnen anderer Menschen für ihre einseitigen Interessen auszubeuten.

Weiterhin: »Optimale« Leistungs–Situationen sind nur dann günstige Umstände, wenn ihre Intelligenz Individuen hilft, in der jeweiligen Situation die passenden und vollständigen Hinweise zu finden, auf deren Basis die Lösung für eine optimale Handlungsentscheidung assoziiert werden kann.

Im Gegensatz dazu ist eine ungünstige, Heuristik–feindliche Umgebung eine Umwelt, in der es zunehmend an den Hinweisen fehlt, an die autonome Prozesse oder der algorithmische Mind anknüpfen können. Oder es gibt in der Situation Hinweise, die irreführend sind, und dadurch zu systematischen Fehlern oder suboptimalen seriellen assoziativen Kognitionen führen.

Im Rahmen des Auftretens dieser feindlichen Umgebungsfaktoren nehmen symptomatische Fehlleistungen von Individuen zu: Es treten zunehmend »biases« – kognitive Verzerrungen – auf. Stanovich verfasste folgende Liste der Herausforderungen, an denen Akteure typischerweise scheitern und Verzerrungen auftreten:

- sie schätzen Wahrscheinlichkeiten falsch ein
- sie testen Hypothesen ineffizient
- sie verletzen die Regeln der Nützlichkeit von Handlungsoptionen
- sie schätzen falsch ein, inwieweit ihre Überzeugungen der Realität entsprechen
- ihre Entscheidungen werden durch irrelevante Informationen und Begleitumstände ungünstig beeinflusst
- sie ignorieren Alternativhypothesen bei der Datenauswertung und
- sie fallen auf zahlreiche andere Verzerrungen bei der Verarbeitung von Informationen herein

In den feindlichen Umgebungen, in denen die Voraussetzungen für erfolgreiche Responses des autonomen Minds fehlen und stattdessen in der Situation fehlleitende Hinweise auftauchen, werden laut Keith E. Stanovich Denkprozesse »höherer« Ordnung wichtig.

Er beschreibt in diesem Zusammenhang einen Denk–Mechanismus mit folgenden Eigenarten:

- die Prozesse des autonomen Minds werden aufgehalten, nachdem ein Stimulus aufgetreten ist
- der Gang der Kognition wird unterbrochen
- eine Phase bewusster Steuerung tritt ein
- der reflektierende Mind initiiert Überschreibprozesse, Simulationen von alternativen Handlungsmöglichkeiten sowie das Entwickeln von Hypothesen zur Einschätzung der Wahrscheinlichkeit des Eintretens bestimmter Handlungs–Resultate
- für die Ausführung der notwendigen Unterbrechungs–Aktionen und Bereitstellung der erforderlichen Gedächtniskapazität ist ein leistungsfähiger algorithmischer Mind notwendig

Auf der Basis dieses Mechanismus realisieren Akteure »rationales« Denken, das ihnen ermöglicht, trotz ungünstiger Umstände ihre Ziele zu erreichen oder mit anderen Worten ihren Nutzen bestmöglich zu verfolgen – oder noch anders ausgedrückt: ihren Nutzen zu maximieren.

Stanovich bringt damit – wie in der Kognitionspsychologie üblich – den Begriff der Rationalität mit dem Konzept der Nutzen–Maximierung in direkten Zusammenhang. Bei seinen Rationalitäts–Definitionen kommt darüber hinaus der Begriff der Wahrscheinlichkeit zum Einsatz:

Die Frage, ob Individuen rational sind, wird synonym verwendet mit der Frage, ob diese beurteilen können, was wahr ist, und wie sie das Wissen um diese Wahrheit bestmöglich nutzen können, um ihre Ziele zu erreichen bzw. um ihren Nutzen zu maximieren.

Aus kognitionspsychologischer Sicht ist dies gleichbedeutend mit folgendem Aussagen–Bündel:

- Epistemisch rationale Individuen können die Wahrscheinlichkeit des Zutreffens von Tatsachen–Behauptungen beurteilen.
- Darüber hinaus verfügen sie auf der Basis ihrer Tatsachen–Einschätzung über Fähigkeiten zur Planung von Aktivitäten, die mit großer Wahrscheinlichkeit zur maximalen Erfüllung ihrer Wünsche führen.
- Es wird angenommen, dass rationale Individuen diese Beurteilungen von Tatsachen und von Erfolgsaussichten so vornehmen, dass diese mit elementaren Grundregeln der Wahrscheinlichkeitsrechnung kompatibel sind.

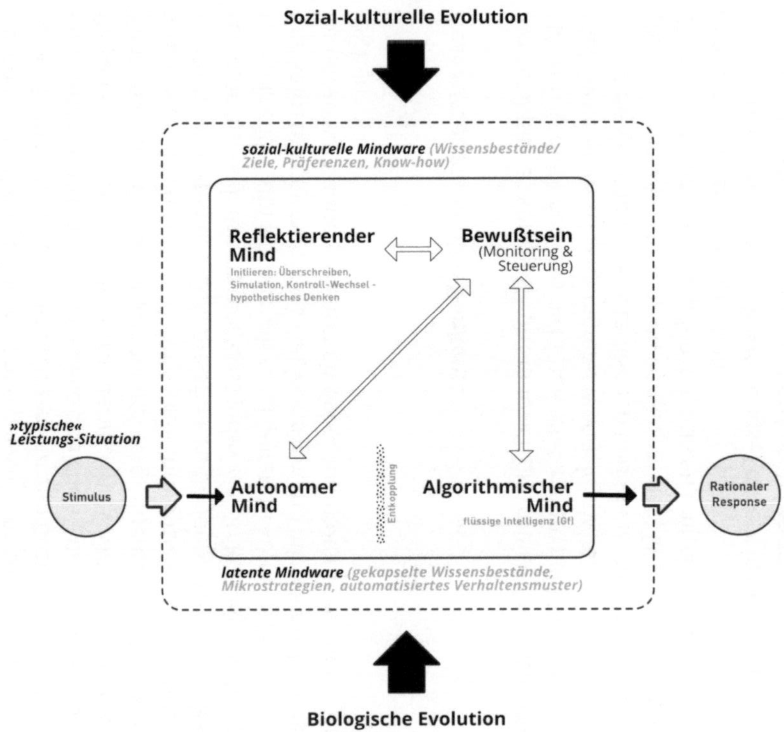

(»Typische« Leistungs–Situationen: Abbildung 20)

Keith E. Stanovich setzt sich im Zusammenhang mit der Interpretation des Konzepts der Nutzenmaximierung außerhalb des Bereichs der Kognitionspsychologie etwa in der Ökonomie und der Politologie auseinander, um ein wichtiges Detail des Rationalitäts-Konzepts zu klären:

Er kritisiert die Vorstellung, Nützlichkeit sei gleichbedeutend mit »Eigeninteresse« oder »Egoismus«. Aus seiner Sicht ist es grundlegend falsch, etwa anzunehmen, eine Handlung wäre deshalb »irrational«, weil ein Akteur nicht einem vermeintlichen primären Interesse nach monetärem Erfolg nachging. Psychologische Theorien der Nutzenmaximierung enthalten aus seiner Sicht keine solchen Annahmen. Nutzen beziehe sich auf das Gut, das entsteht, wenn Menschen ihre Ziele erreichen – und das jeweilige Ziel einer Person sei nicht immer die Maximierung ihres wirtschaftlichen Erfolgs, der Zunahme ihres Vermögens oder ihres Vergnügens. Menschen könnten beispielsweise ihren Nutzen darin sehen, ihre sozialen Überzeugungen und Werte zu vertreten und zum Ausdruck zu bringen. Die Nützlichkeitstheorie schreibe also keineswegs vor, dass jedes Ziel striktes Eigeninteresse widerspiegeln muss, um als rationales Ziel gelten zu können. Es sei ein rationales und keineswegs irrationales Ziel, wenn jemand mit seinem Handeln »selbstlos« bezweckt, andere Menschen dabei zu unterstützen, deren Ziele zu erreichen.

Ressourcen rationalen Denkens

Auf der Basis des Konzepts von Stanovich und seinem Team wird die Rationalität von Kognitionen also nicht bewertet, indem der Maßstab des erfolgreichen Realisierens von Eigeninteresse angelegt wird.

Die Bewertung der epistemischen und der instrumentellen Rationalität von Akteuren wird stattdessen vorgenommen, indem betrachtet wird, wie diese mit bestimmten knappen Ressourcen umgehen, wenn sie sich darum bemühen, ihre Ziele zu erreichen.

Schauen wir uns dieses Bewertungs-Konzept in Details an:

Wir knüpfen an die drei typischen Konstellationen an, unter denen rationale Responses eines Akteurs zustande kommen.

In der ersten Konstellation ist wesentlich, dass Denkprozesse vom Typ 2 in einen Prozess vom Typ 1 eingreifen müssen und diesen überschreiben. In diesem Fall hatte eine Detektion von Konflikten stattgefunden. Im Detail: Es war detektiert worden, dass der automatische Response auf der Ebene des autonomen Minds keinen erfolgversprechenden Response zur Verfügung stellt. Das reflektierende Denken ist einzuschalten, um alternative Lösungen bereitzustellen. Dazu initiiert es einen Override-Prozess und stößt damit die

Schritte an, die über Override, Entkopplung, Simulation, hypothetisches Denken zu einem reflektierten, rationalen Response führen.

Auf der Ebene des reflektierenden Denkens haben dabei Prozesse stattgefunden, bei denen alternative Handlungs–Möglichkeiten per Simulation erwogen und Hypothesen dazu gebildet wurden, mit welcher Handlungs–Alternative mit größter Wahrscheinlichkeit das Ziel des Akteurs erreichbar wird.

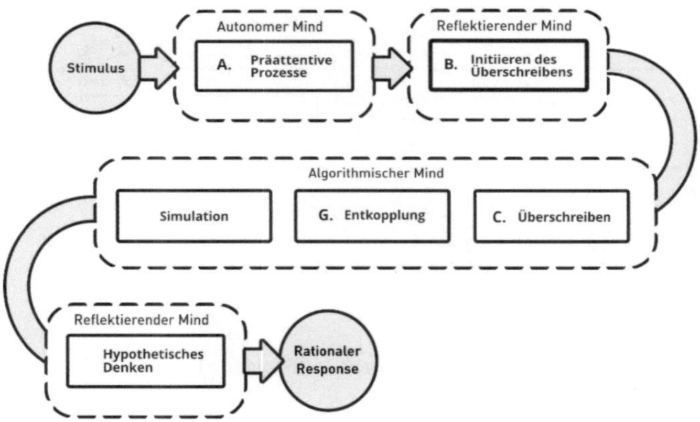

(Konstellation 1: Abbildung 21)

Bei der zweiten Konstellation wurde der automatische Response des automatischen Minds bereits gestoppt. Die Herausforderung des reflektierenden Denkens liegt hier aber anders als in der ersten Konstellation:

Individuen greifen gemäß Stanovich in Situationen, die mit Aufgaben verbunden sind, die nicht leicht und spontan zu bewältigen sind, auf Lösungsansätze zurück, die sich möglichst einfach nutzen lassen. Dabei kommt es vor, dass das reflektierende Denken eine zusätzliche Aufgabe bekommt. Und zwar dann, wenn in der jeweiligen Situation einfache Lösungsangebote bereits durch die Aufgabenstellung vorgegeben sind, und durch den Vorteil attraktiv erscheinen, dass Akteure Lösungsalternativen nicht systematisch durchdenken müssen. Da diese einfachen Angebote zu suboptimalen Responses führen können, erfordert eine rationale Reaktion ein Eingreifen – ein sogenanntes »Initiieren des Kontrollwechsels der seriellen assoziativen Kognition«. Dabei ist es die Funktion reflektierenden Denkens, zu bewirken, dass Lösungen verworfen werden, deren Erfolgs–Wahrscheinlichkeit zwar durch die Situation suggeriert wird, aber dennoch zweifelhaft ist. Dazu sind diese in der Situation angebotenen Lösungen zu verwerfen und stattdessen Handlungs-Alternativen zu erwägen, die vom direkten Kontext entkoppeln und aufgrund Simulation »alternativer Welten« zu durchkalkulierten besseren Plänen führen.

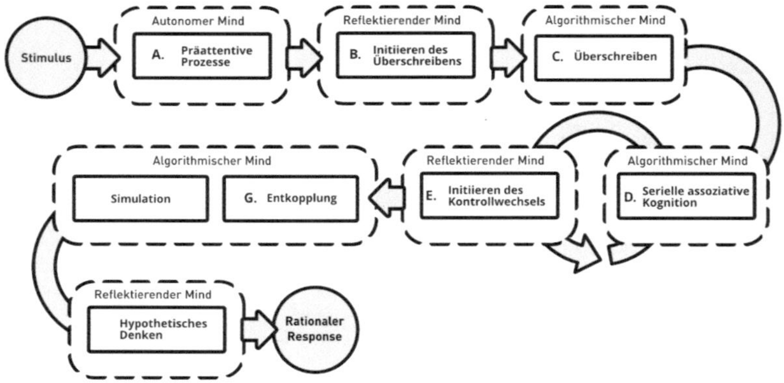

(Konstellation 2: Abbildung 22)

Die dritte Konstellation ist dadurch charakterisiert, dass Akteure in der Vergangenheit Response-Alternativen per rationaler Mindware erlernt, trainiert und so weit verankert haben, dass sie suboptimale Responses des autonomen Minds automatisch überschreiben können und rational reagieren.

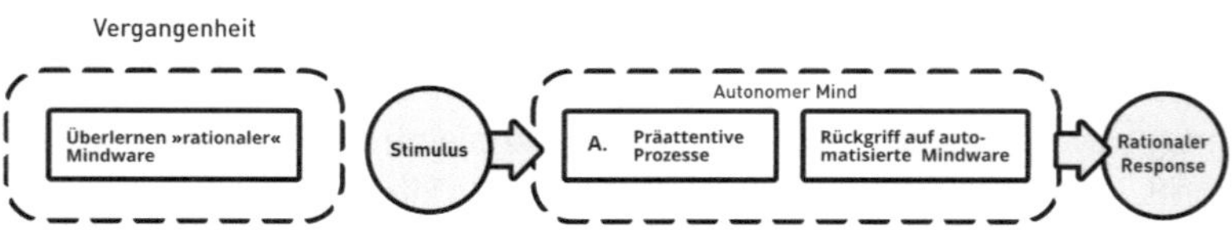

(Konstellation 3: Abbildung 23)

Mit Blick auf diese drei Konstellationen, in denen rationale Responses auftreten können, wird deutlich, welch umfassender Katalog mit Ressourcen erfüllt sein muss, um rationales Verhalten wahrscheinlich zu machen:

Basis–Energie

Der Prozess des realistischen Beurteilens von Situationen und die darauf bauende Entwicklung von Handlungs–Alternativen zur Erreichung von individuellen Zielen erfordert freie kognitive Kapazitäten.

Basis–Mindware

In allen Konstellationen ist Mindware erforderlich, die im Rahmen der kognitiven Prozesse mobilisiert werden kann.

Konflikterkennung

Individuen müssen die Notwendigkeit erfassen, Typ 1–Prozesse bei Bedarf außer Kraft zu setzen. Sie müssen in der Lage sein, einen Konflikt zwischen ihrer intuitiven Reaktion auf ein Problem und der durch relevante Mindware vorgeschriebenen Reaktion zu erkennen.

Anhaltende kognitive Entkopplung

Auf algorithmischer Ebene ist kognitives Leistungsvermögen erforderlich, um Override– und Simulationsaktivitäten aufrechterhalten zu können. Zur Auflösung von Konflikten muss bedeutende kognitive Kapazität zur Verfügung stehen, wenn Entkopplungen für eine beträchtliche Zeitspanne aufrechterhalten bleiben müssen.

Simulation und hypothetisches Denken

Individuen müssen in der Lage sein, mit Hilfe von Mindware rationale Responses zu errechnen und im Rahmen von Simulations–Aktivitäten verfügbar zu machen sowie Hypothesen über erfolgversprechende Handlungs–pläne zu entwickeln.

Überlernte rationale Mindware

Spontane rationale Responses erfordern, dass die zur Bewältigung einer Aufgabe notwendige Mindware überlernt und automatisiert direkt verfügbar ist. In diesem Fall kann ein normativer, rationaler Response unmittelbar erfolgen.

Der Rationalitäts–Quotient bewertet erfolgreiche Investitionen in Denk–Ressourcen.

Vor dem Hintergrund dieses Ressourcen–Katalogs kann nun zum Abschluss dieses Kapitels ein Fazit gezogen werden:

Rationales Verhalten als Konsequenz rationaler Kognitionen setzt voraus, dass ein betreffendes Individuum in einer Situation eine ganze Reihe von Ressourcen mobilisieren kann, die aus unterschiedlichen Quellen »geschöpft« werden müssen.

Zum einen besteht ein hoher physiologisch verursachter Bedarf an Energie und Motivation, da die erforderliche Denkleistung anstrengend ist. Im

Fall schwieriger Situationen droht die Konzentrationsfähigkeit und Prozessenergie von Akteuren so weit überfordert zu werden, dass diese bei den notwendigen Reflektionen »aussteigen« und in Richtung suboptimaler Lösungen ausweichen. Stanovich spricht hierbei davon, dass Individuen dazu neigen, als »cognitive misers« – kognitive Geizhälse – zu agieren. Mit Blick auf ihre kognitive Energie scheinen Menschen mit ihren Ressourcen bei der Realisierung von Typ 2–Prozessen schnell an Grenzen zu stoßen und als Konsequenz dazu zu neigen, auf einen energiesparenden Denkmodus umzuschalten. Diese Disposition zum Energiesparen ist aufgrund der damit einhergehenden rational suboptimalen Denkresultate risikoreich.

Eng mit physiologischem Energieaufwand verknüpft sind Ressourcen, die einen sozial–kulturellen Hintergrund haben: Rationale Kognitionen erfordern auf verschiedenen Ebenen Rückgriff auf Mindware bzw. Wissen. Letztlich ist bei der Entscheidung für eine Handlung Wissen zur Wahrscheinlichkeit des Eintretens relevanter Ereignisse, Wissen zur Simulation alternativer Handlungen sowie zur Bildung von Hypothesen bezüglich deren voraussichtlicher Resultate notwendig.

Da Akteure Denkanstrengung meiden, investieren sie in diese nur, wenn unumgänglich. Mit Blick auf Wissen ziehen sie Mindware vor, die mit dem sparsamsten Energieeinsatz verbunden ist.

Keith E. Stanovich betrachtet den Menschen als Akteur, der in der heutigen Zeit zunehmend häufig in Konflikt–Situationen gerät: Dieser hat die Neigung, seinen eng bemessenen kognitiven Energieverbrauch möglichst gering zu halten. Schwierige Entscheidungssituationen zwingen immer häufiger dazu, seine Energie zur Realisierung rationaler, höherer Denkprozesse einzusetzen. Das Risiko zu scheitern, hindert ihn daran, vertrauensvoll auf Lösungen zurückzugreifen, die in der Vergangenheit erfolgreich waren. Das Trainieren und Überlernen neuer Mindware, ist eine erfolgversprechende allerdings äußerst anstrengende Investition in die Zukunft.

7. Im Überblick: Die Neuro-Biologie rationalen Handelns

Die Neurowissenschaft gibt ausführliche Antworten.

Starten wir mit der direkten Konfrontation der Theorie rationalen Denkens mit neurowissenschaftlichen Befunden.

Um es auf den Punkt zu bringen: Wir wollen endlich wissen, wie menschliche Gehirne eine ganz besondere Weise des Denkens ermöglichen.

Dieses Denken ist vor allem dadurch gekennzeichnet, dass es menschliche Hirnträger in die Lage versetzt, einige spontane Denkprozesse abzubremsen und stattdessen alternative, rationalere Denkaktivitäten zu starten. Diese Prozessierung hat die Funktion, mit Blick auf die Ziele von Individuen suboptimale Aktionen zu verhindern und gegen optimierte Alternativen zu tauschen.

Basisbausteine des Gehirns

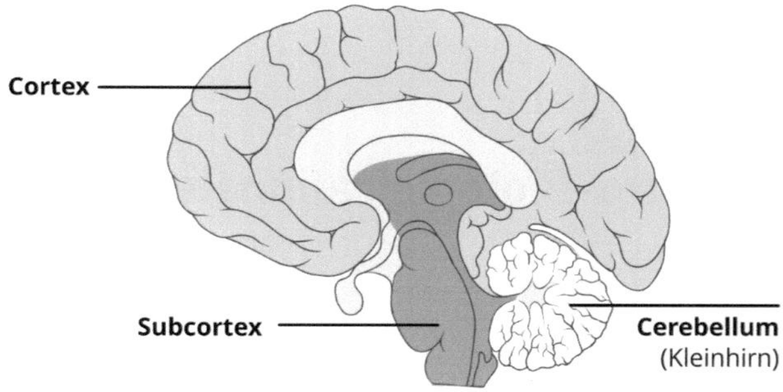

(Abbildung 24 – Illustration: Patrick J. Lynch, medical illustrator – https://commons.wikimedia.org/wiki/File:Brain_human_sagittal_section.svg)

Wie schafft es das Gehirn, im Bewusstsein von Personen sich selbst optimierende Kognitionen zu starten? Wie ist es möglich, dass es mit Wahrscheinlichkeiten von Handlungsresultaten kalkuliert? Darüber hinaus: Wie kann es alternative Handlungen und alternative Welten simulieren und wie kalkuliert es, mit welcher Wahrscheinlichkeit für diese Alternativen mit positiven Auswirkungen für den Denkenden gerechnet werden kann?

Die moderne Neurowissenschaft hat ausführliche Antworten auf diese Fragen. In diesem Kapitel lernen wir diese Antworten im Überblick kennen. Die anschließenden Kapitel dienen dazu, Zug um Zug in wichtige Details zu gehen.

Werfen wir einen ersten Blick auf das »Organ rationalen Denkens« – das Gehirn mit seinen Basisbausteinen Großhirnrinde (Cortex), Kleinhirn (Cerebellum) sowie die Hirnregionen unterhalb der Großhirnrinde, auf den Subcortex.

In neurowissenschaftlichen Lehrbüchern kommt nach dieser groben Einteilung unseres Denkorgans in der Regel unmittelbar die makroskopische Gliederung des Cortex in vier Hauptabteilungen zur Sprache:

- die Unterscheidung von Frontallappen ganz vorne,
- der Scheitellappen bzw. der Parietallappen dahinter,
- an den sich zum Abschluss der Hinterhauptlappen bzw. der Okzipitallappen anschließt –
- seitlich rechts und links befinden sich die Schläfenlappen bzw. Temporallappen

Cortex: Makroskopische Gliederung

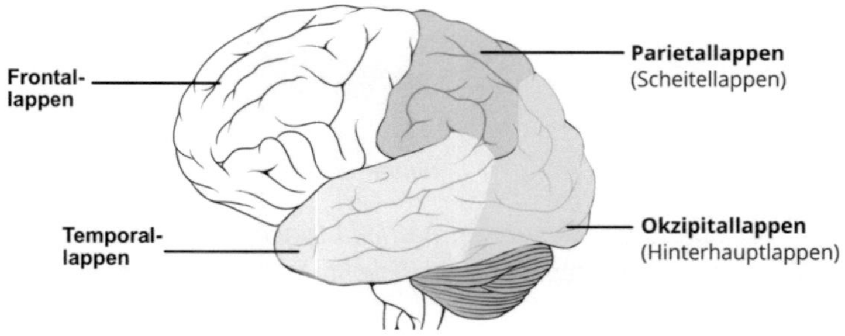

(Abbildung 25 – Illustration: Patrick J. Lynch, medical illustrator – https://commons.wikimedia.org/wiki/File:Brain_human_lateral_view.svg)

Wenn wir das Gehirn mit Hilfe dieser Grobeinteilungen so weit »im Griff« haben, ist es im Weiteren wichtig, in der Lage zu sein, über Detail–Regionen dieses Organs zu sprechen. Anatomen haben im Laufe von Jahrhunderten eine Reihe allgemein üblicher Sichtweisen definiert und damit eine Art Koordinatensystem entwickelt, um neuronale Prozesse und Mechanismen positionieren zu können.

Offenbar mit dem lateinischen Wörterbuch in der einen und einem Hirnpräparat in der anderen Hand haben sie folgende Sichtweisen festgelegt:

- laterale Sicht – der Blick von der Seite
- dorsale Sicht – der Blick von oben
- mediale Sicht – der seitliche Blick auf das längs der Mitte aufgeschnittene Hirn
- ventrale Sicht – der Blick von unten
- anteriore Sicht – der Blick von vorn
- posteriore Sicht – der Blick von hinten

Lateralansicht

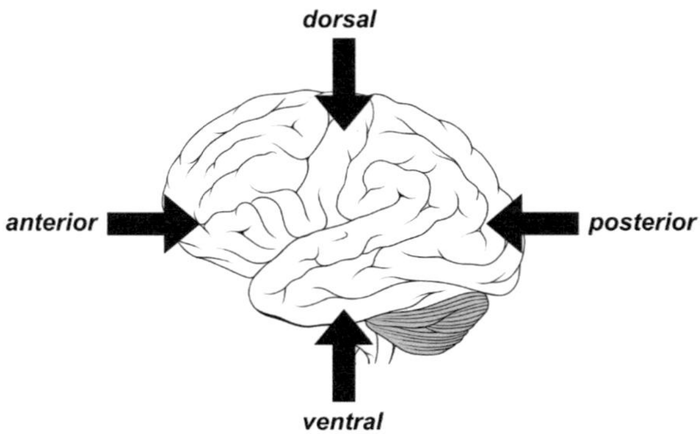

(Abbildung 26 – Illustration: Patrick J. Lynch, medical illustrator – https://commons.wikimedia.org/wiki/File:Brain_human_lateral_view.svg)

Aktiver Mind

Dieses Gehirn ist der Sitz unseres Denkens bzw. – um die Sprechweise aus dem ersten Teil dieses Buchs wieder aufzugreifen: unseres Minds.

Diese Tatsache ist heute allgemein anerkannt.

Das – von außen betrachtet vollständig materielle – Hirn–Ding verfügt über besondere Eigenschaften, die den meisten von uns weit weniger geläufig sind. Denn außerhalb der Neurowissenschaft werden wir in unserer westlichen Kultur durch das Konzept beeinflusst, dass Hirnregionen in erster Linie reaktiv sind, die meiste Zeit schlafend verbringen, während die darin befindlichen Nervenzellen erst erwachen und elektrische Impulse ausstoßen, wenn sie durch Sinnesreize von außen angeregt werden.

Wir betrachten das Hirngewebe intuitiv wie einen Gegenstand, der sich verhält wie eine physische Masse in der Naturphilosophie Isaac Newtons. Gemäß dessen Bewegungslehre sind materielle Körper an sich vor allem träge. Denn ein unbewegter Körper verharrt in Ruhe. Erst wenn auf diesen Körper eine Kraft einwirkt, entwickelt auch jener eine Kraft – eine Gegenkraft. Dieses Wechselwirkungsprinzip umschreibt Newton in der Lex tertia (drittes Gesetz) seiner Bewegungs–Axiome mit *»actio est reactio«* – »Aktion ist Reaktion«. Dieses Prinzip, dass materielle Dinge nicht aus sich selbst heraus Handlungen ausführen, ist für die meisten von uns eine »intuitive« Vorstellung – »von Nichts kommt offenbar Nichts«.

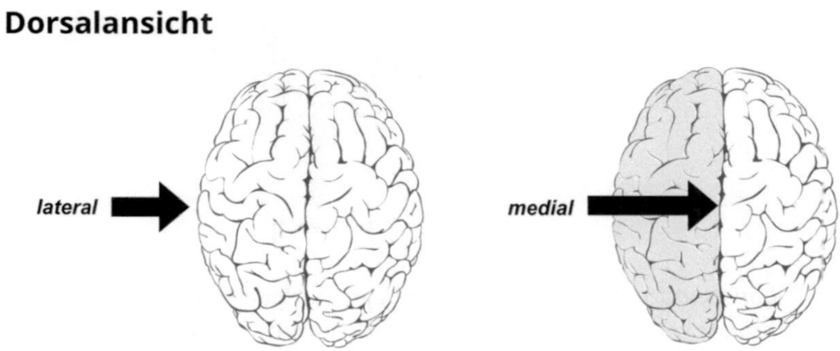

(Abbildung 27 – Illustration: Adobe Stock–Lizenz Datei 252781407)

Zwar: Die Neuronen in unseren Muskeln arbeiten tatsächlich entsprechend – sie liegen so lange still, bis sie stimuliert werden, und beginnen erst dann, Impulse zu »feuern«, um Muskelzellen zu Reaktionen zu veranlassen.

Sich selbst aktivierende Neuronen

Die »Aktion ist Reaktion«–Ansicht ist uns in unserem Alltag höchst vertraut – mit Blick auf Hirnaktivitäten allerdings fehlleitend. *(Vergleiche: Barrett, 2018, 2020)* Die Milliarden Neuronen unserer Gehirne, die in vielfältigen Netzwerken und Subsystemen verbunden sind, bilden keineswegs eine inaktive Masse, die auf einen Antrieb von außen wartet. Diese Neuronen stimulieren sich millionenfach kontinuierlich gegenseitig. Solange sie ausreichend während des Lebens eines Individuums mit Ressourcen wie Sauerstoff und Nährstoffen versorgt werden, lösen sie untereinander riesige Stimulationskaskaden – Wellen von verzweigten Impulsen – aus. Ihre Existenz besteht aus einer selbstausgelösten, Gehirn–internen – intrinsischen – Aktivität, die insoweit dem Atmen gleicht, als es ein Prozess ist, der keinen externen Auslöser oder Schrittmacher benötigt.

Ventrale Sicht

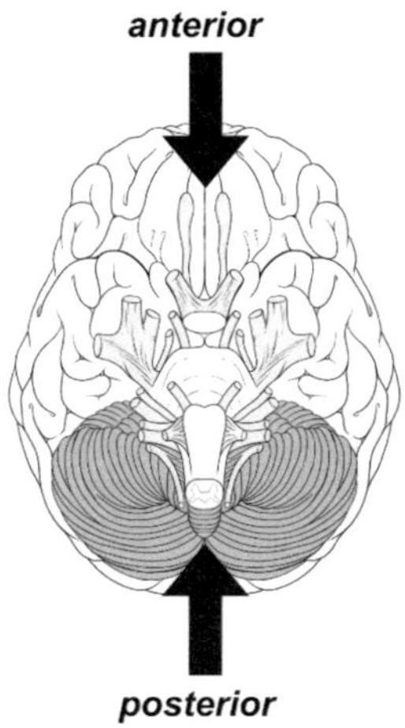

(Abbildung 28 – Illustration: Patrick J. Lynch, medical illustrator – https://commons.wikimedia.org/wiki/File:Brain_human_cranial_nerves.svg)

Gehirn: Netzwerk mit intrinsischen Aktivitäten

Diese intrinsische Aktivität läuft nicht chaotisch ab. Stattdessen wird sie durch Gruppierungen von Neuronen strukturiert, die beständig zusammen feuern, und damit sogenannte »intrinsische Netzwerke« bilden. Die Funktionsweise dieser Netzwerke können wir uns vorstellen wie die Organisation mancher Sportmannschaften – etwa im Handball oder im Eishockey. Je nachdem, in welcher Bewegung sich das Team gerade befindet, ob es nach vorn in den Angriff oder verteidigend nach hinten vor das eigene Tor geht, werden Spieler aus einem Mannschafts–Pool ins Spiel geschickt. Zu jedem Zeitpunkt sind einige Spieler im Spiel und andere sind bereit, im Austausch einzuspringen, wenn sie benötigt werden. In ähnlicher Weise verfügt ein intrinsisches Netzwerk über einen Pool einsetzbarer Neuronen. Jedes Mal, wenn das Netzwerk seine Aufgabe erfüllt, spielen bzw. feuern Gruppierungen seiner Neuronen synchron, um alle notwendigen Positionen des Teams zu besetzen. Zu einem anderen Zeitpunkt kann die gleiche Aufgabe durch eine andere Kombination von Neuronen aus dem Pool erfüllt werden. Neurowissenschaftler sprechen in diesem Zusammenhang davon, dass Neuronen funktionell variierend aktiv werden und nicht auf spezielle Aktionen beschränkt sind: Sie verhalten sich »de–generativ«.

Intrinsische Netzwerke und ihre de-generativen Fähigkeiten gelten als eine der großen Entdeckungen der Neurowissenschaften des letzten Jahrzehnts. – Selbstverständlich hat dieser Begriff der De-Generation nichts mit dem menschenverachtenden Begriff der »Degeneration« des nationalsozialistischen Dritten Reichs im Sinne von »Entartung« zu tun. Stattdessen ist damit gemeint, dass neuronale Strukturen häufig keine vollständig festgelegte, »ursprüngliche« Bestimmung haben – sie übernehmen bei der Erfüllung unterschiedlicher Funktionen des Gehirns variierende Rollen.

Hirn-Aktivitäten sagen Vorgänge in der Umgebung voraus.

Eine für unsere weiteren Überlegungen besonders interessante Funktion unseres Milliarden-Bestands an Neuronen ist das Vorhersagen von Vorgängen, die in der Umgebung des Gehirns im nächsten Augenblick stattfinden werden. Diese Massen an Neuronen »korrespondieren« zu dem Zweck, jede Fassette dessen vorherzusehen, was sie unmittelbar im Bereich des Sehens, Hörens, Riechens, Schmeckens und Berührens voraussichtlich erleben werden und zu bewältigen haben. Die Vorhersagen, die sie auf diese Weise ins Spiel bringen, stellen die bestmöglichen Schätzungen unserer Gehirne darüber dar, was sich in der Welt um uns herum abspielen wird und wie unser Körper darauf zu reagieren hat, damit wir am Leben bleiben und es uns gut geht.

Auf der Ebene der Gehirnzellen laufen diese Vorhersagen so ab, dass Neuronen in einem Teil des Gehirns in Netzwerken organisierte Neuronen an einer anderen Stelle des Gehirns beeinflussen. Was sich dabei im Detail abspielt, schauen wir uns weiter unten in diesem Teil des vorliegenden Buchs an. An dieser Stelle ist es wichtig, schon einmal festzuhalten, dass dieser Austausch von Impulsen zwischen neuronalen Strukturen abläuft, ohne dass diese Nervenzellen dabei zunächst einen unmittelbaren Reiz aus der Außenwelt benötigen. Diese Vorhersagen stellen eine intrinsische Gehirnaktivität dar, die auf Millionen und Abermillionen von ununterbrochenen, miteinander konkurrierenden Wahrscheinlichkeits-Schätzungen unserer neuronalen Netzwerke basiert.

In diesem Zusammenhang kann gesagt werden, dass das Gehirn die Welt, die wir erleben, »konstruiert«. Dabei kombiniert es mit Hilfe neuronaler Strukturen Eindrücke aus unserer Vergangenheit und schätzt dabei laufend ab, wie wahrscheinlich es ist, dass die gerade eben für die Konstruktion der Welt genutzten Erfahrungs-Bruchstücke auf unsere aktuelle Situation zutreffen.

So hat beispielsweise der laufende visuelle Input unserer Augen die Funktion, »Daten« für die Überprüfung der Vorhersagen zu liefern und das Zutreffen der Welt-Konstruktion des Gehirns möglichst zu bestätigen. Wird auf der Basis dieses Inputs kein Abweichen zwischen Sinnesreiz und Vorhersage detektiert, müssen die Impulse aus den Sehorganen nicht weiter durch den Cortex geleitet werden. Es zeigt sich in diesem Fall, dass die Neuronen in unserem visuellen Cortex kompatibel mit den von außen kommenden Informationen feuern.

Dieser effiziente Vorhersage-Prozess, den wir am Beispiel des Sehens durchgespielt haben, ist der Standardweg unseres Gehirns, sich in der Welt zurechtzufinden und dieser einen Sinn zu geben. Unser Gehirn erzeugt laufend Vorhersagen, um das, was wir sehen, hören, schmecken, riechen und berühren wahrzunehmen und zu erklären.

Statt also auf die Welt lediglich zu reagieren, agiert unser Gehirn in jedem Augenblick proaktiv, indem es die anstehenden Vorgänge der Welt voraussagt und erst dann auf »Sinnesdaten« zurückgreift, um diese zu bestätigen bzw. um Anhaltspunkte zu bekommen, dass eine Vorhersage nicht ausreichend zutrifft und neue Prognosen zu produzieren sind.

Neurowissenschaftler erläutern, dass unser Gehirn zu ineffizient wäre, uns am Leben zu halten, arbeitete es ausschließlich als reaktives Organ. Die Bandbreite und die Menge an Sinnesdaten, mit der wir konfrontiert wären, erschiene zu groß, würde unser Gehirn reaktiv mit sensorischem Input kontinuierlich und umfassend »bespielt«. Die menschliche Netzhaut überträgt in jedem wachen Moment umfassendere visuelle Daten, als unser Gehirn verarbeiten kann. Diese Überforderung würde in jedem Augenblick multipliziert, müsste ein reaktives Gehirn darüber hinaus auch den kompletten Input der übrigen Sinneskanäle aufnehmen. Es würde unter einer Datenlast zusammenbrechen. Verglichen wir dies mit einem Mobilfunk-Netzwerk, entspräche diese Situation dem Zusammenbruch von Kommunikations-Kanälen, wenn alle Mobilfunk-Teilnehmer zu einem Zeitpunkt auf ein einzelnes Angebot eines Dienstes zugreifen.

Ein reaktives Gehirn wäre damit überfordert, die notwendige komplette Erfassung aller sensorischen Inputs zu realisieren. Im Laufe der Evolution hat sich stattdessen ein »proaktives« Gehirn ausgeprägt, das über Mechanismen verfügt, die effizientes Vorhersagen möglich machen und in deutlich wirtschaftlicherer Weise mit Impulsen von außen umgehen, als es für ein »reaktives« Gehirn möglich wäre.

An diesen Gedanken müssen wir uns gewöhnen:

Wenn wir denken, dass unsere Wahrnehmungen durch Ereignisse in der Welt angetrieben werden, ist die Wirklichkeit in unserem Bewusstsein in unserer vorhersagenden Konstruktion verankert, für deren Überprüfung und Optimierung wir lediglich ganz gezielt auf sensorischen Input von außen zugreifen.

Unsere Gehirne konstruieren unsere Sicht der Welt »wissenschaftlich«.

Rekapitulieren wir: Auf vielen Ebenen ist unser Gehirn damit beschäftigt, unsere Welt zu simulieren. Dabei nehmen Neuronen an Vorhersageschleifen mit anderen Neuronen teil, wobei ganze Gehirnregionen an den Vorhersageschleifen gemeinsam mit wiederum anderen Regionen teilnehmen. Diese Vorhersageschleifen bilden einen durchgängigen parallelen Prozess, der während unseres gesamten Lebens kontinuierlich und ununterbrochen andauert. Jeden Augenblick wird dadurch unsere Welt–Konstruktion mit Geräuschen, Gerüchen, mit Geschmack sowie Berührung realisiert und damit der Bezugsrahmen erzeugt, in dem wir unsere Handlungen platzieren.

Diese Simulationen werden laufend mit dem sensorischen Input aus der Welt außerhalb unseres Bewusstseins verglichen. Wenn Simulation und Input übereinstimmen, sind unsere Vorhersagen korrekt und unsere Simulation wird zu unserer Erfahrung. Stimmen sie nicht überein und hat unser Gehirn Vorhersagefehler gemacht, setzt es unmittelbar dazu an, aufgrund der Vorhersage–Abweichung revidierte Vorhersagen zu erzeugen

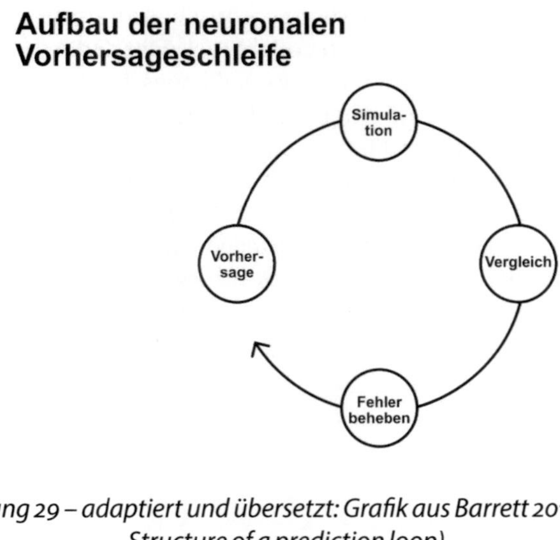

(Abbildung 29 – adaptiert und übersetzt: Grafik aus Barrett 2018, Figure 4–2 Structure of a prediction loop)

Präzisieren wir, wie dieses Prozessieren auf der Basis von Vorhersagen und Korrekturen funktioniert.

Die vielzitierte kanadische Psychologin und Neurowissenschaftlerin Lisa Feldman Barrett greift zur Metapher des forschenden Wissenschaftlers, um uns dieses Prozessieren zu erklären: *(Barrett, 2018, S. 56–83)* Wie ein Wissenschaftler stellt unser Gehirn ständig eine Reihe von Hypothesen auf. Wie dieser Wissenschaftler nutzt unser Hirn Wissen bzw. frühere Erfahrungen, um abzuschätzen, wie sicher es sein kann, dass diese Hypothesen wahr sind. Unser Gehirn testet anschließend seine Vorhersagen, indem es diese mit dem eingehenden sensorischen Input aus der Welt vergleicht – ähnlich wie ein Wissenschaftler Hypothesen mit aus einem Experiment stammenden Daten konfrontiert. Hat unser Gehirn eine gute Vorhersage zustande gebracht, dann bestätigt der Input aus der Welt unsere Vorhersagen. Fortwährend kommt es jedoch zu Vorhersagefehlern – schauen wir uns an, wie unser Gehirn entsprechend einem mehr oder weniger gewissenhaften Wissenschaftler gleichend höchst unterschiedlich auf diese Fehler reagieren kann:

- wie ein verantwortungsbewusster Wissenschaftler kann unser Gehirn seine Vorhersagen ändern, um auf aktuellen sensorischen Inhalt zu reagieren
- oder sich wie ein besonders neugieriger Wissenschaftler verhalten und sich insbesondere auf sich ändernden Input konzentrieren
- aber wie ein voreingenommener Wissenschaftler kann unser Gehirn von dem »realistischen« Ideal abweichen und lediglich selektiv ausschließlich die Daten aus dem sensorischen Input auswählen, die zu seinen Vorhersagen passen und die Weltsicht dadurch verzerren
- oder sich sogar wie ein skrupelloser Wissenschaftler verhalten und Überprüfungs–Daten ignorierend behaupten, seine Vorhersagen wären bereits die Realität
- oder sich wie der sprichwörtliche Lehnstuhl–Gelehrte oder »Geisteswissenschaftler« verhalten und lediglich Ideen–Experimente durchführen, um sich eine Welt vorzustellen, die er jenseits des sensorischen Datenstroms projiziert. Dieses Gehirn produziert eine »reine« Simulation ohne sensorischen Input oder »störende« Vorhersagefehler

Unser Hirn begrenzt die Simulation der Welt gemäß der uns zur Verfügung stehenden Energie.

Der Vergleich mit dem mehr oder weniger gewissenhaft arbeitenden Wissenschaftler ist selbstverständlich lediglich eine Metapher. Ob ein Gehirn eine mehr oder weniger realistische Weltsicht vermittelt, kann nicht einfach auf die moralische Integrität eines Hirnträgers zurückgeführt werden.

Etwas anderes spielt eine wichtige Rolle:

Die kontinuierliche Simulations-Tätigkeit des Gehirns erstreckt sich nicht nur auf die Erfahrung der äußeren Welt. Neben unseren exterozeptischen Rezeptoren für außenweltliche Reize des Sehens, Riechens, Hörens, Berührens und Schmeckens verfügen wir über interozeptische Rezeptoren. Laufend erstellt unser Gehirn Vorhersagen zu innerkörperlichen Bewegungen und Abläufen. Auf dieser Basis steuert unser Gehirn, um sicherzustellen, dass unser Herz schlägt, Blut pumpt, unsere Lungen atmen und unserem Stoffwechsel ausreichend Glukose zur Verfügung steht, egal ob wir gerade körperlich etwa durch Sport angestrengt sind oder wir zum Fällen einer schwierigen Entscheidung anstrengende Gedankengänge durchspielen müssen. Diese Interozeption verläuft ebenso kontinuierlich, wie die Mechanismen unseres Hörens und Sehens ständig in Betrieb sind – selbst wenn wir uns dessen nicht bewusst sind und gerade nicht aktiv zuhören oder konzentriert schauen.

Die Neurowissenschaften haben festgestellt, dass in unserem Gehirn sogenannte »interozeptive Netzwerke« wirken, die Vorhersagen über den Zustand unseres Körpers erstellen und fortlaufend mit dem sensorischen Input aus dem Inneren unseres Körpers abgleichen und ggf. korrigieren.

Die Funktion dieser Netzwerke ist es aus neurowissenschaftlicher Sicht, für einen wirtschaftlichen Umgang mit den zur Verfügung stehenden Ressourcen zu sorgen – beispielsweise für den Betrieb unseres »Energie-hungrigen« Hirn-Gewebes. Prozesse wie das Zurückgreifen auf sensorischen Input des Sehens, Hörens, Fühlens, Riechens, Schmeckens usw. sowie das daran anknüpfende Revidieren von Vorhersagen, das Erstellen neuer Simulationen, Vergleichen von Simulationen mit Sinnesdaten erfordern viel Energie. Ohne Steuerungs-Leistung unseres Hirns könnten unsere internen Energie-Reserven erschöpfen. Vor diesem Hintergrund macht unser Gehirn kontinuierliche interozeptische Vorhersagen zur Kontrolle unseres internen Kraft-Budgets. Ziel ist es, zu gewährleisten, dass ausreichend Denkenergie zur Verfügung steht und schließlich das Überleben des Gesamtorganismus gewährleistet ist.

8. In Details: Die neuronalen Mechanismen hinter Detektion und gelungener Simulation

Von der Phrenologie und Fähigkeiten-Psychologie zur modernen Hirnforschung

Offenbar sind wir inzwischen dem physiologischen Ursprung rationalen Denkens auf die Spur gekommen.

Allerdings mussten wir im letzten Kapitel auf eine ganze Reihe an Metaphern zurückgreifen, um uns den aktuellen neurowissenschaftlichen Erklärungen anzunähern. In diesem Kapitel gehen wir weiter in Details hinein und vergegenwärtigen uns wesentliche wissenschaftliche Befunde.

Dazu lohnt es sich, noch einmal typische, weitverbreitete Mythen aus dem Weg zu räumen, die unser Verständnis behindern könnten.

In der Laienpsychologie spielt bis heute die Vorstellung eine große Rolle, unser »Geist« bzw. unsere »Seele« beständen aus einer Ansammlung »mentaler Organe« zur Ermöglichung von Vernunft, Angst, Empathie, Eifersucht und anderen »psychischen Fähigkeiten«. Manche Anhänger der »Fähigkeiten-Psychologie« sprechen von über 40 verschiedenen dieser Befähigungen – »Vermögen« – englisch: faculties –, welche die Menschheit angeblich für ihr Überleben entwickelte.

Diese mittlerweile von der Neurowissenschaft verworfene Vorstellung lässt sich mit der im 19. Jahrhundert populären Disziplin der Phrenologie – vom altgriechischen φρήν (phren) »Geist« und λόγος (logos) »Wissen« – in Verbindung bringen. Diese Pseudowissenschaft wurde Ende des 18. Jahrhundert von dem deutschen Arzt Franz Joseph Gall entwickelt und war Anfang des 19. Jahrhunderts weitverbreitet. Sie basierte auf dem Konzept, das Gehirn differenziere sich puzzleartig in bestimmte Bereiche bzw. Module. Eine weitere unhaltbare zentrale phrenologische Vorstellung ist die Idee, anhand der Messung der Kontur unserer Schädel ließen sich Persönlichkeitsmerkmale vorhersagen.

Aufgrund phrenologischer Traditionen ging die jahrzehntelang einflussreiche sogenannte »faculty psychology« davon aus, das Gehirn wäre gemäß den unterschiedlichen menschlichen Fähigkeiten modular strukturiert. Darüber hinaus machte sie die Ansicht populär, die Erforschung des menschlichen Gehirns sollte in drei separaten, unterschiedlichen Neurowissenschaften betrieben werden – der kognitiven, affektiven und der sozialen neurowissenschaftlichen Forschung.

Aufgrund der modernen Hirnforschung, die zunehmend vom Fortschritt bildgebender Verfahren profitiert, wird diese Aufteilung mehr und mehr als fehlleitend entlarvt. *(Barrett, 2020, S. 29–42)*

Stattdessen setzt sich immer mehr die Erkenntnis durch, dass unsere menschlichen Hirne intrinsisch in domänenübergreifende, verteilte Netzwerke – in Systemen und Subsystemen – organisiert sind, die der Ursprung von komplexen mentalen Ereignissen sind. Diese Ereignisse und Prozesse ermöglichen unsere Kognitionen, deren Funktionsweisen stets gleichzeitig parallel emotionale und soziale Aspekte tragen.

Auf dem Weg, eine moderne empirische Wissenschaft zu werden, legt die Neurowissenschaft Zug um Zug die Vorstellung ab, das Gehirn wäre ein modularer Baukasten von Hirnregionen, die jeweils an- und ausgeschaltet werden, wenn der Mensch diese zur Lösung einer Aufgabe benötigt.

Entdeckung des Default Modus Network (DMN)

In diesem Zusammenhang lieferte der amerikanische Radiologe und Neurologe Marcus E. Raichle einen vielbeachteten Meilenstein der Forschung.

In einem berühmt gewordenen Artikel in »Scientific American« vom März des Jahres 2010 stellte er Forschungsbefunde vor, die eindeutig zeigen, dass unsere Hirntätigkeit aufgrund von Prozessen in parallel aktiven Subsystemen funktioniert und nicht etwa auf wechselnd an- und abgeschalteten separaten Modulen basiert. Das Konzept von sich an- und ausschaltenden Hirn-Arealen wurde widerlegt. *(Raichle, 2010)*

Folgen wir einigen wichtigen Gedanken seines damaligen Artikels:

Die Idee, dass sich unser Gehirn und Hirnsektoren keineswegs abschalten, wenn es von außen betrachtet so erscheint, als wäre unser Denkorgan untätig, war nicht neu. Es gab seit den 20er Jahren des letzten Jahrhunderts Hinweise auf kontinuierliches Prozessieren neuronaler Mechanismen im Gehirn. Publiziert hatte zu diesem Thema im Jahr 1929 der deutsche Neurologe und Psychiater Hans Berger. Er ist der Erfinder der bekannten Elektroenzephalografie (EEG), einer Methode zur Messung der summierten elektrischen Aktivität des Gehirns auf der Grundlage der Aufzeichnung von Spannungsschwankungen an der Kopfoberfläche. In der Abhandlung über seine EEG-Messergebnisse verwies Berger auf die ununterbrochen auftretenden elektrischen Schwingungen, die seine Geräte bei Probanden aufzeichneten. Aus Bergers Sicht deutete seine Forschung darauf hin, dass sich das zentrale Nervensystem ständig – ob beim schlafend-inaktiven oder beim wachend-aktiven Menschen – in einem Zustand beträchtlicher Aktivität befindet.

Im Rückblick auf die neurowissenschaftliche Forschung des 20. und 21. Jahrhunderts stellt Raichle in seinem Artikel fest, dass Bergers Ideen von der Funktionsweise des Gehirns von Kollegen weitgehend ignoriert wurden. Daran hätte sich auch nichts geändert, nachdem nicht-invasive bildgebende Verfahren zum festen Bestandteil neurowissenschaftlicher Laboratorien wurden.

Raichle erwähnt zwei dieser Verfahren, die er selbst nutzte: In den späten 1970er Jahren kam zunächst die Positronen-Emissions-Tomographie (PET) auf, die den Glukosestoffwechsel, den Blutfluss und die Sauerstoffaufnahme misst, um das Ausmaß der neuronalen Aktivität zu bestimmen. In den 1990er Jahren folgte die funktionelle Magnetresonanztomographie (fMRT), welche zur Messung der Gehirntätigkeit die lokale Sauerstoffversorgung des Gehirns misst.

Diese Mess-Technologien erwiesen sich zwar als gut geeignet, das Ausmaß der Aktivität des Gehirns zu messen. Allerdings waren die Forschungs-Ansätze, die zunächst damit realisiert wurden, so angelegt, dass viele Studien versehentlich den Eindruck vertieften, die meisten Hirnareale blieben so lange »ruhig« und »ausgeschaltet«, bis sie zur Ausführung einer bestimmten Aufgabe »geweckt« werden.

Die Arbeiten von Raichle und seinem Team erbrachten eine komplette Kehrtwende: Sie analysierten den Energieverbrauch des Gehirns, der auftritt, wenn Personen fokussiert eine Tätigkeit ausführen, die mit »Denklast« verbunden ist. Sie stellten fest, dass die Durchführung einer solchen Aufgabe den Energieverbrauch des Gehirns um weniger als 5 Prozent ansteigen lässt. Der größte Teil seiner Gesamtaktivität – 60 bis 80 Prozent seines Energieverbrauchs – hängt mit Prozessen in Hirn-Subsystemen zusammen, die mit keiner von außen beobachtbaren Anstrengung der Probanden in Verbindung stehen.

Raichle und seine Mitarbeiter schienen auf eine »mysteriöse Energie« unseres Nervensystems gestoßen zu sein. In Anlehnung an die Theorien in der Astronomie nannten die Hirnforscher um Raichle diese die »dunkle Energie« des Gehirns – eine Anspielung auf die unsichtbare Energie, die laut Astrophysik die Masse des größten Teils des Universums darstellt.

Ein Schlüssel zum Verständnis des hohen laufenden Energiebedarfs ist die Entdeckung des sogenannten Standardmodus – default modus – des Gehirns, für dessen Gewährleistung ein bis dahin weitgehend übersehenes Gehirn-Subsystem verantwortlich gemacht wird und als Standardmodus-Netzwerk – Default Modus Network (DMN) – bezeichnet wird. *(Raichle & Snyder, 2007)*

Über die genaue Rolle dieses DMN bei der Organisation der neuronalen Aktivität konnte Marcus E. Raichle bei Veröffentlichung seines Artikels 2010 lediglich erste Hypothesen formulieren. Doch er ahnte bereits, dass das Standardmodus-Netzwerk eine wesentliche Rolle bei Kognitionen spielt, die mit gedanklichen Simulationen innerhalb unserer Gehirne zu tun haben. So nahm er an, das DMN könnte die Art und Weise orchestrieren, wie das Gehirn Erinnerungen und verschiedene Systeme organisiert, die auf zukünftige Ereignisse vorbereitet werden müssen. Das DMN könnte eine entscheidende Rolle dabei spielen, alle Teile des Gehirns zu synchronisieren, so dass diese, wie Rennfahrer in einem Bahnwettbewerb, alle im richtigen »Bereitschafts«–Modus sind, wenn der Startschuss fällt und eine Handlung zu koordinieren und auszuführen ist.

Das DMN ist neben weiteren Hirn–Subsystemen eines der ausschlaggebenden Netzwerke für die neurowissenschaftliche Erklärung rationalen Denkens. – Dazu in Kürze mehr.

Neuronen

Widmen wir uns zunächst den Hauptbestandteilen jedes Gehirns – schauen wir auf die Nervenzellen bzw. die Neuronen. Welche Rolle spielen diese Zellen dabei, den menschlichen Mind und insbesondere dessen Kompetenz zu ermöglichen, rational zu denken? Und was haben Neuronen mit dem Energiehaushalt innerhalb unserer Hirne zu tun, der Marcus E. Raichle im Jahr 2010 noch mysteriös und dunkel erschien?

Zur Beantwortung dieser Fragen knüpfen wir an die systemischen Eigenschaften unseres Gehirns an und klären zunächst wichtige Begrifflichkeiten:

Unser Gehirn ist ein »Supersystem« – also ein übergeordnetes System – das aus einer Vielzahl von Subsystemen – Unter–Systemen – aufgebaut ist.

In den erfolgreichen empirischen Wissenschaften wird seit langem mit dem System–Begriff gearbeitet. Systeme bezeichnen komplexe Objekte, bei denen jeder Teil bzw. jede Komponente mit jeweils mindestens einer anderen Komponente verbunden ist. Das trifft entsprechend auf unser Gehirn zu, einem System, dessen Besonderheit es ist, dass deren Komponenten als netzwerkartige Subsysteme organisiert sind. *(Bunge, 1979; Droste, 2020a, S. 226–238)*

Die Grundeigenschaften von Systemen lassen sich mit Hilfe des folgenden vierteiligen Ausdrucks – also einem Quadrupel – definieren:

$\mu(s) = \langle Z(s), S(s), M(s), U(s) \rangle$

Denn selbst die einfachste Analyse eines Systems umfasst die parallele Betrachtung seiner Zusammensetzung (Z), seiner Struktur (S), seiner Mechanismen (M) und seiner Umgebungen (U).

Erläuterung in aller Kürze:

- Die Zusammensetzung (Z) eines Systems bezeichnet die Gesamtheit seiner Teile bzw. Komponenten.
- Die Struktur (S) eines Systems bzw. eines Netzwerks ist die Gesamtheit der Beziehungen – insbesondere Bindungen oder Verknüpfungen – zwischen seinen Komponenten sowie zwischen diesen und den Elementen seiner Umgebungen.

- Die Mechanismen (M) eines Systems bzw. eines Netzwerks bestehen aus den internen Prozessen, die diese funktionieren bzw. operieren lassen – die diese in mancher Hinsicht verändern und in anderer Hinsicht stabilisieren, indem sie Struktur und Bestand ihrer Komponenten sicherstellen.
- Die Umgebungen (U) eines Systems stellen die Gesamtheit der Dinge dar, die auf ihre Bestandteile einwirken und die auf der anderen Seite von den System–Komponenten beeinflusst werden.

Neurowissenschaftler sind sich über die Anzahl der Neuronen unseres Gehirns nicht vollständig einig – auf der Basis unterschiedlicher Rechenansätze gibt es Gründe dafür anzunehmen, dass unsere Hirne über eine Anzahl von 86 bis 128 Milliarden Nervenzellen verfügen.

Individuelle Gehirne unterscheiden sich in Details und differieren auch in der Anzahl ihrer Neuronen. Allerdings unterscheiden sich die Neuronen einzelner Hirne nicht darin, sich in einer integrierten, massiven und dennoch flexiblen Struktur zu organisieren.

Wie verbinden sich Milliarden einzelner Neuronen zu einem einzigen Gehirnnetzwerk?

Gut erforscht ist in diesem Zusammenhang das grundlegende Prinzip, auf dessen Basis Neuronen miteinander kommunizieren und mehr oder weniger stabile Verknüpfungen bilden. Außerhalb der Neurowissenschaft wird in diesem Zusammenhang von »Verdrahtung« gesprochen – ein anschaulicher Ausdruck, der offenbar nicht wörtlich zu nehmen ist: Neuronen sind keine miteinander fest verschweißte Zellen. Stattdessen bilden sie mehr oder weniger stabile Verbindungen untereinander, die mehr oder weniger stark zur Neuverknüpfung neigen. *(Droste, 2020b, S. 291–345)*

Schauen wir uns diese Neuron–Kommunikation zur Klärung anhand nebenstehender **Abbildung 30** ein wenig genauer an. Zu bedenken ist, dass es sich hier um eine verallgemeinernde Darstellung handelt. In unserem Gehirn arbeiten unterschiedlichste Arten von Neuronen, die – wie wir noch sehen werden – im Rahmen von Hirnprozessen entsprechend unterschiedliche Funktionen übernehmen.

Ganz allgemein gesprochen kann jedes Neuron bildhaft als kleiner Baum vorgestellt werden, der mit buschigen Ästen an der Spitze sowie einem langen Stamm und Wurzeln am unteren Ende ausgestattet ist. Die buschigen Äste, die als Dendriten bezeichnet werden, empfangen Signale von anderen Neuronen, und der Stamm, der Axon genannt wird, sendet über seine Wurzeln Signale an andere Neuronen.

Neuron-Kommunikation

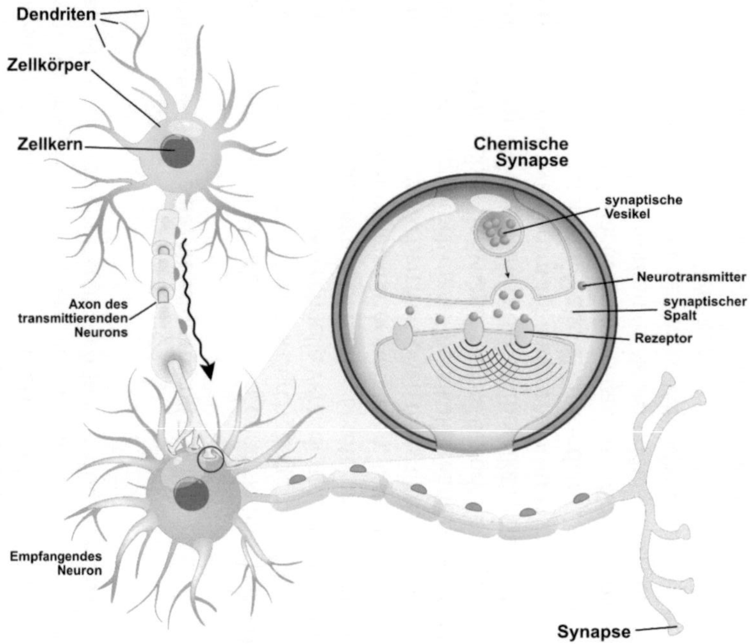

(Abbildung 30 – Adaptierte Illustration: Adobe Stock–Lizenz Datei 279550034)

Unsere Milliarden Neuronen »befeuern« sich Tag und Nacht ununterbrochen gegenseitig mit Nachrichten. Feuert ein Neuron, rast ein elektrisches Signal seinen Stamm – sein Axon – hinunter zu seinen Wurzeln. Dieses Signal veranlasst die Wurzeln, Chemikalien in die Lücken zwischen den Neuronen, die sogenannten Synapsen, abzugeben. Die Chemikalien wandern über die Synapsen und heften sich an die buschige Spitze eines anderen Neurons, was dazu führt, dass dieses Neuron ebenfalls feuert und auf diesem Weg Informationen wiederum an andere Neuronen weitergibt.

Unsere Hirne verfügen über zahlreiche Strategien, sich mit Hilfe dieser kommunikationsfreudigen Zellen laufend verändernden Erfordernissen anzupassen. Mit ihrer Hilfe verändern sich unsere Gehirnnetzwerke im Laufe unseres Lebens bis hin zu unserem letzten Atemzug unablässig.

Schnelligkeits-Strategie: Neurotransmitter

Die erste Strategie klang gerade schon an, denn sie basiert auf den Chemikalien, die unser Neuronen-Netzwerk durchgängig durchfluten. Diese Chemikalien ermöglichen extrem schnelle Veränderungen und Anpassungen. Die entsprechenden Stoffe wie Glutamat, Serotonin und Dopamin können beispielsweise als Neurotransmitter fungieren, indem sie elektrischen Ladungen ermöglichen, zwischen Neuronen transmittiert – also übertragen – zu werden. Unterstützt durch diese Chemikalien kann die entsprechende Signal-Übertragung über die Synapsen schneller oder langsamer erfolgen.

Darüber hinaus können einige dieser Chemikalien, beispielsweise Serotonin und Dopamin, wiederum auf andere Neurotransmitter einwirken, um deren Wirkung zu modulieren – also abzuwandeln. Sie können deren Wirkung beispielsweise schwächen oder verstärken. Wenn Gehirn-Chemikalien auf diese Weise wirken, werden sie Neuromodulatoren genannt.

Die Besonderheit der Hirnnetzwerk-Veränderungen auf der Basis von Neuro-Chemikalien ist, dass diese augenblicklich und kontinuierlich erfolgen, ohne dass sich die physiologische Struktur des Gehirns verändert. Neuromodulatoren und Neurotransmitter zusammen ermöglichen es einer einzigen unveränderten Struktur unseres Gehirns auf diese Weise, Billionen verschiedenster Aktivitätsmuster anzunehmen.

Plastizität: neuronale »Verdrahtung«

Andere Veränderungen im Neuronen–Netzwerk unseres Gehirns laufen vergleichsweise langsam ab. So etwa die Veränderungen, die mit dem Begriff Plastizität in Verbindung gebracht werden. Die neuronale Struktur unseres Denkorgans ist in ständigem Umbau begriffen. Dabei sterben Neuronen, während an anderen Stellen neue Neuronen entstehen. Die Struktur unseres neuronalen Gehirn–Netzwerks ändert sich, indem in manchen Bereichen die Verbindungen zwischen Neuronen zunehmen, während sie in anderen abnehmen. Diese Verbindungen können gestärkt und stabilisiert werden, wenn Neuronen zusammen feuern, und können schwächer werden, wenn sie es nicht mehr zusammen tun.

Diese Plastizität begegnet uns jedes Mal, wenn wir etwas lernen – ein neues Kochrezept oder eine interessante Tatsache aus den Nachrichten. Dieser Lernstoff wird sozusagen als Erfahrung in die Verknüpfung unserer Neuronen kodiert, so dass wir das Gelernte später als Erinnerung mobilisieren können. Mit der Zeit können sich diese Kodierungen in unserer neuronalen »Verdrahtung« verändern, können verblassen oder mit neuen »Eindrücken« verknüpft werden.

Multitasking: neuronale De–Generation

Im vorhergehenden Kapitel haben wir bereits eine weitere Strategie kennengelernt, auf deren Basis Neuronen Veränderungen und Anpassungen unseres Gehirns bewältigen können: Neuronen können funktionell variierend aktiv werden und sind meist nicht komplett auf spezifische Aktivitäten beschränkt. Denn sie können sich »de–generativ« verhalten:

In unseren Hirnen existieren Neuronen, die derart flexibel verbunden sind, dass ihre Hauptaufgabe darin besteht, eine Vielzahl von Aufgaben zu erledigen. Die Psychologin und Neurowissenschaftlerin Lisa Feldman Barrett erwähnt als wichtiges Beispiel den in unserem Frontallappen befindlichen, sogenannten »dorsomedialen präfrontalen Cortex«. Diese Hirnregion ist dorsal – wie wir zu Beginn des vorherigen Kapitels gelernt haben: oberhalb der Hirnrinde – sowie medial – also mit Bezug auf den Schnitt durch das Hirn mittig – positioniert. *(Barrett, 2018, S. 313–322)* Die hier befindlichen Neuronen sind parallel an der Planung von Aktivitäten unseres Körpers beteiligt – gleichzeitig aber auch regelmäßig an Aktivitäten unseres Gedächtnisses, an unseren Emotionen, unserer Wahrnehmung, an unserer Entscheidungsfindung, an unseren Schmerzempfindungen genauso, wie an unseren moralischen Urteilen, unserer Vorstellungskraft, unserer sprachlichen Kompetenz, an empathischen Reaktionen und weiteren kognitiven Prozessen.

Feldman Barrett betont, dass zwar nicht alle Nervenzellen unseres Gehirns in derart vielfältige kognitive Prozesse eingebunden sind, wie die Neuronen des dorsomedialen präfrontalen Cortex. Aber grundsätzlich belegen Forschungsbefunde, dass Hirn-Nervenzellen nicht auf die Erfüllung einer einzigen psychischen Funktion festgelegt sind. Das deutet auf eine Tendenz abgeschwächter funktionaler Spezialisierung der Neuronen hin – Nervenzellen können zu einigen Funktionen eher beitragen als zu anderen.

Neuronen sind also keine »Universal-Genies«; sie sind dennoch aufgrund ihrer »de-generativen« Grundeigenschaft grundsätzlich nicht auf die Übernahme einer einzigen Rolle im Rahmen von Hirnprozessen festgelegt.

Komplexität: neuronale Netzwerk-Organisation

Nachdem wir begonnen haben, unser Gehirn als System zu betrachten, haben wir uns in den letzten Absätzen mit dessen Hauptbestandteilen, den Nervenzellen beschäftigt. Wir haben dabei wichtige Eigenschaften betrachtet, auf deren Basis sich unsere Hirnnetzwerke dynamisch organisieren können.

Wie gesehen: Unsere Neuronen verleihen unseren Gehirnen das Potential schneller Veränderungen durch Neurotransmitter und Neuromodulatoren, durch Plastizität langsamer, aber stabiler Veränderungen sowie durch de-generative Eigenschaften die Anpassung von funktionalen Prozessen.

Ab jetzt betrachten wir die Möglichkeiten, die unser Gehirn mit Blick auf unsere Kognitionen dadurch erhält, dass sich Neuronen flexibel organisieren und hoch anpassungsfähige Strukturen bilden können:

So ermöglicht unsere neuronale Netzwerk-Organisation Komplexität, eine Basiseigenschaft zur Schaffung unseres menschlichen Minds. Sie verleiht unserem Gehirn die Fähigkeit, sich selbst in einer enormen Anzahl von unterschiedlichen neuronalen Mustern zu konfigurieren.

Diese Komplexität – die Fähigkeit, eine riesige Anzahl verschiedener Muster zu erzeugen – basiert auf Hirn-Mechanismen, die Eindrücke reaktivieren und kombinieren, welche im Rahmen früherer Kognitionen schon einmal bearbeitet worden waren.

Unser Gehirn ist nicht nur in der Lage, unseren Körper in einer Welt voller ständig verändernder Situationen effizient zu steuern, indem es Muster abruft, die in der Vergangenheit »hilfreich« waren. Sondern es kann auch neue Muster bereitstellen, indem es diese per Simulation erzeugt und ausprobiert. Dieser Simulations–Fähigkeit werden wir in der Folge weiter auf den Grund gehen.

Effektivität und Ökonomie: neuronale Hubs

Wie gesehen ist unser Gehirn–Netzwerk ständig in Betrieb und aktiv. Basis ist eine vernetzte Hirnstruktur, in der alle Neuronen miteinander in Verbindung stehen.

Diese Verbindung wird auf höchst effektive und ökonomische Weise realisiert. Nicht jedes Neuron muss dazu mit jedem anderen Neuron direkt verknüpft sein. Stattdessen sind unsere einzelnen Neuronen auf einer ersten Organisationsstufe in Clustern – in »Bündeln« – gruppiert.

Die meisten neuronalen Verbindungen innerhalb eines Clusters sowie die Verbindungen von einem zu einem anderen Cluster sind in unserem Gehirn lokal angelegt.

Zur Erreichung der nächsten Organisationsstufe treten Cluster auf, welche die Funktion von Knotenpunkten – von sogenannten Hubs – für die Kommunikation zwischen Nervenzellen übernehmen. Dazu sind sie zum einen dicht mit vielen anderen benachbarten Clustern verbunden und zum anderen bilden einige ihrer Axone Verbindungen weit durch das Gehirn hindurch, um sozusagen als Langstreckenverbindungen zu wiederum anderen Hubs zu dienen. Vergleiche dazu die **Abbildung 31** auf der Folgeseite.

Mit Hilfe dieser Cluster–Bildung und der Nutzung von weitverzweigten Hubs arbeitet unser Gehirn ökonomisch und bildet dennoch ein kompliziertes, hocheffizientes System. Den meisten Neuronen ist es dadurch möglich, sich an den Gesamtprozessen des Hirns sozusagen global zu beteiligen, auch wenn sie lokal positioniert sind. Hubs bilden auf diese Weise das Rückgrat der Kommunikation im gesamten Gehirn sowie das Organisationsprinzip, auf dessen Basis die verschiedenen Hirn–Subsysteme arbeiten, mit denen wir uns als Nächstes beschäftigen.

Netzwerke

Auf welche neuronalen Netzwerke greift unser Gehirn zurück, um zu einem möglichst rationalen Denkergebnis zu gelangen?

Zur Erinnerung: Erfolgreiches rationales Denken setzt voraus, dass komplexe, ineinandergreifende kognitive Prozesse stattfinden, vor allem

- zunächst die Detektion von Unstimmigkeiten und Abweichungen, die drohen, falls wir in einer Situation eine bestimmte, suboptimale spontane Entscheidung fällen
- als Nächstes die Vorbereitung reflektierender Denkprozesse auf der Basis des Initiierens von Überschreibungen – Overrides –, von Entkopplungen und Kontrollwechseln
- dann die Realisierung dieser Overrides, Entkopplungen und Kontrollwechsel
- das »Durchspielen« von Simulationen alternativer Handlungs-Resultate und entsprechender Hypothesen zur Erfolgswahrscheinlichkeit von Handlungs-Alternativen

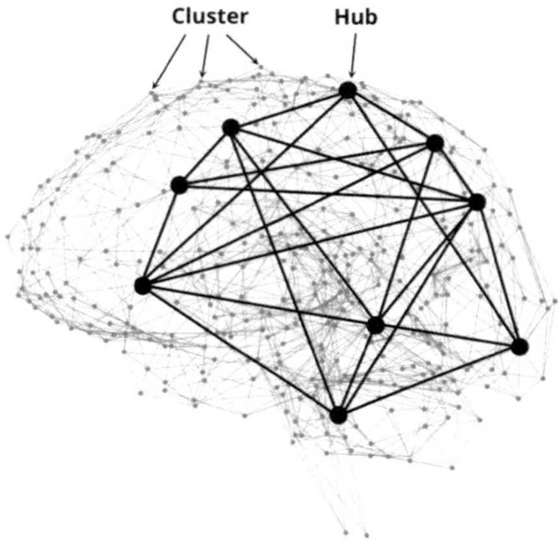

(Abbildung 31 – Adaptierte Illustration: »Clusters of neurons connected by hubs« in: Barrett, 2020, Lesson N. 2 / Adobe Stock-Lizenz Datei 279550034)

In diesem Abschnitt geht es um die Suche nach den neuronalen Netzwerken, die für die Erfüllung dieses Katalogs komplexer Funktionen verantwortlich sind.

Fündig werden wir bei Resultaten der aktuellen Gedächtnisforschung in Psychologie und Neurowissenschaft. Hier sind Wissenschaftler auf eine Gruppe miteinander verbundener Netzwerke und deren Hubs gestoßen, die gemeinsam kognitive Prozesse starten, die unter anderem die kognitive Selbstkontrolle unseres Gehirns bewirken.

In einem im Fachmagazin »*Neuron*« im Jahr 2012 veröffentlichten Beitrag hat der renommierte Harvard-Professor und Gedächtnis-Experte Daniel Lawrence Schacter zusammen mit Kollegen wichtige Forschungsergebnisse zusammengefasst, an die wir hier anknüpfen können:

Der Aufsatz trägt den Titel *»The Future of Memory: Remembering, Imagining, and the Brain«* – »Die Zukunft des Gedächtnisses: Erinnern, Einbildung und das Hirn«. *(Schacter et al., 2012)* – Unvorbereitete Leser könnten irritiert sein: Was haben das Erinnern und das Gedächtnis mit der Zukunft zu tun? Wie der Neuron–Artikel zeigt: sehr viel!

Zunächst machen Schacter und seine Kollegen eine begriffliche Festlegung, indem sie empfehlen, zukünftig die Begriffe und Ausdrücke »Imagination«, »sich die Zukunft vorstellen«, »Simulation« und »die Zukunft simulieren« als mehr oder weniger synonym zu verwenden. Denn in den letzten Jahren hat es eine Fülle an Forschung gegeben, welche die Rolle des Gedächtnisses bei der Imagination und dem Zukunftsdenken untersucht hat. Dabei wurden die verblüffenden Ähnlichkeiten zwischen dem Erinnern der Vergangenheit und dem Vorstellen oder Simulieren der Zukunft aufgedeckt. Offenbar gibt es ein Gehirnnetzwerk, das sowohl unserer Gedächtnisleistung als auch unserer Vorstellungskraft zugrunde liegt.

Mit Blick auf die neuronale Konstitution der Netzwerke in unserem Gehirn wurde im Weiteren festgestellt, dass sich diese Regionen mit dem Default Mode Network (DMN) überlappen, über das Marcus E. Raichle in seinem Aufsatz aus dem Jahr 2010 berichtet hatte.

Auf diese Erkenntnis aufbauende Studien konnten detaillierter untersuchen, inwieweit das Vorstellen der Zukunft mit den Aktivitäten im Default Mode–Netzwerk verbunden ist und wieweit kognitive Prozesse Gemeinsamkeiten aufweisen, die mit der Erinnerung auf der einen Seite und mit der Simulation der Zukunft auf der anderen Seite verbunden sind.

Konkret wurde nachvollzogen, wie das Reflektieren über vergangene und zukünftige Ereignisse auf ähnliche »Informationen« zurückgreifen und sich auf ähnliche zugrunde liegende Prozesse stützen. Der Gedächtnisforscher Schacter stellt fest, dass unser episodisches, autobiografisches Gedächtnissystem die Konstruktion zukünftiger Ereignisse unterstützt, indem es gespeicherte Eindrücke extrahiert und zu einer Simulation eines neuartigen Ereignisses rekombiniert. Vereinfacht können wir sagen, in unserer Simulation bzw. in unserer *Er–»Findung«* der Zukunft, begegnet uns, was wir bereits in der Vergangenheit erlebt haben. Oder noch kürzer: Wir gehen nicht »vorwärts in die Zukunft«, sondern »zurück in die Zukunft«.

Schacter und seine Kollegen gehen in ihrem Beitrag genauer auf die Arbeit des Default Mode Network ein. Dabei stellen sie heraus, dass dieses für das Bereithalten von Simulationen verantwortliche Netzwerk nicht losgelöst von anderen Hirnarealen funktioniert. Es ist eng mit weiteren Netzwerken gekoppelt, denen in der Neurowissenschaft zugeschrieben wird, mit der kognitiven Selbst–Kontrolle von Personen zu tun zu haben. Im Einzelnen gehen die Autoren auf das sogenannte Central Executive Network

(CEN) ein – das zentrale exekutive Netzwerk – das im Rahmen von Entscheidungsfindung unser Arbeitsgedächtnis moduliert und Gedächtnisinhalte aufrechterhält.

Aus Forschungsbefunden leiten sie im Weiteren ab, dass die Stärke der Kopplung dieses Netzwerks mit dem Default Mode Network signifikanten Einfluss auf die kognitive Leistungsfähigkeit von Individuen hat. Die individuelle fluide Intelligenz von Personen korreliert positiv mit dem Grad der verteilten Kopplung von sich selbst aktivierenden Hirn–Netzwerken. Insbesondere ist das Erreichen einer stärkeren Konnektivität zwischen dem Central Executive Network und dem Default–Mode–Netzwerk für Individuen mit höherer Intelligenz typisch. Schacter und seine Kollegen leiten hieraus ab, dass die Stärke der funktionellen Integration dieser Netzwerke und des restlichen Gehirns entscheidend für die Unterstützung »höherer« kognitiver Funktionen ist. *(Vergleiche: Cole et al., 2015; Hearne et al., 2016; Santarnecchi et al., 2017)*

Offenbar spielen sich die kognitiven Prozesse rund um die Realisierung rationalen Denkens innerhalb des Beziehungsgeflechts ab, in dem das Zukunft–simulierende Default Mode Network eingebunden ist.

In diesem Zusammenhang wird in neurowissenschaftlicher Forschungsliteratur vom »Triple–Network–Modell« gesprochen.

Das Konzept dahinter kann folgendermaßen zusammengefasst werden: *(Krönke et al., 2020)*

Dem menschlichen Gehirn wird als einzigartige Fähigkeit zugeschrieben, akkurat und schnell neue Konzepte zu lernen und, obwohl es zwischen Zuständen wechselt, komplexe Regelsätze zu bewahren. Menschliche Hirnträger lösen auf dieser Basis im Laufe eines Tages zahllose zielgerichtete Aufgaben. In der kognitiven Psychologie und der Neurowissenschaft wird dieser Denk–Prozess zur willentlichen zielgerechten Steuerung von Verhalten als »kognitive Kontrolle« bezeichnet.

Diese kognitive Kontrolle wird nicht von einer einzelnen Hirnregion oder einem einzelnen Hirnnetzwerk ausgeführt, sondern von dreien, sich weitgehend nicht überlappenden Hirnnetzwerken, die jeweils aus einer relativ großen Anzahl anatomisch verteilter Regionen bestehen.

Im Einzelnen basiert das Triple–Network–Modell auf der Annahme, dass Selbstkontrolle auf den selbstgesteuerten netzwerkübergreifenden Interaktionen zwischen

- dem sogenannten Salienz–Netzwerk (SN)
- dem zentralen exekutiven Netzwerk (CEN)
- und dem Standardmodus–Netzwerk (DMN)

basiert.

Das Salienz-Netzwerk (vom Lateinischen salire: springen) spielt eine grundlegende Rolle bei der Identifizierung bzw. der Detektion biologisch und kognitiv bedeutsamer Ereignisse, die für die Steuerung der Aufmerksamkeit und Steuerung zielgerichteter Verhaltensweisen relevant sind. Es reagiert sozusagen auf Ereignisse, die unsere Hirntätigkeit durch ihre Bedeutsamkeit »anspringen«.

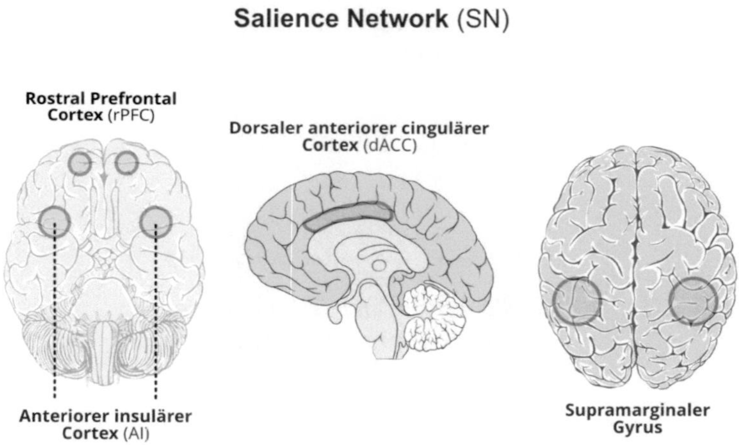

(Abbildung 32 – Adaptierte Illustrationen: Patrick J. Lynch, medical illustrator – https://commons.wikimedia.org/wiki/File:Brain_human-_cranial_nerves.svg / https://commons.wikimedia.org/wiki/File:Brain_human_sagittal_section.svg; Adobe Stock-Lizenz Datei 252781407)

Aktuelle psychologische und neurowissenschaftliche Forschung analysiert, wie das Salienz-Netzwerk im Einzelnen funktionell mit den beiden Netzwerken Central Executive Network (CEN) und Default Mode Network (DMN) zur Realisierung der kognitiven Kontroll-Funktion interagiert.

Diese Forschung hat bereits Belege dafür erbracht, dass mangelhafte Salienz-Verarbeitung zu einer verminderten Mobilisierung der kognitiven Kontrolle führt und die individuelle Neigung zu Selbstkontrollversagen forciert. Ausschlaggebend scheint zu sein, wie erfolgreich das Salienz-Netzwerk dabei ist, die Aktivitäten der beiden anderen Netzwerke zu koordinieren.

In diesem Zusammenhang wird dem Central Executive Network zugeschrieben, für die aktive Aufrechterhaltung und Manipulation von Informationen im Arbeitsgedächtnis sowie für regelbasiertes Problemlösen und für die Entscheidungsfindung im Zusammenhang mit zielgerichtetem Verhalten zuständig zu sein. Und im Falle komplexer Problemlösungen dient es dazu, ein leistungsfähiges Arbeitsgedächtnis und anhaltende Aufmerksamkeit sicherzustellen.

Central Executive Network (CEN)

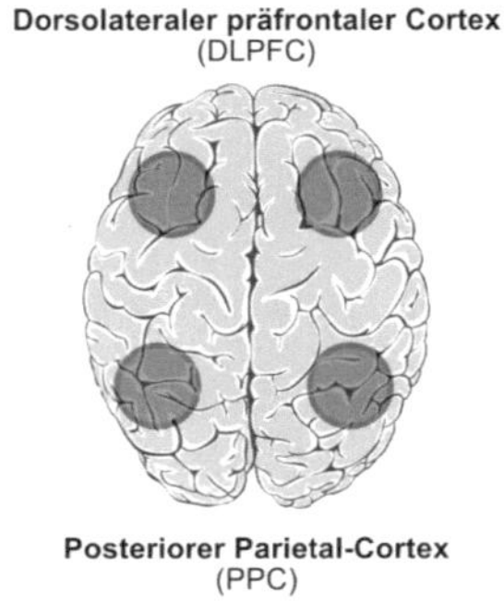

(Abbildung 33 – Adaptierte Illustration: Adobe Stock–Lizenz Datei 252781407)

Default Mode Network (DMN)

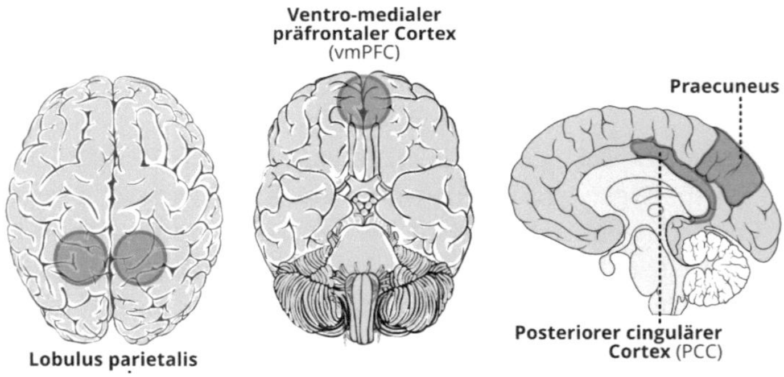

(Abbildung 34 – Adaptiert: Adobe Stock–Lizenz Datei 252781407; Patrick J. Lynch, medical illustrator – https://commons.wikimedia.org/wiki/File:Brain_human_cranial_nerves.svg / https://commons.wikimedia.org/wiki/File:Brain_human_sagittal_section.svg)

Aus dem Blickwinkel der Erforschung rationalen Denkens können wir, ohne zu sehr zu spekulieren, die Funktionen der Bestandteile des Triple–Network–Modells folgendermaßen definieren:
Wie wir anhand der Diskussion des Artikels des Gedächtnisforschers Daniel Lawrence Schacter und Kollegen gesehen haben, ist die Aktivität des Default Mode Networks um das episodische Gedächtnis von Personen und das Bereitstellen von Simulationen im Rahmen des Planens der Zukunft zentriert.

- Das Salience Network übernimmt Funktionen von Typ 2–Kognitionen im Sinne von reflektierendem Denken – es detektiert Auffälligkeiten und initiiert darauf abgestimmt Overrides sowie Entkopplungen zur Erwägung von Zukunfts–Simulationen und Kontrollwechseln.

- Das Central Executive Network übernimmt die Funktion von Typ 2–Kognitionen im Sinne algorithmischen Denkens, indem es das Arbeitsgedächtnis moduliert und aufrechterhält: Es führt Overrides durch und bewirkt Entkopplungen und Kontrollwechsel. Im Fall komplexer Problemstellungen sorgt es für langanhaltende Aufmerksamkeit in Bezug auf Gedächtnisinhalte.

- Das Default Mode Network übernimmt ebenfalls Funktionen von Typ 2–Kognitionen im Sinne reflektierenden Denkens: Es liefert die für Zukunftsplanungen notwendigen Simulationen und Hypothesen.

- Die funktionale Integration dieser drei Netzwerke setzt flüssige Intelligenz voraus. Forschungsbefunde lassen darauf schließen, dass erhöhte individuelle Konnektivität mit höheren Intelligenz–Bewertungen von Personen korreliert.

Damit können wir behaupten, den Suchauftrag für diesen Abschnitt erfüllt zu haben: Wir haben die neuronalen Netzwerke ermittelt, die für die Erfüllung des Katalogs komplexer Funktionen rationalen Denkens verantwortlich sind.

Wie die Darstellung der drei involvierten neuronalen Netzwerke zeigt, ist damit rationales Denken in unserem Gehirn anders positioniert, als in der Vergangenheit in Psychologie und Philosophie häufig angenommen. Unter anderem gab es die Theorie, rationales Denken wäre eine Fähigkeit, die auf der linken Seite des Gehirns sitzt. Die populäre Vorstellung von einer rationalen linken und einer intuitiv–emotionalen rechten Gehirnhälfte hat sich als Mythos erwiesen, obwohl diese von »Managementberatern« weiter propagiert wird. – Rationales Denken setzt vor allem gesteigerte weiträumige neuronale Aktivität und kein »Links-dominantes« Gehirn voraus, wie dies von Laien-Psychologen behauptet wird.

Im Zusammenhang mit der »faculty psychology« wurde die Theorie verbreitet, es gäbe ein Modul für rationales Denken, das im präfrontalen Cortex – also im vorderen Bereich des Frontallappens positioniert ist. Auch diese Favorisierung des Präfrontal-Cortex im Zusammenhang mit unserer rationalen Denkkompetenz ist offenbar fehl am Platz. Die neuronalen Hubs, die sich bei rationalen Denkvorgängen aktivieren, durchziehen das Gehirn stattdessen weiträumig.

Interessanterweise liegen Schwerpunkte der Aktivitäten etwa des Salience Networks und des Default Mode Networks im Bereich des sogenannten limbischen Cortex. Mit Blick auf Rationalität wird dem limbischen Gehirn bei Laien-Psychologen und wiederum bei selbsternannten »Management-Experten« in der Regel die Rolle eines »triebhaften« Gegenspielers zugeschrieben, dessen Wirkweise Personen angeblich »emotional« manipulierbar macht.

Wie wir im nächsten Schritt sehen werden, spielt das limbische Gehirn gemäß aktueller Hirnforschung demgegenüber eine wesentlich andere – und zwar eine zentrale und konstitutive Rolle beim Zustandekommen rationaler Entscheidungen.

Mechanismen

Im letzten Abschnitt haben wir anhand neurowissenschaftlicher Befunde nachvollzogen, wie intrinsische – selbststeuernde – neuronale Netzwerke die Funktionen bereitstellen, die für rationale Kognitionen typisch sind: vor allem die Detektion von Auffälligkeiten, Anbahnung und Durchführung von Überschreibungen, Entkopplungen sowie Bereitstellung von Simulationen und Hypothesen.

Empirisch-wissenschaftliche Erklärungen erfordern grundsätzlich mehr als bloße Hinweise auf Funktionen. Sie verlangen Theorien auf der Basis von Befunden zum Nachweis von realen Mechanismen, deren Prozessierung auf gültige Weise messbar ist.

Damit ergibt sich die Aufgabenstellung für den gegenwärtigen Abschnitt: Es sind die Mechanismen darzustellen, auf welche die beschriebenen neuronalen Netzwerke aufbauen, um die für kognitive Kontrolle und für die Realisation rationaler Kognitionen notwendigen Denkprozesse zu bewirken.

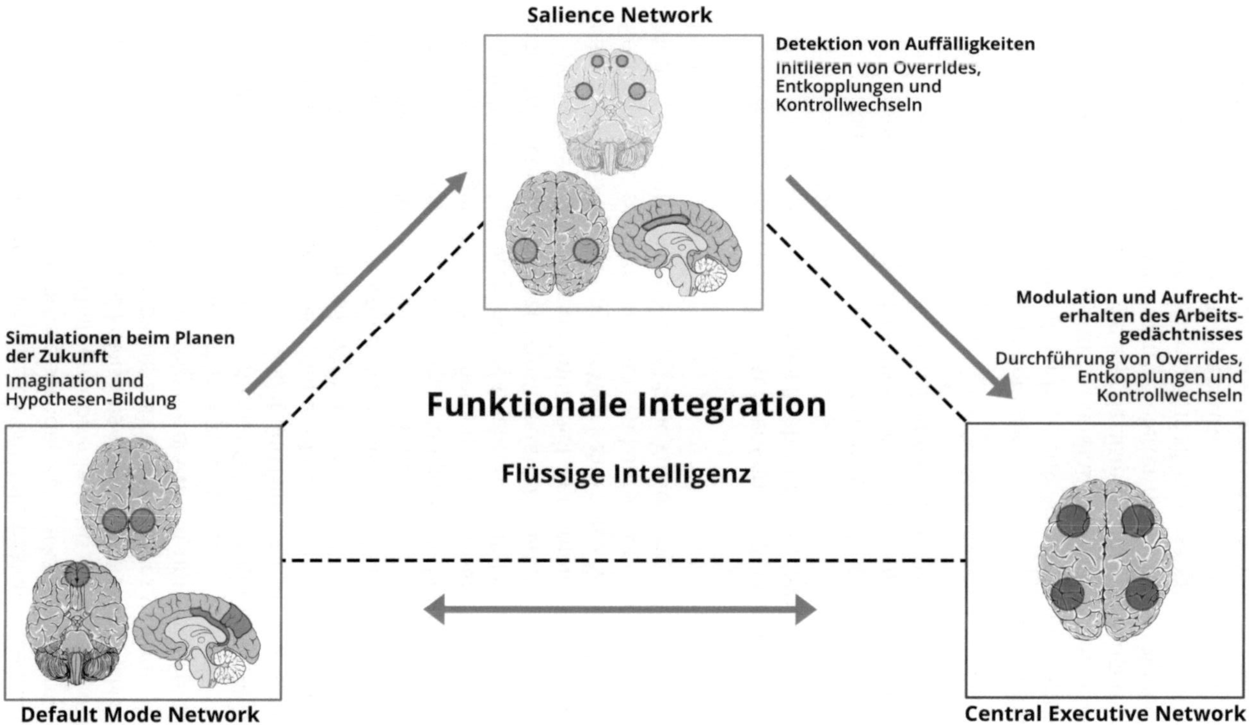

(Abbildung 35 – Adaptierte Bildquellen siehe oben s.o.)

Diesen Mechanismen kommen wir zügig auf die Spur, wenn wir bei der Prämisse des sogenannten »konstruktiven Realismus« ansetzen, dessen Grundkonzept wir bereits im vorhergehenden Kapitel kennengelernt haben.

Selbst unter Wissenschaftlern dominierte bis vor kurzem eine von einem naiven Sensualismus und Realismus geprägte Vorstellung. Naive Realisten gehen davon aus, dass Objekte außerhalb unseres individuellen Bewusstseins direkt auf unsere Sinnesorgane einwirken, um deren Foto– bzw. Film–ähnliche Wiedergabe in unserem Kopf zu starten.

Aufgrund neurowissenschaftlicher Forschungsergebnisse wissen wir es heute besser – die »inneren« Bilder und Filme, die in unserem Bewusstsein die Welt repräsentieren, haben eine vollständig andere Qualität.

Die Sachverhalte, die wir wahrnehmen, sind Konstruktionen unseres Gehirns, aufgrund deren großer suggestiver Wirkung wir annehmen, diese stimmten mit der objektiven Realität außerhalb von uns perfekt überein. Doch diese Konstruktionen haben lediglich die Qualität einer individuell und situativ »gefärbten« Annäherung. Denn unsere Gehirne präsentieren die Welt, indem sie vergangene Erfahrungen nutzen, um Gegenwart, Vergangenheit und Zukunft zu konstruieren. *(Barrett, 2017)*

Vor diesem Hintergrund mutmaßt der empirische Konstruktivismus, dass unsere Wahrnehmung der Welt keine 1 zu 1–Kopie oder Abbildung der Realität liefert, sondern ein mit Hilfe konzeptioneller Konstrukte erstelltes Modell. Diese erkenntnistheoretische Vorstellung hat zwei wesentliche Aspekte.

- Zum einen basiert diese auf der Annahme von »theoretisch–fiktionalen« Voraussetzungen der Erfahrungen – hierbei handelt es sich um den fiktionalen Aspekt.
- Zum anderen ist es dennoch insoweit realistisch und objektiv, als es eine deutliche realistische Prämisse setzt – unsere Erfahrungen werden grundsätzlich mit Daten außerhalb unseres Bewusstseins abgeglichen.

Auch wenn die Modellierung der Welt durch unsere Hirne aufgrund individueller Perspektive und auf der Basis von Konstruktionen erfolgt, ist diese mit einem »objektiven Realismus« vereinbar. *(Droste, 2020a, S. 201–203)*

Spontan plausibel wird dieser Realismus zunächst anhand der Tatsache, dass die von unseren Gehirnen gelieferten Modelle zu erfolgreichen Simulationen der Zukunft leiten können und situationsabgestimmtes Verhalten ermöglichen. Im Weiteren offenbart sich der Realismus anhand der Widerständigkeit konkreter Sinnesdaten in Fällen, in denen das von unserem Gehirn gelieferte Weltmodell fehlerhaft oder unvollständig ist. – Aufgrund der Eingebundenheit unserer Nervensysteme in sich dynamisch verändernde reale Umweltsysteme neigen wir dazu, auf der Basis der durch unsere Hirne zur Verfügung gestellten Simulationen zumindest hin und wieder zu scheitern.

Wie ist diese Verbindung von Konstruktivismus und Realismus auf der Ebene neuronaler Verbindungen in unserem Gehirn möglich?

Einer Antwort auf diese Frage kommen wir auf die Spur, indem wir uns vergegenwärtigen, dass die von unserem Gehirn bereitgestellten internen Modelle der Welt vorausschauend und nicht etwa reaktiv sind. *(Barrett, 2017, S. 6–7)*

Ihre Simulationen dienen als Vorhersagesignale – als »top–down«–Modelle –, die kontinuierlich Ereignisse unserer sensorischen Umgebung vorwegnehmen. In diesem Zusammenhang ist es in der Neurowissenschaft eine zunehmend verbreitete Hypothese, dass diese Simulationen bzw. Modelle als Filter für die in unseren Gehirnen auftretenden sensorischen Inputs fungieren. Als Resultat ergeben sich u.a. als psychische »Produkte« unsere Wahrnehmungen und Emotionen, die typischerweise aufgrund von Wahrscheinlichkeits–Schätzungen gesteuert und konstruiert sind.

Das Konzept hinter dieser Hypothese wird als »predictive coding« – »prädiktive Kodierung« (»Voraussage–Kodierung«) oder als »active inference« – »aktive Inferenz (»aktives Schlussfolgern«) – bezeichnet. *(Barrett, 2018, S. 59–72, 2020, S. 64–82;* Barrett und Simmons, 2015; *Clark, 2013)* Im Rahmen dieses Konzepts wird angenommen, dass unsere Gehirne ohne interne Modelle auf der Basis von Sinnesdaten keine objektiven Wahrnehmungen liefern können. Ohne Modelle wandelten unsere Hirne beispielsweise keine per Sinnesdaten repräsentierten Lichtblitze in Sichtbares um, die Wirkung von chemischen Molekülen auf unseren Nasenschleimhäuten nicht in Gerüche oder durch unsere Trommelfelle registrierte Luftdruckveränderungen in Geräusche um. Ohne diese Modelle könnten wir keinerlei sinnliche Erfahrungen machen.

Simulationen bzw. Modelle werden als wesentliche Voraussetzungen dafür gesehen, dass wir unsere Umgebungen wahrnehmen und unsere Handlungen laufend auf diese anpassen können.

Neurowissenschaftler betrachten dieses Konzept als im Einklang mit maßgeblichen Befunden der Forschung der letzten drei Jahrzehnte. Im Einzelnen meinen Neurophysiologen zwei gegenläufige Prozesse der Verarbeitung von Signalen beobachtet zu haben:

(1) zum einen Prozesse in Bezug auf Vorhersage–Signale in Form elektrisch–chemischer Impulse, die über Synapsen eines Gehirns kaskadenartig verbreitet werden

(2) zum anderen Prozesse in Bezug auf sensorische Signale, die das Gehirn vermittelt über Sinnesorgane aus der äußeren Umgebung und aus der inneren Körper–Peripherie erreichen

Darüber hinaus nehmen diese Forscher an, dass unsere Hirne die über Sinnesorgane vermittelten sensorischen Signale nutzen, um Vorhersagefehler zu berechnen und auf der Basis dieser Fehler–Alarme falsche oder unpräzise Vorhersagen zu aktualisieren.

Limbische Cortexe

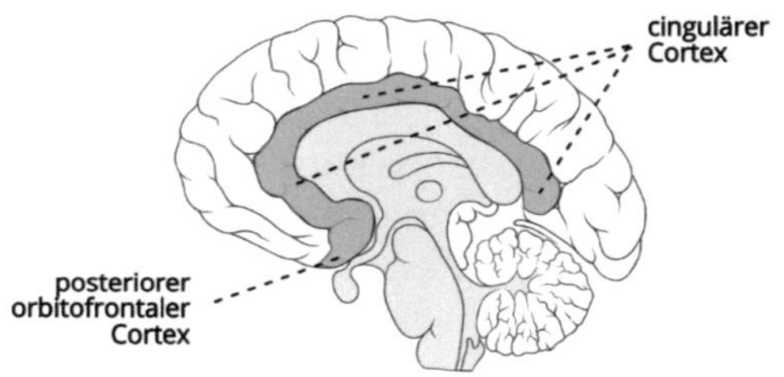

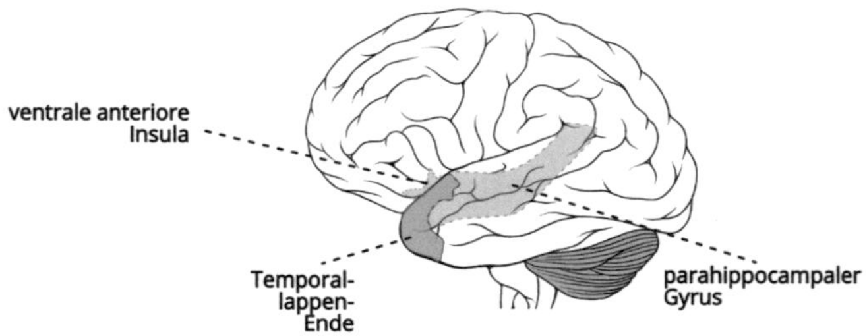

(Abbildung 36 – vergleiche Barrett & Simmons, 2015, S. 4–box 2 – adaptierte Illustrationen: Patrick J. Lynch, medical illustrator, s.o.)

Um die hiermit verbundenen neuronalen Mechanismen zu verstehen, ist ein wenig allgemeines neurophysiologisches Wissen notwendig. Unterstützt durch eine Reihe grafischer Darstellungen machen wir uns nun daran, uns dieses Wissen zu vergegenwärtigen:
Die gerade vorgestellte prädiktive Kodierung basiert gemäß den Hypothesen von Neurowissenschaftlern auf zwei Areal–Gruppen unserer Hirnrinde

bzw. unseres umfassenden Cortex. Diese Cortex–Gruppen unterscheiden sich durch ihre typische Schichtstruktur. Denn diese Hirnbereiche zeichnen sich dadurch aus, dass ihre Substanz jeweils in unterschiedliche Schichten differenziert ist. Hierbei wird von einer unterschiedlichen laminaren Struktur oder Laminierung (von lateinisch »lamina« – »Schicht«) gesprochen.

Im Rahmen des Konzepts der prädiktiven Kodierung wird vorausgesetzt, dass die gegenläufigen Prozesse, die Vorhersage–Signale und Vorhersagefehler–Signale liefern, auf laminaren Struktur–Unterschieden basieren. Angenommen wird, dass Vorhersagen von weniger laminierten Hirnregionen zu Regionen fließen, die stärker laminiert sind, während Vorhersagefehler sich in die entgegengesetzte Richtung bewegen.

Die erste Areal–Gruppe, die wir hier definieren, ist der sogenannte »limbische Arbeitsraum«, der aus limbischen Cortex–Arealen besteht, die sich durch eine vereinfachte laminare Struktur auszeichnen. In der Forschung werden im Detail folgende Hirnrinden–Bereiche als »limbische Cortexe« berücksichtigt:

- cingulärer Cortex
- posteriorer orbitofrontaler Cortex
- ventrale anteriore Insula
- parahippocampaler Gyrus
- und das Temporallappen–Ende

Gemäß des Konzepts der prädiktiven Kodierung gehen von diesen Arealen mit einfacher Laminierung Vorhersagen in Richtung einer Gruppe von Cortex–Abschnitten aus, deren Laminatstruktur wesentlich differenzierter aufgebaut ist – es handelt sich dabei um die sogenannten »primären sensorischen Cortexe«.

Für diejenigen unter den Lesern, die sich an ihre anatomische Einführungsvorlesung zum Thema »Nervensystem und Sinnesorgane« erinnern, soll – bevor wir uns die einzelnen Abschnitte des primären sensorischen Cortex ansehen – auf die Rolle des Thalamus hingewiesen werden. *(Trepel, 2009, S. 197–204)*

Dem Thalamus – einem Kerngebiet des Zwischenhirns – wurde früher gemäß Lehrmeinung die exklusive »Gatekeeper«–Rolle zugestanden. Er galt als die Sammelstelle für alle Sinneseindrücke wie die Eindrücke des Sehens, Hörens, Fühlens sowie der Temperatur– und Schmerzempfindung – mit der Ausnahme des Geruchssinns, der über andere Schaltungen seinen Weg in den Cortex findet. Der Thalamus wurde in diesem Zusammenhang als »Tor zum Bewusstsein« bezeichnet, in dem entschieden wird, welche Sinneseindrücke aus der Umwelt und dem Organismus ins Bewusstsein dringen. Als Merkspruch der Anatomen kursierte deshalb der Satz: *»Der Thalamus heißt Thalamus, weil alles durch den Thalamus muss!«*

Zwar hat der Thalamus auch im Rahmen des Konzepts der prädiktiven Kodierung eine wichtige Rolle. Er gilt allerdings nicht mehr als das zentrale Entscheidungszentrum in Bezug auf die Verteilung von Sinneseindrücken. Dem Thalamus wird stattdessen eine Schnittstellen–Rolle zugeschrieben. Aktuelle Forschungen belegen, dass die Steuerungsfunktion über die Interaktion der limbischen Cortexe und der primären sensorischen Cortexe vermittelt wird, indem wie beschrieben Vorhersagen und Vorhersagefehler miteinander konfrontiert werden. Welche Sinnesreize über den Thalamus vermittelt in Regionen des Cortex verarbeitet und berücksichtigt werden, ergibt sich offenbar aufgrund von Mechanismen, die außerhalb des Thalamus selbst positioniert sind.

Primäre sensorische Cortexe

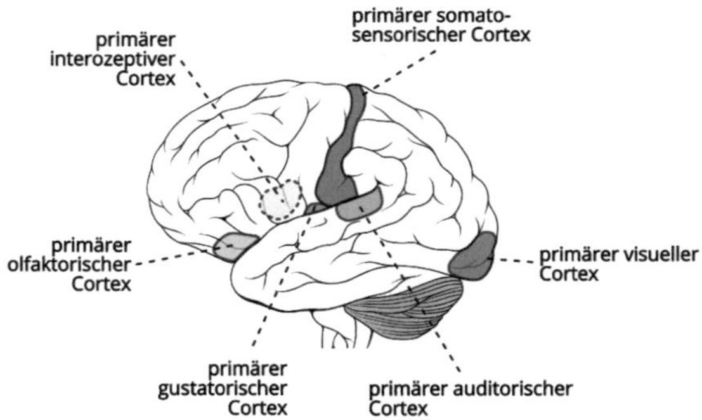

(Abbildung 37 – adaptierte Illustration: Patrick J. Lynch, medical illustrator, s.o.)

Die primären sensorischen Cortexe sind Hirnabschnitte, die wesentlich stärker laminiert sind als die limbischen Cortexe. Im Einzelnen werden folgende Hirn–Areale als primäre sensorische Cortexe definiert:

- Primärer somato–sensorischer Cortex. Dieser dient der zentralen Verarbeitung der haptischen Wahrnehmung – Verarbeitung von Information aus Berührung und Tasten wie Druck, Vibration, Temperaturen und Schmerzen.
- Primärer interozeptiver Cortex – Inselrinde bzw. Cortex insularis. Dieser dient zur Erstverarbeitung von Signalen aus dem Bereich der Körperwahrnehmung – Sinneseindrücke etwa zu Juckreizen, Hunger, Muskelspannung, Berührungen und Signalen aus den Eingeweiden.
- Primärer olfaktorischer Cortex – primäre Riechrinde. Dieser dient zur Geruchswahrnehmung.
- Primärer gustatorischer Cortex. Dieser ist für die Geschmackswahrnehmung zuständig.
- Primärer auditorischer Cortex. Dieser dient der Verarbeitung und dem Bewusstwerden von akustischen Reizen.
- Primärer visueller Cortex. Dieser ist Teil des visuellen Hirn–Systems, das visuelle Wahrnehmung ermöglicht.

Was hat es mit der unterschiedlichen laminaren Struktur des limbischen Cortex und der primären sensorischen Cortexe auf sich?

Die graue Substanz des Cortex besteht aus bis zu sechs Schichten, die Neurophysiologen mit Rückgriff auf das römische Zahlensystem als Lamina I bis VI bezeichnen. Lamina I ist oberste Schicht, die sich nahe des Hirnhaut–Bindegewebes befindet – Lamina VI ist durch die weiße Substanz des Gehirns begrenzt. Diese cortikalen Schichten verfügen über eine charakteristische Verteilung unterschiedlicher Neuronen–Typen.

Neuroanatomen wie beispielsweise der erwähnte Ramón y Cajal gelang durch Anfärben von Hirnrinden–Querschnitten die Sichtbarmachung des Hirngewebe–Aufbaus. Die Lage der neuronalen Zellkörper sowie die Axonbahnen zwischen Hirnarealen zeichneten sich ab, was eine detaillierte Beschreibung der cortikalen Laminierung ermöglichte.

In einer im Jahr 1909 veröffentlichten Arbeit dokumentierte der deutsche Neuroanatom und Psychiater Korbinian Brodmann die Strukturierung der grauen Hirnsubstanz von Säugetieren in bis zu sechs Schichten: *(Brodmann, 1909)*

- *Lamina I:* zellarme und faserreiche Schicht, die an die *Pia mater encephali* – die »weiche« Hirnhaut – angrenzt
- *Lamina II:* Schicht mit dicht gepackt angeordneten kleineren Pyramiden–Zellen und nichtpyramidalen Zellen
- *Lamina III:* Schicht mit dicht gepackten kleineren Pyramiden–Zellen
- *Lamina IV:* Schicht, in der sich charakteristischerweise granuläre Zellen (von lateinisch »granum« – »Korn«) befinden. Es handelt sich um Interneurone – Nervenzellen, die andere Neuronen miteinander verschalten und sensorische Impulse über ihren Dendritenbaum aufnehmen. Diese »Körnerzellen–Schicht« ist in Arealen der primären sensorischen Cortexe besonders ausgeprägt.
- *Lamina V:* Schicht mit großen Pyramidenzellen
- *Lamina VI:* Schicht mit Neuronen mittelgroßer und oft spindeliger Form

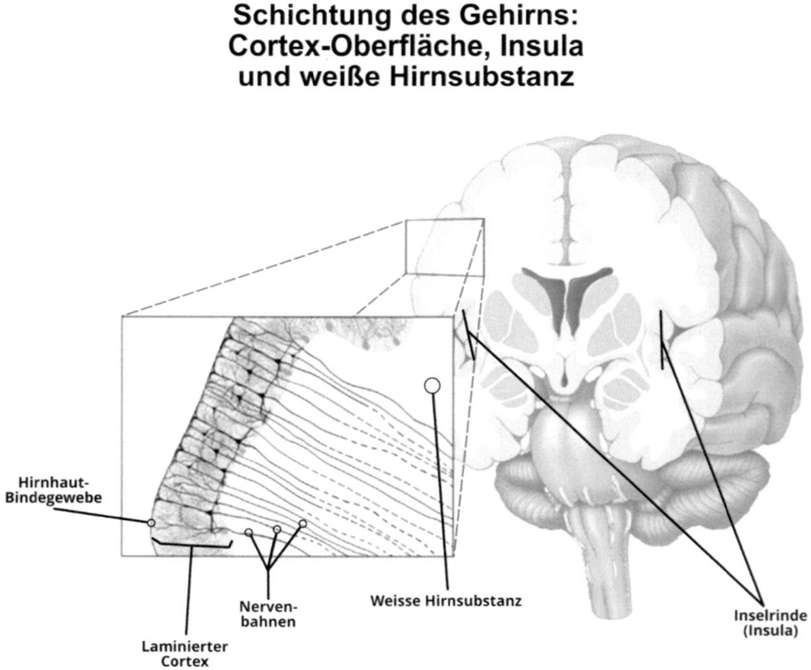

(Abbildung 38 –Adaptiert: Gray matter axonal connectivity maps – Illustratorin: Emma C. Vought – https://ecvought.com/ – https://commons.wikimedia.org/wiki/File:Gray_matter_axonal_connectivity.jpg)

Mit Blick auf die vierte Schicht des laminierten Cortex werden zwei »Cortex–Arten« unterschieden:

- Cortex–Areale mit gut ausgeprägter Lamina IV bzw. Körnerschicht werden als »granulärer Cortex« bezeichnet
- Cortex–Areale mit einer weniger entwickelten laminaren Organisation, denen die vierte Schicht – die Körnerschicht – fehlt und die über keine klare Unterscheidung zwischen Neuronen in Laminae II und III verfügen, werden als »agranulärer Cortex« bezeichnet.

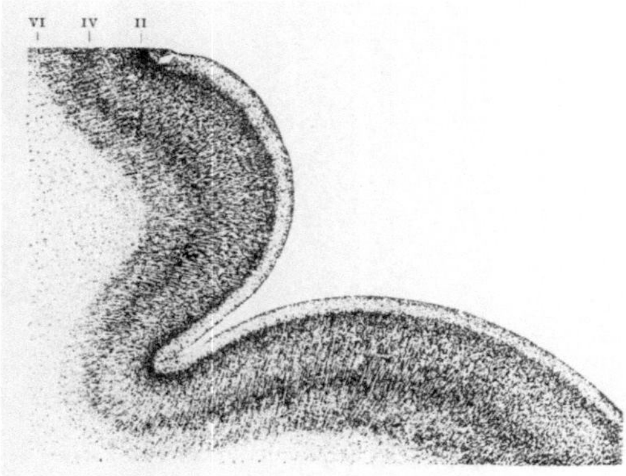

Schnitt durch die Cortex-Oberfläche (Brodmann)

(Abbildung 39 – Adaptierte Illustration von Korbinian Brodmann: https://commons.wikimedia.org/wiki/File:Tectogenetic_layers_of_cerebral-_cortex,_human_fetus_8_months_(K._Brodmann,_1909,_p._23,_Fig._2).jpg)

Der Differenzierung von agranulärem und granulärem Cortex wird von einer Reihe Forschern große Bedeutung beigemessen. Beispielsweise die Psychologin und Neurowissenschaftlerin Lisa Feldmann Barrett – auf deren Veröffentlichungen wir oben bereits eingingen – stellt die Hypothese auf, dass die agranulären limbischen Cortexe aufgrund ihrer strukturellen und funktionellen Eigenschaften wesentlich dazu beitragen, dass unser Gehirn uns eine einheitliche bewusste Erfahrung vermittelt. *(Barbas & Rempel–Clower, 1997; Barrett & Satpute, 2013; Barrett & Simmons, 2015b; Chanes & Barrett, 2016; Grill–Spector & Weiner, 2014; M. Mesulam, 2012; M. M. Mesulam, 1998)*

Im Detail hat sie zusammen mit anderen Autoren in verschiedenen Veröffentlichungen eine Hypothese zur prädiktiven Kodierung ausgebaut, die auf der Hierarchie von limbischen – agranulären – und primär–sensorischen – granulären – Cortexen aufbaut.

Im Einzelnen definierten die Forscherinnen und Forscher im Zusammenhang dieser »prädiktiven Hierarchie«, dass die weniger laminierten limbischen Cortexe top–down agieren, indem sie an der Spitze stehen und Vorhersagen senden. Dagegen stehen die stärker laminierten primären sensorischen Cortexe auf den untersten Ebenen und empfangen die top–down ausgesendeten Vorhersagen.

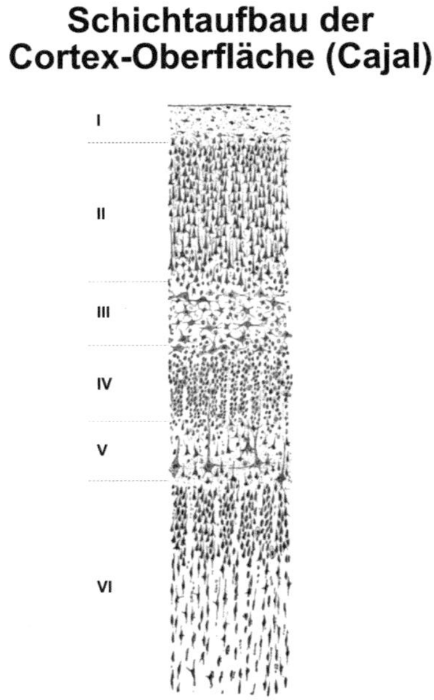

Abbildung 40 – Adaptierte Illustration von Santiago Ramon y Caja: https://commons.wikimedia.org/wiki/File:Cajal_cortex_drawings.png)

Im Rahmen dieses Hierarchie–Konzepts definieren die Forscherinnen und Forscher das Prinzip der limbischen Steuerung: Handeln und Wahrnehmen basieren auf Hypothesen des Gehirns über die Welt und den Körper, die als Vorhersagen im limbischen Cortex beginnen.

Vorhersagen werden durch von den primären sensorischen Arealen aufsteigende Vorhersagefehler–Alarme begrenzt. Insgesamt ergibt sich, dass Wahrnehmungen größtenteils Konstruktionen sind, die auf vergangenen Erfahrungen basieren. Statt aus sich heraus Wahrnehmungen zu initiieren, dienen Sinnesdaten bezüglich des tatsächlichen Zustands der Welt und des Körpers als bottom–up fließende Informationen dazu, Vorhersagen zu überwachen und zu korrigieren.

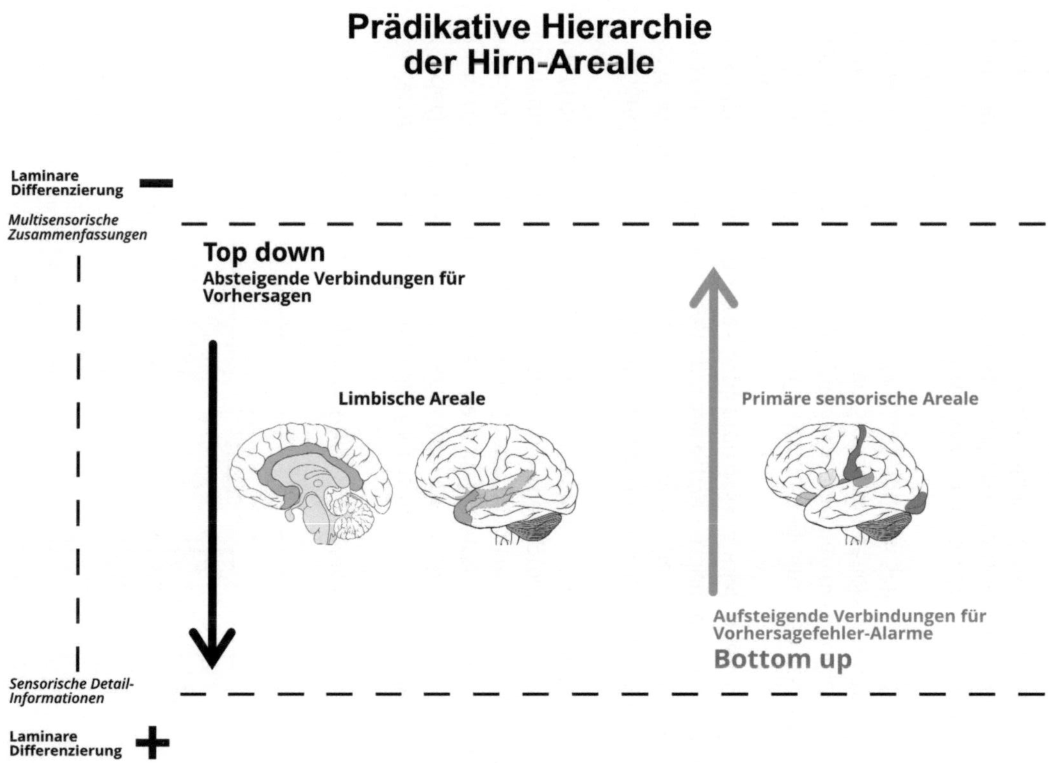

(Abbildung 41 Adaptierte Illustrationen: Patrick J. Lynch, medical illustrator, s.o.)

Prinzip der limbischen Steuerung

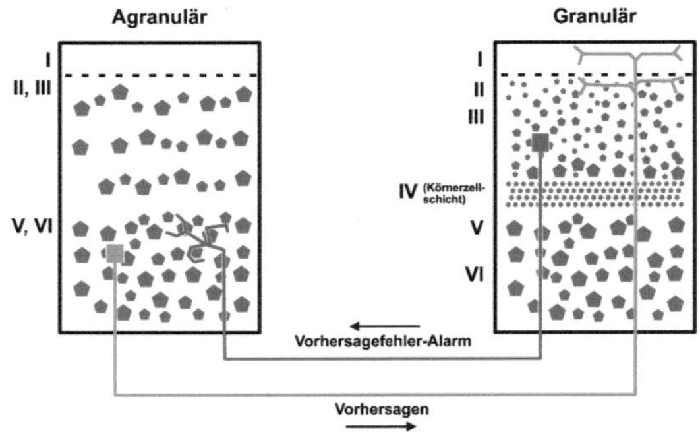

(Abbildung 42 – adaptierte Grafik aus: Barrett, 2017, S. 8 – Figure A)

Die Neurowissenschaftlerin Helen Barbas entwickelte ein detailliertes Modell der laminaren Organisation des Informationsflusses zwischen den agranulären und granulären Cortex–Regionen. *(Barbas & Rempel–Clower, 1997)* Mit Hilfe dieses Modells können wir nun im Einzelnen nachvollziehen, wie die neuronalen Mechanismen hinter dem Phänomen der prädiktiven Kodierung bzw. aktiven Inferenz in der neuronalen Architektur des Cortex agieren.

Gemäß diesem Modell treiben Prädiktions–Neuronen in tiefen Schichten des agranulären Cortex (Laminae V und VI) die aktive Inferenz an, indem sie sensorische Vorhersagen über Nervenverbindungen an höher gelegene granuläre - supragranuläre - Schichten des granulären sensorischen Cortex (Laminae I und II) senden.

Vorhersagefehler–Neuronen in den supragranulären Schichten des granulären Cortex berechnen die Differenz zwischen dem vorhergesagten und dem empfangenen sensorischen Signal und senden Vorhersagefehler–Signale über Nervenbahnen zurück zu den tiefen Schichten der agranulären cortikalen Regionen.

Präzisions–Zellen stimmen die Verstärkung von Vorhersagen und Vorhersagefehlern dynamisch ab und geben diesen Signalen dadurch ein geringeres oder in einigen Fällen ein größeres Gewicht, je nach der kalkulierten Wahrscheinlichkeit des Zutreffens der absteigenden Vorhersagen oder der kalkulierten Zuverlässigkeit der eingehenden sensorischen Signale.

Neuronale Mechanismen der limbischen Steuerung

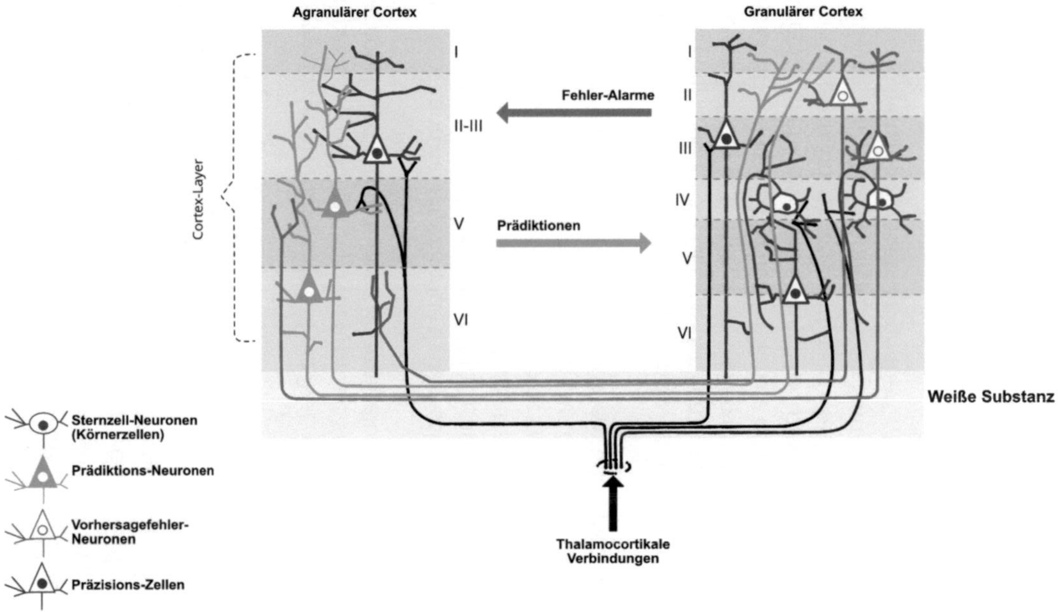

(Abbildung 43 – adaptierte Grafik aus: Barrett & Simmons, 2015b, S. 27 – Figure 1: Intracortical architecture and intercortical connectivity for predictive coding)

Ergibt der Vergleich der Vorhersage-Signale, dass diese Muster des Feuerns die vom Thalamus ausgehenden sensorischen Signale ausreichend antizipieren, also nur ein geringer oder gar kein Unterschied zwischen dem vorhergesagten Signal und dem sensorischen Signal besteht, ist keine Änderung der Simulation erforderlich. Es gibt in diesem Fall einen geringen oder gar keinen Vorhersagefehler. Wenn allerdings eine Anpassung des Feuerns erforderlich ist, um dieses dem eingehenden thalamischen Input anzugleichen, ergibt sich ein deutlicher Vorhersagefehler, der als Differenz zwischen dem erwarteten und dem empfangenen Input berechnet wird.

Im Rahmen der aktiven Inferenz ist es das Ziel, den Vorhersagefehler zu minimieren. In einem normal funktionierenden Gehirn können Vorhersagefehler auf drei Arten minimiert werden

- Erstens kann die Vorhersage auf der Basis von detaillierten Sinnesdaten modifiziert werden, die als Vorhersagefehler entlang der cortikalen Verbindungen übermittelt worden waren.

- Zweitens kann der eingehende thalamische Input modifiziert werden, indem der Körper über Signale an die Körper-Motorik gesteuert wird, um die eingehenden sensorischen Stimulation aktiv zu verändern. Das heißt, die Position des Körpers eines Hirnträgers wird so in Richtung auf einen Signal-auslösenden Sachverhalt ausgerichtet, dass detailliertere Sinnesdaten zugänglich werden.

- Drittens können die intrinsischen und weit verteilten kognitiven Kontrollnetzwerke des Gehirns den Fehler minimieren, indem sie die Erregbarkeit der betroffenen Neuronen modulieren, welche die verschiedenen sensorischen Merkmale repräsentieren. Das heißt, Vorhersagefehler werden dadurch reduziert, dass diese auslösenden »aversen« Sinnesdaten reduziert werden. Es tritt eine »Verzerrung« der Aufnahmebereitschaft für Sinnesdaten auf. Der Fehler wird also gemanagt, indem er ignoriert wird.

Mindware: Konzepte

Zur Erinnerung: Funktion des gegenwärtigen zweiten Teils dieses Buchs über den Rationalitäts-Quotienten ist es, ein neurowissenschaftliches Faktengerüst bereitzustellen, das die Kognitions-psychologische Rationalitäts-Theorie aus Teil 1 überprüfbar macht. Große Bedeutung hat dieses Faktengerüst, weil Denken und Kognitionen grundsätzlich auf Hirnprozesse zurückgehen und deshalb neurowissenschaftliche, empirisch nachzuweisende Tatbestände sind.

Im letzten Abschnitt haben wir einen wichtigen Schritt zur Erfüllung dieser Funktion vollzogen: Wir haben die Mechanismen betrachtet, auf die neuronale Netzwerke unseres Gehirns aufbauen, um wesentliche Denkprozesse im Rahmen von kognitiver Kontrolle zu bewirken. Es ging um das Prinzip des prädiktiven Kodierens, das auf der Steuerung von limbischen Regionen des Cortex basiert. Schwächer laminierte Hirnregionen senden über neuronale Verbindungen Vorhersagen – also Simulationen zukünftiger Zustände – an stärker laminierte Hirnregionen.

Damit scheinen wir auf wichtige positive Belege für das Rationalitäts–Konzept von Stanovich gestoßen zu sein. Haben wir doch oben im ersten Teil bei der Diskussion des »Zwei–Prozess«–Modells des Denkens gesehen, welche entscheidende Bedeutung die Fähigkeit des Bereitstellens von Simulationen für das Generieren rationaler Kognitionen hat.

Allerdings scheinen die Ergebnisse des letzten Abschnitts genau betrachtet nicht vollständig mit Stanovichs Modell kompatibel zu sein. Denn wir müssen mit Blick auf die Bedeutung der prädiktiven Kodierung davon ausgehen, dass Simulationen–produzierende Prozesse nicht auf den Bereich reflektierenden Denkens beschränkt sind.

In der Darstellung ihrer Zwei–Prozess–Denk–Theorie formulieren Stanovich und sein Team so, als wäre Simulation ein Faktor, der erst auf der zweiten Prozessebene in Form von Denken des Typs 2 eine Rolle spielt. Die betrachteten neurowissenschaftlichen Belege weisen in eine andere Richtung.

So sind im Zusammenhang mit der menschlichen Wahrnehmungsfähigkeit Vorhersagen bzw. Simulationen die Voraussetzungen für jegliche sinnliche Erfahrung. Simulationen sind ständig am Werk, auch wenn wir uns als Hirnträger der dazugehörenden Simulations–Prozesse – dem ständigen Austausch von Vorhersagen und Vorhersagefehler–Meldungen – nicht bewusst sind.

Schauen wir uns einen alltäglichen Wahrnehmungsablauf anhand einer kleinen Bildergeschichte an:

Es ist Sommer und der 10–jährige Ben geht nachmittags durch einen Park mit einer großen Tauben–Population. Er beobachtet einzelne Tauben und einen Schwarm der Tiere, der gerade in die Höhe steigt. Ben bewegt sich weiter durch den Park. – Mit einem Mal tritt ein Geräusch auf, das sich von oben auf ihn zubewegt. Nachdem er zuvor die Vögel beobachtet hatte, deren Aufsteigen in die Luft ein ähnliches schwirrendes Geräusch verursachte, meint Ben wahrzunehmen, wie eine Taube auf ihn zufliegt.

(Abbildung 44: Ben im Park)

Ben beginnt, sich in Richtung des Geräuschs zu drehen, darauf gefasst, sich vor dem Flugobjekt wegducken zu müssen. In der Drehung nimmt er ein sich näherndes, schattenhaftes Objekt wahr. Ohne sich darüber im Klaren zu sein, reißt Ben seine Unterarme hoch und ballt seine Hände. Im nächsten Augenblick prallt ein straffer, runder Gegenstand gegen seine Fäuste, springt auf den Boden und bleibt liegen. Ben erfasst in den nächsten Sekunden, dass in einiger Entfernung auf einem Rasen ein Fußballspiel im Gange ist und ein versprengter Ball von dort direkt auf ihn zugeflogen war.

An diesem Sekunden-Abenteuer von Ben kann nachvollzogen werden, wie Simulationen unsere Erfahrungen und unser Handeln ständig begleiten. Offenbar kann das alte behavioristische Stimulus-Response-Modell nicht erfassen, was dabei in unserem Gehirn vor sich geht. Denn wir nehmen nicht Reize wahr, um anschließend darauf zu reagieren. Sondern wir planen unsere Aktivitäten, indem wir fortlaufend die unmittelbare Zukunft simulieren und darauf zugeschnitten automatisch auf unser Handlungs-Repertoire zugreifen. Die Verarbeitung von Reizen in Form aktueller Sinnesdaten dient dem laufenden Revidieren und Aktualisieren unserer Zukunfts-Simulationen. Wir warten die Zukunft nicht ab, sondern nehmen diese laufend in der Gegenwart in verschiedensten Varianten vorweg, um auf möglichst jede folgende Situation vorbereitet zu sein.

Während wir uns durch unsere Welt bewegen, versorgen uns neuronale Prozesse fortlaufend mit Vorhersagen dazu, was im nächsten Augenblick passiert. – Ben geht durch den Park und rechnet sich aufgrund der Anwesenheit von vielen durch die Luft fliegenden Tauben aus, wie ein Vogel auf ihn herabschießt. – Unseren vermeintlich »intuitiven« und automatischen Aktionen gehen Simulationen voraus. Was als Antwort auf einen Außenreiz erscheint, ist in Wirklichkeit eine vorher in Sekundenbruchteilen berechnete Handlungsalternative, die auf Vorhersagen basiert, die kontinuierlich anhand aktualisierter Sinnes-Informationen revidiert und optimiert werden. – Als sich Ben in Erwartung einer auf ihn zufliegenden Taube in deren Richtung bewegt, sorgen neuronale Mechanismen dafür, dass ein Strom von Vorhersagen und Vorhersage-Revisionen statt einer Taube einen Ball zu antizipieren beginnt und dessen Wegfausten initiiert. Erst nachdem der Fußball auf dem Boden liegt, wird sich Ben bewusst, was passiert ist und was sein Gehirn für ihn erledigt hat, um eine möglicherweise schmerzhafte Karambolage mit einem harten Lederball zu verhindern.

Als Ergebnis unserer Überlegungen zum betrachteten Beispiel halten wir an dieser Stelle fest: Neurowissenschaftlich ist gut belegt, dass unser Gehirn Simulationen erzeugt. Laufend werden die unseren Vorhersagen zugrundeliegenden Mechanismen aktiv, wenn das Gehirn im Rahmen unserer sinnlichen Wahrnehmungen autonom agiert. Bens Gehirn reagierte auf der

Basis von Simulations- und Revisions-Serien auf den heranfliegenden Fußball, ohne dass sich der Knabe bewusst Gedanken dazu machen musste.

Doch im Fall rationaler Kognitionen, wie diese in Stanovichs Zwei-Prozess-Modell dargestellt werden, haben Simulationen eine andere, eine erweiterte Qualität. Diese Simulationen sind Gegenstand bewussten und kontrollierten reflektierenden Denkens von Individuen, die Entscheidungs- bzw. Handlungs-Alternativen und unterschiedliche Handlungs-Resultate erwägen. Für diese Art bewusst verarbeiteter Simulationen haben wir bisher im Rahmen unserer Diskussion neurowissenschaftlicher Forschung noch keine direkten Belege gesehen oder entsprechende Argumente registriert.

Im nächsten Schritt versuchen wir, diese Lücke zu füllen und entsprechende Fakten in der neurowissenschaftlichen Forschung zu finden:

Ausgangspunkt ist, dass rationale Kognitionen offenbar über den Vorgang des »routinemäßigen« Austauschs von Vorhersagen und Vorhersagefehlern deutlich hinausgehen.

Stanovich und sein Team beschreiben im Rahmen ihres Modells des Denkens Situationen, in denen Individuen bewusst wird, dass etwas mit ihren für den nächsten Augenblick geplanten Handlungen oder Entscheidungen nicht stimmt. Sie erfassen, dass die von ihnen assoziierte Handlungs- oder Entscheidungsplanung nicht stimmig mit der Handlungssituation ist. Ihre Denk-Prozesse, die ansonsten automatisch ablaufen, stoppen ab – in ihrem Bewusstsein tritt das Signal auf: »Es ist ein Eingreifen, ein Reflektieren über alternative Interpretationen der Situation, über alternative Entscheidungen und Handlungen erforderlich.«

Individuen kommen auf diese Weise in eine Situation, die Stanovich mit der Metapher der kurzen und der langen Leine umschrieben hat. Die Herausforderungen der Handlungs-Situation lassen es nicht zu, auf die im Rahmen der sozial-kulturellen und der biologischen Evolution entwickelten automatischen Programme zurückzugreifen. Menschen werden an die lange Leine genommen, um den anstrengenden Weg zu gehen, die Lage zu analysieren, Handlungsalternativen auf der Basis von Simulationen zu reflektieren, alternative Handlungs-Resultate zu berechnen und auf der Basis dieser Berechnungen schließlich erfolgreich zu agieren.

Individuen sind damit darauf angewiesen, möglichst erfolgreich die bewusste kognitive Kontrolle der Situation zu übernehmen.

Im vorletzten Abschnitt haben wir die neuronalen Netzwerke kennengelernt, die im Rahmen der neurowissenschaftlichen Forschung im Zusammenhang mit kognitiver Kontrolle untersucht werden. Im Detail sind wir dabei auf das Triple-Network-Modell eingegangen und haben drei sich ergänzende intrinsische Netzwerke kennengelernt:

- das Default Mode Network (DMN) – zuständig für die Bereitstellung der im Rahmen von Zukunftsplanungen notwendigen Simulationen und Hypothesen
- das Salience Network (SN), das Auffälligkeiten detektiert und darauf abgestimmt revidierte neuronale Prozesse initiiert
- das Central Executive Network (CEN), welches das Arbeitsgedächtnis bei der Bearbeitung von Simulationen moduliert und im Fall komplexer Problemstellungen die langanhaltende Aufmerksamkeit und Bereitstellung von Gedächtnisinhalten bewirkt

Anhand grafischer Darstellungen haben wir im Detail gesehen, dass sowohl das Default Mode Network als auch das Salience Network als Komponenten wesentliche Bereiche des limbischen Cortex integrieren. Passend zu dieser Beobachtung liegen neurowissenschaftliche Befunde dazu vor, dass diese Netzwerke darüber hinaus tatsächlich auf die limbischen Mechanismen zurückgreifen, die wir im letzten Abschnitt bei der Diskussion des prädiktiven Kodierens kennengelernt haben.

Das Default Mode Network steuert mit Rückgriff auf den limbischen Cortex das Generieren von Simulationen bzw. Vorhersagen. Auf der Basis entsprechender Forschungsresultate wird davon ausgegangen, dass diese Simulationen auf die Erreichung von bestimmten Zielzuständen ausgerichtet sind. Zum einen zielen die Vorhersagen darauf ab, die Aktivitäten von Hirnträgern proaktiv an zu erwartende Energiemangelzustände anzupassen – beispielsweise in Situationen psychosozialen Stresses. In diesem Zusammenhang wird von »Allostase« gesprochen – die Simulationen gehören zu einem Prozess, durch den der Körper in Anforderungs–Situationen durch physiologische und psychische Aktionsanpassung eine zukünftige Belastungen einbeziehende Stabilität sichert. Zum anderen zielen sie auf die Mobilisierung von Ressourcen, die mit großer Wahrscheinlichkeit Auswirkung auf das Überleben des betroffenen Individuums haben, eine Bedrohung abwenden können oder einen gewissen Wert für die Befriedigung individueller Bedürfnisse haben.

Kommen wir zum Salience Network: Dieses Netzwerk übt seine Detektions–Funktion aus, indem es ebenfalls auf die beschriebenen limbischen Mechanismen zugreift. Es gleicht dabei ein internes Modell der äußeren Welt mit den vom DMN gelieferten Simulationen bzw. Vorhersagen ab und sagt voraus, welchen Vorhersagefehlern Aufmerksamkeit geschenkt werden soll. Auswahlkriterium ist, inwieweit Vorhersagefehler–Meldungen allostatisch relevant sind oder andeuten, dass relevante Ressourcen des Individuums bedroht sind. Entsprechend reagiert das Salience Network und versendet Präzisionssignale an den limbischen Cortex. Damit werden die

Neuronen in diesem Bereich stimuliert, welche die entsprechenden auffälligen Vorhersagefehler aus dem eingehenden sensorischen Input berechnen und diesem damit mit anderen Worten verstärkte Aufmerksamkeit zuwenden.

Ergebnis ist eine Aufmerksamkeits-Regulation: Sensorische Inputs, von denen erwartet werden kann, dass sie entweder Auswirkungen auf die Allostase haben, also Ursache für zukünftige Energiemangelzustände sein, oder Auswirkungen auf die Ressourcen-Mobilisierung des Hirnträgers haben könnten, werden als »Warn-Signale« verstärkt, während andere Vorhersagefehler wegen fehlender Relevanz ausgeblendet werden.

Diese Warn-Signale werden im dritten intrinsischen Netzwerk, dem Central Executive Network, aufgenommen und zur Modellierung des Arbeitsgedächtnisses herangezogen. Die Neuronen dieses frontoparietalen Kontrollnetzwerkes modellieren die Simulationen im Arbeitsgedächtnis, indem sie diese länger aufrechterhalten als die wenigen hundert Millisekunden, die notwendig sind, um laufende Vorhersagefehler-Meldungen zu verarbeiten. Das CEN kann im Rahmen seiner Modellierungen dazu beitragen, Simulationen zu unterdrücken und abzuschwächen, wenn deren Prioritäten niedrig sind. Deutet sich allerdings an, dass Simulationen große Relevanz haben, kann der Arbeitsspeicher so gesteuert werden, dass die Prozessierung von Simulationen entkoppelt auf Zeiträume von Millisekunden auf viel längere Zeiträume von Sekunden, Minuten, Stunden und länger ausgedehnt werden. Das Central Exekutive Network ermöglicht auf diese Weise, dass das Gehirn nicht einfach einzelne Reize verarbeitet, sondern komplexe relevante Ereignisse über flexible Zeitfenster hinweg reflektiert.

Im Zusammenwirken der drei intrinsischen Netzwerke übernimmt das Default Mode Network die Rolle der Bereitstellung und Bearbeitung der für kognitive Prozesse notwendigen Mindware, die im Bereich der Neurowissenschaft als »Konzepte« angesprochen wird. Eine verbreitete Hypothese ist wie gesehen, dass das Default Mode Network per Simulationen Vergangenheit, Gegenwart und Zukunft vereinigt, indem es Informationen aus der Vergangenheit in Form von Konzepten konstruiert. Diese Konzepte bilden damit die Basis für Vorhersagen, mit denen Hirnträger sich darauf vorbereiten, zukünftige Ziele zu erreichen. Das Operieren des Default Mode Network auf der Basis von Konzepten schauen wir uns nun in Details an:

Bei der Simulation von zukünftigen Zuständen produziert das Netzwerk unterschiedliche Vorhersagen, die jeweils mit einer gewissen Wahrscheinlichkeit zur aktuellen Handlungssituation eines Individuums passen. Diese Vorhersagen werden mittels Konzepten konstruiert. Neurophysiologisch interpretiert bestehen diese Konzepte aus Gruppen von verteilten Aktivitätsmustern bestimmter Gruppen von Neuronen.

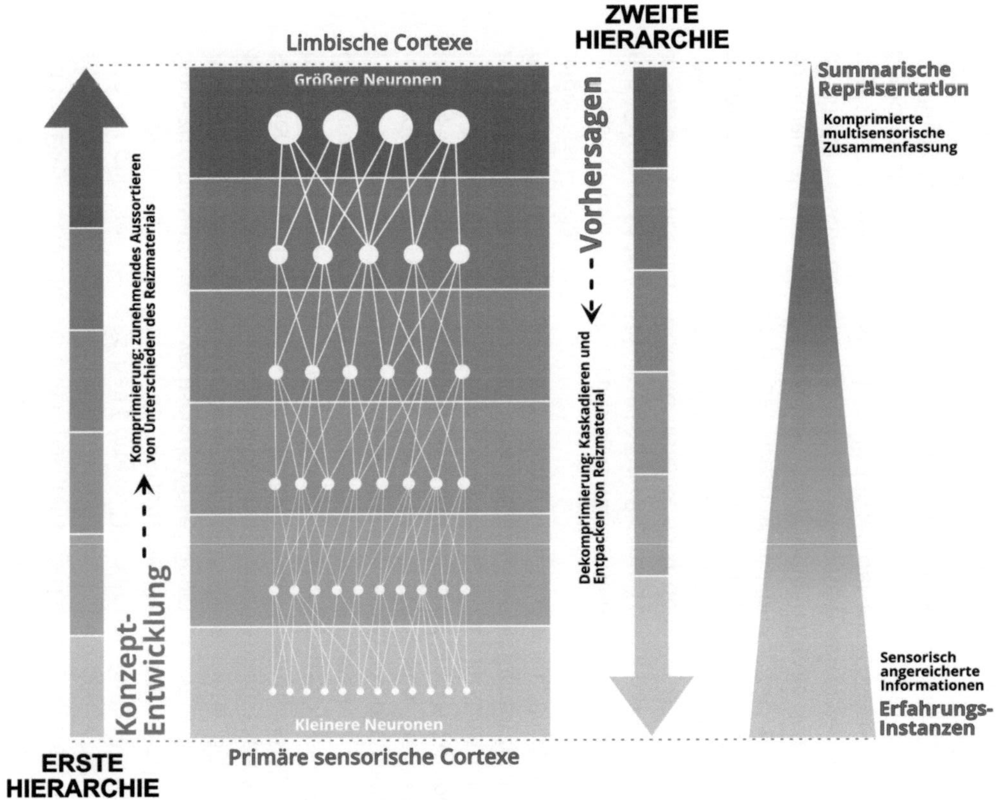

(Abbildung 45: Zwei Hierarchien)

Die Funktionsweise von Konzepten lässt sich mit Rückgriff auf die Beschreibung des limbischen Mechanismus des prädiktiven Kodierens vereinfacht als Zusammenspiel zweier Hierarchien illustrieren: *(Barrett, 2018, S. 112–127; 313–322)*

Die erste Hierarchie beschreibt, wie sensorischer Input von unten nach oben – bottom–up – verarbeitet wird, um Konzepte zu entwickeln und zu lernen. Diese Hierarchie verläuft in der grafischen Darstellung entsprechend ebenfalls von unten nach oben. Am unteren Ende befinden sich die Regionen der primären sensorischen Cortexe. Die hier positionierten, verstärkt granulären Neuronen feuern, um sensorische Details der verschiedenen Sinne zu repräsentieren – wechselnde Wellenlängen und Stärken des Lichts, Änderungen des Luftdrucks usw. An der Spitze dieser Hierarchie befinden sich nicht–granuläre Zellen, die auf höchster Ebene multisensorische Zusammenfassungen des von unten aufgestiegenen Sinnesmaterials wiedergeben. Diese multisensorischen Zusammenfassungen des Sinnesmaterials der primären sensorischen Cortexe repräsentieren Konzepte.

Die zweite Hierarchie stellt dar, wie sich Konzepte von oben nach unten – top down – als Vorhersagen in einer Kaskade entpacken. Diese Kaskade dient sozusagen als Anwendung eines Konzepts oder einer Kombination von Konzepten, um Wahrnehmungen und Handlungen zu konstruieren, die auf der Basis von Sinnesmaterial beim Herabsteigen in Richtung der primären sensorischen Cortexe laufend durch Korrekturen und Verfeinerungen angepasst werden.

Diese beiden Hierarchien arbeiten mit denselben verknüpften Neuronen–Gruppen, indem sie in umgekehrter Richtung operieren. Die erste Hierarchie der Konzeptentwicklung arbeitet nach dem Prinzip der Komprimierung – im empfangenen Reizmaterial werden beim Aufsteigen zunehmend redundante Details aussortiert. Die zweite prädiktive Hierarchie arbeitet nach dem Prinzip des Dekomprimierens. Die zum Einsatz kommenden Konzepte werden beim Herabsteigen für die Repräsentation durch die verschiedenen Sinne mittels konkretem Reizmaterial entpackt und so als aktuell wahrnehmbare Instanzen der zunächst summarischen Komprimierung – also des Konzepts – wahrnehmbar gemacht.

Um die Funktionsweise von Mindware auf physiologischer Ebene besser zu verstehen, schauen wir uns an dieser Stelle den Vorgang des Komprimierens detaillierter an. Um es uns einfach zu machen, greifen wir dazu auf einen etwas laienhaften Vergleich mit der Technik der digitalen Video–komprimierung zurück, von der die meisten Leser eine Vorstellung haben dürften:

Bei der Videokompression werden Verfahren eingesetzt, die als »Motion Compression« oder »Motion Prediction« bezeichnet werden. Basis dieser

Verfahren ist, dass Videofilm-Sequenzen aus der Abfolge einzelner Bilder bestehen – etwa 30 digitale Einzelbilder pro Sekunde –, die schnell abgespielt für den Betrachter einen kontinuierlichen, ruckelfreien Film entstehen lassen. Die Einzelbilder werden als »Frames« – »Rahmen« – bezeichnet.

Um ein Video über eine Internetverbindung möglichst schnell übertragen zu können, sollte die Video-Datei möglichst klein sein. Um die Datenmenge einer Video-Datei zu reduzieren, werden die besagten Kompressions-Verfahren eingesetzt. Das Prinzip dahinter ist, dass Bildbereiche innerhalb der einzelnen Frames, die sich über die Folge mehrerer Einzelbilder sehr ähnlich sind, sozusagen nicht neu übertragen, sondern von Frame zu Frame unverändert übermittelt werden. Lediglich Details in den Frames, die sich ändern, werden bei der Übertragung als neue Informationen berücksichtigt. Wenn wir uns beispielsweise YouTube-Videos auf unseren mobilen Devices oder unserem Computer ansehen, erleben wir die beschriebene Speicher-effiziente Übertragung. Um den Datentransfer zu beschleunigen, hat YouTube Gemeinsamkeiten von Unterschieden getrennt und die Videodarstellungs-Software auf unserem Gerät montiert die Teile der einzelnen Frames zu einem zusammenhängenden Video.

Unser Gehirn funktioniert bei der komprimierenden Verarbeitung von Sinnesdaten nach einem vergleichbaren Prinzip. Die sensorischen Informationen beispielsweise des Sehens können von einem zum anderen »Augenblick« redundant sein – wie Bereiche in aufeinander folgenden Frames in einem Video. – Gleiches gilt für unser Hören, Riechen usw. – Unser Hirn stellt diese Informationen als Muster feuernder Neuronen dar und kann durch den Komprimierungs-Vorgang effizient und einfach Wahrnehmungen mit so wenig Neuronen wie möglich repräsentieren. Dabei werden die Informationen, die von den sensorischen Regionen – in unserer Grafik von unten nach oben – zu den limbischen Cortexen fließen, von überflüssigen, redundanten Details getrennt und in ihrer Dimensionalität reduziert.

Auf diese Weise besteht Lernen darin, dass unser Gehirn in einer Situation zunächst auf der Basis eines Konzeptes im limbischen Bereich Vorhersagen bildet, die mit Vorhersagefehler-Meldungen bzw. aktuellem Sinnesmaterial konfrontiert werden, die eine Konzept-Anpassung erforderlich machen. Wenn nun von den primären sensorischen Cortexen ausgehend eine neue komprimierte multimodale Zusammenfassung gebildet wird, entsteht ein neues detailreicheres Konzept. Dieses Konzept steht den limbischen Cortexen anschließend für das Bilden verbesserter Zukunfts-Simulationen zur Verfügung: Wenn sie Vorhersagesignale initiieren, können sie aufgrund des revidierten Konzeptes detaillierter sensorische Regionen ansprechen und realistischere Erfahrungs-Instanzen repräsentieren.

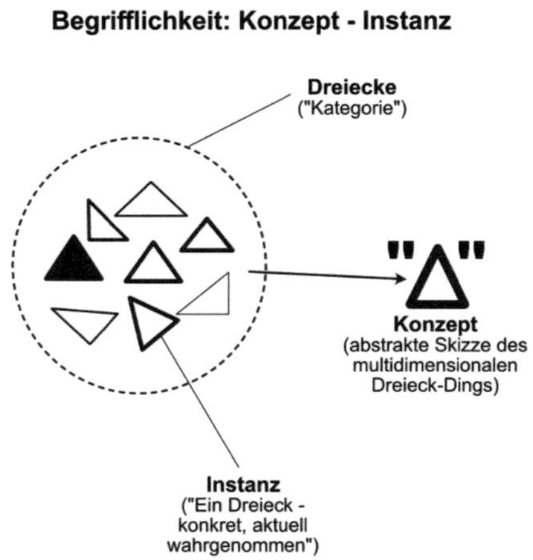

(Abbildung 46)

9. Die energetischen Grundlagen rationalen Denkens und unseres freien Willens

Übergang zu Teil 3: Vorbereitung auf die Messung unserer Rationalität

Im Verlauf der letzten Kapitel hatten wir Gelegenheit, in Details zu verfolgen, wie die Neurowissenschaft mittels aktueller Konzepte zur Erklärung neuronaler Prozesse Licht auf menschliche Kognitionen wirft.

Auf der Basis dieser Konzepte verfügen wir nun über verbesserte Werkzeuge dafür, uns die Besonderheit der drei wesentlichen Bausteine von Stanovichs Theorie rationalen Denkens sowie der Architektur des Rationalitäts–Quotienten neurowissenschaftlich zu bewerten.

Damit treffen wir die letzte Vorbereitung, zum Teil drei dieses Buchs überzugehen. Dort werden Leserinnen und Leser herausgefordert: Sie können anhand ausgewählter Aufgaben zeigen, dass sie nicht nur die Beschreibung und Herleitung der Theorie rationalen Denkens aus psychologischer und neurowissenschaftlicher Sicht verstehen. Sondern, hier wird es darum gehen, dass sie sich einmal einer umfassenden Bewertung ihrer persönlichen rationalen Denk–Kompetenz stellen.

Über die Tradition der heuristics & biases–Forschung hinaus

Soweit zur Vorbereitung auf Teil drei: Im gegenwärtigen neunten Kapitel können wir uns noch einmal innerlich zurücklehnen und mit zusammenfassenden theoretischen Erläuterungen befassen:

Die hier interessierende theoretische Besonderheit des Ansatzes hinter dem Rationalitäts–Quotienten und der Messung rationalen Denkens liegt darin, dass Stanovich und sein Team einen »Zwei–Prozess–Ansatz« entwickelt haben, der die Tradition der heuristics & biases–Forschung um wesentliche Aspekte ergänzt:

Erstens wird mit Stanovichs Ansatz vorausgesetzt, dass Individuen im ersten Schritt rationalen Denkens einen Konflikt detektieren. Für diesen sich selbst aktivierenden Mechanismus ist es ausschlaggebend, dass ein Proband die Notwendigkeit erkennt, eine zu ungenaue, unpassende Prozessierung vom Denk–Typ 1 zu überschreiben. Im Detail muss er in der Lage sein, einen Konflikt zwischen seiner suboptimalen intuitiven Antwort auf ein Problem und einer erlernten normativen Regel zu erkennen.

Zweitens: Diese Konflikt–Detektion setzt grundlegend Wissen, Mindware bzw. Konzepte voraus. Um rational denken zu können, muss dieses besondere Wissen verfügbar und zugänglich sein. Ansonsten erfolgt kein reflektiertes, normatives Urteilen seitens des Probanden.

Für eine rationale Aktion ist nicht allein Wissen bzw. Mindware als Voraussetzung für die Detektion von Konflikten erforderlich – denn **drittens** ist

»Denk–Energie« – notwendig. Um sicherzustellen, dass Override– und Simulations–Aktivitäten ausreichend lange aufrechterhalten bleiben, muss kraftzehrende kognitive Ausdauer mobilisiert werden.

Erstens: Der sich selbst aktivierende Mechanismus der Konflikt–Detektion

Zunächst lassen wir noch einmal Revue passieren, was die Neurowissenschaft zusammengefasst zum ersten Aspekt – dem sich selbst aktivierenden Mechanismus der Konflikt–Detektion – beiträgt:

Viele Jahrzehnte lang haben Neurowissenschaftler das Gehirn als ein »Stimulus–Response«–Organ betrachtet. Als ein Organ, das aus einzelnen Neuronen besteht, die bis zu dem Augenblick inaktiv bleiben, in dem sie von außen stimuliert werden. In den letzten Jahren sind Wissenschaftler zu der Erkenntnis gelangt, dass das Gehirn wahrscheinlich nicht auf diese Weise funktioniert.

Forschung und Theorie konvergieren in der Vorstellung, dass das Gehirn ein aktiver Simulations– und Hypothesen–Generator ist, der auf der Basis von Mechanismen operiert, deren Funktions–Prinzipien mittels Paradigmen der Wahrscheinlichkeits–Rechnung nachvollzogen werden können:

Im Wahrnehmungs–Prozess produziert das Gehirn fortlaufend Hypothesen in Bezug auf zukünftige Ereignisse. Die Ausgestaltung dieser Hypothesen erfolgt auf der Basis von Wahrscheinlichkeits–Schätzungen, die aufgrund früherer Erfahrungen produziert werden. Sensorischer Input aus den verschiedenen Sinnen spielt dabei die Rolle, die Wahrscheinlichkeit einer Bandbreite von möglichen nächsten Ereignissen kontinuierlich zu selektieren und zu verrechnen, um die bestmögliche Übereinstimmung mit künftigen Sinnesdaten vorwegzunehmen – vorherzusagen bzw. zu prädizieren.

Nochmals zur Vertiefung: Gemäß diesem aktiven Prädiktions–Konzept bildet das Gehirn neuronale Repräsentationen, die aus früheren Erfahrungen konstruiert werden. Anstatt dass Neuronen einfach ruhen, bis Informationen über die externen Sensoren des Körpers – d. h. Augen, Ohren, Geschmacksrezeptoren u. a. – eintreffen, antizipiert das Gehirn sensorische Inputs, die es als Vorhersagen implementiert, die kaskadenartig durch den Cortex wandern. Während sich die Vorhersagen über cortikale Regionen ausbreiten, modulieren sie das Feuern von Neuronen innerhalb der Schichtstruktur dieser Regionen in Erwartung, dass diese Regionen sensorischen Input aus der Umgebung erhalten, der mit den Vorhersagen übereinstimmt. In diesem Sinne fungieren Vorhersagen mit vorgegebenen Wahrscheinlichkeiten als Hypothesen über die Welt, die anhand der im Gehirn ankommenden sensorischen Signale getestet und im Fall von Abweichungen optimiert werden.

Neurowissenschaftler gehen auf diese Weise davon aus, dass unser Gehirn auf vielen Ebenen damit beschäftigt ist, unsere Welt zu simulieren. Dabei nehmen Neuronen an Vorhersageschleifen mit anderen Neuronen teil, wobei ganze Gehirnregionen gemeinsam mit wiederum anderen Regionen aktiviert sind. Diese Vorhersageschleifen bilden einen durchgängigen parallelen Prozess, der während unseres gesamten Lebens kontinuierlich und ununterbrochen andauert. Jeden Augenblick wird dadurch unsere Welt–Konstruktion mit Geräuschen, Gerüchen, mit Geschmack sowie Berührung realisiert und damit der Bezugsrahmen erzeugt, in dem wir unsere Handlungen platzieren.

Dabei kommt dem Mechanismus der Konflikt–Detektion eine wesentliche Bedeutung zu: Simulationen unserer limbischen Gehirn–Regionen werden laufend mit dem sensorischen Input aus der Welt außerhalb unseres Bewusstseins verglichen. Wenn Simulation und Input übereinstimmen, sind unsere Vorhersagen korrekt und unsere Simulation wird zu unserer Erfahrung. Stimmen sie nicht überein, tritt die Konflikt–Detektion in Funktion. Unserem Gehirn sind Vorhersagefehler unterlaufen. Es setzt unmittelbar dazu an, aufgrund der Vorhersage–Abweichung revidierte Vorhersagen zu erzeugen.

Also: Das Gehirn ist keine Maschine, die auf Reize aus der Außenwelt reagiert, die im technischen Sinne lediglich Daten verarbeitet.

Die Psychologin und Neurowissenschaftlerin Lisa Feldman Barrett hat die Metapher des Wissenschaftlers ins Spiel gebracht, die wir am Anfang von Teil zwei dieses Buchs kennengelernt haben. *(Barrett, 2018, S. 64–66)* Ziel der Nutzung dieser Metapher ist, diejenigen, denen das Sprechen über prädiktive Prozesse und Simulationen nicht behagt, einfacher nachvollziehen zu lassen, wie sich die beschriebenen neuronalen Prozesse auf unsere Kognitionen auswirken. Zur Zusammenfassung spielen wir Barretts Erläuterungen noch einmal durch:

Stellen wir uns also vor, unser Gehirn arbeitete wie ein Wissenschaftler. Es macht ständig eine Reihe von Vorhersagen, so wie ein Forscher konkurrierende Hypothesen aufstellt. Wie ein Wissenschaftler nutzt unser Gehirn Wissen auf der Basis früherer Erfahrungen, um herauszubekommen, wie sicher wir sein können, dass unsere Hypothesen und die daraus abgeleiteten Vorhersagen wahr sind. Unser Gehirn testet anschließend seine Vorhersagen, indem es sie mit dem eingehenden sensorischen Input aus der Welt konfrontiert, ähnlich wie ein Wissenschaftler Hypothesen mit Daten in einem Experiment vergleicht. Wenn unser Gehirn gute Vorhersagen macht, dann bestätigt der Input aus der Welt diese Vorhersagen. Normalerweise kommt es jedoch zu Vorhersagefehlern und Ungenauigkeiten. Unser Gehirn hat dann wie ein Wissenschaftler verschiedene Möglichkeiten, mit Fehlern umzugehen. Welche dieser Alternativen es nutzt, hat damit zu tun, über welche Mindware bzw. über welches Wissen es verfügt, wieviel Energie zur Bildung optimierter Voraussagen ihm zur Verfügung steht und wie motiviert es ist, diese Energie zu investieren:

- Es kann ein Verantwortungs–bewusster Wissenschaftler sein und seine Vorhersagen ändern, um auf die Daten zu reagieren.
- Oder, in Momenten des Lernens oder der Entdeckung, kann unser Gehirn ein neugieriger Wissenschaftler sein und sich »versessen« auf abweichende Daten darauf konzentrieren, welche Informationen die Bildung neuer Theorien entwickeln helfen.
- Unser Gehirn kann ein voreingenommener Wissenschaftler sein und selektiv Daten auswählen, die zu seiner Hypothese passen, und alle Daten ignorieren, welche dieser widersprechen.
- Unser Gehirn kann ein skrupelloser Wissenschaftler sein, der Daten völlig ignoriert und behauptet, dass seine Vorhersagen stets – a priori – die Realität wiedergeben.
- Und wie ein typischer »Geisteswissenschaftler« kann unser Gehirn Sessel–Experimente durchführen, um sich »Welt« lediglich vorzustellen. Er favorisiert eine reine Simulation, die ohne sensorischen Input oder Vorhersagefehler abläuft, die Revisionen von Hypothesen erforderlich machen würde.

Zweitens: Mindware – biologisch angelegt und soziokulturell konstruiert

Diese Konflikt–Detektion setzt grundlegend Mindware bzw. Konzepte – voraus. Um rational denken zu können, muss in unseren Hirnen dieses besondere abstrakte Wissen verfügbar und zugänglich sein. Ansonsten erfolgt kein ausreichend Realitäts–angepasstes Wahrnehmen und daran anschließendes reflektiertes, normatives Denken.

Was ist diese Mindware? Handelt es sich um eine Software, die wie eine Problem–lösende »Applikation« auf einem Computer – einem »Rechner« – funktioniert und im Wesentlichen Informationen verarbeitet? – Die Antwort ist »nein«. Warum diese negative Reaktion begründet ist, schauen wir uns nun in einigen Details an:

Wahrnehmen im Rahmen an die Welt angepasster Handlungsentscheidungen stellt eine Herausforderung dar, die unser Cortex mittels Mechanismen bewältigt, die durch Prozesse innerhalb gegenläufig positionierter Neuronen-Netzwerke beigetragen werden.

Eine wesentliche Rolle spielt dabei die Bildung von Konzepten. Wie wir am Ende des letzten Kapitels sahen, basiert die Konzeptbildung auf der Funktion, Ähnlichkeiten von Unterschieden in gespeicherten Erfahrungen zu trennen. Konzepte sind summarische Repräsentationen von Sinnesdaten, die aus hochkomprimierten, multisensorischen Zusammenfassungen bestehen. Die Konstruktion dieser Konzepte und deren Funktionsweise erläutern Neurowissenschaftler anhand der Beschreibung zweier Hierarchien – vergleiche **Abbildung 45** oben.

Die erste Hierarchie geht von den primären sensorischen Cortexen aus – Sinnesdaten werden kontinuierlich verdichtet, indem Unterschiede im Reizmaterial aussortiert und festgehalten werden, während Ähnliches und Übereinstimmendes ausgelassen wird. Am Ende steht eine hochkomprimierte Zusammenfassung in Form eines Erfahrung abstrakt repräsentierenden Konzepts.

Die zweite Hierarchie startet von limbischen Cortexen, die abstrakte Konzepte schrittweise dekomprimieren, indem diese mit Sinnesdaten angereichert werden. Auf dieser Basis funktioniert das Erkennen der Realität, wenn unser Gehirn in einer Situation zunächst mittels Konzepten im limbischen Bereich Vorhersagen bildet, die mit Vorhersagefehler-Meldungen bzw. aktuellem Sinnesmaterial konfrontiert werden, die Konzept-Konkretisierungen und damit -Anpassungen mit sich bringen.

Inwieweit unterscheidet sich diese menschliches Denken ermöglichende Kombination von Mechanismen von dem, wie Computer – »Elektronengehirne« – funktionieren? Eine gut nachvollziehbare Erläuterung bietet, was die moderne Entwicklungspsychologie über die Entwicklung frühkindlicher Kognitionen herausgefunden hat.

Renommierte Vertreterin dieses Fachs ist Alison Gopnik, Professorin für Psychologie an der University of California, Berkeley. Sie hat jahrzehntelang erforscht, wie Gehirne von Kleinkindern arbeiten, um ihre Umgebung zu erkennen und Erfahrungen zu bilden. Sie hat im Laufe der Jahre einige Bücher veröffentlicht, die auch Nicht-Wissenschaftlern die Prinzipien vermitteln, nach denen menschliche Säugetiere lernen – beispielsweise *The Philosophical Baby (Das philosophische Baby) (Gopnik, 2009)* und *Scientist in The Crib (Wissenschaftler in der Wiege). (Gopnik et al., 2009)*

Gemäß dieser Prinzipien startet die Konzeptbildung – die Konstruktion der uns in diesem Abschnitt interessierenden Mindware – folgendermaßen:

Neugeborene sind erlebnisbezogen in hohem Maße blind. Ihr Gehirn verfügt noch kaum über die Fähigkeit, Vorhersagen zu bilden. Es überrascht nicht, dass das Gehirn eines Säuglings nicht gut vorhersagen kann.

Ein durchschnittliches Erwachsenen–Gehirn kann seine Welt aus in mehreren Lebensabschnitten gesammelten Konzepten verlässlich bauen und beherrscht es, auf sein Erfahrungsfeld abgestimmte Vorhersagen zu machen. Dagegen muss ein Baby die Welt durch sensorischen Input zunächst grundlegend kennenlernen, bevor sein Gehirn seine Umgebung ausreichend modellieren kann. Dieses Modellieren – Lernen – ist die anstrengende Hauptaufgabe der ersten Entwicklungsjahre dieses Gehirns. Dabei muss der Cortex eines Säuglings zunächst erste Schritte zur Entwicklung eines Grundbestands an multisensorischen Zusammenfassungen unternehmen. Assistiert wird der Säugling dabei durch Personen in seiner Umgebung, die ihm mit ersten kommunikativen Kombinationen aus Gesten, Lauten, sprachlichen Silben helfen, grundlegende Konzepte für die frühe Lebenszeit zu konstruieren: »mama«, »dada«, »hamham«, »pipi«, »aa«, »wauwau«, »mimi«, »töfftöff« usw.

In dieser frühen Phase der Bildung von Mindware ist der Großteil des sensorischen Inputs eines Säuglings neu und wegen fehlender passender Konzepte so unbestimmt, dass sein Gehirn wenig davon ignorieren oder ausblenden kann. Erwachsene Gehirne können ihre Aufmerksamkeit durch zur Verfügung stehende komplexe Konzepte wie mit einem »Suchscheinwerfer« steuern und dadurch die Dinge, die sie nicht interessieren, im Dunkeln lassen. Im Vergleich dazu funktioniert die Aufmerksamkeit des kindlichen Gehirns wie eine breit und diffus leuchtende »Laterne«, die alles gleichmäßig anstrahlt und sich kaum fokussieren lässt.

Doch im Laufe von Monaten verändert sich die Aufmerksamkeit eines Säuglings. Sein Gehirn kann die Details seiner Umgebung immer besser vorhersagen. Sinnesdaten aus der Außenwelt sind zu Konzepten innerhalb eines eigenen Weltmodells im frühkindlichen Cortex geworden – »was draußen war, ist jetzt drinnen«.

Das Gehirn des Kleinkindes hat einen wichtigen Anfang gemacht. Doch wie schafft es in der Folge, mit diesen wenigen ersten konkreten Konzepten komplexe Anforderungen wie sicheres Erkennen von Haustieren, Umgang mit Mitmenschen, Einschätzen der Grundregeln der Physik usw. zu bewältigen?

Alison Gopnik hat als Kolumnistin des Wallstreet Journals im Jahr 2019 einen Artikel veröffentlicht: Hier beantwortet sie diese Frage anschaulich und zeigt die Vorzüge des frühkindlichen Lernens auf, indem sie dieses im Vergleich zur Begrenztheit Computer–gestützter »Künstlicher Intelligenz« (KI) analysiert: *»The Ultimate Learning Machines« (»Die ultimativen Lernmaschinen« – 11. Oktober 2019): (Gopnik, 2019)*

Gopnik ist aufgefallen, dass IT–Wissenschaftler versuchen, künstliche Intelligenz zu schaffen, indem sie bestimmte Algorithmen »maschinellen Lernens« bzw. des »machine learnings« nutzen. Computer werden in die Lage versetzt, »selbst« herauszufinden, wie sie auf Basis der Daten, die ihnen präsentiert werden, optimal reagieren können. Diese Vorgehensweise hat offenbar zu erstaunlichen Durchbrüchen geführt. Zum Beispiel wurden maschinelle Lernsysteme mit Millionen von Tierbildern aus dem Internet konfrontiert, von denen beispielsweise zahlreiche Fotos als Katzen– oder Hunde–Abbildungen gekennzeichnet worden waren. Ohne etwas anderes über Tiere zu wissen, konnten die Computer–Systeme die statistischen Muster in den Bildern extrahieren und dann diese Muster verwenden, um neu hinzukommende Beispiel–Fotos von Katzen und Hunden zu erkennen und zu klassifizieren. Mit maschinellen Lernsystemen wie Alpha Zero von Google Deep Mind konnten IT–Wissenschaftler einen Computer von Grund auf darauf trainieren, ein Videospiel, Schach oder das strategische Brettspiel »Go« zu spielen. Dem Computer wurde dabei jeweils als Bewertungskriterium eine Punktzahl angegeben, die durch eine bestimmte Spielaktion erreicht wird; nachdem er viele Millionen Spiele gespielt hat, lernt er schließlich, wie er diese Punktzahl maximieren kann, ohne dass er explizit über die Strategien von Schach oder Go informiert wurde.

Das Problem ist, dass dieser Algorithmus an erheblichen Grenzen leidet. »Elektronenhirne«, die damit arbeiten, benötigen enorme Datenmengen, um erfolgreich zu werden. Zudem benötigen sie dazu Daten von spezieller Qualität, und sie sind nicht sehr gut darin, auf der Basis dieser Daten zu verallgemeinern. Denn Künstliche Intelligenz erfordert, was Informatiker »supervision« – »Überwachung« – nennen. Um zu lernen, muss jedes Bild, das einem künstlich intelligenten Computer vorgelegt wird, mit einer Bezeichnung (z.B. »Hund«, »Katze«) versehen werden – jeder gescannte Spielzug muss zusammen mit einer Punktzahl dokumentiert werden.

Dagegen verarbeiten Säuglinge und Kleinkinder ihre Sinnesdaten weitgehend unbeaufsichtigt. Eltern sprechen dem Baby gegenüber vielleicht gelegentlich den Namen des Tieres aus, das gerade durch den Garten läuft, oder sagen »gut gemacht«, wenn es eine bestimmte Aufgabe erfüllt. Eltern kommentieren nicht jeden Anblick, der den Augen ihrer Kleinen geboten wird. Stattdessen sorgen Eltern vor allem dafür, ihre Kinder per rechtzeitigem Füttern und Wechseln der Windeln bei Laune zu halten und dadurch von ersten existentiellen Notlagen zu erlösen.

Was Babys lernen, lernen sie meist spontan und selbstmotiviert.

Die Daten, mit denen die Kleinen dabei konfrontiert sind, sind ganz anders, als die optimierten Bilder, mit denen Künstliche Intelligenz gefüttert wird. Alison Gopnik verweist in diesem Zusammenhang auf Forschungen von Kollegen. So haben Linda Smith von der Indiana University und Michael Frank von der Stanford University Kleinkinder mit superleichten Kopfkameras – sozusagen mit Baby-Action-Kameras – ausgestattet. Dabei zeigte sich, dass das, was Babys sehen, ganz anders ist als die Millionen von klaren Fotos in einem Internet-Datensatz, die in Computern eingelesen werden. Stattdessen zeigen die Kameras der Kleinkinder vereinzelte, chaotische und schlecht gefilmte Videos von ein paar vertrauten Dingen – Bällen, Spielzeug, Eltern, Katzen und Hunden –, die in seltsamen Perspektiven erscheinen.

Insgesamt zeigt sich, dass Computer mit vielen kontrollierten Daten auf der Basis ihrer KI-Algorithmen nicht die gleichen Verallgemeinerungen machen können wie menschliche Kinder. Ihr Wissen ist viel enger und begrenzter und zudem lässt sich Künstliche Intelligenz schnell durch simple »Gegenbeispiele« täuschen. So wird ein KI-Bilderkennungssystem automatisch behaupten, dass es sich bei einem durcheinandergewürfelten Pixelhaufen um einen Hund handelt, selbst wenn die betreffende Pixelabfolge lediglich zufällig in das statistische »Hunde-Muster« passt. Solch ein Fehler unterläuft keinem Baby, das im Fall eines Hundes ein lebendiges Wesen vor sich sieht, statt statistisch zu analysierende Informationen.

Offenbar ist es das grundlegende Erfolgsgeheimnis von Babys, dass ihre Gehirne mit chaotischen Daten arbeiten, aber dennoch präzise Konzepte bilden und nutzen können. In diesem Zusammenhang wurde an der Universität Berkeley das Akronym MESSY gebildet: Model-Building, Exploratory, Social Learning System. Zutreffend, denn offenbar sind Kleinkinder tatsächlich kleine MESSYs – Modell-bildende, explorative soziale Lernsysteme.

Aus der Perspektive des Vergleichs mit IT-Systemen zeigt sich, wie erfolgreich die Fähigkeiten sind, über die Kleinkinder durch die Modell- und Theoriebildung ihrer Gehirne verfügen. Zwar können sie mit Hilfe dieser Mindware im ersten Lebensjahr noch nicht lernen, Schach zu spielen. Aber sie entwickeln bereits vernünftige Ideen über Physik und Psychologie. Es konnte gezeigt werden, dass schon einjährige Babys viel über physikalische Objekte wissen. Sie stutzen, wenn ihnen in einem Film ein in der Luft schwebendes und durch die Wand fahrendes Spielzeugauto präsentiert wird.

Auch über Mitmenschen und ihre Absichten wissen Babys etwas. So konnte gezeigt werden, dass Einjährige, die sehen, dass einer Person versehentlich ein Stift auf den Boden fiel, diesen aufheben und der Person bringen. Und sie tun dies nicht, wenn die Person den Stift absichtlich auf den Boden geworfen hat.

Ein weiterer entscheidender Faktor, der Kinder von Künstlicher Intelligenz unterscheidet, ist laut der Psychologin Alison Gopnik die Art und Weise, wie sie von anderen Menschen sozial lernen. Kultur ist unsere Natur, und sie macht unser Lernen besonders leistungsfähig. Jede neue Generation von Kindern kann von allem Wissen profitieren, das frühere Generationen entdeckt haben.

Gopniks Hinweis auf den kulturellen Ursprung unseres Wissens und unserer Mindware bietet ein gutes Stichwort, um nun abschließend über die »Computer–Metapher« in der Psychologie zu urteilen:

Darauf, dass es sich lediglich um eine Metapher handeln kann und Gehirne Erfahrungen nicht wirklich berechnen, wies der Wissenschaftsphilosoph und Physiker Mario Bunge *(Bunge, 2010, S. 227–238; Bunge et al., 1984, S. 77–84)* hin: Berechnungen sind im eigentlichen Sinne Operationen mit Symbolen – Computer rechnen beispielsweise mit mathematischen Symbolen wie Hexadezimal–Zahlen und binären Zahlen. Menschliches Denken basiert auf Prozessen in neuronalen Systemen, die aus lebenden Zellen bestehen, die durch physikalische oder chemische Signale kommunizieren, nicht durch Symbole. Im Detail haben wir gesehen, dass die Mindware, die im menschlichen Cortex beim prädiktiven Kodieren eine Rolle spielt, nicht etwa auf digitalen Formeln basiert, sondern auf Mustern, die durch flexibel verbundene Nervenzellen gebildet werden. – Mathematische Symbole, mit denen im wörtlichen Sinne gerechnet wird, sind Artefakte, die frühestens vor etwa 30.000 Jahren erfunden wurden. Zu diesem Zeitpunkt existierte unsere sich selbst des vernünftigen Denkens rühmende Spezies »homo sapiens« bereits seit etwa 100.000 Jahren und hatte zu diesem Zeitpunkt längst begonnen, auf der Basis von Mindware rational zu denken.

Menschliches Denken funktioniert offenbar völlig anders als das »Denken« von »Elektronengehirnen«. Ist es denn möglich, dass umgekehrt Künstliche Intelligenz menschliches Denken und Bewusstsein imitieren kann? Subhash Kak – renommierter Professor für Elektro– und Computertechnik an der Oklahoma State University – macht seinen Kollegen sogar wenig Hoffnung, dass selbst Milliarden Dollar teure Projekte mit Supercomputer–Hirnen jemals diese Vision »denkender Roboter« umsetzen werden. *(Kak, 2019)* Er argumentiert, dass menschliche Gehirne ganz anders »zum Ticken gebracht« werden, als dies bei der Funktionsweise von Computern der Fall ist.

Zwar bestehen einige Forscher aus seiner Sicht darauf, dass die Simulationen von Neurowissenschaften auf Computern irgendwann Bewusstsein produzieren können. Kak allerdings ist der Ansicht, diese Bemühungen seien grundsätzlich zum Scheitern verurteilt, weil Bewusstsein nicht berechenbar ist.

Sein Grundargument ist, dass bewusst wahrnehmende Gehirne stets mehrere Komponenten eines Erlebnisses integrieren und komprimieren, einschließlich Sehkraft und Geruch. Diese Komponenten können seiner

Meinung nach nicht so behandelt werden, wie heutige Computer Daten erfassen, verarbeiten und speichern.

Demgegenüber speichern lebende Organismen Erfahrungen in ihrem Gehirn, indem sie neuronale Verbindungen in einem aktiven Prozess zwischen dem Erkenntnissubjekt und der Umwelt anpassen. Dabei erkundet ein menschlicher Mind aktiv seine Umgebung, indem er seine Wahrnehmung per Simulation bzw. prädiktiver Kodierung steuert. Menschliches Bewusstsein steht nicht in direktem Zusammenhang mit sensorischen Daten, sondern sagt solche Daten kontinuierlich voraus. Computer erfassen Daten nicht nach diesem Prinzip des prädiktiven Kodierens. Im Gegensatz dazu scannen sie diese Daten lediglich mehr oder weniger passiv und speichern diese in Kurz- und Langzeitspeicherblöcken ab.

Darüber hinaus weist Subhash Kak darauf hin, dass sich Personen mit Bewusstsein in Situationen darüber im Klaren sind, was sie denken. Außerdem haben sie die Fähigkeit, aufzuhören, über die eine Sache nachzudenken und stattdessen über eine Alternative zu reflektieren. Auch das ist für einen Computer unmöglich. Kak verweist auf den britischen Informatiker Alan Turing, der vor mehr als 80 Jahren die Unmöglichkeit bewies, dass ein bestimmtes Computerprogramm sich selbst stoppt.

Die Fähigkeit des »Selbst-Stoppens« ist von zentraler Bedeutung für das Bewusstsein. Ohne den Vorgang des selbstgesteuerten Unterbrechens suboptimaler spontaner Denkprozesse wäre rationales Denken, wie wir bereits zu Beginn des ersten Teils dieses Buchs gesehen haben, grundsätzlich nicht erklärbar.

Bringen wir nun diesen Abschnitt zu Ende, in dem es darum geht, zusammenzufassen, was die Grundlage von Mindware ist, die Bewusstsein und insbesondere rationales Denken ermöglicht. Dabei kommen wir auf einen Gedanken zu Beginn dieses zweiten Teils zurück:

Rationales Denken menschlicher Säugetiere entwickelt sich vor dem Hintergrund zweier ineinanderlaufender Evolutionen – der biologischen Evolution und der sozial-kulturellen Evolution.

Im Rahmen der biologischen Evolution bildete sich die physiologische Basis unseres Gehirns und seiner neuronalen Prozesse aus.

Im Rahmen der sozial-kulturellen Evolution wurden menschliche Kognitionen von einer »kurzen Leine« der direkten Determinierung durch die Lebensverhältnisse genommen. Die Ausprägung einer komplexen sozialen Lebenswelt brachte es mit sich, dass Individuen zunehmend den Freiraum einer »langen Leine« nutzen müssen. Hierdurch ergibt sich ein Spielraum, in dem sie eigenständig zu denken haben, um optimale Entscheidungen zu treffen.

In diesem Zusammenhang schauen wir uns einen Beitrag an, den der japanisch-amerikanische Sozialpsychologe Shinobu Kitayama Anfang des Jahres 2021 veröffentlicht hat. Es handelt sich dabei um einen Artikel, der als Kolumne im Wissenschafts-Magazin »Perspectives on Psychological Science« der Association for Psychological Science (APS) erschien, der Kitayama zu diesem Zeitpunkt als Präsident vorstand. *(Kitayama, 2021)*

Auch er stellt die Frage, ob der menschliche Mind mit einem Computer vergleichbar ist. Seit der kognitiven Revolution in der Mitte des 20. Jahrhunderts sei die Psychologie oft davon ausgegangen, dass er es sei. Diese Annahme habe sich als äußerst fruchtbar erwiesen. Sie bildete die Grundlage für viele Teilbereiche der Psychologie – darunter insbesondere die Kognitionspsychologie. – Wir sahen im ersten Teil dieses Buchs bei der Betrachtung der Theorie des rationalen Denkens, dass Keith E. Stanovich häufig auf die Computer-Metaphorik zurückgriff, indem er in seinem Modell einen Mind darstellte, der Denken u.a. »überschrieb« oder Simulationen »berechnete«.

Shinobu Kitayama möchte nicht bezweifeln, dass diese Metaphorik wesentlich zum Fortschritt der Psychologie beigetragen hat. Doch angesichts des massiven Erfolgs der Metapher könnten die Fallstricke der Deutung des »Geistes« als Computer leicht übersehen werden.

Denn die Computer-Metapher, die dominante Metapher der psychologischen Disziplin im letzten halben Jahrhundert ihrer Entwicklung maskiere insbesondere die sozial-kulturelle Vielfalt der menschlichen Existenz. In diesem Zusammenhang zeige sich ein inhärentes Unvermögen des Computer-Vergleichs: Computerchips könnten nicht wie menschliche Gehirne durch ihre sozial-kulturelle Umgebung beeinflusst werden und könnten darin ebenfalls nicht als kreative Akteure auftreten.

Sobald Menschen in eine kulturelle Tradition hineingeboren werden, würden sie sozialisiert und »trainiert«, indem sie Mindware bzw. Konzepte in Form von Konventionen und Ritualen verinnerlichen. In diesem Prozess »verdrahteten« (wieder eine Computer-Metapher!) ihre Gehirne neu und würden reorganisiert, um in diesem kulturellen Milieu richtig und effektiv zu handeln. Es entstehe auf diese Weise eine Reihe von spontanen psychischen Tendenzen, die für das Handeln in der jeweiligen Lebenswelt geeignet seien. Wenn sie wirkten, reproduzierten sie viele der gleichen Konventionen oder Rituale. Mit anderen Worten: Menschliche Handlungsfähigkeit entstehe durch das Engagement von Individuen in historisch konstruierten kulturellen Milieus und reproduziere diese Milieus im Laufe der Zeit.

Kitayama zieht sein Fazit:

Viele Millionen Jahre der Evolution hätten die Menschen mit biologischen Komponentensystemen ausgestattet, die sie auf die Teilnahme an kulturellen Praktiken vorbereiten. Diese kulturelle Teilnahme von Individuen modifiziere dann diese Systeme, da jede Person die Praktiken der Gemeinschaft und die in diesen Praktiken verankerten Bedeutungen auf leicht geänderte Art reproduziere. In diesem Sinne seien menschlicher Mind und die sozialen und kulturellen Prozesse wechselseitig konstitutiv.

Drittens: Allostase – die energetische Basis rationalen Denkens

In Stanovichs Theorie des rationalen Denkens und seines Modells des Rationalitäts-Quotienten spielt neben Konflikt-Detektion und Rationalitäts-Mindware ein dritter Faktor eine ausschlaggebende Rolle: Individuen sind nur dann fähig, rational zu denken, wenn sie ausreichend kräftezehrende kognitive Ausdauer mobilisieren können. Sie müssen suboptimale Denk-Prozesse zu beenden in der Lage sein und dabei über einen möglicherweise großen Zeitraum erfolgreich Override- und Simulations-Aktivitäten aufrechterhalten.

Diesen Faktor betrachten wir nun auf der Basis unseres frisch gesammelten Wissens aus der Neurowissenschaft. Es wird sich dabei zeigen, dass wir Stanovichs Sprechweise von »Denk-Energie« kritisch diskutieren und präzisieren können. Ebenfalls kritisch betrachten werden wir seine »moralisierende« Vorstellung vom »kognitive Miser« – dem inneren »kognitiven Geizhals«. Dieser ist angeblich das eine oder andere Mal dafür verantwortlich, dass wir nicht ausreichend motiviert sind, einem Denk-Konflikt konsequent genug nachzugehen, um alternative Zukunfts-Simulationen zu berücksichtigen.

Basis unserer kritischen Diskussion wird der Tatbestand sein, dass Kognitionen grundsätzlich körperliche Ressourcen verbrauchen. Um die Hintergründe zu verstehen, haben wir uns in diesem Abschnitt mit der sogenannten »Interozeption« zu beschäftigen: *(Barrett, 2017, 2018, S. 66–73; Barrett & Simmons, 2015)*

Wie gesehen ist das Gehirn kontinuierlich mit der Simulation unserer Erfahrungswelt beschäftigt. An dieser Stelle wird es nun wichtig, zu bedenken, dass diese »Umgebung« unseres Gehirns sich auf mehr erstreckt als auf Tatbestände der äußeren Welt. Denn neben unseren exterozeptischen Rezeptoren für außenweltliche Reize des Sehens, Riechens, Hörens, Berührens und Schmeckens verfügen wir über weitere, über interozeptische Rezeptoren, die uns Vorgänge in unserem Körperinneren erleben lassen.

Laufend erstellt unser Gehirn Vorhersagen zu innerkörperlichen Bewegungen und Abläufen. Auf dieser Basis arbeitet es an unserer Körper-Steuerung, um sicherzustellen, dass unser Herz schlägt, Blut pumpt, unsere Lungen atmen und unserem Stoffwechsel ausreichend Glukose zur Verfügung steht. Das gilt nicht nur, wenn wir uns bei körperlicher Arbeit oder beim Sport anstrengen, sondern insbesondere dann, wenn wir zum Fällen einer schwierigen Entscheidung – also bei einer rationalen Reflektion – anstrengende Gedankengänge durchspielen müssen.

Diese Interozeption verläuft ebenso kontinuierlich, wie beispielsweise die exterozeptischen Mechanismen unseres Hörens und Sehens ständig im Betrieb sind – auch wenn wir uns dessen nicht bewusst sind und gerade nicht aktiv zuhören oder konzentriert schauen.

Neurowissenschaftler haben festgestellt, dass in unserem Gehirn sogenannte »interozeptive Netzwerke« wirken. Diese arbeiten ähnlich wie die »exterozeptischen Netzwerke«, die wir oben kennengelernt haben und die für unsere Wahrnehmung der Außenwelt verantwortlich sind. Die Besonderheit der interozeptischen Netzwerke ist, dass sie kontinuierlich Vorhersagen über den Zustand unseres Körpers erstellen und diese fortlaufend mit dem sensorischen Input aus dem Inneren unseres Körpers abgleichen und ggf. korrigieren.

Die zentrale Funktion dieser interozeptischen Netzwerke besteht darin, für einen wirtschaftlichen Umgang mit den zur Verfügung stehenden physiologischen Ressourcen zu sorgen. Von Neurowissenschaftlern vermutete Vorgabe der betreffenden Steuerungsvorgänge ist es dabei, mit den zur Verfügung stehenden Energie–Ressourcen so zu haushalten, dass der menschliche Körper möglichst funktionsfähig bleibt:

Gerade der Umgang mit der Außenwelt erfordert einen hohen Energie–Einsatz. Beispielsweise für den Betrieb unseres »Energie–hungrigen« Hirn–Gewebes – Prozesse wie die kontinuierliche Vorhersage von sensorischem Input des Sehens, Hörens, Fühlens, Riechens, Schmeckens usw. sowie das an Vorhersagefehler anknüpfende Revidieren von Vorhersagen, das Erstellen neuer Simulationen, Vergleichen von Simulationen mit Sinnesdaten erfordert viel Energie. Ohne die Steuerungs–Leistung der interozeptischen Netzwerke unseres Hirns würden unsere internen Energie–Reserven mehr oder weniger schnell erschöpfen.

Unser Gehirn macht also kontinuierlich interozeptische Vorhersagen zur Kontrolle unseres internen Kraft–Budgets. Ziel ist es, zu gewährleisten, dass ausreichend Denkenergie zur Verfügung steht und schließlich das Überleben des Gesamtorganismus gewährleistet ist.

Auf der Basis neurowissenschaftlicher Konzepte, die wir im vorhergehenden Kapitel kennengelernt haben, können wir uns die Mechanismen der Interozeption noch eine Stufe detaillierter anschauen:

Wir sahen, dass Neurowissenschaftler im Zusammenhang mit unseren exterozeptiven Sinnen wie z. B. Sehen, Hören, Berühren groß angelegte intrinsische Gehirnsysteme identifiziert haben. Wir haben gelernt, dass immer mehr Beweise darauf hindeuten, dass diese Systeme nach den Prinzipien der prädiktiven Kodierung funktionieren, bei der Empfindungen antizipiert und dann durch sensorische Inputs aus der Welt korrigiert werden. Unserem Gehirn wird damit zugeschrieben, als generatives System die Welt zu modellieren: Statt auf die Außenwelt zu reagieren, sagt es sensorischen Input vorher.

In Bezug auf die Interozeption stellen nun Neurowissenschaftler und Psychologen wie beispielsweise wiederum Lisa Feldman Barrett die Hypothese auf, dass hier entsprechende Mechanismen wirken. *(Chanes & Barrett, 2016, Kleckner et al., 2017)*

Der Begriff der Interozeption bezeichnet die Wahrnehmung innerorganismischer Prozesse – u.a. unserer allgemeinen körperlichen Befindlichkeit – unsere Eingeweide–Wahrnehmung, die Wahrnehmung innerer Symptome, etwa die Wahrnehmung eines schnelleren oder unregelmäßigen Herzschlags, die Empfindung von Atemnot oder von Schmerzen in bestimmten Organen.

Analog zur Exterozeption wird die Wirkung eines Systems angenommen, das Sinneseindrücke aus dem Körperinneren repräsentiert und einen wichtigen Beitrag zur Regulierung peripherer Systeme innerhalb des Körpers leistet. Die Wissenschaftler haben in diesem Zusammenhang das Akronym »EPIC« eingeführt – Embodied Predictive Interoception Coding (Verkörpertes Prädiktives Interozeptions–Kodieren). Auf der Basis des EPIC–Modells stellen sie die Hypothese auf, dass agranuläre – wenig laminierte – Hirnregionen als Ausgangsbasis für Vorhersagen dienen, die auf neuronalen Bahnen in stärker laminierte – granulare – Bereiche des Cortex fließen. Im Fall der Interozeption soll es sich bei den agranulären Hirnregionen um viszeromotorische Cortexe handeln, die an der Steuerung der Bewegung unserer Eingeweide beteiligt sind. Im Detail wird angenommen, dass diese Vorhersagen Gleichgewichts–Schätzungen sind, mit deren Hilfe es die agranulären viszeromotorischen Rinden ermöglichen, Vorhersagen an den Hypothalamus, den Hirnstamm und die Rückenmarkskerne zu übermitteln.

Auf der Basis dieser Gleichgewichts–Schätzungen soll das Gehirn kontinuierlich den Energiebedarf des Körpers voraussehen, um darauf vorbereitet zu sein, einen zukünftigen Bedarf zu decken, bevor dieser entsteht – z.B. indem es eine Bewegung zur Kühlung des Körpers initiiert, bevor eine Überhitzung in Organen auftritt. Für diesen Vorgang wird der Begriff der Allostase verwendet. Es handelt sich um den Prozess, mit dem das Gehirn eine effiziente Energie–Regulierung bewirkt.

Kern des EPIC–Modells ist also die Annahme, dass vom Gehirn kontinuierlich Vorhersagen in Form interozeptiver Signale ausgehen, die für eine erfolgreiche Allostase notwendig sind.

In diesem Zusammenhang wichtig zu wissen ist, dass das interozeptische Netzwerk zwei einzelne Netzwerke umfasst, die gleichzeitig die Basis des exterozeptischen Netzwerkes bilden: das Salience Network und das Default Network. Offenbar ist die kognitive Funktion des Gehirns, Auffälligkeiten zu detektieren und Overrides zu initiieren (Salience Network), und die Funktion, Simulationen und Hypothesen zu bilden (Default Mode Network), unmittelbar an allostatische Prozesse angeschlossen. Unsere Wahrnehmungs- und Denkprozesse sind damit unmittelbar an die Erfordernisse unseres Stoffwechsels gebunden.

Auf den Punkt gebracht bedeutet das: Die wichtigste Aufgabe unseres Gehirns ist es, unseren Körper so zu kontrollieren, dass allostatische Erfordernisse erfüllt werden. Tatsächlich ermöglicht unser Gehirn als »Highlight« bewusstes Denken und eine Vielfalt an »intellektuellen« Erfahrungen. Aber diese »geistigen Phänomene« sind stets im Zusammenhang mit der zentralen Aufgabe zu sehen, einen komplexen Organismus in einer komplexen Umgebung gesund zu erhalten und ein energetisches Körperbudget möglichst vorteilhaft zu verwalten.

Diese Verwaltung unseres Körperbudgets können wir uns entsprechend einem Finanzbudget vorstellen. Jede Aktivität, die Ressourcen verbraucht, wie sportliche Betätigung oder Hausarbeit kann wie eine Auszahlung unseres Körperbudgets gesehen werden – Ressourcen wie Wasser, Salz und Glukose werden für diese Aktivitäten investiert. Entsprechendes gilt für anstrengende Wahrnehmungs- und Denk-Prozesse – etwa das langanhaltende Aufrechterhalten von Simulationen, bei dem Hirngewebe viel Energie benötigt, um beispielsweise die Leistung unseres Arbeitsgedächtnisses aufrechtzuerhalten. Dagegen gibt es Aktivitäten, die wie Einzahlungen in unser Körperbudget wirken, indem sie unsere Ressourcen wieder auffüllen, wie Essen, Entspannen oder Schlafen.

Um bei dieser Finanz-Metapher zu bleiben: In Anbetracht dieses Budget-Managements wäre es aus Stoffwechsel-Sicht leichtsinnig, stets alle Energie in kontinuierliches reflektierendes Denken vom Typ 2 und bis ins letzte Detail präzise Wahrnehmung zu stecken. Stattdessen modelliert unser Gehirn die Welt aus der Perspektive der physischen Bedürfnisse unseres Körpers und setzt Denk-Prozessen und der Investition in Simulationen alternativer Welten Grenzen.

In Situationen, in denen Denk-Herausforderungen knappe Körper-Ressourcen wie Glukose erschöpfen könnten, senden agranuläre viszeromotorische Cortexe Vorhersagen an granuläre Cortex-Bereiche. Die Vorhersage, dass körperliche Ressourcen unter ein bestimmtes Niveau fallen könnten, tritt in unserem Bewusstsein als Affekt der Unlust auf. Diese Unlust hat das Potential, die Motivation auszubremsen, uns – möglicherweise unnötig – intellektuell stark zu engagieren. Wir können also sagen: »Das Gehirn steuert auf diese Weise per affektiver Vorhersage unsere Denktätigkeit und sichert so die Erfüllung der Funktion der Allostase.« Mit dieser Sprechweise nehmen wir den moralisierenden Unterton der Kognitions–Psychologen heraus, die stattdessen sagen: »Akteure neigen dazu, ›kognitive Faulpelze‹ zu sein.«

Überhaupt kann nicht davon gesprochen werden, Akteure geizten mit »Denk–Energie«. Denn das Vorenthalten von Körper–Ressourcen wie Energie auf der Basis von Glukose ist kein dem Individuum direkt zugänglicher Prozess. Es handelt sich um Steuerungsvorgänge, in denen das prädiktive Kodieren in interozeptiven Netzwerken eine wichtige Rolle spielt.

Fazit: Das Tor zum freien Willen

Aus der Perspektive des letzten Absatzes kann rationales Denken als »psychophysisches Phänomen« definiert werden. Dabei betrachten wir Rationalität mit Bezug auf die wesentliche Aufgabe des Gehirns, die Budgetierung unserer Körper–Ressourcen zu managen – u.a. unseren Vorrat an Wasser, Salz und Glukose. So gesehen ist Rationalität unsere Fähigkeit, Ressourcen äußerst sparsam zu investieren, um in unserer unmittelbaren Umgebung möglichst erfolgreich zu sein. Rationale Denker sind Individuen, die gezielt im richtigen Augenblick und im richtigen Maß in Denkarbeit, in wiederholtes Überlegen sowie gezielt in Lernen investieren, um Ziele zu erreichen und dabei Fehler möglichst zu vermeiden. *(Barrett, 2018, S. 79–82)*

Wer sich mit der Jahrtausende alten Geschichte der Philosophie beschäftigt, wird an dieser Stelle schockiert sein angesichts dieser konsequenten materialistischen Deutung menschlichen Denkens. Doch die Vorteile dieser Interpretation sind umfassend. Schließlich kann heute angesichts moderner Forschungsresultate niemanden mehr überzeugen, was Philosophen wie Immanuel Kant über Vernunft und Rationalität von ihren Lehnstühlen aus konstruiert haben.

Insbesondere plausibel zu machen, welche Verbindung rationales Denken und menschliche Autonomie haben können, ist Kant und seinen Nachfolgern bis heute nicht überzeugend gelungen. *(Droste, 2015, S. 112–142, 1984)*

Angesichts dieses Dilemmas bietet gerade die Neurowissenschaft einen aussichtsreichen Ansatz: Obwohl sie rationales Denken aus der Sphäre der literarischen Spekulation und der überhöhenden »Geisteswissenschaftlichkeit« herabgeführt hat in die Tiefen realer neuronaler Verknüpfungen und Vernetzungen.

Dieser Ansatz geht folgendermaßen: *(Barrett, 2018, S. 60, 2020; Bunge et al., 1984, S. 227–231; Droste, 2015, S. 133–137; Barrett, 2022)*

Unser Erleben ist bestimmt durch Vorhersagen und Simulationen, die unser Gehirn aufgrund von Sinnesdaten aus der Vergangenheit konstruiert. Und unser Gehirn ist nicht nur aufgebaut, um aktuelle Sinnesreize vorwegzunehmen: Es initiiert sogar unsere Handlungen, bevor sie uns bewusst werden. Leserinnen und Leser werden sich an unser Beispiel mit dem Jungen im Park und den auf ihn zufliegenden Fußball erinnern.

Es scheint also, als wenn unser Handeln in erster Linie unter Kontrolle unseres Gedächtnisses und in zweiter Linie unter dem Einfluss unserer Umgebung steht. Kann daraus geschlossen werden, dass wir keinen freien Willen und wir keine Verantwortung für unsere Handlungen haben?

Aus Sicht der Neurowissenschaften ist dies nicht der Fall, denn unsere Vorhersagen und Simulationen, die unsere Aktionen auslösen, tauchen nicht aus dem Nichts auf. Zwar können wir unsere Vergangenheit nicht ändern. Folgendes ist möglich: Daran zu arbeiten, wie unser Gehirn bei nächster Gelegenheit die Zukunft simulieren wird und daran anknüpfend unsere Handlungsalternativen gestaltet. Indem wir in gewissem Maße Zeit und Energie investieren, können wir neue Ideen lernen – mit anderen Worten: neue Mindware implementieren. Wir können damit an unserer bisherigen Erfahrung arbeiten und neue Arten, aktiv zu werden, ausprobieren. Alles, was wir heute lernen, kann morgen eine Vorlage für geänderte Vorhersagen, Simulationen und Hypothesen sein. Wie wir bei Keith E. Stanovich gesehen haben, kann Mindware durch Trainieren zum festen Bestand unseres Denk–Repertoires werden.

Entsprechend wie wir einst mit großer Anstrengung gelernt haben, unsere Schuhe zu binden, Wörter zu entziffern, Auto zu fahren, um später fast Anstrengungs–frei täglich unsere Schuhe anzuziehen, zu lesen und ins Büro zu fahren, können wir für viele Situationen unseres Lebens Verhaltensweisen »vorprogrammieren«. Dieses Verhalten läuft automatisch ab, weil unser Gehirn sich darauf eingestellt hat, verändert Vorhersagen zu treffen, um veränderte Handlungs–Alternativen zu erwägen und zu nutzen. Da wir in gewissem Umfang die Möglichkeit haben, zu wählen, welchen Einflüssen wir uns aussetzen und welche Mindware wir nutzen, haben wir einen Spielraum, selbstbestimmt Handlungsweisen zu verinnerlichen. Aus der Sicht der Neurowissenschaft können wir damit sagen, wir verfügen über eine Form freien Willens oder etwas, das dem Konzept des freien Willens nahekommt.

Wie es die Psychologin Lisa Feldmann Barrett ausdrückt, sind wir im Alltagsleben – »in der Hitze des Gefechts« – möglicherweise nicht in der Lage, unser Verhalten zu ändern. Aber es gibt gute Chancen, unsere Vorhersagen zu verändern, bevor das nächste hitzige Gefecht startet. *(Barrett, 2020)*

Mit etwas Übung können wir einige automatische Verhaltensweisen wahrscheinlicher machen als andere Handlungs–Alternativen; wir erlangen auf diese Weise mehr Kontrolle über zukünftige Erfahrungen und Handlungen.

Diese Einsicht kann als hoffnungsvolle Botschaft betrachtet werden, auch wenn diese mit einer »belastenden Nebenwirkung« verknüpft ist. Denn, da unser Gehirn wie oben gelernt nicht einfach auf die Welt reagiert, gibt es eine Verantwortung dafür, wenn wir Dinge vorurteilsbehaftet wahrnehmen und anschließend schlecht handeln. Wer trägt die Verantwortung? – Wir selbst!

Als wir Kinder waren, haben unsere Bezugspersonen die Umgebung vorgegeben, in der unser Gehirn erste Erfahrungen aufzeichnete und die erste Ausstattung mit Mindware erwarb. Unserem Gehirn war in dieser Phase weitestgehend durch das Leben in einer Nische vorgegeben, in welche Richtung sich unser Denken ausbreiten konnte. Doch, indem wir erwachsen wurden, veränderte sich die Lage drastisch. Wir können uns ab sofort aussuchen, mit welchen Menschen wir zusammen sind und können die Vorstellungen in Frage stellen, die sich in unseren früheren Lebensphasen entwickelten. Indem wir die Nische neu bestimmen, in der wir leben, lieben und arbeiten, bekommen wir Gelegenheiten, unsere Vorhersagen, Simulationen, die Auswahl unserer Handlungs–Alternativen neu zu bestimmen. Zwar wäre es eine Übertreibung zu behaupten, jeder hätte eine umfangreiche Auswahlmöglichkeit, auszuwählen, wie er zukünftig besser wahrnimmt und handelt. Doch eine gewisse Bandbreite an Möglichkeiten hat jeder Mensch.

So durchschaut jeder, der das vorliegende Buch aufmerksam liest, wie rationales Denken funktioniert. Auf der Basis des anschließenden Teils drei verfügen Leserinnen und Leser über Mindware, mit deren Hilfe sie zukünftige rationale Überlegungen wahrscheinlicher machen. Anhand der vorgeführten Rechenbeispiele können sie für zukünftige Situationen in ihrer Imagination durchspielen, wie sie besser agieren können, indem sie vermeiden, auf Denk–Verzerrungen hereinzufallen.

Doch grundsätzlich gibt es Voraussetzungen dafür, dass Personen verstärkt Rationalität entwickeln und für sich kultivieren – ganz unabhängig davon, ob sie dieses Buch vorliegen haben oder nicht.

Wiederholt kamen wir oben darauf zu sprechen, dass unsere Spezies gleichermaßen durch eine biologische und durch eine sozial–kulturelle Evolution geprägt ist, deren Auswirkungen sich gegenseitig durchdringen und komplexe materielle Bedingungen unserer Existenz bilden. Diese Bedingungen begrenzen unsere Chancen, in unserem Leben persönliche Rationalitäts–Fortschritte zu machen und wachsende Autonomie zu gewinnen.

Der Philosoph Mario Bunge hat davon gesprochen, dass wir dazu das Glück haben müssen, einigermaßen erträglich leben zu können. Er macht das an zehn Voraussetzungen fest, die erfüllt sein müssen: *(Bunge, 1999, S. 351; Droste, 2015, S. 139–142)*

- *Sicherheit* – wir sollten unter gefahrenfreien Umständen – insbesondere ohne Krieg – leben
- *Gemeinschaft* – wir benötigen freundlichen, menschlichen Austausch
- *Mentale Aktivität* – wir sollten geistig gefordert sein
- *Bildung* – wir sollten Gelegenheit haben, Wissen und Fähigkeiten zu erwerben
- *Arbeit* – wir brauchen schöpferische Beschäftigung
- *Einkommen* – wir benötigen eigene materielle Ressourcen, um uns etwas leisten zu können, wie Bücher, Musikinstrumente u.ä.
- *Wohnraum* – wir benötigen Räume des Rückzugs und der Erholung
- *Ernährung* – unser täglicher Energiebedarf muss gedeckt sein
- *Körperliche Aktivität* – wir sollten beweglich sein und am besten Ausdauersport betreiben
- *Gesundheit* – wir sollten uns körperlich und psychisch wohl fühlen

Sind diese Bedingungen nicht ausreichend erfüllt, fehlt Raum für die Entwicklung rationalen Denkens. Zu einzelnen dieser Aspekte gibt es empirische Daten. In seinem Artikel »What Makes Nations Intelligent?« («Was macht Nationen intelligent?«) *(Hunt, 2012)* hat der Psychologe Earl B. Hunt Forschungsdaten zusammengetragen, um nachzuvollziehen, wie sich solche materiellen Bedingungen auf die intellektuellen Fähigkeiten im Ländervergleich auswirken – hier einige herausragende Forschungsergebnisse:

Studien haben beispielsweise erbracht, dass Mangelernährung zu Wachstums-Verzögerungen führt und darüber hinaus verhindert, dass Menschen von Bildung profitieren, weil sie ohne gute Ernährung unter mangelnder Aufmerksamkeitsfähigkeit leiden.

Gesundheit ist ein weiterer entscheidender Faktor dafür, dass Bevölkerungen von Bildung profitieren. Nachweislich wirkt sich die übermäßige Belastung durch Schwermetallschadstoffe in den Entwicklungsländern dieser Welt negativ auf die intellektuelle Entwicklung und auf Bildungserfolg aus.

Außerdem ist das soziale Umfeld von ausschlaggebender Bedeutung. In den ärmeren Ländern der Welt sowie in ärmeren Bevölkerungsgruppen mit niedrigem Sozialstatus in den reichen Wirtschaftsnationen sind Menschen gezwungen, sich in erster Linie auf das wirtschaftliche Wohlergehen ihrer Familien und ihrer Kinder zu konzentrieren. Unter diesen Bedingungen konkurriert die Zeit für den »Kampf um das Überleben« mit der Zeit für Interaktionen zwischen Erwachsenen und ihrem Nachwuchs, welche eine intellektuelle Entwicklung von Kindern fördern könnte.

Globale materielle Ungleichheit bewirkt eine deutlich eingeschränkte Chancen–Gerechtigkeit in den Feldern Entwicklung rationalen Denkens und persönlicher Autonomie.

»You learn to do what you practice. If you practice thinking, you will learn to think«

Diane Halpern *(Halpern et al., 2007)*

TEIL 3

RATIONALITÄTS-QUOTIENT: DER CART-FRAGEBOGEN UND AUSWERTUNG

Übersicht Teil 3: Die CART-Subtests

A Probabilistisches und statistisches Urteilen

B Wissenschaftliches Urteilen

C Rücksetzen auf den autonomen Mind

D Scheitern einer anhaltenden Überschreibung

E Übersparsames, suboptimales Denken

F Wissens- und Mindware-Lücken

G Kontaminierte Mindware

H Denkdispositionen und kognitive Stile

Vorbemerkungen

Nun ist es endlich so weit:

Nachdem Leserinnen und Leser in Teil eins und Teil zwei des vorliegenden Buchs systematisch darauf vorbereitet wurden, lernen sie nun den CART – den »umfassenden Test zur Bewertung rationalen Denkens« (»Comprehensive Assessment of of Rational Thinking«) hautnah »im Original« anhand einer großen Auswahl an Beispiel-Tests aus eigener Anschauung kennen. Die Formulierungen der jeweiligen Aufgaben sind lediglich leicht auf unsere europäischen Umstände modifiziert und ins Deutsche übersetzt.

Selbstverständlich sind an dieser Stelle auch die Leserinnen und Leser willkommen, die die »Abkürzung« an den ersten Teilen vorbei genommen haben, und direkt hier starten. Es ist durch ausführliche Hinweise dafür gesorgt, dass sie dennoch im Großen und Ganzen den theoretischen Hintergrund des Test-Instrumentariums verstehen können.

Stanovich und sein Team haben das CART-Testinstrument übrigens in zwei Versionen – einer Vollversion und einer Kurzversion – vorgelegt. *(Stanovich & Toplak, 2016, S. 219–268)* Diese Versionen kamen bei Testpersonen zum Einsatz. Dabei zeigte sich, dass die meisten Probanden für die Absolvierung mit ungefähr drei Stunden auskommen. In dieser Version umfasst der Gesamttest 148 Einzeltests mit insgesamt 148 erreichbaren CART-Punkten, die acht Testkategorien zugeordnet sind. In der Kurzversion umfasst der Gesamttest 100 Einzeltests; die meisten Probanden benötigten knapp zwei Stunden zum Lösen dieser Aufgaben.

Ziel dieses dritten Teils ist es, nicht nur möglichst genau nachvollziehbar zu machen, wie die Bewertung des rationalen Denkens funktioniert, indem Tests aus sämtlichen Testkategorien und allen Subtests vorgestellt werden. Darüber hinaus wird für alle Testarten noch einmal im Einzelnen gezeigt, welcher Aspekt der Rationalitäts-Theorie hinter den jeweiligen Aufgaben steht.

Dabei gilt durchgängig das Prinzip: »Am besten selber testen!«: Insgesamt werden in den folgenden Kapiteln und Abschnitten insgesamt 30 Einzeltests aus dem CART vorweggestellt. Prinzip ist, dass Leserinnen und Leser eingeladen sind, diese Aufgaben – augenfällig durch jeweils einen grauen Font gekennzeichnet – »zur Einstimmung« zu lösen.

Im sich direkt anschließenden Text werden Informationen zur Verortung dieser Aufgaben in der Systematik der Theorie gegeben und anhand von weiteren Testbeispielen erläutert. Am Ende jeden Kapitels und Unterkapitels wird dann die Lösung des vorweggestellten Tests geliefert. Auf diese Weise werden ungefähr 90 Rationalitäts-Tests »durchgespielt«.

Dadurch, dass im Detail transparent wird, wie die Rationalitäts-Messung funktioniert, können die Nutzer des Buchs einschätzen, wie sie ihre eigenen Lösungsstrategien zu bewerten haben. Sie werden erkennen, wo sie möglicherweise durch ihre Reaktionen auf der »Rationalitäts-Skala« höher oder niedriger punkten – wo sie vermutlich eher Stärken oder eher Schwächen im Bereich des rationalen Denkens haben.

Bemerkung zu den Aufgabenstellungen und Lösungen:
Das Nachvollziehen der Lösungen für die einzelnen Aufgaben erfordert keine mathematischen Kenntnisse im akademischen Sinne – das kleine Einmaleins reicht aus. An einigen Stellen wird elementares Hintergrundwissen aus dem der Bereich Wahrscheinlichkeits-Rechnung und Aussagenlogik benötigt. Hierfür werden Leserinnen und Leser mit ausführlichen Erläuterungen an einfachen Beispielen unterstützt.

Zur Darstellung von Lösungswegen wurde häufig auf Illustrationen zurückgegriffen. Dadurch wird Nutzern des Buchs insbesondere das Nachvollziehen von Wahrscheinlichkeits-Rechnungen auf der Basis der Bayesschen Statistik erspart.

Beispielrechnungen
An dieser Stelle soll auf eine typografische Vereinfachung hingewiesen werden, die auf den folgenden Seiten genutzt wird. An einem Beispiel:

Wenn Sie im Alltag einen einfachen Prozentwert ausrechnen, sieht das am Beispiel der Klärung der Frage »Wieviel Prozent ist der Wert von eins im Fall der Basis 10?« wahrscheinlich folgendermaßen aus:

1 geteilt durch 10 ist gleich 0,1 mal 100 % ist gleich 10%

Wir werden stattdessen mithilfe von »/« (»geteilt«) und »*« (»mal«) verkürzt schreiben:

1 / 10 = 0,1 * 100 % = 10 %

Bemerkung zum Layout von Teil drei:
Um Leserinnen und Lesern Orientierungshilfen zu bieten, wurde für die Gliederung von Teil drei eine Systematik verwendet, die sich in dieser Form in Stanovichs Veröffentlichungen zum CART nicht findet.

Zum einen wurden die acht Testkategorien jeweils mit den Großbuchstaben A bis H gekennzeichnet, denen jeweils eine einfache geometrische Form als »Icon« zugeordnet wurde – *»Flocken-Symbol« für A, »Fünfeck« für B usw.*

Darüber hinaus werden die jeweiligen Subtest-Kategorien mit der Hilfe von Zahlen bezeichnet *z.B. D1 (Glaubens-Bias) – D4 (Myside Bias).*

Das Layout von Teil drei ist durchgängig gemäß der 8 Testkategorien und der Subtest-Kategorien gegliedert, wobei im Layout auf jeder Doppelseite erkennbar ist, wo sich der Betrachter gerade befindet:

- auf jeder Doppelseite unten links ist die Bezeichnung des jeweiligen Testkategorien-Kapitels angegeben
- an der rechten Seite wird der aktuelle Subtest-Bereich angezeigt
- das verwendete Icon weist auf die Bezeichnung der Testkategorie

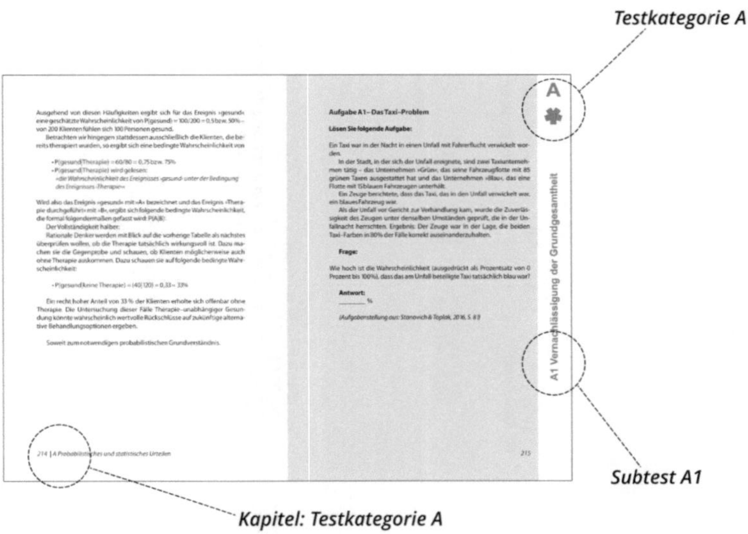

Als Referenz für die nächsten Kapitel A – H dient die folgende doppelseitige Grafik »CART-Subtests im Prozessierungs- und Wissens-Raum«.

Nebenaspekt dieser grafischen Inhaltsübersicht ist, dass es sich hierbei um eine anschauliche Karte des Raums handelt, in dem Rationalität zweidimensional verteilt ist. Da das Akronym »CART« wörtlich »Karte« bedeutet, erweist sich, wie passend die Umschreibung »Comprehensive Assessment of Rational Thinking« als Bezeichnung des Rationalitäts-Tests ist: Sie werden im aktuellen Teil dieses Buchs tatsächlich die »Kartierung« Ihres rationalen Denkens kennenlernen.

Viel Erfolg und Spaß dabei!

CART-Subtests im Prozessierungs- und Wissens-Raum

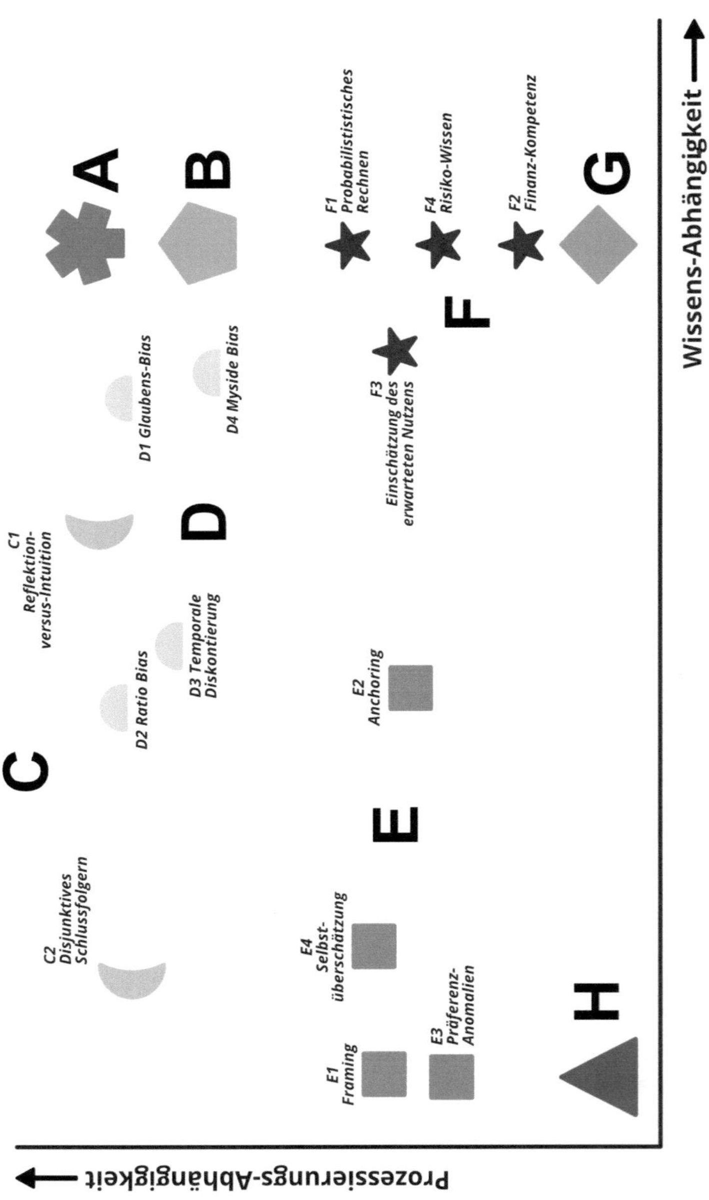

Grundlegendes Urteilsvermögen		Nachlässiges Prozessieren			Mindware-Probleme		Denkstile
A	B	C	D	E	F	G	H
Probabilistisches und statistisches Urteilen	Wissenschaftliches Urteilen	Rücksetzen auf autonomen Mind	Scheitern einer andauernden Überschreibung	Rücksetzen auf serielle assoziative Kognition	Mindware-Lücken	Kontaminierte Mindware	Denkdispositionen

A Probabilistisches und statistisches Urteilen

A1 Vernachlässigung der Grundgesamtheit

A2 Trugschluss des Glückspielers

A3 Verknüpfungsfehlschluss

A4 Regression zum Mittelwert

A5 Wahrscheinlichkeitsanpassung

A Probabilistisches und statistisches Urteilen

Keith E. Stanovich startet die Erläuterung der Subtests – der Untertests – des CART mit dem Thema »probabilistisches Denken« – also mit dem Denken von Wahrscheinlichkeiten. *(Stanovich & Toplak, 2016, S. 77–95)*

Das Denken im Zusammenhang mit Wahrscheinlichkeitsaussagen – mit probabilistischen Aussagen – ist eines der am gründlichsten untersuchten Gebiete der heuristics & biases–Forschung. Bei der Definition des Rationalitätsbegriffs hatten wir oben in Teil 1 gesehen, dass die Bewertung von Wahrscheinlichkeiten insbesondere im Zusammenhang mit dem Konzept des Axioms der Nutzenmaximierung von zentraler Bedeutung ist. Die Nutzen–Erwartung eines Akteurs mit Blick auf sein Handeln basiert auf seiner Bewertung der Wahrscheinlichkeit des erwarteten Handlungsresultats. Auf diese Weise basiert die individuelle Auswahl der »besten« Handlungsalternative auf der Abschätzung der Wahrscheinlichkeiten verschiedener Handlungsfolgen und deren Nutzen für die Zielerreichung des Akteurs. Bei diesen Schätzungen geht es nicht um »Berechnungen« im formalen Sinne. Eher geht es um das Wissen des Akteurs in Bezug auf bestimmte Zustände in der Welt und um seine Fähigkeit, mit Hilfe dieses Wissens die Möglichkeit des Eintretens damit zusammenhängender Tatbestände korrekt einzuschätzen.

Unsere probabilistischen Urteile über die Zustände der Welt können falsch sein. Wir können uns zum Beispiel irren, wenn wir glauben, dass als Wirkung eines Handelns ein für uns vorteilhafter Tatbestand mit einer hohen Wahrscheinlichkeit auftritt. Unterläuft uns ein solcher Irrtum, wird unsere Entscheidungsfindung unseren Nutzen nicht maximieren – denn unsere Handlungen werden nicht dazu führen, dass wir das bekommen, was wir am meisten wollen.

Halten wir fest: Die Messung der Kompetenz einer Person, Wahrscheinlichkeiten korrekt einzuschätzen, stellt eine wesentliche Grundlage der Bewertung ihrer Rationalität dar. In diesem Zusammenhang kann Stanovich wie angedeutet aus einem Fundus von bewährten Tests aus der heuristics & biases–Tradition zurückgreifen, die er für die Verwendung im CART (Comprehensive Assessment of Rational Thinking – »Umfassende Bewertung rationalen Denkens«) modifiziert.

Bevor er einzelne der ausgewählten Tests vorstellt, erläutert er grundlegende Eigenheiten der zum Einsatz kommenden Aufgabenstellungen und Tests: *(Stanovich & Toplak, 2016, S. 80–81)*

Eine korrekte Bearbeitung von Aufgaben des Subtests A setzt nicht voraus, dass Testpersonen eine formale Ausbildung im Bereich Wahrscheinlichkeitsrechnung absolviert haben. Stanovich stellt klar, dass niemand ein Rechengenie sein muss, um ausreichende probabilistische Kompetenz zu entwickeln. Es seien lediglich neben einem gewissen einfachen Verständnis der sogenannten Wahrscheinlichkeits-Axiome einige intuitiv verständliche Prinzipien einer rationalen Nutzentheorie erforderlich.

Schauen wir uns diese Voraussetzungen in Details an:

Zunächst lohnt eine begriffliche Klarstellung mit Blick auf die Unterscheidung des »subjektiven« und des »objektiven« Begriffs der Wahrscheinlichkeit. Die Verwendung des Wahrscheinlichkeitsbegriffs in Verbindung mit dem Attribut »subjektiv« ist weitverbreitet und manchmal irreführend verwendet. Eigentlich geht es bei der Verwendung dieses Attributs darum, dass Individuen etwas für »wahrscheinlich halten« können. Es geht bei dieser »Wahrscheinlichkeit« darum, wie »sicher« sich jemand bei seiner Einschätzung eines Sachverhalts ist. Es geht um die Bewertung eines Individuums mit Blick auf die Stärke seines Gefühls, dass es mit einer Einschätzung richtig liegt.

Wahrscheinlichkeit im epistemischen oder objektiven Sinne, meint etwas grundlegend Anderes als dieses mehr oder weniger stark ausgeprägte Sicherheitsgefühl: Ein objektives Wahrscheinlichkeitsfaktum ist beispielsweise der Tatbestand, dass bei einem Würfelwurf die Wahrscheinlichkeit des Fallens einer »1« mit der objektiven Chance von 1:6 zu bewerten ist. Das Werfen einer geraden Zahl – einer 2, 4 oder 6 – wird mit einer Wahrscheinlichkeit von 3:6 (= 1:2 = 50%) bewertet. Wird der Würfel annähernd unendlich mal geworfen, werden sich Häufigkeiten der gefallenen geraden und ungeraden Augen bei einem Verhältnis von 50% zu 50% einpendeln. – Dies gilt unabhängig von Wahrscheinlichkeits-Gefühlen.

Bei den Wahrscheinlichkeits-Schätzungen, mit denen wir es in diesem Subtest A zu tun bekommen, wird es um die Fähigkeit von Individuen gehen, mit objektiven Wahrscheinlichkeiten umzugehen.

Im Rahmen der Vorstellung der Aufgabenstellungen des Subtests A erläutert Professor Stanovich einige formale Konventionen. Es handelt sich um grundlegende Wahrscheinlichkeitsrechnungs-Terminologie: *(Bortz, 1977, S. 64–73; Stanovich & Toplak, 2016, S. 78–79)*

Probabilistische Terminologie

Die Bewertung von objektiver Wahrscheinlichkeit (P) variiert zwischen 0 und 1. Formalisiert können wir dieses probabilistische Grundaxiom folgendermaßen schreiben: $0 \leq P(A) \leq 1$, wobei P(A) die Wahrscheinlichkeit des Ereignisses A ist.

In der Praxis werden Wahrscheinlichkeiten häufig in Prozentwerten angegeben – tritt ein Ereignis A beispielsweise mit einer Wahrscheinlichkeit von 80% auf, entspricht dies P(A) = 0,8

Wenn ein Ereignis mit Sicherheit eintritt, dann ist seine Wahrscheinlichkeit 1 – es gilt P(A) = 1, wenn A 100% sicher ist. Wenn ein Ereignis mit Sicherheit nicht eintritt, dann ist seine Wahrscheinlichkeit 0. Also gilt P(A) = 0, wenn A mit Sicherheit nicht eintritt.

Wenn die Ereignisse A und B nicht beide gleichzeitig eintreten können, so schließen sie sich gegenseitig aus.

Wenn sich die Ereignisse A und B gegenseitig ausschließen, dann ist die Wahrscheinlichkeit, dass das eine oder das andere Ereignis eintritt, die Wahrscheinlichkeit beider Ereignisse zusammen:

$$P(A \text{ oder } B) = P(A) + P(B)$$

Beispiel: Die Wahrscheinlichkeit, dass Sie bei einem Würfelwurf eine gerade Augenzahl (A) erreichen – eine zwei, vier oder sechs –, ist 3:6 bzw. 1:2 oder 0,5 – 50%. Die Wahrscheinlichkeit, dass Sie eine ungerade Augenzahl (B) erreichen ist ebenfalls 1:2. Die Wahrscheinlichkeiten von A und B addiert ergeben somit den Wert von 1 – wir haben es mit einem sicheren Ergebnis zu tun – wir werfen stets entweder eine gerade oder eine ungerade Zahl.

Im Zusammenhang mit dem Umgang mit Wahrscheinlichkeiten, ist das Konzept der »bedingten« Wahrscheinlichkeit wichtig. Entsprechend sind in der statistischen Entscheidungstheorie bedingte Wahrscheinlichkeiten von besonderer Bedeutung. Es geht hierbei um das Eintreten von Ereignissen, die sich gegenseitig bedingen.

Dazu ein Rechenbeispiel entnommen aus einem Standard–Werk für Statistik in den Sozialwissenschaften: *(Bortz, 1977, S. 70)*

Es werden 200 Patienten, die sich vor einiger Zeit in Wartelisten von Psychotherapeuten eingetragen hatten, nach ihrem Gesundheitszustand befragt. Einige dieser Patienten wurden inzwischen therapeutisch behandelt, andere nicht. Die Häufigkeiten der behandelten und nicht behandelten Klienten, die sich gesund bzw. nicht gesund fühlen, sind in der folgenden Tabelle wiedergegeben:

	Therapie	**Keine Therapie**	**summiert**
gesund	**60**	**40**	**100**
Nicht gesund	20	80	100
(summiert)	80	120	n = 200

Ausgehend von diesen Häufigkeiten ergibt sich für das Ereignis »gesund« eine geschätzte Wahrscheinlichkeit von P(gesund) = 100/200 = 0,5 bzw. 50% – von 200 Klienten fühlen sich 100 Personen gesund.

Betrachten wir stattdessen ausschließlich die Klienten, die bereits therapiert wurden, so ergibt sich eine bedingte Wahrscheinlichkeit von

- P(gesund|Therapie) = 60/80 = 0,75 bzw. 75%
- P(gesund|Therapie) wird gelesen:
  »die Wahrscheinlichkeit des Ereignisses ›gesund‹ unter der Bedingung des Ereignisses ›Therapie‹«

Wird also das Ereignis »gesund« mit »A« bezeichnet und das Ereignis »Therapie durchgeführt« mit »B«, ergibt sich folgende bedingte Wahrscheinlichkeit, die formal folgendermaßen gefasst wird: P(A|B).

Der Vollständigkeit halber:

Rationale Denker werden mit Blick auf die vorherige Tabelle als nächstes überprüfen wollen, ob die Therapie tatsächlich wirkungsvoll ist. Dazu machen sie die Gegenprobe und schauen, ob Klienten möglicherweise auch ohne Therapie auskommen. Dazu schauen sie auf folgende bedingte Wahrscheinlichkeit:

- P(gesund|keine Therapie) = (40|120) = 0,33 = 33%

Ein recht hoher Anteil von 33 % der Klienten erholte sich offenbar ohne Therapie. Die Untersuchung dieser Fälle Therapie–unabhängiger Gesundung könnte wahrscheinlich wertvolle Rückschlüsse auf zukünftige alternative Behandlungsoptionen ergeben.

Soweit zum notwendigen probabilistischen Grundverständnis.

Aufgabe A1 – Das Taxi–Problem

Lösen Sie folgende Aufgabe:

Ein Taxi war in der Nacht in einen Unfall mit Fahrerflucht verwickelt worden.

In der Stadt, in der sich der Unfall ereignete, sind zwei Taxiunternehmen tätig – das Unternehmen »Grün«, das seine Fahrzeugflotte mit 85 grünen Taxen ausgestattet hat und das Unternehmen »Blau«, das eine Flotte mit 15 blauen Fahrzeugen unterhält.

Ein Zeuge berichtete, dass das Taxi, das in den Unfall verwickelt war, ein blaues Fahrzeug war.

Als der Unfall vor Gericht zur Verhandlung kam, wurde die Zuverlässigkeit des Zeugen unter denselben Umständen geprüft, die in der Unfallnacht herrschten. Ergebnis: Der Zeuge war in der Lage, die beiden Taxi–Farben in 80% der Fälle korrekt auseinanderzuhalten.

Frage:

Wie hoch ist die Wahrscheinlichkeit (ausgedrückt als Prozentsatz von 0 Prozent bis 100%), dass das am Unfall beteiligte Taxi tatsächlich blau war?

Antwort:

________ %

(Aufgabenstellung aus: Stanovich & Toplak, 2016, S. 81)

Die Vernachlässigung der Prävalenz bzw. der Grundgesamtheit – »base rate neclect«

Keith E. Stanovich nutzt dieses häufig untersuchte Taxi–Problem, um die Funktionsweise der Aufgaben des CART–Subtests zur Bewertung des probabilistischen Denkens vorzuführen. *(Stanovich & Toplak, 2016, S. 82–84)*

Verfolgen wir seine Erläuterungen im Detail.

Er listet noch einmal die in der Aufgabe definierten Fakten auf:

1. insgesamt sind 15 Prozent der Taxen blau
2. ein Zeuge, der mit einer Genauigkeit von 80% die Farbe korrekt erkennen kann, hat das gesuchte Unfall–Taxi als blau identifiziert

Weniger als die Hälfte der Probanden, welche die Wahrscheinlichkeit einschätzen sollten, mit der das Unfall–verursachende Taxi tatsächlich blau war, geben Antworten mit Bewertungen zwischen 20% und 70%. Die meisten Antworten liegen um 80% herum und sind damit unkorrekt.

Das rationale Denken dieser Testpersonen scheiterte also an der Aufgabenstellung: Eine Konflikt–Detektion unterblieb, es erfolgte weder ein Override noch wurde eine alternative Antwort per hypothetischem Denken entwickelt.

Stattdessen antworteten die Probanden mit der Zahl, welche in der Aufgabenstellung zur Bewertung Farben–Identifikations–Genauigkeit des Zeugen angegeben wurde. Die Hinweise, die zur Grundgesamtheit der Fahrzeuge in den Fuhrparks der beiden Taxigesellschaften gegeben wurden, gehen nicht in die Wahrscheinlichkeits–Bewertungen der meisten Probanden ein.

Das führt dazu, dass die meisten Testteilnehmer die Wahrscheinlichkeit stark überschätzen, dass das Unfall–Taxi tatsächlich blau ist. Dies beurteilt Stanovich als Beispiel für die Tendenz von Individuen, konkrete und anschauliche Einzelfallinformationen überzubewerten, während sie es versäumen, probabilistische Informationen zur betroffenen Grundgesamtheit zu berücksichtigen.

Wie hätten sie Informationen korrekt kombinieren müssen?

Visualisieren wir die Lösungsschritte:

Basisfaktum ist, dass es 100 Fahrzeuge gibt, von denen – bei Licht besehen – 85% grüne Taxen und 15% blaue Taxen sind:

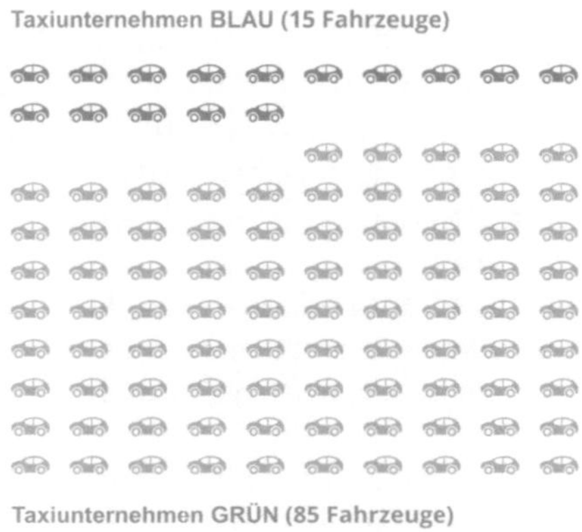

Der Zeuge, der ein blaues Fahrzeug als verursachendes Taxi erkannt hat, identifiziert lediglich zu 80% korrekt. Das bedeutet, dass er nachts lediglich 12 Fahrzeuge des Taxiunternehmens »Blau« korrekt identifizieren kann: **15 * 80%/100% = 12**

Dazu kommt, dass er mit einer Wahrscheinlichkeit von 20% Fahrzeuge des Taxiunternehmens »Grün« 17 Taxen als potenzielle blaue Tatfahrzeuge erkennt: **85 * 20%/100% = 17:**

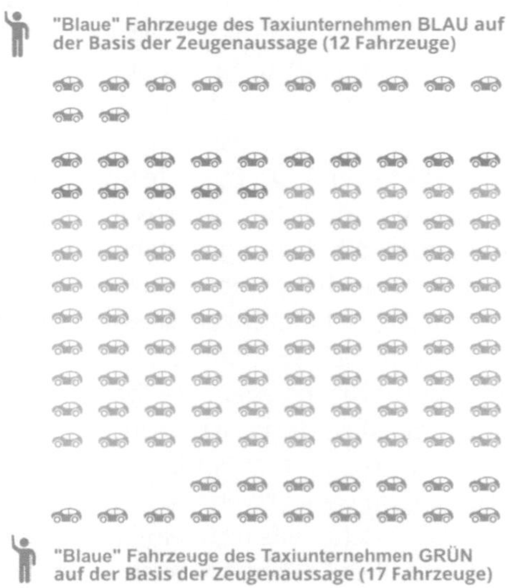

Laut Professor Stanovich sind viele Menschen überrascht, wenn sie erfahren, dass die Wahrscheinlichkeit, dass das Taxi tatsächlich blau ist, lediglich **0,41** bzw. **41%** beträgt: **(12/(12+17) = 12/29 = 0,41)** und dass es trotz der Identifizierung durch den Zeugen immer noch wahrscheinlicher ist, dass das am Unfall beteiligte Taxi grün statt blau war: mit einer Wahrscheinlichkeit von **0,59** bzw. **59% (17/(12+17) = 17/29 = 0,59)**.

Stanovich macht darauf aufmerksam, dass das Taxi–Problem aus der Sicht eines Statistikers oder Mathematikers ein Beispiel für das Kalkulieren mit bedingten Wahrscheinlichkeiten ist, die formal mit Hilfe der bayesschen Statistik bewältigt werden.

Wie wir gerade gesehen haben, ist es nicht erforderlich, dass ein Proband eine akademische Statistik–Qualifikation absolviert, um zur richtigen Lösung zu kommen. Auf der Basis einiger korrekter Überlegungen können ausreichend rationale Denker mit dem »kleinen Einmaleins« zur korrekten Lösung gelangen. Die einzige Anforderung ist, dass die Wahrscheinlichkeits–Schätzungen des Probanden mit den Details übereinstimmen, die durch die in der Aufgabenstellung definierten Fakten zu den Fahrzeugzahlen und zur Wahrnehmungsqualität des Zeugen vorgegeben wurden. Kurz gesagt, es geht darum, ob Menschen ein gewisses »Gespür« für Wahrscheinlichkeiten haben – ob sie für die richtigen Variablen sensibel sind und in der korrekten allgemeinen Richtung auf vorgelegte Beweise reagieren.

Aus Stanovichs Sicht zählen bei den Tests zum »base rate neglect« vor allem die individuellen Unterschiede bei der Sensibilität für probabilistische Denkprinzipien.

Aus seiner Forschungspraxis heraus berichtet er über Erfahrungen mit Probanden, die nachweisbar über ausreichende Statistikkenntnisse verfügen: und zwar Studenten, welche die entsprechenden Prüfungen abgelegt haben. Erstaunlicherweise zeigen Tests: Diese Personen verfügen über ausreichendes Wissen zu den erforderlichen Statistik–Prinzipien, ohne deshalb bei Denkherausforderungen die Neigung zu haben, ihr Wissen zu nutzen. Das heißt, sie können das Wissen haben, aber nicht die Neigung, Situationen als Anwendungsfälle von Wahrscheinlichkeitskalkülen zu sehen.

Diese offenbar häufig fehlende Sensibilität für probabilistisches Denken hat Konsequenzen für unser Alltagsleben. Wer beispielsweise vor Gericht steht, kann nicht sicher sein, dass die Einschätzung von Beweismitteln von Richtern jederzeit korrekt vorgenommen wird. Die Tatbestände können derart komplex sein, dass die im Gerichtsverfahren Beteiligten die Tragweite von Indizien ohne fachmännische Hilfe nicht einschätzen können. Alan Jessop *(Jessop, 2018)* berichtet über Gerichtsprozesse, in denen deshalb Statistik–Experten als Fachleute zur realistischen Einschätzung der Verdachtsmomente hinzugezogen wurden.

Stanovich lädt zur Vertiefung des Themas probabilistisches Denken dazu ein, ein weiteres Problem zu betrachten, das die Logik des Taxiproblems teilt, aber auch für das tägliche Leben außerhalb von Gerichtssälen relevant ist.

Es geht bei dem von Professor Stanovich präsentierten Problem um die Abschätzung medizinischer Risiken. Auch diese Aufgabenstellung war bereits Gegenstand umfangreicher Forschung – unter anderem im Laboratorium von Stanovichs Team:

Aufgabe:

- Stellen Sie sich vor, dass das Virus XYZ eine schwere Krankheit verursacht. Diese Krankheit tritt bei einem von 1.000 Menschen auf.
- Stellen Sie sich außerdem vor, dass es einen Test zur Diagnose der Krankheit gibt. Dieser Test zeigt stets korrekt an, wenn eine Person durch das XYZ–Virus erkrankt ist.
- Stellen Sie sich außerdem vor, dass der Test eine falsch–positive Rate von 5 Prozent hat. – Das bedeutet, dass der Test fälschlicherweise anzeigt, dass das XYZ–Virus in 5 Prozent der Fälle vorhanden sei, in denen die Person gar nicht durch das Virus erkrankt ist.

Nun passiert Folgendes:

Es wird eine Person nach dem Zufallsprinzip ausgewählt, um den Test auf das Virus zu absolvieren. Bei diesem Test wird ein positives Ergebnis erzielt: Laut des Tests ist diese Person also »XYZ–positiv«.

Nun kommt es zur Formulierung der Aufgabenstellung:

Wie hoch ist die Wahrscheinlichkeit (ausgedrückt als Prozentsatz zwischen 0 Prozent und 100%), dass die Person tatsächlich das XYZ–Virus hat, unter der Annahme, dass wir sonst nichts über die persönliche oder medizinische Geschichte der Person wissen?

Antwort:

________ %

(Aufgabenstellung aus: Stanovich & Toplak, 2016, S. 83–84)

Im kognitionspsychologischen Laboratorium war die häufigste Antwort von Probanden 95%.

Diese Antwort ist wiederum falsch. Die richtige Antwort liegt bei etwa 2 Prozent!

Keith E. Stanovich kommentiert dieses Ergebnis:

Die Wahrscheinlichkeit, dass ein positives Test–Ergebnis tatsächlich auf das XYZ–Virus hinweist, wird stark überschätzt, und zwar aufgrund der gleichen Tendenz, die Informationen über den Einzelfall (in diesem Fall: das positive Testresultat der ausgewählten Person) überzugewichten. Gleichzeitig werden die Informationen über die Grundgesamtheit untergewichtet. Beides haben wir beim Taxi–Problem beobachtet.

Wie gelangen wir zur korrekten Antwort?

Uns wurde die Information gegeben, dass von 1.000 Personen nur eine Person tatsächlich XYZ–positiv sein wird. Stellen wir uns nun vor, 1.000 Personen werden getestet. Dann können wir davon ausgehen, dass ein Verhält-

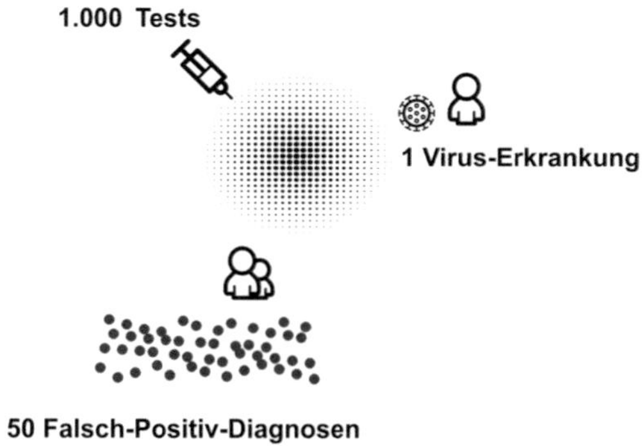

nis von einem XYZ–Positiven zu 999 XYZ–Negativen besteht.
Wenn diese 999 XYZ–Negativen getestet werden, zeigt der Test fälschlicherweise an, dass etwa 50 von ihnen das Virus haben (0,05 multipliziert mit 999 – bzw. 5% von 999). Denn die Rate der falsch–positiven Ergebnisse beträgt 5%.

Auf diese Weise ergeben die 1.000 Tests 51 positiv getestete Personen. Allerdings ist nur einer von diesen 51 Personen tatsächlich XYZ–positiv. Das sind lediglich ca. 2 Prozent der XYZ–Positiven: **1 / 51 = 0.196 = 1,96 %**

Kurz gesagt: Die Grundgesamtheit der tatsächlich XYZ–Positiven ist so niedrig, dass die große Mehrheit der Menschen das Virus nicht haben kann (lediglich 1 Person von 1.000 Personen). Diese Tatsache, kombiniert mit einer erheblichen Falsch–Positiv–Rate des Virus–Tests (5%), ergibt, dass in absolu-

ten Zahlen die Mehrheit der XYZ–Positiven gar nicht mit dem Virus infiziert wurde.
Die Mehrheit der Probanden, die als Ergebnis dieser Aufgabe eine Wahrscheinlichkeit von 95% nannten, hatten lediglich die Fehlerrate von 5% berücksichtigt und von 100% substrahiert.

Wiederum scheiterte das rationale Denken vieler Testpersonen, weil nach einer spontanen falschen Lösung des autonomen Mind eine Konflikt–Detektion unterblieb, weder ein Override erfolgte und deshalb auch keine alternative Antwort per hypothetischem Denken entwickelt wurde.

Aufgabe A2– Das Spielautomaten–Problem

Lösen Sie folgende Aufgabe:

Stellen Sie sich einen Spielautomaten vor. Dieser Automat wurde so eingestellt, dass Spieler eine 1:10 Gewinnchance haben.

Nun beobachten Sie die Spielerin mit Namen Nancy:

Nancy hat jedoch gerade bei drei Spielen hintereinander gewonnen.

Beantworten Sie folgende Frage:

Wie hoch sind Nancys Chancen, beim nächsten Spiel zu gewinnen? Welche der drei folgenden Antworten ist korrekt?

a. Sie hat eine Chance von **über 1 zu 10**, bei ihrem nächsten Spiel zu gewinnen. (____)

b. Sie hat eine Chance von **weniger als 1 zu 10**, bei ihrem nächsten Spiel zu gewinnen. (____)

c. Sie hat eine Chance von **1 zu 10**, bei ihrem nächsten Spiel zu gewinnen. (____)

(Aufgabenstellung aus: Stanovich & Toplak, 2016, S. 333)

Die korrekte Antwort ist »c: Sie hat eine Chance von 1 zu 10, bei ihrem nächsten Spiel zu gewinnen.« – Die Chance, zu gewinnen, liegt bei jedem Spiel bei 10% – unabhängig, wie das Spiel zuvor ausgegangen ist.

Stanovich erläutert den Hintergrund dieser Aufgabenstellung aus dem Bereich des probabilistischen Denkens, indem er das Konzept unter anderem am Beispiel des Münzwurf–Problems erläutert: *(Stanovich & Toplak, 2016, S. 87–89)*

Stellen Sie sich vor, dass Sie eine Münze werfen, bei der sichergestellt ist, dass bei einem Wurf stets die 50:50–Chance besteht, dass entweder Kopf oder Zahl fallen. Nun haben Sie gerade fünfmal hintereinander »Kopf geworfen«. Was denken Sie mit Blick auf den sechsten Wurf:

a. ___ Es ist wahrscheinlicher, dass Zahl herauskommt als Kopf?

b. ___ Es ist wahrscheinlicher, dass Kopf herauskommt als Zahl?

c. ___ Kopf und Zahl sind beim sechsten Wurf gleich wahrscheinlich?

Diese und ähnliche Problemstellungen wurden in der Forschung verwendet, um zu untersuchen, ob eine Person anfällig ist für den so genannten »Trugschluss des Spielers« bzw. die Überzeugung, dass es so etwas wie eine »Glückssträhne« gibt. Der Trugschluss liegt in der Tendenz von Menschen, Verbindungen zwischen Ereignissen in der Vergangenheit und Ereignissen in der Zukunft zu sehen, obwohl die beiden in Wirklichkeit unabhängig sind.

Zwei Ereignisse – beispielsweise Glücksspielergebnisse – sind unabhängig, wenn das Auftreten des einen die Wahrscheinlichkeit des anderen nicht beeinflusst. Die meisten Glücksspiele, die unmanipulierte Spielgeräte verwenden und nicht etwa »krumme« Roulette–Räder, »gezinkte« Würfel, Karten oder Münzen usw. funktionieren entsprechend.

Zum Beispiel ist die Zahl, auf welche die Kugel des Roulettespiels fällt, unabhängig von dem Zahlen–Ergebnis, das ihr vorausging. Stellen wir uns nun ein einfaches Roulettespiel vor, bei dem die eine Hälfte der Zahlen rot und die andere Hälfte schwarz ist. Auf diese Weise ist die Wahrscheinlichkeit, dass bei jedem Spielablauf eine rote oder eine schwarze Zahl fallen, gleich 50% zu 50% bzw. 0,5. Beobachtungen zeigen allerdings, dass viele Spieler in Spielcasinos auf die Farbe Schwarz wechseln, wenn die Roulettekugel fünf oder sechs aufeinanderfolgende Male auf rote Zahlen gefallen ist. Diese Spieler wechseln zu Schwarz, weil sie denken, dass es nun wahrscheinlicher ist, dass beim nächsten Spiel die Farbe Rot erscheint. Der Trugschluss des Spielers besteht darin, dass er sich so verhält, als ob frühere Ergebnisse die Wahrscheinlichkeit des nächsten Ergebnisses beeinflussen, obwohl die Ereignisse unabhängig sind. Das Rouletterad hat keine Erinnerung daran, was vorher passiert ist. Selbst wenn fünfzehn rote Zahlen hintereinander auftauchen würden, ist die Wahrscheinlichkeit, dass bei der nächsten Drehung rote Zahlen auftauchen, dennoch 50 % bzw. 0,5.

Bei der Münzwurf–Aufgabe A gehen einige Probanden davon aus, es wäre wahrscheinlicher, dass nach fünfmal Kopf beim nächsten Mal die Zahl geworfen wird. Die richtige Antwort ist, dass Kopf und Zahl beim sechsten Wurf gleich wahrscheinlich sind.

Der Trugschluss des Spielers befällt nicht ausschließlich Glücksspiel–Unerfahrene. Die Forschung hat stattdessen gezeigt, dass auch routinierte Spieler auf den gambler‹s fallacy hereinfallen. Als besonders anfällig für diesen Trugschluss erwiesen sich Personen, die an Spielsucht leiden – sie fallen eher auf diese Wahrscheinlichkeits–Fehleinschätzung herein als Personen, die nicht spielsüchtig sind.

Stanovich betont, dass die typische Neigung der Fehleinschätzung von Wahrscheinlichkeiten hinter dem Trugschluss des Spielers nicht auf Glücksspiele beschränkt ist. Diese Fehleinschätzung tritt überall auf, wo der Zufall eine wesentliche Rolle spielt – also in fast allen Lebensfeldern.

Als Beispiel verweist er auf die genetische Ausstattung von Neugeborenen. Psychologen, Ärzte und Eheberater sind oft mit Paaren konfrontiert, die, nachdem beispielsweise die ersten beiden Kinder Mädchen waren, ein drittes Kind »planen«: »Nach zwei Mädchen wird es klappen: Diesmal wird es ein Junge!« – Hinter dieser Planung steckt offenbar der Trugschluss des Spielers. Die Wahrscheinlichkeit, einen Jungen zu empfangen (ca. 50%), ist nachdem zwei Mädchen vorhergingen, genauso hoch wie beim ersten Kind (ca. 50%). Der Tatbestand, dass die ersten beiden Kinder weiblich waren, macht es nicht wahrscheinlicher, dass das dritte Baby ein Junge sein wird.

Aufgabe A3 – das Zahnwurzelbehandlungs–Problem

Beantworten Sie folgende Fragen *(falls Sie noch über Ihre zweiten Zähne verfügen!)*:

a. Wie hoch ist die Wahrscheinlichkeit, dass Sie **im nächsten Jahr** keine Wurzelbehandlung an einem Zahn haben werden? Geben Sie einen Wert zwischen 0 und 100% ein – _____%

b. Wie hoch ist die Wahrscheinlichkeit, dass Sie **in den nächsten fünf Jahren** eine Wurzelbehandlung an einem Zahn haben werden?
Geben Sie einen Wert zwischen 0 und 100% ein – _____%

c. Wie hoch ist die Wahrscheinlichkeit, dass bei **Ihnen in den nächsten fünf Jahren** ein Zahn wurzelbehandelt und ein weiterer Zahn gezogen wird?
Geben Sie einen Wert zwischen 0 und 100% ein – _____%

d. Wie hoch ist die Wahrscheinlichkeit, dass Sie **im nächsten Jahr** eine Wurzelbehandlung an einem Zahn haben werden?
Geben Sie einen Wert zwischen 0 und 100% ein – _____%

e. Wie hoch ist die Wahrscheinlichkeit, dass Sie **in den nächsten fünf Jahren** keine Wurzelbehandlung an einem Zahn haben werden? Geben Sie einen Wert zwischen 0 und 100% ein – _____%

(Aufgabenstellung aus: Stanovich & Toplak, 2016, S. 333)

Der Verknüpfungsfehlschluss bzw. »conjunction fallacy«

Die nächste probabilistische Denkherausforderung, die Bestandteil des CART-Testpakets geworden ist, wird häufig als »Linda-Problem« bezeichnet. Benannt ist es nach einer Aufgabenstellung von 1983, mit der Tversky und Kahneman als erste Experimente durchgeführt haben. *(Tversky & Kahneman, 1983)* Zur Analyse des zugrundeliegenden Verknüpfungs-Fehlschlusses greift Keith E. Stanovich ebenfalls auf die Linda-Aufgabenstellung zurück, zu der eine umfangreiche Forschungsliteratur vorliegt. *(Stanovich & Toplak, 2016, S. 85–86)*

Testen Sie Sie selbst, indem Sie folgende Aufgabe lösen:

Stellen Sie sich Linda vor. – Sie ist einunddreißig Jahre alt, ledig, kontaktfreudig und sehr gescheit. Sie hat Philosophie studiert und sich als Studentin intensiv mit Fragen der Diskriminierung und der sozialen Gerechtigkeit beschäftigt. Sie nahm auch an Anti-Atomkraft-Demonstrationen teil.

Bitte ordnen Sie die folgenden Aussagen nach ihrer Wahrscheinlichkeit mit Hilfe der Zahlen von 1 bis 8, wobei 1 für die wahrscheinlichste und 8 für die unwahrscheinlichste Aussage steht:

a. Linda ist Lehrerin an einer Grundschule. ________

b. Linda arbeitet in einem Buchladen und nimmt Yoga-Kurse. ________

c. Linda ist in der feministischen Bewegung aktiv. ________

d. Linda ist eine psychiatrische Sozialarbeiterin. ________

e. Linda ist aktives Mitglied der amerikanischen Bürgerrechtsorganisation »League of Women Voters«. ________

f. Linda ist eine Bankangestellte. ________

g. Linda ist eine Versicherungsvertreterin. ________

h. Linda ist eine Bankangestellte und ist in der feministischen Bewegung aktiv. ________

Die meisten Probanden unterläuft bei Tests mit dieser Aufgabenstellung der Verknüpfungsfehlschluss. Dieser Fehler ist daran ablesbar, dass sie **h** als wahrscheinlicher einstuften als **c** oder **f**. Worin besteht der Fehler? Die Aussagen–Alternative **h** »Linda ist Bankangestellte und engagiert sich in der feministischen Bewegung« besteht genau betrachtet aus der Verknüpfung der Aussagen **c** (»in feministischer Bewegung aktiv«) und **f** (»Bankangestellte«).

Aufgrund dieser Betrachtung ist klar, dass die Wahrscheinlichkeit von **h** nicht höher sein als die von **c** oder **f**. Alle feministischen Bankangestellten sind auch Bankkassiererinnen, so dass **h** unmöglich wahrscheinlicher sein kann als **f**.

Dennoch schätzen über 80 Prozent der Probanden in Studien die Alternative **h** als wahrscheinlicher ein als **f**. Offenbar haben sich die Testteilnehmer durch ihre spontanen Vorstellungen von einer »gesellschaftskritisch« orientierten jungen Frau leiten lassen. Möglicherweise war ihr Motiv, dass sie sich spontan und gefühlmäßig Linda eher als »feministische Bankangestellte« vorstellen können statt bloß als »Bankangestellte«. Sie empfanden das zusätzliche feministische Attribut vielleicht als charakterlich besser zu Lindas Persönlichkeits–Entwicklung passend. Bei ihrer falschen Antwort übersahen die Probanden dann in der Mehrzahl, dass es bei der Linda–Aufgabe um die Einschätzung von objektiven Wahrscheinlichkeiten ging.

Natürlich diktiert die Logik, dass die Beziehung zwischen Untermenge und Obermenge die Beurteilung der Ähnlichkeit übertreffen sollte, wenn es um Wahrscheinlichkeitsurteile geht. Das heißt, die Kategorie »Feministische Bankangestellte« ist eine Teilmenge der Kategorie »Bankangestellte«. Wenn ihnen diese Logik vor Augen geführt wird, wird diese von den meisten Probanden erkannt. Dennoch ist dieses probabilistische Denken bei vielen nicht gut genug ausgeprägt, um die einfachere spontane Strategie der charakterlichen Bewertung zu verdrängen.

Professor Stanovich hebt an dieser Stelle der Erläuterung des Linda-Problems hervor, dass es im Rahmen des CART genau darum geht, Sensibilität der Menschen für Wahrscheinlichkeiten zu messen. Es geht nicht darum, explizit statistisches Wissen oder Wissen über die Wahrscheinlichkeitsrechnung abzufragen. Stanovich geht an dieser Stelle auf Kritiker der heuristic-& biases-Forschung ein: Es sei genau dieser Punkt, den Kritikern oft ignorieren, wenn sie den konzeptionellen Hintergrund hinter dem Design des Linda-Problems betrachten. Es sei üblich, dass solche Kritiker etwas behaupten wie: »Aber dem Probanden kann angesichts seiner Reaktion keinen Vorwurf gemacht werden. Denn der Proband hat das Problem gar nicht als Wahrscheinlichkeitsaufgabe erkannt. Der Proband sah es einfach als eine Ähnlichkeitsaufgabe an und passte die weibliche Bankangestellte an Lindas Beschreibung an.«

Solche Kritiker übersähen, dass der Proband, der die Lösung des Problems nicht als mit objektiven Wahrscheinlichkeiten verbunden ansieht, genau den Denkfehler macht, den die Heuristik- und Biases-Forscher ursprünglich aufdecken wollten: Individuen, die nach Wahrscheinlichkeiten gefragt werden, antworten, indem sie fälschlicherweise spontan Einschätzungen zu charakterlichen Plausibilitäten oder Ähnlichem vornehmen.

Vom Standpunkt des Entwerfens eines Subtests für den CART stimmt dieses Motiv genau mit ihren Absichten überein: Stanovich und sein Team suchte nach Möglichkeiten, individuelle Unterschiede zu messen, wenn Individuen vor der Aufgabe stehen, probabilistische Vorstellungen bei Problemen korrekt zum Tragen zu bringen. Es geht bei den CART-Tests genau um die Messung des Unterschieds zwischen solchen Probanden, die das Linda-Problem als mit Wahrscheinlichkeiten verbunden ansehen, und solchen Probanden, die dies nicht tun.

Die Lösung des Zahnwurzelbehandlungsproblems

Sensibilisiert durch die Erläuterungen des Linda-Problems, werden Leser nun keine Probleme haben, ihre Antworten im Rahmen des Zahnwurzelbehandlungsproblems am Eingang dieses Abschnitts selbst zu bewerten.

Bei der Auswertung der Lösungen zu dieser CART-Aufgabe wird der Prozentwert für **b** (Wurzelbehandlung in fünf Jahren) vom Prozentwert für **c** (Wurzelbehandlung + Zahnextraktion) substrahiert. Ist dieser Wert größer als 0 (Null) hat der Problembearbeiter sozusagen korrekt geantwortet. Denn die Wahrscheinlichkeit einer Wurzelbehandlung ist grundsätzlich größer als die Wahrscheinlichkeit einer Wurzelbehandlung + Extraktion eines weiteren Zahns.

Aufgabe A4 – Das Problem der schwächelnden Elfmeterschützen

Nach den ersten sechs Wochen der Fußball–Saison 2021/22 beginnt der Trainer der »Heinsberg Kickers 04« in der Kreisklasse D der Mittelrheinliga, die besten Strafstoßergebnisse zu ermitteln. – Typischerweise haben nach den ersten sechs Wochen mehrere Elfmeter–Schützen einen Durchschnitt von über 0,9 erreicht (das heißt, ihnen gelang es, den gegnerischen Torhüter in mehr als 90% ihrer Strafstöße zu überwinden). In der Geschichte der Heinsberg Kickers 04 hat jedoch noch nie ein Elfmeterschütze bis zum Ende der Saison einen Durchschnitt von über 70% halten können.

Woran liegt das Ihrer Meinung nach?

a. Wenn ein Elfmeterschütze zu Beginn der Saison überdurchschnittlich häufig »einlocht«, bereiten sich die Torhüter speziell auf diesen Spieler vor und lassen sich nicht mehr so häufig überwinden.

b. Die Torhüter werden im Laufe der Saison immer besser, so dass der Durchschnitt eines jeden Elfmeterschützen sinkt.

c. Der hohe Durchschnitt eines Spielers zu Beginn der Saison beruht auf Zufall. Die längere Saison bietet einen realistischeren Überblick über die Fähigkeiten eines Elfmeterschützen.

d. Ein Elfmeterschütze, der zu Beginn der Saison eine solche Glückssträhne hat, steht unter großem Stress, seinen Leistungsrekord zu bewahren. Dieser Stress wirkt sich negativ auf sein Schussglück aus.

e. Im Laufe der Saison entwickeln die gegnerischen Trainer Strategien, um die besten Elfmeterschützen der Gegner auszuschalten.

Antwort: ________

(Aufgabenstellung aus: Stanovich & Toplak, 2016, S. 334)

Die fehlerhafte Verwendung von Informationen zum Stichprobenumfang oder »understanding regression to the mean«

Zur Erläuterung des Hintergrunds der aktuellen Aufgabenstellung greift Keith E. Stanovich wiederum auf ein »klassisches« Problem zurück, das ursprünglich von Tversky und Kahneman entwickelt wurde. Dieses Mal handelt es sich um eine Aufgabenstellung aus dem Jahr 1974: *(Tversky & Kahneman, 1974)*

Stellen Sie sich vor, dass eine bestimmte Stadt von zwei Krankenhäusern versorgt wird:

- In dem größeren Krankenhaus werden täglich ca. 45 Babys geboren, in dem kleineren Krankenhaus ca. 15 Babys pro Tag.
- Wie Sie wissen, sind etwa 50 Prozent aller Babys Jungen. Der genaue Prozentsatz variiert jedoch von Tag zu Tag. Manchmal ist er höher als 50 Prozent, manchmal niedriger.
- *Über einen Zeitraum von einem Jahr hat jedes Krankenhaus die Tage aufgezeichnet, an denen mehr als 60 Prozent der Babys als Jungen geboren wurden.*

Beantworten Sie nun folgende Frage:

Welches Krankenhaus verzeichnete Ihrer Meinung nach mehr solcher Tage?

a. das größere Krankenhaus
b. das kleinere Krankenhaus
c. beide Krankenhäuser ungefähr gleich oft

Stanovich verrät die Beantwortungstendenzen im Rahmen von Studien, die mit dieser Aufgabe arbeiteten: *(Stanovich & Toplak, 2016, S. 89–90)*

Bei diesem Problem antwortet die Mehrheit der Testteilnehmer »ungefähr gleich«. Personen, die diese »ausgeglichene« Alternative nicht wählen, antworten mit etwa gleicher Häufigkeit »das größere Krankenhaus« oder »das kleinere Krankenhaus«.

Auf diese Weise scheitern ungefähr 75% der Probanden, denen diese Aufgabe gestellt wurde, da die richtige Antwort »das kleinere Krankenhaus« lautet.

Aus Professor Stanovichs Sicht hängen die falschen Antworten mit der fehlenden Neigung der Befragten zusammen, die Auswirkungen des Stichprobenumfangs in diesem Problem als wesentlichen Faktor einer korrekten Einschätzung zu berücksichtigen.

Warum spielt der Stichprobenumfang eine große Rolle?

Würden die Jungen–Geburtenraten zweier Krankenhäuser tatsächlich gemessen und verglichen, nähert sich im Laufe der Zeit die Geburtenrate bei zunehmendem Stichprobenumfang ständig mehr der »normalen« 50 zu 50–Relation von Jungen und Mädchen an. Auf gleiche Weise wird ein größeres Krankenhaus, das täglich mit größeren Stichproben zu tun hat, einen Anteil an Jungen–Geburten aufweisen, der durchschnittlich näher an 50% liegt. Umgekehrt wird ein kleinerer Stichprobenumfang eher von den 50% der normalen Jungen–/Mädchen–Relation abweichen. Auf diese Weise wird das kleinere Krankenhaus mehr Tage haben, an denen der Anteil der Jungen–Geburten eine große Diskrepanz zum »Normalwert« aufweist – durch Werte wie etwa 60 Prozent Jungen, 40 Prozent Jungen, 80 Prozent Jungen usw.

Laut Stanovich ähneln die Aufgaben des CARTs zu diesem Stichprobenproblem den entsprechenden Aufgaben in der heuristic– & biases–Forschung insofern, als dass der Proband bei der Lösung erkennen muss, dass die zugrundeliegende Problematik mit der Stichprobengröße zu tun hat.

Wie bei dem oben besprochenen Krankenhausproblem diskutiert, muss der Proband durchschauen, dass das Problem grundsätzlich mit Stichproben zu tun hat und muss auch die Auswirkungen unterschiedlicher Stichprobengrößen aktiv berücksichtigen können. Die üblichen Heuristik– und Biases–Tasks unterscheiden sich ebenfalls bei diesem Aspekt von Prüfungsfragen zu Statistikthemen. Zwar wäre es möglich, Probanden direkt nach ihrem statistischen Wissen zu befragen – etwa so, wie es im Statistikkurs an der Universität passieren würde: »Was ist besser – ein umfassenderer oder ein kleinerer Stichprobenumfang?«

Allerdings wäre dies laut Stanovich eine viel leichter zu beantwortende Frage als eine traditionelle Heuristik– und Biases–Aufgabe. Denn der Proband würde durch die Frage »mit der Nase« auf die Stichprobenrelevanz gestoßen, indem er direkt danach gefragt wird. Das macht die Lösung des Problems offenbar wesentlich einfacher. Als Statistiklehrer haben Stanovich und seine Kollegen häufig erlebt, wie Studenten eine direkte Frage zum Stichprobenumfang in einem Multiple–Choice–Format richtig beantworten. Aber anschließend, wenn ihnen eine Aufgabenstellung wie das Krankenhausproblem vorgelegt wird, erkennen sie regelmäßig die Relevanz des Stichprobenumfangs nicht und antworten falsch.

Die Lösung des schwächelnden Elfmeterschützen

Die korrekte Antwort der Aufgabe mit den zu 90% erfolgreichen Elfmeterschützen ist **c**. – Wahrscheinlich ergab sich der hohe Prozentsatz dadurch, dass die Spieler in der jungen Saison erst sehr wenige Strafstöße bewältigen mussten, bei denen sie überdurchschnittlich zufällig Schussglück hatten. Erst im Laufe der Saison wird sich die tatsächliche Qualität dieser Elfmeterschützen herauskristallisieren. Erfahrungsgemäß erreichen selbst Profispieler durchschnittlich lediglich eine Trefferquote von ca. 70%.

Aufgabe A5 – das Problem der durchgemischten Spielkarten

Betrachten Sie die folgende hypothetische Situation:

- Ein Stapel mit 10 Karten wird 10 mal sorgfältig gemischt.

- Der Stapel der 10 Karten setzt sich zusammen aus
  - 7 Karten mit dem Buchstaben »A« auf der Unterseite und
  - 3 Karten mit dem Buchstaben »B« auf der Unterseite.

Jedes Mal, wenn die 10 Karten neu gemischt werden, ist es Ihre Aufgabe, den Buchstaben auf der Unterseite der zuoberst liegenden Karte vorherzusagen.

Stellen Sie sich vor, dass Sie für jeden richtig vorhergesagten Buchstaben auf der Unterseite €100 erhalten und dass Sie so viel Geld wie möglich verdienen möchten.

Treffen Sie Ihre Vorhersagen für jeden der folgenden 10 Mischvorgänge an:

Ich würde ________ (A oder B?) vorhersagen für das 1. Mischen.
Ich würde ________ (A oder B?) vorhersagen für das 2. Mischen.
Ich würde ________ (A oder B?) vorhersagen für das 3. Mischen.
Ich würde ________ (A oder B?) vorhersagen für das 4. Mischen.
Ich würde ________ (A oder B?) vorhersagen für das 5. Mischen.
Ich würde ________ (A oder B?) vorhersagen für das 6. Mischen.
Ich würde ________ (A oder B?) vorhersagen für das 7. Mischen.
Ich würde ________ (A oder B?) vorhersagen für das 8. Mischen.
Ich würde ________ (A oder B?) vorhersagen für das 9. Mischen.
Ich würde ________ (A oder B?) vorhersagen für das 10. Mischen.

(Adaptierte Aufgabenstellung aus: Stanovich & Toplak, 2016, S. 332)

Die Wahrscheinlichkeitsanpassungs-Strategie bzw. das »probability matching«

Bei dieser Aufgabenstellung geht es darum, wie Probanden mit Zufälligkeiten umgehen. Diese »probalitity matching«-Aufgaben werden in der Psychologie in unterschiedlichen Versionen verwendet.

Zur Beschreibung des Hintergrunds erläutert Stanovich folgendes beispielhaftes Arrangement eines typischen trial-by-trial Response-Experiments: *(Stanovich & Toplak, 2016, S. 90–92)*

- Der Proband sitzt vor zwei farbigen Lampen – einer roten und einer blauen.
- Er wird gebeten, zu prognostizieren, welche der farbigen Lampen beim nächsten Lichtschaltvorgang aufscheinen wird.
- Zu Beginn des Experiments wird ihm außerdem erklärt, dass der Vorgang mehrere Dutzendmal wiederholt wird.
- Er erhält weiterhin die Information, dass der Experimentator die Lampen insgeheim so steuert, dass sie nach dem Zufallsprinzip vorprogrammiert blinken. Das rote Licht taucht in 70 Prozent und das blaue Licht in 30 Prozent der Fälle auf.
- Die Versuchsteilnehmer erhalten Geld für korrekte Vorhersagen.

Die erfolgreichste Strategie bestände darin, für jeden Blinkvorgang das rote Licht vorherzusagen. Damit würden die Probanden die richtige Farbe in 70% der Fälle vorhersagen und damit den größtmöglichen Gewinn erzielen. Diese Strategie wird von Stanovich als normative, rationale »Maximierungs-Strategie« gedeutet.

Stattdessen versuchen die meisten Probanden, ihre Prognosen dem Wechseln der Lichtfarben anzupassen, indem sie ihre Antworten zu 70 Prozent auf »Rot« und zu 30% auf »Blau« verteilen. Sie wechseln also bei ihren Vorhersagen zwischen Rot und Blau hin und her, was als »Matching-Strategie« bezeichnet wird. Laut Stanovich ist diese Strategie des Wahrscheinlichkeits-Abgleichs suboptimal. Denn auf diese Weise kann der Teilnehmer in diesem Beispiel lediglich in höchstens 58% der Farbschaltvorgänge korrekte Vorhersagen treffen.

Keith E. Stanovich beschreibt zu dem Experiment mit unterschiedlich farbigen Lampen alternative Aufgabenstellungen – die Aufgabe mit den durchmischten Karten zu Beginn dieses Abschnitts ähnelt dieser Aufgabenalternative:

Probanden werden nach ihrer Vorhersage–Strategie befragt, wobei auf die Nutzung eines trial–by–trial Response–Experiments verzichtet wird. Zum Beispiel werden Test–Teilnehmer befragt, welche Strategie sie nutzen würden, wenn sie in einem hypothetischen Spiel auf das wahrscheinlichste Ergebnis einer Serie von Würfelwürfen wetten würden. In diesem imaginären Spiel sollte ein Würfel mit vier roten und zwei grünen Flächen mehrmals geworfen werden. Ungefähr zwei Drittel der Studenten entschieden sich für eine suboptimale Matching–Strategie statt eine rationale Maximierungsstrategie zu nutzen: Das heißt, sie versuchten die größere Wahrscheinlichkeit der »roten« Würfe durch entsprechend häufigere Rot–Antworten zu »matchen«. Die Antworten mit dem Maximalergebnis wäre eine durchgängige Rot–Antwort gewesen.

Die Mehrheit der Probanden versucht bei solchen und ähnlichen Aufgaben, die Wahrscheinlichkeitsverteilung von Ereignissen zu matchen, sich also bei ihren Antworten der Zufallsverteilung anzugleichen, was zu einer suboptimalen Gesamtschätzung führt.

Stanovich merkt bei seiner Analyse der »matching strategy« an, dass Forscher darauf hingewiesen haben, dass die Wahrscheinlichkeitsanpassung in der Tierwelt weit verbreitet ist. Er deutet dieses Faktum als Hinweis darauf, dass der Ursprung dieser Strategie in kognitiven Prozessierungen des Typ 1 des autonomen Minds verankert ist. Eine rationale Maximierungsstrategie erforderte stattdessen Typ 2–Prozessierungen – von algorithmischem und reflektierenden Mind.

Lösung des Problems der durchgemischten Spielkarten

Offenbar ist die korrekte Antwortstrategie, durchgängig mit »A« zu antworten. Alle anderen Antworten sind suboptimal.

B Wissenschaftliches Urteilen

B1 Vernachlässigte Gegenhypothese

B2 Ignorieren der Kontrollgruppe

B3 Vernachlässigung der Falsifikation

B Wissenschaftliches Urteilen

Im Subtest »wissenschaftliches Urteilen« geht es – wie der Leser schon ahnen wird – nicht darum, abzuprüfen, ob ein Proband über die wissenschaftliche Qualifikation für ein Universitätsexamen o.ä. verfügt.

Stattdessen soll mit Hilfe dieses Subtests des CART bewertet werden, inwieweit Probanden bei alltäglichen Herausforderungen bestimmte rationale Denkprinzipien nutzen, über die grundsätzlich jeder Mensch in bestimmtem Maße verfügt. Es geht darum, wie wir unsere Annahmen und Behauptungen zu Tatbeständen möglichst realitätsgetreu begründen. Typisch für diese verbreiteten Denkprinzipien ist, dass diese beim Arbeiten mit wissenschaftlichen Theorien und Hypothesen gesteigerte Bedeutung haben.

Keith E. Stanovich beginnt seine Erläuterung der Testaufgaben, indem er diese Tests mit den Aufgaben aus dem vorhergehenden Untersuchungsfeld »probabilistisches und statistisches Urteilen« vergleicht: *(Stanovich & Toplak, 2016, S. 97–99)* Er führt aus, dass das Bewältigen beider Subtests bei den Probanden ähnliche Kompetenzen beanspruchen. Beide Subtests erfordern in hohem Maße Wissen bzw. gut instanziierte Mindware, implizieren aber auch in hohem Maße die Detektion von Konflikten, die Übersteuerung von spontanen, intuitiven Responses aus Richtung des autonomen Minds sowie hypothetisches Denken auf der Ebene des reflektierenden Minds.

Weiterhin zeigt der Vergleich: Wie beim probabilistischen Denken hat sich in Studien zum wissenschaftlichen Denken gezeigt, dass eine akademische Qualifikation in Statistik oder Wissenschaftslehre oder Methodologie nicht vor Falschantworten schützt. Personen können in Prüfungen und Seminaren ausreichendes Wissen zu den Prinzipien wissenschaftlichen Forschens nachgewiesen haben – etwa zur Überprüfung von Hypothesen und der Wichtigkeit von Kontrollgruppen. Dennoch kommt es häufig vor, dass sie bei dem Subtest keine Neigung zeigen, dieses Wissen zu nutzen. Sie scheinen nicht geneigt, ihr theoretisches statistisches Wissen für »alltägliche« Problemstellungen außerhalb der Universität zu nutzen.

Schauen wir uns in der Folge charakteristische Aufgaben zum wissenschaftlichen Urteilen aus dem CART an!

Aufgabe B1 – Mr. Smiths Bären–Club–Problem

Bearbeiten Sie folgende zwei Aufgaben:

Stellen Sie sich vor, Sie treffen Mark Smith. Ihre Aufgabenstellung hat damit zu tun, die Wahrscheinlichkeit abzuschätzen, dass Mark ein Universitätsprofessor ist – basierend auf einigen Informationen, die Sie nun erhalten werden.

1. Aufgabe

- Ihnen wird gesagt, dass Mark Smith an einer Party teilgenommen hat, bei der 80 männliche Universitätsprofessoren und 20 Manager aus der Wirtschaft anwesend waren, also insgesamt 100 Personen.
- Frage: Was denken Sie, wie hoch ist die Wahrscheinlichkeit in Prozent, dass Mark Smith ein Universitätsprofessor ist?
- Ihre Antwort ________%

2. Aufgabe

- Ihnen wird nun gesagt, dass Mark Smith Mitglied im Bären–Club ist.
- 40 Prozent der männlichen Universitätsprofessoren auf der oben erwähnten Party waren Mitglieder des Bären–Club, und
- 5 Prozent der Manager auf der Party waren ebenfalls dort Mitglieder.
- Frage: Was denken Sie, wie hoch ist die Wahrscheinlichkeit, dass Mark Smith ein Universitätsprofessor ist?
- Ihre Antwort ________%

(Adaptierte Aufgabenstellung aus Stanovich & Toplak, 2016, S. 101–102)

Das Problem der vernachlässigten Gegenhypothese

In Studien wurde gezeigt, dass an der obigen Aufgabe viele Probanden scheitern.

Woran liegt das?

Keith E. Stanovich weist darauf hin, dass diese Forschungen rund um wissenschaftliches Denken bei Individuen eine allgegenwärtige Tendenz des Denkens aufgedeckt haben, die auftritt, sobald sich Personen eine bestimmte Hypothese »zurechtgelegt« haben und sich auf diese »fokussieren«. Es zeigt sich, dass sie systematisch die Wahrscheinlichkeit für diejenigen Beweise ignorieren, die belegen könnten, dass sie mit ihrer Hypothese falsch liegen und dass stattdessen die Gegenhypothese richtig ist. Das äußert sich darin, dass diese Personen bei ihrer Wahrscheinlichkeitsbewertung nicht miteinberechnen, welche Konsequenz es für ihre Berechnung hätte, wenn die Gegenhypothese korrekt ist.

Schauen wir uns das am zweiteiligen Beispieltest an, den Stanovich benutzt, um das Scheitern der Probanden zu analysieren: *(Stanovich & Toplak, 2016, S. 100–102)*

Aufgabe 1:

- Stellen Sie sich vor, Sie treffen David Maxwell.
- David Maxwell hat vor kurzem an einer Party teilgenommen, bei der 25 männliche Universitätsprofessoren und 75 Manager aus der Wirtschaft anwesend waren, also insgesamt 100 Personen.

Frage: Was denken Sie, wie hoch ist die Wahrscheinlichkeit, dass David Maxwell ein Universitätsprofessor ist?

Ihre Antwort: _____ Prozent

Aufgabe 2:

- Nun wird Ihnen mitgeteilt, dass David Maxwell Mitglied im Bären Club ist.
- 70 Prozent der männlichen Universitätsprofessoren auf der oben erwähnten Party waren Mitglieder in diesem Bären Club, und
- 90 Prozent der Wirtschaftsmanager auf der Party waren ebenfalls Club-Mitglieder.

Frage: Was denken Sie, wie hoch ist die Wahrscheinlichkeit, dass David Maxwell ein Universitätsprofessor ist?

Ihre Antwort: _____ Prozent

Dieses Problem wird in Studien verwendet, um zu beurteilen, ob Individuen mit der Information zur Gegenhypothese (»David Maxwell ist ein Wirtschaftsmanager.«) richtig umgehen und ob sie diese überhaupt berücksichtigen.

Die Lösung der ersten Aufgabe ist einfach: Die Wahrscheinlichkeit der fokalen Hypothese liegt bei 0,25 bzw. 25%, weil 25 der 100 Personen Universitätsprofessoren sind.

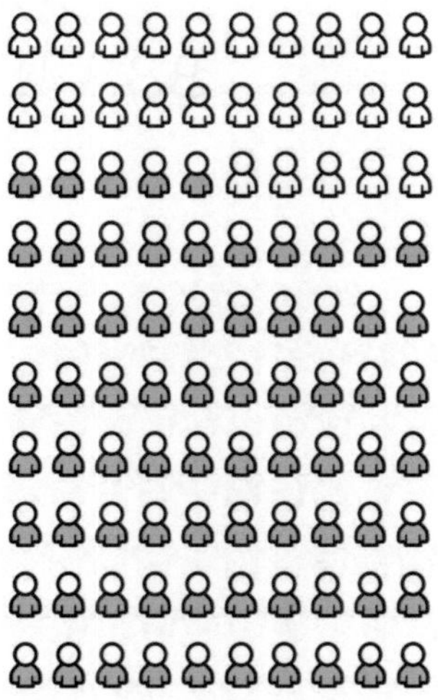

Kniffelig ist die Lösung der zweiten Aufgabe: Es könnte scheinen, dass, weil 70 Prozent der männlichen Universitätsprofessoren Mitglieder des Bären-Clubs waren und dieser Prozentsatz größer als 50 Prozent ist, die Wahrscheinlichkeit, dass David Maxwell ein Universitätsprofessor ist, nach oben gehen könnte – dass die Wahrscheinlichkeit nun über die Basisrate von 25% der Aufgabe 1 hinauswächst. Auf diese Weise würde allerdings die Gegenhypothese ignoriert. Denn die Wahrscheinlichkeit, ein Mitglied des Bären-Clubs zu sein, liegt in der Gruppe der Wirtschaftsmanager höher (90%), und ist ein stärkerer Hinweis darauf, dass David eher kein Universitätsprofessor ist. Tatsächlich ergibt sich in Aufgabe 2, dass die 25% Wahrscheinlichkeit aus

Aufgabe 1, ein Universitätsprofessor zu sein, auf 0,206 bzw. 20,6% zu reduzieren ist.

Wer sich die Verteilung der Partygäste vor Augen führt und die Prozentangaben zu den Mitgliedschaften im Bären–Club berücksichtigt, kann – wie bei den Aufgaben im Subtest A – mit Hilfe des kleinen Einmaleins zur richtigen Lösung bzw. in die richtige Lösungsrichtung kommen.

Rechnen wir das im Einzelnen durch und orientieren uns an der folgenden Illustration:

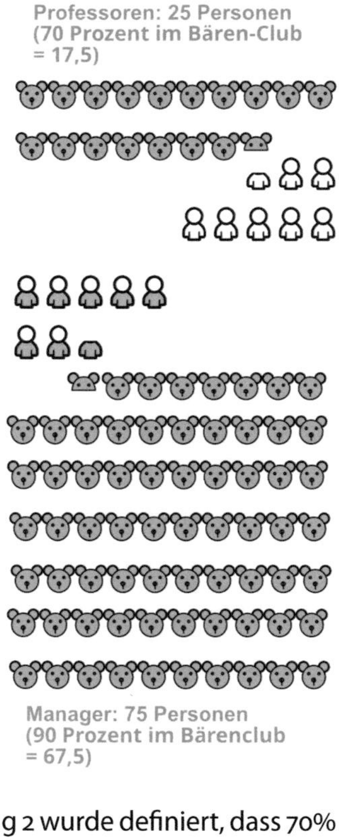

In der Aufgabenstellung 2 wurde definiert, dass 70% der Universitätsprofessoren Clubmitglieder sind. Das heißt, 17,5 Professoren sind im Bären–Club – **(25 / 100%) * 70% = 17,5.** Hierbei stellt sich die Frage, was ein halbes (0,5) Mitglied bedeuten soll. Ein Professor, dessen Mitgliedsantrag gestellt wurde, der aber noch nicht bewilligt ist? – Vielleicht haben die Testentwickler »krumme« Werte benutzt, um es den Probanden zusätzlich schwer zu machen.

Für die 75 Wirtschaftsmanager ergibt sich, dass eine weitaus größere Zahl von Personen (90% der Manager) zum Bären–Club gehören – **(75 / 100%) * 90% = 67,5** .

Zusammengerechnet ergibt sich, dass 85 Teilnehmer der Party zum Bären–Club gehören: *17,5 Professoren+67,5 Manager = 85 Mitglieder.*

Auf der Basis dieser Zahlen, die sowohl die Daten aus der fokussierten Hypothese (»David gehört zu den Bären–Club–Mitgliedern aus der Professoren Gruppe.« = 17,5) als auch die Daten aus der Gegenhypothese enthalten (»David gehört zu den Bären–Club–Mitglieder aus der Manager–Gruppe,« = 67,5), können wir den Wahrscheinlichkeitswert für die Hypothese recht einfach errechnen: **17,5 / 85 = 0,206 = 20,6 %**.

Eigentlich handelt es sich hierbei um einfachste Rechnungen. Dennoch fand Stanovichs Forschungsgruppe in einer Studie unter Verwendung dieser Aufgabe heraus, dass es nur 42 Prozent der Probanden in der Stichprobe gelungen war, mit ihren Wahrscheinlichkeits–Schätzungen in die richtige Richtung zu kommen und den Wert der 25% aus der Aufgabe 1 abzusenken. Stattdessen haben viele Probanden ihre Wahrscheinlichkeitsschätzung erhöht, nachdem sie darüber informiert worden waren, dass 70% der Professoren Mitglieder im Bären–Club sind. Sie versäumten es also, diese bedingte Wahrscheinlichkeit mit dem noch höheren Wert der Club–Mitgliedschaften von Wirtschaftsmanagern zu verrechnen.

Lösung von Mr. Smiths Bären–Club–Problem

Nachdem wir gerade die Angelegenheit von David Maxwell geklärt haben, sind wir gut vorbereitet, die Aufgabenstellung von oben zu bearbeiten, bei der es um Mark Smith geht.

Es handelt sich im Vergleich zum David Maxwell–Beispiel um ein paralleles Problem. Auch hier ist die Lösung ein wenig knifflig, lässt sich aber auf einem etwas anderen Weg recht übersichtlich lösen. Versuchen wir es gemeinsam. Zunächst werden die beiden Aufgaben des Max Smith–Problems kurz wiederholt:

Stellen Sie sich vor, Sie treffen Mark Smith. Ihre Aufgabenstellung ist es, die Wahrscheinlichkeit abzuschätzen, dass er ein Universitätsprofessor ist, basierend auf einigen Informationen, die Sie nun erhalten.

1. Ihnen wird gesagt, dass Mark Smith an einer Party teilgenommen hat, bei der 80 Universitätsprofessoren und 20 Wirtschaftsmanager anwesend waren, also insgesamt 100 Personen.

Frage: Was denken Sie, wie hoch ist die Wahrscheinlichkeit, dass Mark Smith ein Professor ist?

2. Ihnen wird gesagt, dass Mark Smith Mitglied im Bären–Club ist. 40 Prozent der männlichen Universitätsprofessoren auf der oben erwähnten Party waren Mitglieder des Bären–Clubs, und 5 Prozent der männlichen Wirtschaftsmanager auf der Party waren es ebenfalls.
   Frage: Was denken Sie, wie hoch ist die Wahrscheinlichkeit, dass Mark Smith ein Universitätsprofessor ist?

Bei diesem Problem wird der Rückgriff auf die Daten zur ersten Aufgabe zu einer Schätzung von 0,80 bzw. 80% führen. Die zweite Aufgabe ist so aufgebaut, dass die Wahrscheinlichkeit der Hypothese (»Mark Smith ist ein Universitätsprofessor.«) über die 80% hinaus erhöht wird. Allerdings liegt der Prozentwert für die Bären–Club–Mitgliedschaft bei 40%. Wer flüchtig auf den Gesamtzusammenhang schaut, kann zu der Fehleinschätzung kommen, dieser Wert wäre zu klein – unter 50% –, um die Wahrscheinlichkeit der Hypothese zu erhöhen. Dazu kommt, dass auch die Gegenhypothese (»Mark Smith ist ein Wirtschaftsmanager.«) unberücksichtigt bleibt. Das heißt im Detail, dass der kleine Prozentanteil von lediglich 5% Managern unter den Bären–Club–Mitgliedern nicht bei der Kalkulation berücksichtigt wird.

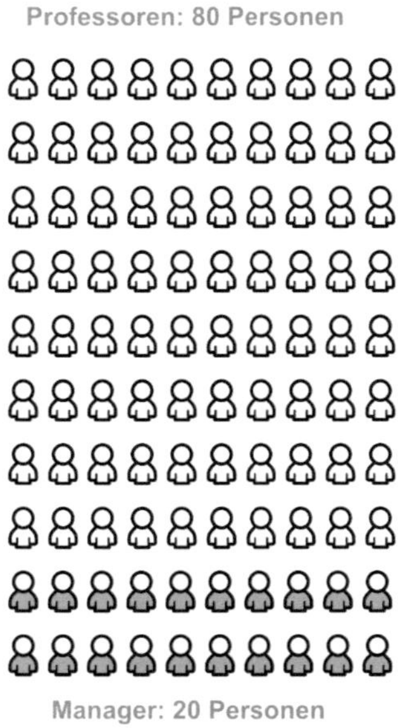

In der Studie, die Stanovichs Forschungsgruppe unter Verwendung dieses Problems durchführte, stellte sich heraus, dass nur 30 Prozent Probanden in der Stichprobe mit ihren Wahrscheinlichkeits–Einschätzungen in die richtige Richtung gingen. Das heißt, 70% der Testteilnehmer waren nicht in der Lage, zu erkennen, dass die Wahrscheinlichkeit, dass Mark ein Professor ist, durch die Informationen aus Aufgabe 2 höher liegen muss als 80%. Tatsächlich liegt der Wert bei 0,97 bzw 97%.

Rechnen wir das im Einzelnen zügig nach:

80 Personen von 100 Gästen auf der Party waren Universitätsprofessoren. Also liegt die Wahrscheinlichkeit, dass Mark ein Professor ist, bei 80%.

40% der 80 Professoren sind Mitglieder im Bären–Club. Damit können wir errechnen, wie viele der 80 Professoren (40% im Bären–Club) auf der Party Clubmitglieder sind: **(80 / 100%) * 40% = 32 Personen**. –

Dasselbe können wir für die 20 Manager, die im Club Mitglieder (5%) sind, erledigen: **(20 / 100%) * 5 % = 1 Person**.

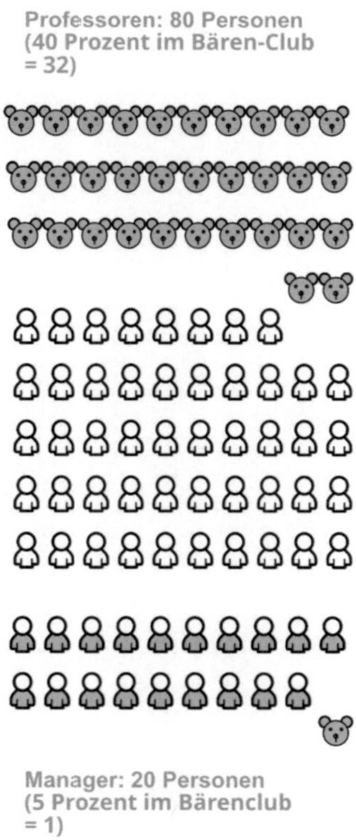

Mit den damit vorliegenden Zahlen zu den anwesenden Bären–Club–Mitgliedern können wir nun errechnen, wie hoch die Wahrscheinlichkeit ist, dass ein Partyteilnehmer Universitäts–Professor ist:

$$\mathbf{32 / (32+1) = 32 / 33 = 0{,}97 = 97\%}$$

Hypothese und Gegenhypothese berücksichtigt ergibt sich also, dass Mark Smith mit einer Wahrscheinlichkeit von 97% Universitäts–Professor ist.

Aufgabe B2 – Das Wirksamkeitsproblem

Bearbeiten Sie folgende Aufgabe, bei der es um die Wirksamkeit einer neuen medizinischen Behandlung geht:

Betrachten Sie dazu folgende 2 x 2 Matrix:

	Gesundheits-Zustand verbessert	**Keine Verbesserung**
Therapie verabreicht	200	75
Keine Behandlung	50	15

Die Zahlen darin stellen die Anzahl von Personen dar:

- 200 Personen erhielten die Behandlung, deren Zustand sich nach Verabreichung der Therapie verbesserte
- Bei 75 Personen trat trotz Behandlung keine Verbesserung auf
- 50 Personen erhielten die Behandlung nicht – dennoch verbesserte sich ihr Zustand
- Weitere 15 Personen erhielten die Behandlung nicht, wobei keine Verbesserung eintrat

Wie hoch schätzen Sie die Wirksamkeit der neuen Therapie ein?

(Aufgabenstellung aus Stanovich & Toplak, 2016, S. 102–103)

Das Problem des Ignorierens der Kontrollgruppen-Relevanz

Mit Blick auf diese Aufgabe zum Thema Wirksamkeit einer medizinischen Behandlung erläutert Keith E. Stanovich in einer weiteren Variante das Problem, das Personen haben können, wenn es darum geht, Beweise für eine Alternativhypothese zu berücksichtigen.

Die Berücksichtigung der Wahrscheinlichkeit einer der fokussierten Hypothese widersprechenden Gegenhypothese ist eine wichtige Komponente rational begründeter Urteile beispielsweise in der Humanbiologie – aber auch in vielen anderen angewandten Wissenschaften. Das ist der Grund, warum häufig sogenannte Kontrollgruppen zum Einsatz kommen. – Schauen wir in die Details:

Eine Kontrollgruppe bezeichnet in medizinischen Kontrollexperimenten der empirischen Forschung eine »zweite« Gruppe von Patienten. Die erste Gruppe von Patienten ist diejenige, deren Mitglieder beispielsweise mit einem zu testenden Medikament behandelt werden. Die Kontrollgruppe wird im Rahmen des Experiments genauso einbezogen wie die erste Gruppe. Der große Unterschied ist, dass deren Mitglieder das Testmedikament nicht bekommen, sondern stattdessen wie üblich behandelt werden oder ein Placebo – ein nichtwirksames Scheinpräparat – verabreicht bekommen.

Sowohl klinische als auch wissenschaftliche Schlüsse sind unverantwortlich fehleranfällig, wenn nur Informationen über die behandelte Gruppe berücksichtigt werden und keine Kontrollgruppen-Daten als Gegenprobe zum Einsatz kommen.

Wer obige Aufgabenstellung des Wirksamkeitsproblems rational analysiert, wird diese Behauptung bestätigen können. Rechnen wir mit den vorgegebenen Zahlen und stellen wir uns die beiden Gruppen »behandelte Personen« und »unbehandelte Personen« konkret vor:

200 Personen erhielten die Behandlung und ihr Zustand verbesserte sich, 75 Personen erhielten die Behandlung und es trat keine Verbesserung ein, 50 Personen erhielten die Behandlung nicht und ihr Zustand verbesserte sich trotzdem, und 15 Personen erhielten die Behandlung nicht und es trat keine Verbesserung ein.

Keith E. Stanovich berichtet über Studien, in denen diese Aufgabenstellung verwendet wurde. Ergebnis war, dass viele Probanden irrtümlich denken, dass die Behandlung in diesem Beispiel wirksam ist.

Wie ist das möglich?

Stanovich erklärt dies damit, dass diese Probanden sich vor allem auf die große Anzahl von Fällen (200 Personen) konzentrieren, in denen nach der Behandlung der Testgruppe (275 Personen) eine Verbesserung eintrat. Weil diese Wahrscheinlichkeit – **200 / 275 = 0,73 =73 %** – hoch erscheint, lassen sich diese Probanden suggerieren, dass die Behandlung tatsächlich funktioniert.

Was sie allerdings zu wenig oder überhaupt nicht berücksichtigen, ist die Tatsache, dass immerhin 75 Personen keine Verbesserung erfahren. Weiterhin berücksichtigen sie nicht die Wahrscheinlichkeit einer Verbesserung, ohne dass eine Behandlung (bei 50 Personen) erfolgt. Anders gesagt, sie berücksichtigen die Daten der Kontrollgruppe (65 Personen) nicht, von deren Mitgliedern lediglich 15 Personen nicht spontan gesundeten. Hätten sie das getan, wäre ihnen aufgefallen, dass deren Genesungs–Wahrscheinlichkeit höher ist als die der behandelten Personen:

50 / 65 = 0,77 = 77%

Ihnen wäre also aufgefallen, dass die in diesem Experiment getestete Behandlung als völlig ineffektiv zu beurteilen ist.

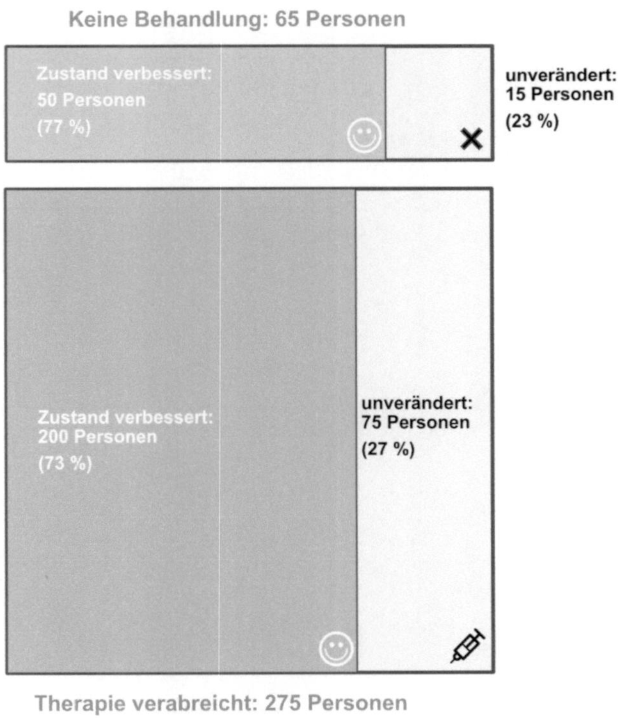

Die Tendenz, die Daten zu den Personen ohne Behandlung zu ignorieren und sich auf die vermeintlich hohen Werte bei Behandlung und Verbesserung der Behandelten zu konzentrieren, verleitet viele Individuen dazu, zu übersehen, dass die Behandlung nicht nur unwirksam, sondern möglicherweise sogar schädlich ist.

Aufgabe B3 – Das Problem der Reise nach Baltimore

Bearbeiten Sie folgende Aufgabe:

- Auf jedem der folgenden Tickets ist auf der einen Seite ein Reise-Zielort und auf der anderen Seite ein Verkehrsmittel angegeben.
- Dabei gilt folgende Regel: *»Wenn ›Baltimore‹ auf einer Seite des Tickets steht, dann steht ›Flugzeug‹ auf der anderen Seite des Tickets.«*

Ihre Aufgabe ist es, zu entscheiden, welche Fahrkarten Sie umdrehen müssten, um herauszufinden, ob diese Regel eingehalten oder verletzt wurde.

Antworten Sie, indem Sie die zutreffende Option unterhalb der abgebildeten Tickets ankreuzen:

Zielort: Baltimore	**Zielort: Washington, DC**	**Verkehrsmittel: Eisenbahn**	**Verkehrsmittel: Flugzeug**
O *Umdrehen!*	O *Umdrehen!*	O *Umdrehen!*	O *Umdrehen!*
O *Nicht umdrehen!*	O *Nicht umdrehen!*	O *Nicht umdrehen!*	O *Nicht umdrehen!*

Das Problem der Vernachlässigung der Falsifikation

Aufmerksame Leser wird diese Aufgabe an das Karten–Problem von Wason erinnern. Keith E. Stanovich erläutert, warum dieser Eindruck nicht täuscht: *(Stanovich & Toplak, 2016, S. 103–104)*

In den vorhergehenden Abschnitten haben wir gesehen, dass Menschen Schwierigkeiten haben, zu lernen, Daten im Lichte einer alternativen Hypothese zu bewerten.

Darüber hinaus fällt es ihnen schwer, über Beweise und Tests nachzudenken, welche die Hypothesen falsifizieren könnten, auf die sie sich fokussiert haben. Stattdessen neigen Individuen dazu, sich darauf zu beschränken, ihre Theorien zu bestätigen – zu verifizieren. Das heißt, sie verzichten darauf, eine wichtige Überprüfung durchzuführen, die ihre Hypothese letztlich zweifelsfrei bestätigen könnte.

Die scheiternden Lösungsversuche, die eine Mehrzahl von Probanden beim Vier–Karten–Problem von Wason zeigen, werden häufig als Beleg für diese Tendenz betrachtet.

Die Aufgabe, die wir oben im Detail durchleuchtet haben, wurde in einer Vielzahl von Studien untersucht. Wir wollen kurz darauf zurückkommen.

Wie ging die Aufgabe noch einmal? Schauen wir zurück:

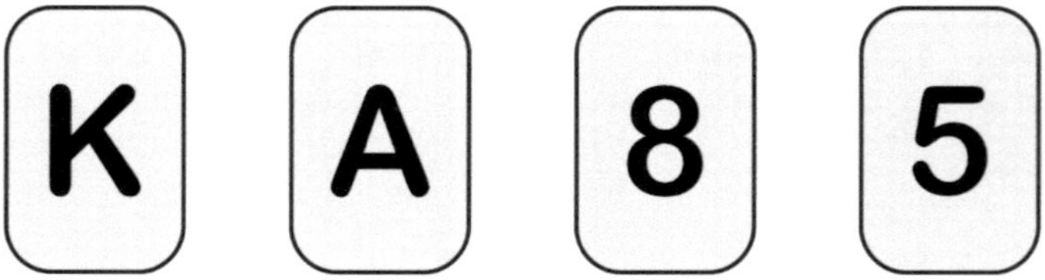

Stellen Sie sich vier Rechtecke vor, von denen jedes eine Karte repräsentiert, die auf einem Tisch liegt. Jede der Karten hat auf einer Seite einen Buchstaben und auf der anderen Seite eine Zahl. Hier ist eine Regel: *»Wenn eine Karte einen Vokal auf der Buchstabenseite hat, dann hat sie eine gerade Zahl auf der Zahlenseite.«* Zwei der Karten liegen mit der Buchstabenseite nach oben und zwei der Karten mit der Zahlenseite nach oben. Die Aufgabe des Probanden ist es, zu entscheiden, welche Karte bzw. welche Karten umgedreht werden müssen, um herauszufinden, ob die Regel befolgt wurde oder nicht. Die vier Karten, mit denen der Proband konfrontiert wird, sind die Karten K, A, 8 und 5.

Die richtige Antwort ist A und 5, denn dies sind die einzigen beiden Karten, anhand derer lückenlos überprüft werden könnte, ob die Regel ggf. verletzt worden ist.

Professor Stanovich zeigt noch einmal auf, dass die Mehrheit der Probanden mit »A und 8« falsch antwortet und damit eine Verzerrung zeigt, die als »Matching Bias« bezeichnet wird. Die korrekte Antwort »A und 5« erwies sich als schwierige Wahl.

Fazit:

Viele Personen greifen bei ihrer Antwort auf die falschen Karten zurück. Sie denken fälschlicherweise, dass die Karte mit der »8« gewählt werden muss. Doch stattdessen benötigt wird die Karte »5«, welche von den meisten Individuen nicht gewählt wird, obwohl zur Aufgabenlösung unbedingt notwendig. Denn die Karte »5« könnte einen Vokal auf der Rückseite haben. Und wenn das der Fall wäre, wäre die Regel verletzt, die besagt: *Alle Karten mit einem Vokal auf der Buchstabenseite müssen eine gerade Zahl auf der Rückseite tragen.*

Es sieht insgesamt so aus, als konzentrierten sich die Probanden darauf, die vorgegebene Regel zu bestätigen. In der Hoffnung, die Regel durch die Beobachtung eines Vokals auf der anderen Seite zu bestätigen, drehen sie deshalb sowohl die 8-Karte als auch die A-Karte um. Bei der A-Karte suchen sie nach der Bestätigung, dass auf der Rückseite eine gerade Zahl zu finden ist. Was sie allerdings außer Acht lassen, ist es, die Karte zu wählen, welche die Regel falsifizieren würde. Damit wird die 5er-Karte relevant, weil sich ein Regelverstoß genau unter dieser Karte verbergen könnte: Nämlich wenn auf der Buchstabenseite ein Vokal auftauchen sollte.

Wer sich bei der Beantwortung der Aufgabe konsequent damit beschäftigt hätte, unter welchen Umständen eine Falsch-Antwort auftreten würde – wer sich mit anderen Worten mit der Falsifikations-Option beschäftigt hätte –, wäre nicht wie die meisten Testpersonen am Karten-Problem gescheitert.

Lösung des Problems der Reise nach Baltimore

Nachdem wir noch einmal die Lösung von Wasons Karten–Problem durchdacht haben, ist die Lösung der Frage nach den Tickets, die umgedreht werden müssen, einfach nachvollziehbar.

Da die zugrundeliegende Regel ist: *»Wenn ›Baltimore‹ auf einer Seite des Tickets steht, dann steht ›Flugzeug‹ auf der anderen Seite des Tickets.«:*

- Es ist das Ticket links mit dem Ziel Baltimore umzudrehen – hier würde es durch das Verkehrsmittel »Eisenbahn« zu einer Falsifikation kommen.
- Das Ticket daneben mit dem Ziel Washington könnte weder durch die Verkehrsmittel »Eisenbahn« oder »Flugzeug« falsifiziert werden – es muss nicht gedreht werden.
- Das Ticket mit dem Verkehrsmittel »Eisenbahn« darf keinesfalls übersehen werden, auch wenn jemand, der auf die Verifikation der Regel fixiert ist, die Relevanz dieses Tickets übersehen könnte. Es muss umgedreht werden, weil die Ortsangabe »Baltimore« auf der Rückseite die Regel falsifizieren würde.
- Das Ticket mit dem Verkehrsmittel »Flugzeug« muss nicht umgedreht werden. Die Regel schreibt nicht vor, dass es falsch wäre, mit dem Flugzeug zu anderen Orten als nach Baltimore zu fliegen.

C Rücksetzen auf den autonomen Mind

C1 – Das Problem der intuitiven Lösung

C2 – Disjunktivistisches Urteilen

C Rücksetzen auf den autonomen Mind

Mit diesem Abschnitt beginnen wir mit der Diskussion der drei Subtests **(C, D, E)** die im CART die Tendenzen bewerten, wie Individuen Informationen verarbeiten.

Wie gesehen sind Vertreter der Gattung homo sapiens in der Sprechweise Stanovichs dadurch charakterisiert, dass sie grundsätzlich dazu neigen, sich wie »kognitive Geizhälse« zu verhalten. Menschen versuchen angesichts von Denk–Herausforderungen, auf Prozessierungen mit möglichst geringem Rechenaufwand zurückzugreifen, wodurch sie riskieren, nachlässig und »schlampig« zu urteilen und zu agieren.

Denkprozesse vom Typ 1, die vom autonomen Mind ausgehen, gehören zu diesen »kraftsparenden« kognitiven Leistungen. *(Stanovich & Toplak, 2016, S. 111–119)*

Oben haben wir gesehen, dass es auch Typ 2–Prozesse – sogenannte serielle assoziative Kognitionen – gibt, die zwar über spontane Typ 1–Kognitionen hinausgehen und dennoch »kraftsparend« sind. Diese Kognitionen bringen den Nachteil mit sich, zu »seicht« zu sein, um über Override, Auskopplung und über hypothetischem Denken zu einem reflektierten, rationalen Denkergebnis zu führen.

Beim Subtest C beschäftigen wir uns mit der ersten Tendenz von Individuen, sich auf die vom autonomen Mind geprimten – aktivierten bzw. gebahnten – Response–Optionen zu beschränken. Durch dieses Priming können in Situationen, in denen Entscheidungs–Lösungen höherer Ordnung erforderlich wären, oberflächlichste Arten von Denkfehlern auftreten, da nicht im ausreichenden Umfang Denk–Prozesse vom Typ 2 ins Spiel kommen. Wir haben gesehen, dass in diesem Fall davon gesprochen werden kann, dass zwar Mindware für einen normativen, rationalen Response vorhanden sein kann, dass aber die Notwendigkeit für einen Override nicht erkannt wird.

Stanovich bezeichnet diese Tendenz, an Denkaufgaben zu scheitern, »Rücksetzen auf den autonomen Mind«. Gemeint ist damit, dass sich Individuen, statt Typ 2–Denkprozesse zu starten, auf schnelle, intuitive Reaktionen des autonomen Minds verlassen – sozusagen auf das Niveau dieser Kognitionen »zurückfallen«.

Aufgabe C1 – Das Problem der intuitiven Lösung

Lösen Sie die folgenden beiden Aufgaben:

Aufgabe 1: Bretter sägen

Wenn jeder Schnitt eine Minute dauert, wie lange dauert es dann, ein 2,50 Meter langes Holzbrett in 25 gleiche Stücke zu schneiden?

______ Minuten

Aufgabe 2: Bakterienwachstum

In einem Bakterien–Behälter verdoppelt sich das von Bakterien ausgefüllte Volumen jede Stunde. Wenn es 32 Stunden dauert, bis der Behälter vollständig gefüllt ist, wie viele Stunden würde es dann dauern, bis die Bakterien die Hälfte des Behälters gefüllt haben?

______ Minuten

(Adaptierte Aufgabenstellungen aus Stanovich & Toplak, 2016, S. 340)

Das Problem des Scheiterns beim Intuition versus Reflektions-Test

Das Konzept dieser Aufgaben geht auf einen Drei-Item-Test zurück, den Shane Frederick, Assistant Professor of Management Science, Sloan School of Management am MIT in Cambridge, Massachusetts, erfunden hatte. *(Frederick, 2005)*

Als er diesen Test konzipierte, bezog er sich auf die Unterscheidung von »System 1« und »System 2«, die Keith E. Stanovich und seine Mitarbeiter einführten. Wie wir oben gesehen hatten, verzichtet Stanovich im Rahmen der Entwicklung des CART zugunsten der Bezeichnungen »Typ 1« und »Typ 2« auf diese Begriffe.

Frederick war es darum gegangen, im Rahmen seines dreigliedrigen Kurztests Personen auf die Probe zu stellen und zu beobachten, inwieweit zwei unterschiedliche kognitive Prozesse im Urteilsverhalten von Individuen eine Rolle spielen. Die eine Art von Prozessen zeichnet sich dadurch aus, schnell und mit wenig bewusster Überlegung zu funktionieren. Die andere Art der Prozesse läuft langsamer und dafür reflektierter ab.

Der »Trick« hinter seinen Test-Items liegt darin, dass die verwendeten Aufgaben, flüchtig betrachtet so aussehen, als könnten diese »intuitiv« beantwortet werden und erforderten zur Bearbeitung keine »gehobene« Denkleistung. Allerdings zeigt sich, dass Probanden die Lösung der Probleme nicht spontan und intuitiv auf der Basis von Typ 1-Prozesse bzw. – wie Frederick schreibt – durch »System 1«-Prozesse ermitteln können.

Der sogenannte kognitive Reflektionstest – Cognitive Reflection Test (CRT) – den Shane Frederick entwickelt und erstmals 2005 beschrieben hat, ist also eine Testaufgabe, mit der die Tendenz einer Person gemessen werden soll, eine falsche »Bauch«-Reaktion zu übersteuern und weiter zu reflektieren, um eine richtige Antwort zu finden. Der ursprüngliche Drei-Item-Test aus der Feder von Dr. Frederick enthielt die folgenden Aufgaben, die wir nun unter die Lupe nehmen wollen:

Aufgabe 1: Schläger und Ball

- Ein Schläger und ein Ball kosten insgesamt $1,10.
  Der Schläger kostet $1,00 mehr als der Ball.
- Wie viel kostet der Ball?

_____ Cents

Aufgabe 2: Werkzeugmaschinen

- Wenn 5 Maschinen 5 Minuten brauchen, um 5 Werkzeuge herzustellen,
- wie lange würden 100 Maschinen brauchen, um 100 Werkzeuge herzustellen?

_____ Minuten

Aufgabe 3: Seerosenblätter

- In einem See befindet sich eine Fläche mit schnellwachsenden Seerosenblättern. Jeden Tag verdoppelt sich die Größe der Fläche.
- Wenn es 48 Tage dauert, bis die Fläche den ganzen See bedeckt, wie lange würde es dauern, bis die Fläche den halben See überwuchert?

______ Tage

Schauen wir uns gemeinsam diese Aufgaben an und verfolgen wir, welche kognitiven Prozesse bei der Bearbeitung ablaufen:

Aufgabe 1 hat insbesondere durch Kahnemans Bestseller »Schnelles denken – langsames Denken« Berühmtheit erlangt. *(Kahneman, 2011, S. 44–46)* Vorausgegangen war, dass Tausende von Studenten an Eliteuniversitäten wie Harvard University, MIT oder Princeton University sich am Schläger und Ball–Problem versucht hatten. Ihre Leistungen waren allerdings schockierend: 50% dieser Studenten gaben die intuitiv–falsche Antwort. An weniger renommierten Universitäten scheiterten sogar bis zu 80% der Studenten. Was war geschehen?

Die Studenten haben sich die Aufgabenstellung angesehen und vielfach intuitiv die Antwort 10 Cents gegeben. Hätten sie die Gegenprobe gemacht und die Aufgabe mit dieser 10 Cents–Lösung durchgerechnet, wäre ihnen schnell klar geworden, dass etwas nicht stimmen konnte. Denn Schläger (x) und Ball (y) sollen zusammen 1,10 $ kosten, wobei der Schläger 1 $ teurer ist als der Ball – **x+y = 1,10 $**. Unter der Voraussetzung, der Ball kostete 10 Cents bzw. 0,1$, müßte folgendermaßen aufsummiert werden:

1,10 $+0,10 $ =1 ,20 $.

Die 10 Cents–Lösung funktioniert also nicht, weil Schläger und Ball zusammen nur 1,10 $ kosten dürfen, was sehr einfach im Kopf nachzurechnen gewesen wäre. Doch erstaunlich viele Probanden war dieses Problem nicht aufgefallen. Ihr Denken war offenbar auf Typ 1–Prozesse des autonomen Minds beschränkt geblieben, und kein Denkkonflikt war detektiert worden. Um es mit Stanovich zu sagen: Es fand ein Rücksetzen auf den autonomen Mind statt.

Die korrekte Lösung ist 5 Cents für den Ball und 1,05 $ für den Schläger: **1,05$ + 0,05$ = 1,10 $.**

Wer in der Literatur das Schläger und Ball–Problem nachschlägt, dem fällt auf, dass die Beschreibungen bis zu dem Punkt gehen, dass 5 Cents die richtige Lösung ist. Damit schließen die Analysen ab.

Doch, wer sich einmal mit dem Konzept des rationalen Denkens beschäftigt hat, könnte geneigt sein, sich damit nicht zufrieden geben zu wollen. Denn woher kommt die 5 Cents–Lösung? Handelt es sich hierbei nicht ebenfalls um eine intuitive Antwort? Haben nicht auch die Probanden, die die richtige Antwort gaben, lediglich einer zufälligen Intuition nachgegeben, nachdem sie gemerkt hatten, dass der erste Impuls der 10 Cents in die falsche Richtung geht?

Hinter dieser schlichten Aufgabenstellung steckt mehr, als auf den ersten Blick klar ist. Es handelt sich tatsächlich um ein Gleichungssystem mit zwei Unbekannten. Zwar ist die elementare Algebra, die auf den erfolgreichen Lösungsweg führt, nicht besonders schwierig zu bewältigen. Es handelt sich um ein mathematisches Problem, dass an deutschen Gymnasien ab etwa Jahrgang 8 (einstmals Untertertia) behandelt wird.

Gönnen wir uns die Sentimentalität, in die Gedankenwelt eines Tertianers »zurückzubeamen«:

Ausgangspunkt sind diese beiden Gleichungen, wobei x = Schläger und y = Ball sind:

1. Gleichung: **x = y+1**
(Der Schläger kostet $1,00 mehr als der Ball.)

2. Gleichung: **x+y = 1,10**
(Ein Schläger und ein Ball kosten insgesamt $1,10.)

Wir haben für diesen Fall der Fälle die sogenannte »Einsetzungsmethode« gelernt. Es wird ein neues Gleichungssystem gebildet, indem eine der Gleichungen nach einer der Gleichungsvariablen aufgelöst wird. Danach wird der durch diese Auflösung erreichte Term in die andere Gleichung eingesetzt. Danach können wir das Ergebnis der kombinierten Gleichung errechnen. Erinnern Sie sich?

Am besten wir spielen es durch:

Wir lösen als erstes x nach y auf, indem wir (y +1) einsetzen:

$$/x+y=1{,}10$$

$$/x=y+1$$

$$(y+1)+y=1{,}10$$

Nun lösen wir die Klammer auf:

$$2y+1=1{,}10$$

Nun subtrahieren wir – wie wir es gelernt haben – auf beiden Seiten die Zahl 1:

$$2y+1=1{,}10 \mid -1$$

Das ergibt:

$$2y=0{,}10$$

Nun dividieren wir auf beiden Seiten durch die Zahl 2:

$$2y=0{,}10 \mid :2$$

Wir erhalten damit als Wert für y (Ball) 0,05 bzw. 5 Cents:

$$y=0{,}05$$

Soweit unsere Zeitreise zurück in die Jahrgangsstufe 8 unserer »weiterführenden« Schulausbildung.

Was sich zeigt, ist, dass das Ergebnis von 5 Cents alles andere als auf der Hand liegt. Dennoch wären grundsätzlich die zahlreichen Studenten, die durch die Angabe der 10 Cents als Antwort scheiterten, in der Lage gewesen, die korrekte Antwort zu geben. Schließlich dürften sie im Alter von 13 Jahren bereits die entsprechende Mathematik »eingetrichtert« bekommen haben. Allerdings war ihnen entgangen, dass hinter dieser Aufgabe eine »Gleichung mit zwei Unbekannten« verborgen lag.

Hier zeigt sich ein ähnliches Versagen, wie bei einigen der Aufgaben in den Subtests A und B: Die Probanden verfügen über die notwendige Mindware – sie haben überprüfbar Wissen zur Wahrscheinlichkeitsrechnung, Statistik und in diesem Beispiel über Algebra. Dennoch versagen sie dabei, dieses Wissen im Rahmen der Aufgaben–Bearbeitung zu mobilisieren und zum Einsatz zu bringen.

Schauen wir uns noch die beiden anderen Aufgaben von Fredericks Drei–Item–Test an:

Bei Aufgabe 2 geht es um fünf Werkzeugmaschinen, die fünf Minuten benötigen, um fünf Werkzeuge herzustellen. Fredericks Frage ist, wie lange 100 Maschinen benötigen, um 100 Werkzeuge herzustellen. Die offenbar provozierte Falschantwort sind die **100 Minuten**, die beim Durchlesen der Aufgabe spontan im Kopf »aufblinken«. Wer sich nicht irritieren lässt und kurz nachdenkt, dem fällt auf, dass eine Maschine für ein Werkzeug fünf Minuten benötigt. Wenn 100 Maschinen parallel arbeiten, ergeben sich nach fünf Minuten 100 Werkzeuge. – Die korrekte Antwort ist **fünf Minuten**.

Bei der dritten Aufgabe geht es um das Wachstum von Seerosenblättern, das eine Seerosenfläche auf einem See bewirkt. Jeden Tag verdoppelt sich die Größe der Fläche. Wenn es 48 Tage dauert, bis die Fläche den ganzen See bedeckt, wie lange würde es dauern, bis die Fläche den halben See bedeckt? Die provozierte spontane Falschantwort ist in diesem Fall die Hälfte der Gesamtzahl der Tage: **24 Tage**. Die korrekte Antwort ist **47 Tage**: Nach 48 Tagen ist der See komplett bedeckt – bei der täglichen Verdopplung der Fläche ergibt sich, dass sich mit Blick auf den Vortag die Fläche halbiert. Also ist die Antwort 48 Tage minus 1 Tag gleich 47 Tage.

Dieser Drei-Item-CRT-Test wurde in der Fachliteratur und in Studien häufig thematisiert. Dabei erwies sich, dass der CRT nur mäßig positiv mit Ergebnissen von Intelligenzmessungen korreliert ist. Individuen mit einem hohen Maß an Intelligenz können trotz dieser kognitiven Kompetenz dazu neigen, bei CRT-Tests nicht optimal abzuschneiden. Wie gesehen sind Studenten von den amerikanischen Eliteuniversitäten regelmäßig am Ball- und Schläger-Item gescheitert.

Diese Tests scheinen offenbar zentrale, von der Intelligenz mehr oder weniger unabhängige Aspekte rationalen Denkens zu bewerten. Keith E. Stanovich weist darauf hin, dass die ausschließliche Nutzung von Fredericks Drei-Item-CRT in Subtest C seines CARTs problematisch wäre.

Denn die Items sind extrem bekannt geworden – insbesondere das Schläger-und-Ball-Item. Es ist in vielen Zeitschriften, populären Büchern und Online-Beiträgen im Internet und in Social Media veröffentlicht worden. Dazu kommt, dass Ergebnisse zu drei Items nicht ausreichen, um die Prozessierungs-Tendenz des Rücksetzens auf den autonomen Mind zuverlässig zu erheben. Stanovich und sein Team haben deshalb bei Studien begonnen, mit einer alternativen Version eines Reflektion-versus-Intuitions-Tests zu arbeiten, der auf der Basis von insgesamt elf Items verlässlichere Ergebnisse verspricht. Diese Elf-Item-Version ist Bestandteil des Subtests C des CART-Instruments geworden.

Zwei der dabei verwendeten Items wurden diesem Kapitel vorangestellt. – Die Leser hatten die Möglichkeit, sich an diesen Aufgaben zu versuchen.

Lösung der beiden Reflexion-versus-Intuitions-Test-Beispiele

Nach der Analyse des Drei-Item-Tests von Frederick wird es den Lesern nun leichtfallen, die beiden Aufgaben zu lösen:

Beginnen wir mit dem Brett, das in Teile zu zersägen ist: Wenn jeder Schnitt eine Minute dauert, wie lange dauert es dann, ein 2,50 Meter langes Holzbrett in **25** gleiche Stücke zu schneiden? Offensichtlich droht Probanden, die spontan antworten, dass sie mit **25 Minuten** die intuitive Falschantwort geben. Die korrekte Antwort ist **24 Minuten**.

Die Bakterien-Aufgabe ähnelt dem Seerosenbeispiel: Wenn es 32 Stunden dauert, bis der Behälter vollständig gefüllt ist, wie viele Stunden würde es dann dauern, bis die Bakterien die Hälfte des Behälters gefüllt haben? Hier ist die intuitiv-falsche Antwort **16 Stunden**, während die korrekte Antwort **31 Stunden** lautet.

Aufgabe C2 – Das Problem der frischen Erdbeeren

Lösen Sie folgende Aufgabe:

- Ein Lebensmittel–Großhändler versendet Kisten mit sowohl frischen als auch gefrorenen Erdbeeren.
- Nehmen Sie an, dass es Ihre Aufgabe ist, dafür zu sorgen, dass diese Kisten richtig gestapelt werden: Eine Kiste mit frischen Erdbeeren sollte nicht mit einer Kiste mit gefrorenen Erdbeeren in Berührung kommen, da der direkte Kontakt mit der kälteren Kiste die frischen Erdbeeren verderben lässt.
- Nun stehen Sie vor einem Stapel mit drei Kisten Erdbeeren, wobei die oberste Kiste frische Erdbeeren und die unterste Kiste gefrorene Erdbeeren enthält.
- Die mittlere Kiste mit Erdbeeren hat jedoch kein Etikett, so dass Sie nicht sehen können, ob sie entweder frische oder gefrorene Erdbeeren enthält.

Beantworten Sie folgende Frage:

Berührt eine Kiste mit frischen Erdbeeren eine Kiste mit gefrorenen Erdbeeren?

Frische Erdbeeren
?
Gefrorene Erdbeeren

- O Ja
- O Nein
- O Kann nicht entschieden werden

(Adaptierte Aufgabenstellung aus Stanovich & Toplak, 2016, S. 344–345)

Das Problem des disjunktivistischen Urteilens

Das Beispiel–Item mit den frischen Erdbeeren geht laut Stanovich zurück auf Problemstellungen, die er und sein Team aus Veröffentlichungen des kanadischen Informatikers Hector Joseph Levesque übernommen haben, der sich mit künstlicher Intelligenz befasste. *(Levesque, 1986, 1989)*

Wie diese Problemstellungen in den Köpfen von Probanden verarbeitet werden, schauen wir uns anhand folgender Aufgabe an:

Stellen Sie sich folgende Konstellation vor – drei Personen stehen nebeneinander und schauen nach rechts:

- Jack schaut auf Ann.
- Ann schaut auf George.
- Jack ist verheiratet.
- George ist nicht verheiratet.

Frage: Schaut eine verheiratete Person eine unverheiratete Person an?

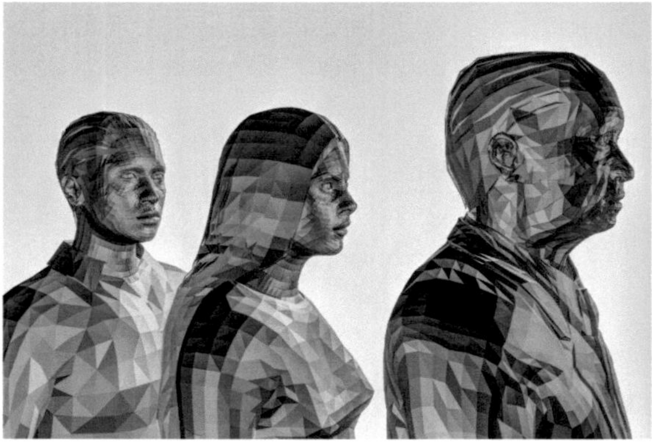

Jack - Ann - George

Antwort–Alternativen:

a) Ja
b) Nein
c) Kann nicht bestimmt werden.

In Studien zeigte sich, dass viele Individuen falsch antworten. Die Mehrheit neigt zur Antwort c («Kann nicht bestimmt werden.«), obwohl die richtige Antwort a (Ja) ist.

Die korrekte Antwort kann mühelos aufgedeckt werden, wenn jemand sich auf eine vollständige »disjunktivistische« Argumentation einlässt. Denn um das Problem zu lösen, ist es notwendig, beide möglichen Optionen in Bezug auf Anns Familienstand (verheiratet und unverheiratet) in Betracht zu ziehen, und mit Blick auf die Aufgabenstellung durchzuspielen:

- Wenn Ann verheiratet ist, dann ist die Antwort »Ja«, weil sie den unverheirateten George anschaut.
- Wenn Ann nicht verheiratet ist, dann ist die Antwort immer noch »Ja«, weil Jack, der verheiratet ist, auf Ann schaut.

Ergo: Wenn alle Möglichkeiten in Betracht gezogen werden, also die vollständig disjunktivistische Argumentationsstrategie genutzt wird, dann zeigt sich, dass eine verheiratete Person eine unverheiratete Person anschaut, egal ob Ann verheiratet ist oder nicht.

Probanden antworten »kann nicht bestimmt werden«, weil in der Aufgabenstellung nicht verraten wird, ob Ann verheiratet ist oder nicht. Das verleitet sie dazu, die intuitive Reaktion des autonomen Minds zu akzeptieren, die da lautet: »Oh, da wir nicht wissen, ob Ann verheiratet ist oder nicht, können wir nichts feststellen.«

Keith E. Stanovich weist darauf hin, dass die meisten Individuen fähig sind, vollständig disjunktivistisches Denken zu verstehen und durchzuführen. *(Stanovich & Toplak, 2016, S. 138–139)* Allerdings müssen sie dazu explizit aufgefordert werden. Wären den Probanden im Rahmen der Aufgabenstellung alle Optionen von Anns Familienstand aufgezeigt worden, hätten fast alle erwachsenen Personen die Aufgabe erfolgreich bearbeitet. Ohne einen entsprechenden Hinweis scheitern viele an der recht einfachen Kognitions-Aufgabe, indem sie auf die spontane Reaktion des autonomen Minds zurückfallen und keine Unstimmigkeit zwischen Aufgabenstellung und Response feststellen. Ein Overwrite der intuitiven falschen Antwort unterbleibt.

Bevor wir uns – gerüstet durch die Analyse von Anns Problem – mit dem Fall der frischen Erdbeeren befassen, werden wir das Konzept des disjunktivistischen Denkens vertiefen.

Leser werden fragen, woher der Begriff kommt und was am erforderlichen Denken »disjunktiv« (lat. *disiunctus*) – also getrennt bzw. entlegen – ist. Leider ist die Nutzung des Begriffs für das betrachtete Denkproblem nicht ohne Erläuterung verständlich. Holen wir diese nach:

Wir haben es mit der »Disjunktion«, einem Begriff aus der klassischen Logik zu tun. *(Quine, 2016, S. 25–33)* Es handelt sich um eine elementare Möglichkeit, Sätze aus Sätzen zu bilden. In unserer Alltagssprache entspricht diese Möglichkeit der Verwendung des Bindewortes »oder«.

Dieses Bindewort nutzen wir täglich – allerdings in verschiedenen Bedeutungsvarianten. Eine Variante ist das sogenannte »nicht–ausschließende oder«: Der zusammengesetzte Satz gilt dabei als wahr, wenn wenigstens einer der Teilsätze wahr ist.

Beispiel für solch einen zusammengesetzten Satz:

Der Hund ist krank (p) oder die Katze schläft (q).

Dieser Satz ist wahr,

- wenn der Hund krank ist **(p)** und die Katze schläft **(q)**
- wenn der Hund nicht krank ist **(¬p)** und die Katze schläft **(q)**
- wenn der Hund krank ist **(p)** und die Katze nicht schläft **(¬q)**

Allerdings ist der Satz falsch, sollte der Hund gesund **(¬p)** und die Katze wach sein **(¬q).**

Es gibt eine weitere Bedeutungsvariante des Bindewortes »oder«. Der andere Sinn, in dem es manchmal gebraucht wird, ist die ausschließende Bedeutung. In diesem Fall nutzen wir meistens die Wendung »entweder – oder«, um uns möglichst klar auszudrücken: Der zusammengesetzte Satz gilt als wahr, wenn genau eines der Glieder wahr ist. In diesem Sinn von »oder« ist der zusammengesetzte Satz nicht nur in dem Fall falsch, wenn beide falsch sind, sondern auch, wenn beide wahr sind. Beispiel: *Die Katze ist wach oder die Katze schläft.*

Das Lateinische hat für jede Bedeutungsvariante von »oder« ein eigenes Wort: »vel« wird in der Bedeutung des nicht–ausschließenden »oder« verwendet und »aut« für die ausschließende Variante. In der modernen Logik ist es deshalb üblich, das Symbol »v« als »Statthalter« für das lateinische »vel« für »oder« im nicht-ausschließenden Sinn zu schreiben.

Nun klärt sich auf, was es mit der Disjunktion auf sich hat: Diese bezeichnet die Verknüpfung von Teilsätzen im nicht-ausschließenden Sinn mit Hilfe des Symbols »v«.

Greifen wir noch einmal auf das Beispiel von oben zurück – *Der Hund ist krank (p) oder die Katze schläft (q)* – so können wir es formalisiert darstellen als: **p v q**

Mittels einer Wahrheitstabelle können wir das Disjunktions–Beispiel folgendermaßen präsentieren:

p v q

p	**q**	**p v q**
w	w	w
w	f	w
f	w	w
f	f	f

Wenn jemand mit zusammengesetzten Aussagen konfrontiert wird, deren Wahrheit von den sich nicht-ausschließenden Bewertungen der Teilaussagen abhängt, könnte er mit Hilfe dieser Tabelle einfach zu einer korrekten Gesamtbewertung kommen. Er würde auf diese Weise vollständig disjunktivistisch urteilen.

Im Fall von Anns Problems wäre dies besonders einfach, weil der Familienstand von Jack und George jeweils vorgegeben ist:

Verheiratet?

Jack	Ann	George
w	**w**	**f**
w	**f**	f

Auch die Frage: Schaut eine verheiratete Person eine unverheiratete Person an? lässt sich leicht entscheiden. Mit Blick auf die Tabelle ergibt sich, dass dies in zwei Zeilen der Tabelle der Fall ist (fett gesetzt).

Wer also vollständig disjunktivistisch denkt, könnte seine Denkoptionen in einer einfachen Wahrheitstabelle darstellen.

Lösung des Problems der frischen Erdbeeren

Es war oben die Aufgabe, dafür zu sorgen, dass die Erdbeer-Kisten richtig gestapelt werden: Eine Kiste mit frischen Erdbeeren sollte nicht mit einer Kiste mit gefrorenen Erdbeeren in Berührung kommen:

Frische Erdbeeren
?
Gefrorene Erdbeeren

Nach den vorangegangenen Erläuterungen wird sich niemand mehr davon irritieren lassen, dass die mittlere Kiste mit Erdbeeren kein Etikett hat – obwohl nicht klar ist, ob sie entweder frische oder gefrorene Erdbeeren enthält.

Die Frage, ob eine Kiste mit frischen Erdbeeren eine Kiste mit gefrorenen Erdbeeren berührt, lässt sich einfach ermitteln, indem im Sinne des nicht-ausschließenden »oder« alle Optionen durchgespielt werden:

Frische Erdbeeren	Frische Erdbeeren
Gefrorene Erdbeeren	**Frische Erdbeeren**
Gefrorene Erdbeeren	**Gefrorene Erdbeeren**

Lösung:

Egal, ob sich in der mittleren Kiste gefrorene oder frische Erdbeeren befinden, in beiden Fällen wird sich frisches und gefrorenes Obst berühren.

C

C2 Disjunktivistisches Urteilen

D Scheitern einer anhaltenden Überschreibung

D1 Problem der Überzeugungs-Verzerrung

D2 Problem der Quoten-Verzerrung

D3 Problem der zeitlichen Diskontierung

D4 Problem des »myside bias«

D Scheitern einer anhaltenden Überschreibung

Der vorangegangene Subtest C zielte darauf, die Neigung von Individuen zu untersuchen, sich auf intuitive Reaktionen des autonomen Minds zu verlassen und dadurch zu suboptimalen Denk–Ergebnissen zu kommen.

Bei Subtest D handelt es sich wiederum um Einschätzungen, die nachlässiges kognitives Prozessieren bewerten. Diesmal geht es allerdings um echte Fehler beim Überschreiben bzw. beim Override von unzureichenden Typ 1–Prozessen. Dieses suboptimale Denken repräsentiert eine weniger nachlässige Tendenz als das einfache Rücksetzen auf den autonomen Mind. Der Mangel der betreffenden Denk–Prozesse stellt sich folgendermaßen dar:

Es gibt Situationen, in denen zunächst Typ 2–Prozesse aktiviert werden, um die Typ 1–Prozessierung des autonomen Minds offline zu nehmen und sie offline zu halten, bis bessere Responses auf der Basis hypothetischen Urteilens synthetisiert werden. Diese Inhibition von Typ 1–Prozessen scheitert allerdings – die Überschreibung von intuitiven Responses wird nicht durchgehalten. Auf diese Weise kann kein reflektiertes Denken auftreten, das eine erfolgreiche rationale Denklösung ermittelt.

Kurz gesagt: Bei diesem Override–Versagen findet eine unvollkommene kognitive Entkopplung statt, die am Ende bei der Unterdrückung der Typ 1–Prozessierung des autonomen Minds scheitert.

Laut Keith E. Stanovich betrifft dieses Scheitern eines anhaltenden, nachhaltigen Override in der Taxonomie des CART das, was der Volksmund als »Probleme der Willenskraft« bezeichnen würde: Jemand erfasst, dass da irgendetwas in den eigenen Überlegungen nicht richtig ist – stoppt ab, ohne sich allerdings motivieren zu können, die betreffende Angelegenheit konsequent zu Ende zu denken. *(Stanovich & Toplak, 2016, S. 51–52)*

Psychologen und Wirtschaftswissenschaftler bezeichnen die Situationen, in denen dieses Override–Versagen stattfindet, als »Probleme der Selbstbeherrschung«.

Die Kategorie der Denkprobleme in Subtest D umfasst jedoch mehr als lediglich Willenskraft– und Selbstkontrollprobleme. Es handelt sich um suboptimale kognitive Prozesse, bei denen Typ 2–Kognitionen entweder nicht oder nur so wenig involviert sind, dass sich Individuen kaum oder überhaupt nicht bewusst werden, dass ein kognitiver »Kampf« zwischen gegenläufigen Typ 1– und Typ 2–Prozessen stattfindet.

Aufgabe D1 – das Problem der Karbitops und Bictodes

In den folgenden beiden Aufgaben werden Ihnen zwei Prämissen vorgegeben. Sie werden darum gebeten, anzunehmen, dass diese Prämissen wahr sind. Anschließend sollen Sie entscheiden, ob die vorgegebene Schlussfolgerung auf der Basis der Prämissen logisch folgt.

Dabei ist es wichtig, dass Sie ignorieren, dass die Schlussfolgerung möglicherweise sachlich unrichtig ist. Beurteilen Sie die Schlussfolgerung ausschließlich danach, ob diese notwendigerweise folgt und logisch korrekt hergeleitet wurde.

Aufgabe 1

Prämissen

- Prämisse 1: Alle Blumen sind Karbitops.
- Prämisse 2: Alle Tulpen sind Karbitops.

Schlussfolgerung

- Alle Tulpen sind Blumen.

Bitte markieren Sie die richtige Antwort:

_____ a. Die Schlussfolgerung folgt notwendigerweise aus den Prämissen.

_____ b. Die Schlussfolgerung folgt nicht notwendigerweise aus den Prämissen.

Aufgabe 2

Prämissen

- Prämisse 1: Alle Nüsse sind Bictodes.
- Prämisse 2: Keine Felsen sind Bictodes.

Schlussfolgerung

- Keine Felsen sind Nüsse.

Bitte markieren Sie die richtige Antwort:

_____ a. Die Schlussfolgerung folgt notwendigerweise aus den Prämissen.

_____ b. Die Schlussfolgerung folgt nicht notwendigerweise aus den Prämissen.

(Adaptierte Aufgabenstellung aus Stanovich, 2016, S. 340–341)

Das Problem der Überzeugungs–Verzerrung bzw. des »belief bias« beim Beurteilen von logischen Schlussfolgerungen

Die beiden Aufgaben, die wir gerade von Professor Stanovich gestellt bekommen haben, sind sogenannte syllogistische Schlussfolgerungs–Aufgaben. Das Konzept dahinter ist, dass Probanden mit Prämissen konfrontiert werden mit der Aufforderung zu beurteilen, ob sich die vorgegebene Schlussfolgerung logisch aus den Prämissen ableiten lässt. *(Stanovich & Toplak, 2016, S. 53–54, 119–132)*

Um die Aufgabe von einer konventionellen, reinen Schlussfolgerungs–Aufgabe, wie diese beispielsweise bei einem Intelligenztest gestellt würde, in ein Messinstrument für rationales Denken zu verwandeln, erweitern Psychologen diesen Test mit einer besonderen Prüf–Komponente: Die Aufgabe wird jeweils so formuliert, dass nachvollziehbar wird, inwieweit Probanden durch einen »belief bias« bzw. durch eine Überzeugungs–Verzerrung beeinflusst sind. Das realisieren sie, indem sie folgenden »Kniff« anwenden:

Erstens – im Fall, dass der genutzte Syllogismus gültig ist, verwenden sie Schlussfolgerungen, die dem Sachwissen des Probanden widersprechen, und zweitens, wenn der Syllogismus ungültig ist, nutzen sie Schlussfolgerungen, die mit ihrem Sachwissen übereinstimmen und damit harmonieren.

Hintergrund ist, dass der belief bias bzw. die Überzeugungs–Verzerrung als kognitiver Bias auftritt, wenn Individuen die Gültigkeit von Argumenten aufgrund von deren Glaubwürdigkeit oder Plausibilität bewerten, statt diese auf der Basis gültiger rationaler Kriterien zu beurteilen. Das heißt, Personen können dazu neigen, etwas für korrekt zu halten, weil es mit ihren gewohnten Sichtweisen übereinstimmt, obwohl die Korrektheit dieses Tatbestands gemäß geltender rationaler Kriterien und Methoden zweifelhaft ist.

Zur Erläuterung der Funktionsweise dieser besonderen Schlussfolgerungs–Aufgaben diskutiert Keith E. Stanovich zwei Syllogismen, die im Rahmen von empirischen Studien zum Einsatz kamen:

Beurteilen Sie zunächst folgenden Syllogismus – wird hier korrekt auf der Basis der Prämissen geschlussfolgert?

- Prämisse 1: Alle Lebewesen brauchen Wasser.
- Prämisse 2: Rosen brauchen Wasser.
- Schlussfolgerung: Deshalb sind Rosen lebende Dinge.

Ca. 70 Prozent der Universitätsstudenten, denen dieses Problem vorgelegt wurde, nahmen an, dass die Schlussfolgerung gültig ist. Wenn Sie der gleichen Meinung sind, irren Sie sich.

Prämisse 1 besagt, dass alle Lebewesen Wasser brauchen, und nicht, dass alle Dinge, die Wasser brauchen, lebende Dinge sind. Also, nur weil Rosen Wasser brauchen, folgt aus Prämisse 1 keineswegs logisch, dass sie lebende Dinge sind.

Schauen Sie sich als nächstes diesen Syllogismus mit der gleichen Struktur an:

- Prämisse 1: Alle Insekten brauchen Sauerstoff.
- Prämisse 2: Mäuse brauchen Sauerstoff.
- Schlussfolgerung: Deshalb sind Mäuse Insekten.

Was an diesen Beispielaufgaben ins Auge fällt: Hier ist deutlich, dass die Schlussfolgerung nicht aus den Prämissen logisch ableitbar ist. Während Sachwissen die Lösung des Rosenproblems schwer gemacht hat, macht es beim Mäuseproblem die Beurteilung des Syllogismus recht einfach.

Weitere Erläuterungen: Bei der logischen Gültigkeit geht es nicht um die Glaubwürdigkeit der Schlussfolgerung – es geht darum, ob die Schlussfolgerung notwendigerweise aus den Prämissen folgt. Bei beiden Problemen impliziert das Vorwissen von Probanden (dass Rosen lebende Dinge und dass Mäuse keine Insekten sind) eine Beurteilung, die unabhängig vom Inhalt sein sollte: die Beurteilung der logischen Gültigkeit. Beim Rosenproblem störte das Vorwissen, beim Mauseproblem war das Vorwissen förderlich.

Keith E. Stanovich betont an dieser Stelle noch einmal, dass die Syllogismen, die im CART genutzt werden, grundsätzlich anders funktionieren als Aufgaben zu logischen Schlussfolgerungen in Intelligenztests. *(Stanovich & Toplak, 2016, S. 121)* Es sei wichtig zu erkennen, dass der Rosen–Syllogismus nicht die Art von Syllogismus ist, die zur Ermittlung des IQs eingesetzt würde. Stattdessen handelt es sich um eine Aufgabe, die eher in einem Test für kritisches Denken auftaucht, in dem es schwerpunktmäßig auf die Bewertung von Denktendenzen und kognitiven Stilen ankommt.

Bei diesen Syllogismen, bei denen gezielt logische Gültigkeit und Sachwissen in Widerspruch gesetzt werden, steht eine wichtige rationale Denkfähigkeit im Mittelpunkt: Es geht um die Fähigkeit, das Denken auf die Überprüfung von Gültigkeit zu fokussieren, ohne es durch unsere »natürliche« Neigung ablenken zu lassen, uns aufgrund von kognitiver Trägheit auf »einfache«, plausible Hinweise zu berufen.

Gültigkeit ist ein schwierig durchzusetzendes Konzept. Es erfordert vom Einzelnen, auf dieses abstrakte Kriterium konzentriert zu bleiben, und den leichter zu verarbeitenden Hinweis auf die Glaubwürdigkeit und »Realitätsnähe« einer Schlussfolgerung zu ignorieren oder sogar zu unterdrücken. Anders ausgedrückt: Diese Aufgabe legt ein großes Gewicht auf Override und Entkopplung von intuitiven Impulsen aus Richtung des autonomen Minds.

Das Ergebnis der Studien auf der Basis dieser besonderen Syllogismen ist, dass viele Probanden hierbei scheitern. Stanovich sieht zwei unterschiedliche »schlampige« Verarbeitungstendenzen am Werk.

Die erste Tendenz haben wir gerade einige Male diskutiert: die Neigung, eine Schlussfolgerung auf der Grundlage von Glaubwürdigkeit bzw. von Anschaulichkeit und Plausibilität zu akzeptieren. *(Stanovich & Toplak, 2016, S. 129)*

Die zweite Tendenz hat mit der Verzerrung zu tun, die als »Acquiescence Bias« oder als »Agreement Bias« bezeichnet wird: Probanden können dazu neigen, einer Argumentation allein deshalb zuzustimmen, weil diese im »Gewand« einer logischen Schlussfolgerung auftritt. Indem die Form eines Syllogismus verwendet wird, kann bei Personen eine Inhalts-unabhängige Zustimmung ausgelöst werden – eine Tendenz zum »Ja-Sagen«, die Typ 2-Denkprozesse behindert.

Lösung der Aufgaben rund um Karbitops und Bictodes

Einleitend waren wir mit folgenden beiden Aufgaben und Syllogismen konfrontiert worden, die wir nun diskutieren:

Aufgabe1:

- Prämisse 1: Alle Blumen sind Karbitops.
- Prämisse 2: Alle Tulpen sind Karbitops.
- Schlussfolgerung: Alle Tulpen sind Blumen.

Aufgabe 2

- Prämisse 1: Alle Nüsse sind Bictodes.
- Prämisse 2: Keine Felsen sind Bictodes.
- Schlussfolgerung: Keine Felsen sind Nüsse.

Zunächst ein kleiner Exkurs: Was sind Syllogismen?

Mit »Syllogismen« (von altgriechisch syllogismós »Zusammenrechnen«, »logischer Schluss«) wird ein Katalog bestimmter Typen logischer Schlüsse bezeichnet. Dieser Katalog bildet den Kern der im vierten Jahrhundert vor unserer Zeitrechnung entstandenen aristotelischen Logik. Diese klassische Logik untersuchte, unter welchen Voraussetzungen die logischen Schlüsse von Syllogismen gültig sind. Syllogismen sind nach einem Muster aufgebaut. Jeweils zwei Prämissen fungieren als Voraussetzungen – Obersatz und Untersatz – genannt. Sie führen zu einer Schlussfolgerung bzw. Konklusion:

Obersatz,
Untersatz;
∴Konklusion

In Logik–Lehrbüchern (beispielsweise: *Quine, 2016, S. 104–115*) finden sich gültige Syllogismen wie die folgenden:

Formel	Beispiel
Alle G sind H, Alle F sind G; **∴Alle F sind H.**	Alle Menschen sind sterblich, Alle Griechen sind Menschen; **∴Alle Griechen sind sterblich.**
Kein G ist H, Alle F sind G; **∴Kein F ist H.**	Kein Mensch ist vollkommen, Alle Griechen sind Menschen; **∴Kein Grieche ist vollkommen.**
Alle G sind H, Einige F sind G; **∴Einige F sind H.**	Alle Philosophen sind weise, Einige Griechen sind Philosophen; **∴Einige Griechen sind weise.**
Kein G ist H, Einige F sind G; **∴Einige F sind nicht H.**	Kein Philosoph ist böse, Einige Griechen sind Philosophen; **∴Einige Griechen sind nicht böse.**

Ein gültiger Syllogismus ist offenbar derart gestaltet, dass er unmöglich von wahren Prämissen zu einer falschen Konsequenz führen kann.

Diese hier aufgeführten Syllogismen sind problemlos als korrekte Schlussfolgerungen zu identifizieren. Bei den beiden von Stanovich präsentierten Syllogismen fällt die Beurteilung nicht so leicht. Auf den ersten Blick irritieren die offenbar frei erfundenen Substantive Karbitop und Bictode, die sich trotz aller Mühen per »Googeln« nicht erklären lassen. Diese bedeutungslosen Nomen passen zum Konzept der Aufgabenstellungen: Die Probanden sollen die formale Gültigkeit der Syllogismen möglichst unabhängig vom jeweiligen individuellen Vorwissen beurteilen.

Im Bereich der Logik gibt es Verfahren, die helfen, Syllogismen einer universell gültigen Überprüfung zu unterziehen. An dieser Stelle soll das graphische Verfahren von Venn (John Venn – englischer Mathematiker 1834 – 1923) genutzt werden:

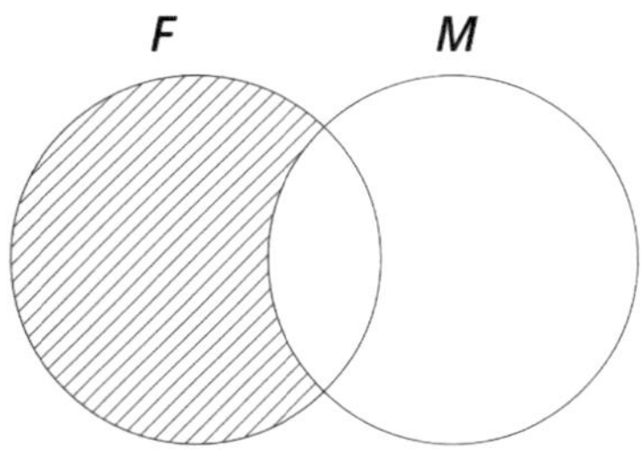

A (universal bejahend): ***Alle F sind M.***

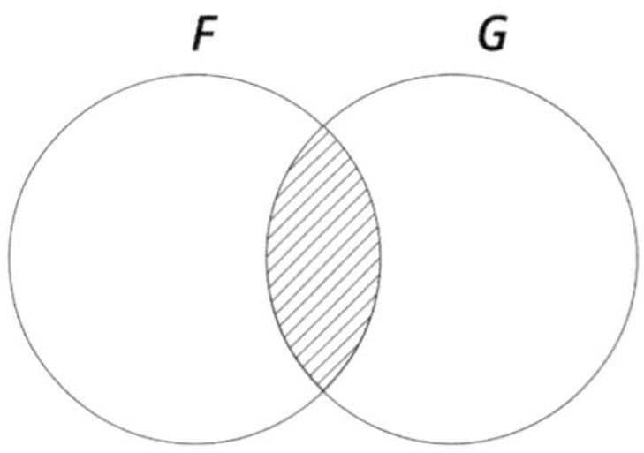

E (universal verneinend): ***Kein F ist G.***

Es basiert auf sich überschneidenden Kreisen, welche die Termini der jeweiligen Prämissen darstellen. In der linken Grafik repräsentiert das Gebiet, in dem sich die beiden Kreise überschneiden, diejenigen Gegenstände, die sowohl »F« als auch »M« sind. Dieses Gebiet, in der Geometrie als Linse bezeichnet, ist in der Grafik links ohne Schraffur dargestellt. Wählen wir F als »Mensch« und M als »sterblich«, so repräsentiert diese Linse zwischen F und M »sterbliche Menschen« – das Diagramm behauptet: »Alle Menschen sind sterblich.« Der Teil des F–Kreises, der außerhalb des M–Kreises liegt, repräsentiert die Gegenstände, die F sind, aber nicht M: im Beispiel oben links die »nicht–sterblichen Menschen«. Dieses Gebiet, in der Geometrie Mond genannt, ist im Diagramm links schraffiert dargestellt. Schraffur bedeutet Leere: Kein Mensch ist unsterblich.

Schauen wir nun auf das rechte Diagramm. Hier wählen wir wiederum F als »Mensch«; für G wählen wir »göttlich«. Die Linse zwischen F und G ist schraffiert, die repräsentierte Menge somit leer. Das Diagramm behauptet: »Kein Mensch ist göttlich.«

Auf der Basis des Venn–Verfahrens wollen wir nun »zur Übung« den zweiten Syllogismus der obigen Liste nachprüfen.

Kein G ist H,
Alle F sind G;
∴Kein F ist H.

Wir tragen die erste Prämisse ein, »Kein G ist H«, indem wir die Linse zwischen G und H schraffieren. Danach tragen wir die zweite Prämisse ein, »Alle F sind G«, indem wir den Mond des F–Kreises außerhalb des G–Kreises schraffieren. Das Ergebnis ist folgendes Diagramm:

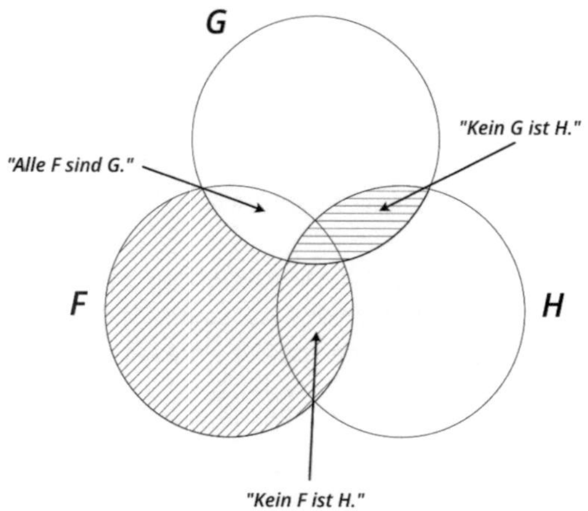

Es bestätigt die gewünschte Konsequenz, »Kein F ist H«: Die Linse, die F–Kreis und H–Kreis gemeinsam haben, ist komplett schraffiert.

Nachdem wir das Venn–Verfahren an diesem Syllogismus ausprobiert haben, machen wir uns nun an den Karbitops–Syllogismus, um die Gültigkeit der Schlussfolgerung zu überprüfen:

- Prämisse 1: Alle Blumen sind Karbitops.
- Prämisse 2: Alle Tulpen sind Karbitops.
- Schlussfolgerung: Alle Tulpen sind Blumen.

Wir tragen die erste Prämisse, »Alle Blumen sind Karbitops« ein, indem wir den Mond des Blumen–Kreises außerhalb des Karbitops–Kreises schraffieren. Danach tragen wir die zweite Prämisse ein, »Alle Tulpen sind Karbitops.«, indem wir den Mond des Tulpen–Kreises außerhalb des Karbitops–Kreises schraffieren. Das Ergebnis ist folgendes Diagramm:

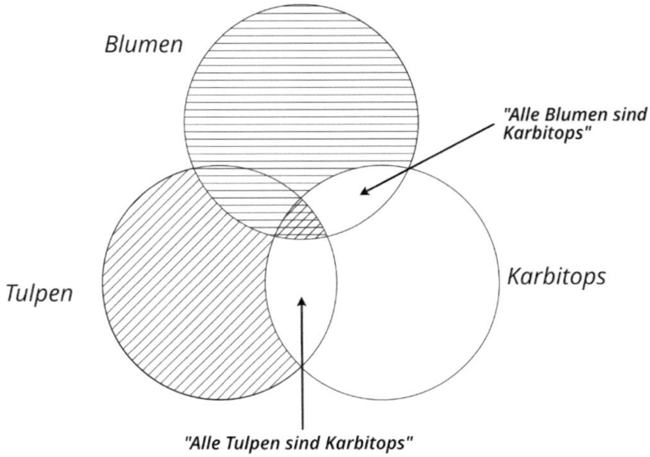

Das Venn–Diagramm zeigt, dass die vorgegebene Schlussfolgerung logisch ungültig ist, da die sachlich korrekte Aussage »Alle Tulpen sind Blumen« nicht aus den Prämissen 1 + 2 herleitbar ist – die Linse zwischen Tulpen und Blumen ist schaffiert .

Nun überprüfen wir den Bictodes–Syllogismus:

- Prämisse 1: Alle Nüsse sind Bictodes.
- Prämisse 2: Keine Felsen sind Bictodes.
- Schlussfolgerung: Keine Felsen sind Nüsse.

Wir tragen die erste Prämisse, »Alle Nüsse sind Bictodes.« ein, indem wir den Mond des Nüsse–Kreises außerhalb des Bictodes–Kreises schraffieren. Danach tragen wir die zweite Prämisse »Keine Felsen sind Bictodes.« ein, indem wir die Linse zwischen Felsen–Kreis und Bictodes–Kreis schraffieren.

Das Ergebnis ist folgendes Diagramm:

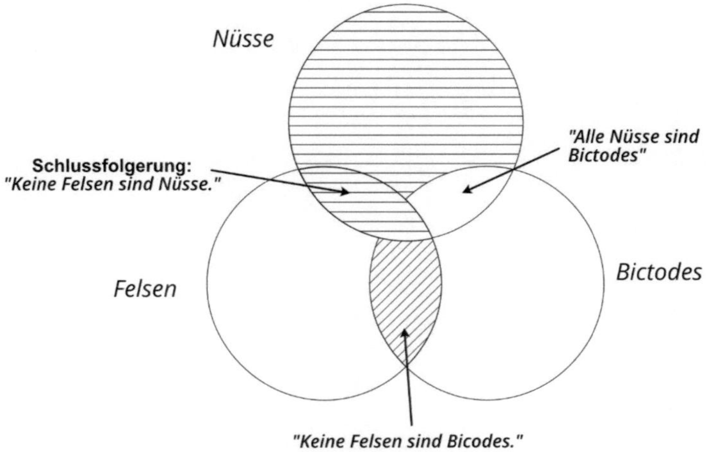

Die schraffierte Linse zwischen Felsen–Kreis und Nüsse–Kreis zeigt an, dass logisch folgt: »Keine Felsen sind Nüsse.« Der Syllogismus ist offenbar gültig.

Aufgabe D2. – Das Problem des Murmelspiels

Lösen Sie folgende Aufgabe:

Betrachten Sie die Abbildung weiter unten. Nehmen Sie an, dass es sich um zwei Tabletts handelt, die jeweils mit schwarzen und weißen Murmeln belegt wurden.

Das kleinere Tablett links enthält 10 Murmeln. Das große Tablett rechts enthält 100 Murmeln.

Während Ihre Augen verdeckt sind, werden die Murmeln auf beiden Tabletts gemischt.

Nun ist es Ihre Aufgabe, eine einzelne Murmel von einem der beiden Tabletts zu ziehen, ohne hinzusehen. Wenn Sie eine schwarze Murmel ziehen, gewinnen Sie € 5.

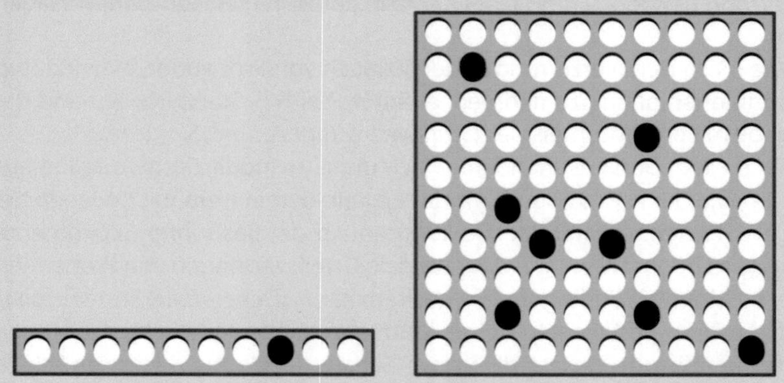

(1 schwarz und 9 weiss) **(8 schwarz und 92 weiss)**

Frage:

Von welchem Tablett würden Sie in einer realen Situation lieber eine Murmel auswählen?

__ a. Ich würde das kleine Tablett stark bevorzugen.
__ b. Ich würde das kleine Tablett mäßig bevorzugen.
__ c. Ich würde das kleine Tablett ein wenig stärker bevorzugen.
__ d. Ich würde das große Tablett ein wenig stärker bevorzugen.
__ e. Ich würde das große Tablett mäßig bevorzugen.
__ f. Ich würde das große Tablett stark bevorzugen.

(Adaptierte Aufgabenstellung aus Stanovich & Toplak, 2016, S. 133–134)

Das Problem der Quoten–Verzerrung bzw. des »ratio bias«

In vielen Situationen erfordert rationales Denken, dass Individuen kognitive Prozesse vom Typ 1 außer Kraft setzen und für einige Zeit offline nehmen. Dieses Überschreiben und Übersteuern von intuitiven schnellen Denkprozessen ist wie gesehen eine anstrengende Operation. Da Individuen zu Formen von Denkträgheit neigen, zeigen sie die Tendenz, bei der notwendigen Aufrechterhaltung des Überschreibens und Übersteuerns zu scheitern. Dadurch gelingt es ihnen in der Folge nicht, den intuitiven Response vom Typ 1 durch eine reflektierte, rationale Antwort zu ersetzen.

Dieses Versagen einer nachhaltigen Überschreibung kann, wie im vorherigen Abschnitt gesehen, durch eine Überzeugungsverzerrung bzw. einen belief bias ausgelöst werden. In diesem Abschnitt lernen wir die Quoten–Verzerrung bzw. den »ratio bias« kennen, der zum gleichen Denkversagen führt.

Wie diese Denkverzerrung in den Versuch von Probanden einwirkt, Typ 1–Kognitionen offline zu nehmen, erläutert Keith E. Stanovich anhand der Aufgabe mit dem Murmelspiel. *(Stanovich & Toplak, 2016, S. 132–137)*

Bei diesem Denktest handelt es sich um eine modifizierte Aufgabe aus Studien, die der Psychologe Seymour Epstein gemeinsam mit Kollegen bei einigen Studien genutzt hat. Sie konnten auf der Basis ihrer Experimente umfassend beobachten, wie das rationale Urteilsvermögen von Probanden unter bestimmten Bedingungen scheitern kann. *(Denes–Raj & Epstein, 1994)*

In Epsteins Test kamen keine Murmeln, sondern verschiedenfarbige Fruchtgummis zum Einsatz, die in zwei Schalen lagen. Auf der ersten Schale lagen 9 weiße und ein rotes Fruchtgummi. In der zweiten Schale waren 92 weiße und 8 rote Fruchtgummis positioniert.

Die Probanden hatten die Aufgabe, ein Fruchtgummi aus einer der Schalen zu ziehen. Die Fruchtgummis waren jeweils per Zufallsprinzip auf den Schalen durchmischt worden, ohne dass die Studienteilnehmer die Fruchtgummi–Verteilung sehen konnten. Sie hatten die Aufgabe, blind zu entscheiden, welche der beiden Schalen sie bei ihrer Ziehung bevorzugen würden. Für den Fall, dass sie tatsächlich ein rotes Fruchtgummi »erwischen« würden, war ein Dollar als Belohnung ausgesetzt worden.

Obwohl die beiden Schalen eindeutig jeweils eine **10–prozentige** – **(kleine Schale: P(A) 1 / 10 = 0,1 = 10%)** – und eine **8–prozentige Chance** – **(große Schale: P(A) 8 / 100 = 0,08 = 8%)** – repräsentieren, wählten Probanden die 100 Fruchtgummi–Schale und damit die geringere Gewinnchance.

Im Einzelnen zeigte sich, dass zwar die Mehrheit der Studienteilnehmer die kleinere 10 Prozent–Schale vorzog. Aber ein großer Anteil der Probanden von 30 bis 40 Prozent der Teilnehmer wählten bei Epsteins Studien die 8

Prozent–Schale. Interviews der Teilnehmer zeigten, dass sich die meisten Mitglieder dieser recht umfangreichen »Minderheit« mehr oder weniger bewusst war, dass die Auswahl der großen Schale statistisch gesehen die schlechtere Alternative darstellte. Das wurde anhand von Kommentaren wie dem folgenden deutlich: *»Ich wählte die Schale mit mehr roten Fruchtgummis, weil es so aussah, als gäbe es mehr Möglichkeiten, einen Gewinn zu bekommen, obwohl ich wusste, dass es auch mehr Weiße gab und dass die Prozente gegen mich waren«.*

Offenbar fühlten sich diese Studienteilnehmer durch die Tatsache beeinflusst, dass auf der großen Schüssel eine hohe Quote von acht verlockenden Sieger–Fruchtgummis verteilt war, während die rationale Auswahl–Schale lediglich ein einziges rotes Fruchtgummi enthielt. – Kurz gesagt, die Tendenz, auf die größere absolute Zahl von acht roten Fruchtgummis zu setzen, übertrumpfte die rationale, formale Auswahl mit dem einen Fruchtgummi, die über eine höhere objektive Erfolgs–Wahrscheinlichkeit verfügte.

Auf der Basis dieses klassischen Fruchtgummi–Schalen–Experiments schloss Keith E. Stanovich, dass der ratio bias ein gutes Beispiel für das Scheitern des nachhaltigen Überschreibens und Entkoppelns zu sein scheint: Die Typ 1–Tendenz, auf die größere Anzahl der Gewinn–Fruchtgummis zu reagieren, übertrumpft den analytischeren Typ 2–Prozess, der die abschätzende Kalkulation der Gewinn–Wahrscheinlichkeit voraussetzt.

Vor diesem Hintergrund machten sich Stanovich und sein Team den ratio bias zu Nutze und entwickelten für die Konstruktion des CARTs eine ganze Reihe von Aufgaben, die auf dem ursprünglichen Fruchtgummi–Experiment von Epstein aufbauen – wie beispielsweise die Murmelspiel–Aufgabe von Seite 313.

Aufgabe D3 – Das »340 Euro sofort oder 400 Euro in vier Monaten?«– Problem

Bearbeiten Sie bitte folgende Aufgabe:

Stellen Sie sich vor, dass Sie die Wahl haben, einen bestimmten Geldbetrag früher oder einen bedeutenderen Betrag später zu erhalten.

Ihre Auswahl–Entscheidung wird wahrscheinlich davon abhängen, wieviel größer der spätere Betrag ist und wie lange Sie warten müssten, um den höheren Betrag überwiesen zu bekommen.

Zum Beispiel würden Sie es wahrscheinlich vorziehen, €500 jetzt zu erhalten, anstatt €501 in 12 Monaten zu bekommen. Sie würden es auch vorziehen, €500 in einer Woche zu erhalten, anstatt über €25 jetzt verfügen zu können.

Wenn Sie die Wahl hätten, würden Sie €340 jetzt oder €400 in 4 Monaten vorziehen?

Bitte eine Antwortalternative auswählen:

Sie würden

___ sehr stark €340 jetzt sofort bevorzugen **(a.)**
___ stark €340 jetzt sofort bevorzugen **(b.)**
___ €340 jetzt sofort bevorzugen **(c.)**
___ €400 in vier Monaten bevorzugen **(d.)**
___ stark €400 in vier Monaten bevorzugen **(e.)**
___ sehr stark €400 in vier Monaten bevorzugen **(f.)**

(Adaptierte Aufgabenstellung aus Stanovich & Toplak, 2016, S. 356–357)

Das Problem der zeitlichen Diskontierung

In den vorhergehenden Abschnitten haben wir bereits zwei Formen von Verzerrungen betrachtet, bei denen charakteristischerweise kognitive Prozesse konflikthaft gegeneinander laufen. Um es dramatisch auszudrücken: Teile unseres Gehirns scheinen sich im Krieg miteinander zu befinden.

Im Fall des believe bias bzw. der Überzeugungs–Verzerrung behindert vertrautes Sachwissen Individuen dabei, die formale Gültigkeit von Urteilen zu bewerten. Im Fall des ratio bias bzw. der Quoten–Verzerrung kann die größere »Quote« des Auftretens eines Sachverhalts – in den betrachteten Beispielen Murmeln und Fruchtgummis – Individuen davon abhalten, eine rational begründete Abschätzung von Chancen bei einer Zufallsziehung vorzunehmen.

In beiden Fällen zeigte sich, dass das »harte«, anstrengende rational begründete Denken häufig an »leichtem«, intuitivem Denken scheitert. Mit volkstümlicher Begrifflichkeit könnten wir sagen, dass in diesen Fällen unsere »Willenskraft« daran scheitert, »bequemes« Denken zu überwinden. Laut Keith E. Stanovich haben Kognitionsforscher begonnen, den umgangssprachlichen Begriff der Willenskraft wissenschaftlich zu interpretieren. *(Stanovich & Toplak, 2016, S. 168–175)* Diese bezieht sich gewöhnlich auf die Fähigkeit, in Aussicht gestellte Befriedigungen und den Empfang von Gratifikationen hinauszuzögern. Dabei geht es auch darum, dass Individuen besser oder schlechter in der Lage sind, viszerale – in unserer körperlich verankerten Lust–Unlust–Bilanz positionierte – Reaktionen zu unterdrücken. Diese Reaktionen können uns dazu veranlassen, Entscheidungen zu treffen, die nicht in unserem langfristigen Interesse liegen. Die Unfähigkeit, die Bedeutung unmittelbarer Belohnungen gegenüber derjenigen von verzögerten Belohnungen korrekt abzugrenzen, hält viele Menschen davon ab, ihre Zielerfüllung zu optimieren. Dies ist der Hintergrund mancher Formen von Suchtverhalten wie im Fall von Spielsucht, Alkoholismus, von Essstörung mit zwanghaftem Überessen oder exzessiver ungedeckter Kreditkarteneinkäufe. Aus einer langfristigen Perspektive betrachtet, zieht eine rationale Person Glücksspiel–Abstinenz, Nüchternheit, Einhalten von Diäten und das Vermeiden von Kreditkartenschulden vor. Fehlende Willenskraft, bzw. zu schwach ausgeprägte Override–Kapazitäten verhindern rationale Responses, wenn Individuen mit einem Stimulus konfrontiert werden, der ihre spontanen Bedürfnisse herausfordert. Wenn beispielsweise ein Geheimtipp für das Pferderennen, eine Flasche Single–Malt–Whiskey, ein süßer Sahne–Dessert, ein verlockendes »Schnäppchen-Angebot« im angesagten Online–Shop zum schnellen Zugreifen herausfordern, drohen rationale Entscheidungs-Alternativen ausgeblendet zu werden, die langfristigen Interessen wie Gesundheit und Schuldenfreiheit dienen.

In diesem Zusammenhang wird in der Kognitionspsychologie von der Herausforderung der »zeitlichen Diskontierung« gesprochen. Diese Diskontierung spielt in ökonomischen Theorien im Zusammenhang mit der sogenannten »Zeitpräferenz« und insbesondere der »Gegenwartspräferenz« eine große Rolle. Das Konzept der Gegenwartspräferenz fußt beispielsweise auf der Theorie, dass Konsumenten den Konsum in der Gegenwart gegenüber künftigem Konsum vorziehen. Allerdings ist in vielen Fällen für eine Person der verzögerte Konsum – damit die zeitliche Diskontierung – mit Blick auf seine langfristigen Ziele die bessere und somit rationalere Wahl. In diesen Fällen haben Individuen die Kosten des sofortigen Konsums überschlagen, dabei ermittelt, dass eine Konsumaufschiebung profitabler ist, und eine entsprechende Handlungsentscheidung vorgezogen.

Die zeitliche Diskontierung ist für Individuen im Vergleich zu den Ratio Bias- und Believe Bias-Situationen, die wir oben kennengelernt haben, auf eine andere Weise herausfordernd. Im Fall jener Verzerrungen geht es eher darum, formale Gültigkeit und rationale Prinzipien der Einschätzung von Wahrscheinlichkeiten gegen intuitive Responses des autonomen Minds zu verteidigen. Stanovich nutzt in diesem Zusammenhang den Begriff des »Cold Override«, weil hier eher »kaltblütige« Mindware eine Rolle spielt. Im Fall der temporalen Diskontierung geht es stattdessen um die Übersteuerung von Emotionen und körperlich, reflexhaft verankerte »heiße« Bedürfnisse und Versuchungen. Zeitliche Diskontierungs-Aufgaben erfordern also statt eines »Hot Overrides« einen »Cold Override«.

Um die Tendenz von Probanden zu testen, solch einen Cold Override erfolgreich durchzuführen, haben Stanovich und sein Team eine Serie von Aufgabenstellungen zu Finanzthemen wie das »340 Euro sofort und 400 Euro in vier Monaten« in das CART-Instrumentarium eingebaut. Eine starke Bevorzugung von verzögerter Verfügbarkeit eines größeren Geldbetrags weist auf eine höhere rationale Disposition als die Bevorzugung der schnelleren aber schwächeren »Finanzspritze«.

Aufgabe D4 – Das Ford Explorer–Problem

Stellen Sie sich folgende hypothetische verkehrspolitische Situation vor:

- Das bundesdeutsche Verkehrsministerium hat festgestellt, dass ein bestimmtes US–amerikanisches Auto im Fall eines Unfalls die Insassen anderer beteiligter Fahrzeuge gefährdet – achtmal häufiger als bei einem typischen deutschen Familienauto treten Todesfälle auf.
- Die Bundesregierung erwägt nun, den Verkauf und die Nutzung dieses amerikanischen Autos einzuschränken.

Bitte beantworten Sie die folgenden zwei Fragen:

Denken Sie, dass der Verkauf des Autos in der Bundesrepublik verboten werden sollte?
Ihre Antwort: ______________________________

Denken Sie, dass das amerikanische Auto nicht mehr für deutsche Straßen zugelassen werden sollte?
Ihre Antwort: ______________________________

Wenn Sie diese Fragen beantwortet haben – stellen Sie sich bitte eine weitere hypothetische Situation vor:

- Stellen Sie sich vor, das niederländische Verkehrsministerium hat herausgefunden, dass ein in Deutschland gefertigter SUV im Fall eines Unfalls die Insassen anderer beteiligter Fahrzeuge gefährdet – achtmal häufiger als im Fall anderer europäischer Familienautos treten Todesfälle auf.
- Die niederländische Regierung erwägt nun, den Verkauf des deutschen SUVs einzuschränken.

Bitte beantworten Sie die folgenden zwei Fragen:

Denken Sie, dass der Verkauf dieses deutschen SUVs in den Niederlanden verboten werden sollte?
Ihre Antwort: ______________________________

Denken Sie, dass der deutsche SUV nicht mehr für niederländische Straßen zugelassen werden sollte?

Ihre Antwort: ______________________________

(Adaptierte Aufgabenstellung aus: Stanovich & West, 2008, S. 681–683)

Das Problem des Bestätigungsfehlers oder des »myside bias«

Ständig begegnen uns Vorurteile. Diese Vorurteile treten insbesondere auf, wenn Menschen Schwierigkeiten haben, Schlussfolgerungen in Bezug auf Sachverhalte zu bewerten, die im Widerspruch zu dem stehen, was sie über die Welt zu wissen glauben.

Rationales Denken, das sich von Voreingenommenheit löst, erfordert, dass Individuen vorurteilsbehaftete kognitive Prozesse vom Typ 1 außer Kraft setzen und für einige Zeit offline nehmen. Allerdings: Menschen bleiben oft hinter diesem rationalen Ideal zurück.

Wie wir gesehen haben, lässt sich die Tendenz, mit Vorurteilen und Voreingenommenheit fertig zu werden, messen. Beispielsweise stellt der Belief Bias–Test des CART, den wir rund um die Problematik syllogistischer Urteile kennengelernt haben, ein direktes Maß für die Fähigkeit dar, voreingenommene Schlussfolgerungen zu vermeiden. Bei diesem Test ging es um den Konflikt zwischen vertrautem Sachwissen und der Gültigkeit formal korrekter Schlussfolgerungen.

Insbesondere, wenn es darum geht, im Zusammenhang mit Beurteilungen Beweise zu bewerten, stichhaltige Belege beizubringen und Hypothesen zu testen, tritt in Situationen eine weitere Verzerrung in Form eines besonderen Bestätigungsfehlers auf: der sogenannte »myside bias«. Es handelt sich dabei um eine weitverbreitete egozentrische, Ich–bezogene Verarbeitung von Informationen, welche die Motivation schwächt oder verhindert, Sachverhalte rational und unabhängig vom eigenen Meinungshorizont zu beurteilen.

Der myside bias wurde in zahlreichen empirischen Studien nachgewiesen und zeigte sich dabei als besonders folgenreich und in Alltagssituationen als schwer zu kontrollieren.

Keith E. Stanovich hat mit seinem Team im Laufe von Jahren eine Reihe von Studien zu dieser Verzerrungstendenz vorgelegt. Die besondere Hartnäckigkeit dieser Tendenz zu Denkfehlern hat ihn aktuell veranlasst, diesem Thema ein eigenes Fachbuch zu widmen, das im Sommer 2021 im MIT–Universitätsverlag, Cambridge, Massachusetts, erschienen ist. *(Stanovich, 2021)* Vor dem Hintergrund dieser Publikation findet sich im Anschluss an diesen Textabschnitt ein Interview mit Professor Stanovich, das in Details die besondere Rolle der Myside–Verzerrung beleuchtet.

Zur Einstimmung – aber auch um den Hintergrund dieser besonderen funktionalen Denkeinschränkung vom Prinzip her kennenzulernen –, schauen wir uns zunächst Stanovichs Studie zum oben präsentierten Ford–Explorer–Problem an: *(Stanovich & West, 2008, S. 682–683)*

Die 458 Teilnehmer dieser Studie wurden nach dem Zufallsprinzip in zwei Probanden-Gruppen eingeteilt – in die myside-Gruppe »Ford Explorer« und die »otherside«-Gruppe »Deutsches Auto«.

Die Ford Explorer-Gruppe bekam folgende Aufgabe vorgelegt:

- Laut einer umfassenden Studie des US-Verkehrsministeriums ist es bei Fahrzeugen des Modells »Ford Explorer« achtmal wahrscheinlicher als bei anderen typischen Familienautos, dass bei einem Unfall die Insassen anderer beteiligter Autos getötet werden.

- Das Verkehrsministerium in der Bundesrepublik erwägt, ein Verkaufsverbot für den Ford Explorer in Deutschland zu empfehlen.

Frage:

Denken Sie, dass Deutschland den Verkauf des Ford Explorer tatsächlich verbieten sollte?

Die Teilnehmer bekamen folgende Antwortalternativen angeboten:

O *auf jeden Fall ja*
O *ja*
O *wahrscheinlich ja*
O *wahrscheinlich nein*
O *nein*
O *definitiv nein*

Eine zweite Frage an die Teilnehmer war:

Sollte der Ford Explorer auf deutschen Straßen genauso zugelassen werden wie andere Autos?

Es wurden dieselben Antwortalternativen wie bei der ersten Frage genutzt.

Die Gruppe »Deutsches Auto« wurde mit folgender Aufgabe konfrontiert:

- Laut einer umfassenden Studie des U.S. Department of Transportation ist es bei einem gewissen deutschen Fahrzeug achtmal wahrscheinlicher als bei anderen typischen Familienautos, dass bei Unfällen die Insassen eines beteiligten anderen Autos getötet werden.

- Das U.S. Department of Transportation erwägt, ein Verkaufsverbot für dieses deutsche Auto zu empfehlen.

Die Teilnehmer beantworteten die folgenden beiden Fragen auf Basis derselben Antwortalternativen, die der ersten Probandengruppe vorgegeben wurden:

> *(1) Sind Sie der Meinung, dass die Vereinigten Staaten den Verkauf dieses Autos verbieten sollten?*
>
> *(2) Sind Sie der Meinung, dass dieses Auto für die Straßen der USA zugelassen werden sollte, genau wie andere Autos?*

Ergebnis: Die Auswertung der Probanden–Antworten erbrachte, dass dieses Experiment den Myside–Effekt erfolgreich messen konnte.

Bei den US–amerikanischen Probanden der Gruppe »Deutsches Auto« fanden die Psychologen mit 78,4 Prozent Zustimmung eine beträchtliche Unterstützung dafür, das deutsche Autos für den Einsatz im amerikanischen Markt zu verbieten. 73,7 Prozent waren der Meinung, dass das Auto von den amerikanischen Straßen verbannt werden sollte.

Bei den Probanden der »Ford Explorer«–Gruppe ergab sich jedoch ein statistisch signifikanter Unterschied: Nur 51,4 Prozent waren der Meinung, dass der Autoverkauf verboten werden sollte, und nur 39,2 Prozent waren der Meinung, dass das Auto im deutschen Markt von den Straßen verbannt werden sollte, obwohl das fragliche Fahrzeug genau dieselbe schlechte Sicherheitsbilanz aufwies. Das tödliche Risiko, das die Probanden in der Mehrheit amerikanischen Mitbürgern nicht zumuten wollten, hielten sie mit Blick auf Menschen in anderen Ländern in der Mehrzahl für akzeptabel.

Diese Studie verdeutlichte unsere »menschliche« Tendenz, eine Situation aus unserer eigenen Perspektive zu bewerten. Wir wägen Beweise ab und fällen moralische Urteile, die durch eine Myside–Voreingenommenheit beeinflusst sind und eine durch selbstsüchtige Motivation gezeichnete Doppelmoral nähren. Wie die Studie ebenfalls belegte, wird diese Voreingenommenheit nicht durch die kognitive Kompetenz von Individuen gedämpft. Denn die Untersuchung von Stanovichs Team hatte erbracht, dass dieses Verfehlen der rationalen Beurteilung von Tatbeständen weitestgehend unabhängig von per IQ–Tests gemessener Intelligenz ist. Hochintelligente sind offenbar ebenso auf ihren eigenen Standpunkt fixiert wie Menschen mit niedrigerer Intelligenz.

Exkurs: Interview mit Keith E. Stanovich – Ein Virus hat unsere Eliten im Griff: Der myside bias

Als der Autor des vorliegenden Buchs Mitte des Jahres 2020 mit Keith E. Stanovich ein Interview über den Rationalitäts-Quotienten und den CART plante, winkte der Psychologe ab: Ihm fehle die Zeit. Er arbeite gerade intensiv an einem Buch über den myside bias und hätte keine Zeit, sich mit einem umfangreichen Fragenkatalog zu beschäftigen.

Glücklicherweise war Professor Stanovich, der im Westen der USA lebt, aber bereit, Fragen zu seinem neuen Buch zu beantworten. *(»The Bias That Divides Us: The Science and Politics of Myside Thinking. «, 2021)*

Zur Information der Leser: Fragen und Antworten in englischer Sprache wurden zwischen dem Autor und Keith E. Stanovich über den Ablauf von mehreren Wochen schriftlich ausgetauscht. Zeitgleich spielten sich in den Vereinigten Staaten dramatische Ereignisse ab: Die COVID-19-Epedemie breitete sich zunehmend folgenreicher aus – die US-Regierung hatte die Gefährlichkeit des Corona-Virus unterschätzt –, afroamerikanische Bürger wurden bei Polizei-Aktionen getötet, was landesweite Proteste der »Black-Lives-Matters«-Bewegung initiierte, während der damalige Präsident Donald Trump im Vorfeld der Präsidentschaftswahlen im Herbst die politische Spaltung der US-Bevölkerung in feindliche Lager forcierte. – Durch dieses Szenario ergaben sich traurigerweise einige anschauliche Beispiele für die Auswirkungen des myside bias:

Frage 1 – Motivation

Professor Stanovich, ich möchte mit einer Fragestellung beginnen, die wahrscheinlich bei der Einleitung Ihres neuen Buchs eine große Rolle spielt:

Wieso widmen Sie, nachdem Sie sich mit zahlreichen unterschiedlichen Verzerrungen menschlichen Urteilens auseinandergesetzt haben, ausgerechnet dem myside bias ein ganzes Buch? In der Vergangenheit hatten Sie und Ihre Kollegen sich in Ihrem Labor bereits auf die Untersuchung individueller Unterschiede in der Myside-Voreingenommenheit konzentriert. – Hat diese Urteilsverzerrung eine besonders nachteilige Wirkung?

Keith E. Stanovich #1 – Allgegenwärtigkeit der Myside-Verzerrung

Meine Gruppe untersuchte den Myside Bias seit dem Jahr 2000, aber mein spezieller Fokus darauf begann 2016, nachdem wir *The Rationality Quotient* veröffentlicht hatten. Am 8. November 2016 fanden in den Vereinigten Staaten Präsidentschaftswahlen statt, und die Art meiner E-Mail-Korrespondenz änderte sich plötzlich. Ich erhielt viele E-Mails, die implizierten, dass ich nun für meine Studienzwecke die perfekte Bevölkerungsgruppe hätte – Trump-Wähler –, die in den Augen meiner E-Mail-Kontaktpartner (die meisten von ihnen Vertreter sozialwissenschaftlicher Fakultäten an Universitäten) offensichtlich irrational waren.

Im Anschluss an die Wahl erhielt ich auch viele Einladungen, als Redner aufzutreten. Mehrere dieser Einladungen waren mit der subtilen (oder manchmal nicht ganz so subtilen) Implikation versehen, dass ich mich – im Anschluss des »theoretischen« Teils meines Vortrags – auch über das mangelhafte rationale Denken der Wähler äußern sollte, die der Nation diese schreckliche Sache angetan hatten. Eine europäische Konferenz, die um meine Teilnahme bat, hatte sich zum Ziel gesetzt zu verstehen, wie das offensichtlich fehlerhafte Denken nicht nur der Trump-Wähler, sondern auch der Brexit-Wähler funktioniert. Ich – der Autor eines Tests zum rationalen Denken – wurde als der ideale Kandidat angesehen, um dieser Irrationalitäts-Deutung von Verhalten das Prädikat von Wissenschaftlichkeit zu verleihen.

Doch ich schrieb einen Essay, in dem ich all diesen Gesprächspartnern erklärte, dass ich ihnen nicht geben konnte, was sie wollten – und dass es bei keiner Definition von Rationalität Beweise dafür gab, dass Trump- und Clinton-Wähler signifikant unterschiedlich waren.

Nachdem ich den Essay geschrieben hatte, fiel mir auf, dass meine Gesprächspartner eine unserer Erkenntnisse über den myside bias perfekt illustrierten, denn offenbar wurde deren Urteilsverzerrung in Bezug auf die Einschätzung der Rationalität von Trump-Wählern nicht durch Intelligenz oder Bildung abgeschwächt. Meine Kollegen waren intelligent und hochgebildet, aber ihr Glaube, dass die Trump-Wähler (oder die Brexit-Wähler) irrational waren, war ein perfektes Beispiel für den myside bias. Sie schienen anzunehmen, dass Intelligenz zu ideologischer »Korrektheit« führt. Eine solche Ansicht ist selbst höchst irrational.

Diese allgegenwärtige Verbreitung des myside bias, sogar unter kognitiven Eliten, war es, die mich dazu brachte, mein neues Buch zu schreiben.

Frage Nr. 2 – Merkmale und Auftreten

Sie beziehen sich wahrscheinlich auf Ihren Essay »Were Trump Voters Irrational«, der im September 2017 auf Quillette veröffentlicht wurde. *(Stanovich 2017 – Were Trump Voters irrational?)*

Vor einiger Zeit – als ich diesen Essay las – muss ich zugeben, war ich anfangs schockiert, als Sie zeigten, dass es offenbar keine »Partei der Wissenschaft« gibt:

Sie erklären an anschaulichen Beispielen, wie sich die Befürworter beider Parteien (Demokraten und Republikaner) offenbar darin unterscheiden, welche wissenschaftlichen Erkenntnisse sie akzeptieren und welche wissenschaftlichen Fakten nicht ihren Moralvorstellungen entsprechen und deshalb ignoriert werden.

Worin sich die Befürworter aller Parteien nicht unterscheiden, ist Ihrer Meinung nach die Tatsache, dass sie systematisch kognitiv verzerren, was nicht zu ihrer Gruppenidentität passt.

Mein »Schock« hat mich einerseits meine eigene Myside-Verzerrung und andererseits die Allgegenwärtigkeit dieser Störung deutlich spüren lassen.

Mit Blick auf Ihr neues Buch scheint also die drängende Fragestellung zu sein: Wo tritt dieser myside bias regelmäßig auf? – Wie lässt er sich bei Einzelpersonen und im Gruppenverhalten feststellen?

Keith E. Stanovich #2 – Allgegenwart der Myside-Verzerrung

Sie haben in vielen Punkten Recht. Ich beziehe mich auf meinen 2017 in Quillette erschienenen Essay, in dem ich den Irrationalitäts-Vorbehalt gegenüber den Wählern analysierte und feststellte, dass die Forschungs-Literatur keine Hinweise darauf enthielt, dass die Trump-Wähler weniger rational (oder weniger intelligent oder weniger sachkundig) gewesen wären als die Clinton-Wähler. Im gleichen Essay zeigte ich, dass diese Schlussfolgerung ziemlich parallel zu der Feststellung steht, dass keine der politischen Parteien in den Vereinigten Staaten die Partei der Wissenschaft ist. Beide akzeptieren die Wissenschaft oder lehnen sie ab, je nachdem, ob die Folgerungen daraus mit der politischen Strategie übereinstimmen, die ihre ideologische Position kennzeichnet. Auf diese Weise haben Sie völlig Recht, wenn Sie die Feststellung zusammenfassen, dass Anhänger aller Ideologien ihr Verständnis von wissenschaftlichen Erkenntnissen verzerren, die nicht zu ihrer Gruppenidentität passen.

Und Sie haben Recht, wenn Sie auf diese Befunde reagieren, indem Sie die Allgegenwärtigkeit des myside bias unterstellen. Das ist eines der wichtigsten Ergebnisse, die ich in dem neuen Buch skizziere. Die Forschung hat gezeigt, dass sich Myside-Voreingenommenheit in einer Vielzahl von Versuchssituationen zeigt: Menschen bewerten die gleiche verdienstvolle Handlung günstiger, wenn sie von einem Mitglied ihrer eigenen Gruppe ausgeführt wird, und bewerten eine negative Handlung weniger ungünstig, wenn sie von einer Reihe Vertreter ihrer eigenen Gruppe ausgeht; sie bewerten das identische Experiment günstiger, wenn die Ergebnisse ihre früheren Überzeugungen unterstützen, als wenn die Ergebnisse ihren früheren Überzeugungen widersprechen; bei der Suche nach Informationen wählen Menschen Informationsquellen aus, die wahrscheinlich ihre eigene Position unterstützen; und selbst wenn sie aufgefordert werden, ausgewogene Argumente vorzubringen, erzeugen Menschen stets mehr Argumente für ihre eigenen Überzeugungen.

Sogar die Interpretation einer rein numerischen Ergebnisdarstellung wird in die Richtung der früheren Überzeugung des Probanden »gedeutelt«. Ebenso werden aussagenlogisch gültige Urteile durch die früheren Überzeugungen von Personen verzerrt. Gültige Syllogismen mit der Schlussfolgerung »deshalb sollte Marihuana legal sein« sind für Liberale leichter als richtig zu beurteilen – dagegen für Konservative schwieriger; wohingegen gültige Syllogismen mit der Schlussfolgerung »deshalb hat niemand das Recht, das Leben eines Fötus zu beenden« für Liberale schwerer und für Konservative leichter als richtig zu beurteilen sind. Ich höre an dieser Stelle aus Platzgründen auf, Beispiele zu erwähnen, obwohl ich noch nicht einmal damit begonnen habe, die vielen verschiedenen Forschungsansätze aufzuzählen, die Psychologen zur Untersuchung des myside bias verwendet haben. Wie ich in meinem neuen Buch »The Bias That Divides Us« (Die Voreingenommenheit, die uns trennt) darlege, zeigt sich die Myside-Voreingenommenheit nicht nur bei laborgestützten Forschungen. Stattdessen charakterisiert sie unser Denken im realen Leben.

Anfang Mai 2020 fanden in mehreren Hauptstädten der US-Bundesstaaten Demonstrationen statt, um gegen die als Reaktion auf die COVID-19-Pandemie verordnete Politik des »Stay-at-home« zu protestieren. Die negativen Kommentare in Bezug auf diese Demonstrationen waren stark parteipolitisch geprägt – die eine (linke) Seite beklagte die gesellschaftlichen Gesundheitsrisiken der Demonstrationen, während die andere (rechte) Seite das Anliegen der Demonstranten unterstützte. Nur wenige Wochen später kehrten sich diese parteipolitischen Haltungen mit Blick auf große öffentliche Versammlungen vollständig um, als aufgrund einer Reihe anderer Gründe neue Massendemonstrationen stattfanden.

Frage Nr. 3 – Resultate aus der realen Welt

Sie haben soeben darauf hingewiesen, dass Sie mit dem myside bias keineswegs ein bloßes Laborphänomen zur Diskussion stellen, sondern etwas Reales, das unser Denken im wirklichen Leben beeinflusst. In Ihrem letzten Buch »The Rationality Quotient« haben Sie diesen Aspekt mehrfach erwähnt. Zum Beispiel hatten Sie eine umfangreiche Liste von »Ergebnissen aus der realen Welt« zusammengestellt, die von Verzerrungen herrühren.

Wie wird es in Ihrem neuen Buch aussehen? Inwieweit werden Sie »aus dem Labor heraustreten« und die Ergebnisse der Myside–Verzerrungen in der realen Welt analysieren?

Keith E. Stanovich #3 – zweideutige Situationen führen zu einer Verzerrung

Ich benutze Beispiele aus einer Vielzahl von Bereichen, aber der fruchtbarste Bereich ist das, was wir allgemein als Politik, Regierungspolitik und Ideologie bezeichnen könnten. Ich beschreibe zum Beispiel die Debatten über die Todesstrafe in den Vereinigten Staaten. Es gibt viele Menschen, die glauben, dass die Todesstrafe Verbrecher abschreckt, und andere, die glauben, dass sie es nicht tut. Es gibt Menschen, die glauben, dass viele Menschen unschuldig für Verbrechen verurteilt werden, und andere Menschen, die glauben, dass nur wenige unschuldige Personen für nicht verübte Straftaten verurteilt werden. Beachten Sie jedoch, dass wenn die Häufigkeit dieser Beurteilungen in einer 2 x 2–Matrix dargestellt werden, zwei der Matrix–Zellen »überbelegt« und zwei »unterbelegt« sind. Viele Menschen verbinden ihre Überzeugung, dass die Todesstrafe Verbrechen abschreckt, mit dem Glauben, dass nicht viele Unschuldige für Verbrechen verurteilt werden. Demgegenüber zeigen viele Menschen die Überzeugung, dass die Todesstrafe nicht abschreckt, verbunden mit der Annahme, dass viele Unschuldige für Verbrechen verurteilt werden. *(Erläuterung des Übersetzers: Offenbar »bündeln« die Befragten ihre Überzeugungen so, dass diese jeweils die positive Bewertung der Todesstrafe bzw. deren negative Bewertung stützen.)* Fast niemand vertritt jedoch die beiden übrigen Überzeugungs–Kombinationen, die beide äußerst plausibel sind: die Beurteilung, dass die Todesstrafe Verbrechen abschreckt, kombiniert mit der Annahme, dass viele Menschen unschuldig verurteilt werden; oder der kombinierte Glaube, dass die Todesstrafe Verbrechen nicht abschreckt, zusammen mit dem Standpunkt, dass wenige Menschen unschuldig verurteilt werden.

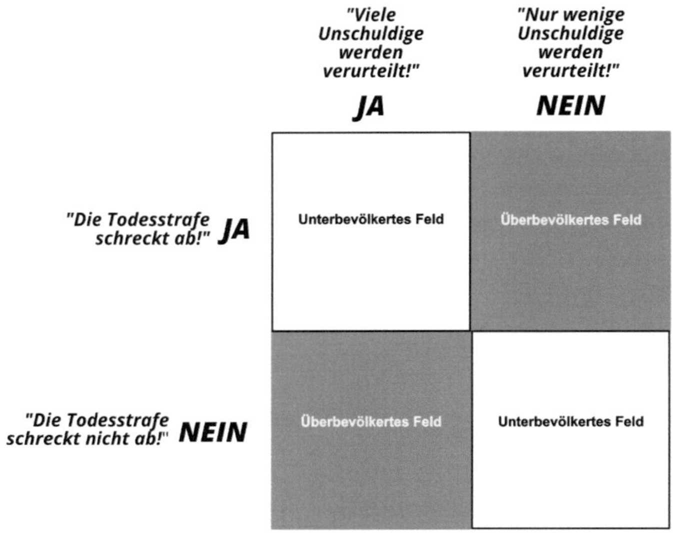

Dies deutet darauf hin, dass die Bewertungen darauf zurückgehen, dass die einzelnen Einschätzungen nicht unabhängig voneinander gebildet wurden. Stattdessen war die Bewertung der beiden unterschiedlichen Aussagen – per myside bias – jeweils mit der positiven bzw. der negativen Bewertung der Todesstrafe verbunden.

Frage Nr. 4 – Myside–Verzerrungs– Prävention

Sie haben Zweideutigkeiten, die Unklarheit der Situationen und die Komplexität der Fakten als einen Kontext beschrieben, der eine voreingenommene Entscheidungsfindung verursacht.

Wie analysieren Sie dies in Ihrem Buch? Behaupten Sie, dass kluge Politiker die unklare Situation bewusst nutzen, um Entscheidungen durchzusetzen, die sonst schwer zu legitimieren wären? Oder werden die Entscheidungsträger selbst unbewusst Opfer ihrer eigenen Voreingenommenheit?

Im ersten Fall würden Politiker bewusst die Myside–Voreingenommenheit ihrer Mitbürger ausnutzen, um ihre Ziele und ihre einseitigen Interessen zu verwirklichen. Im zweiten Fall sind Politiker selbst Opfer der Voreingenommenheit werden: Anstatt rationale Entscheidungen zu treffen, würden sie unbewusst Entscheidungen in einem psychoanalytischen Sinn »rationalisieren«.

Beide Modelle für das Auftreten der Myside-Voreingenommenheit im Zusammenhang mit wichtigen politischen Entscheidungen wären schlecht:

Was können wir grundsätzlich tun, um diese Art der Voreingenommenheit zu verhindern?

Keith E. Stanovich #4 – sechs Empfehlungen

Die Antwort ist, dass Ihre beiden Modelle der Funktionsweise der Myside-Voreingenommenheit in der Politik zutreffen. Beide kommen in der politischen Realität vor. Sicherlich sind die Politiker selbst Opfer ihrer eigenen Voreingenommenheit, aber die Parteipolitik selbst ermutigt die politischen Entscheidungsträger, die Myside-Parteinahme als Waffe einzusetzen, um ihre Ziele zu erreichen – Ziele, die manchmal im Gegensatz zu den Wünschen ihrer eigenen Parteimitglieder stehen. Lassen Sie mich dies in einen Zusammenhang bringen, indem ich zunächst einige der Abschnitte im letzten Kapitel meines Buches aufliste, die sich damit befassen, was wir tun können, um die Auswirkungen der Myside-Voreingenommenheit zu mildern. In diesem Kapitel diskutiere ich:

1. wie wir den myside bias vermeiden können, indem wir erkennen, dass wir uns von unseren Gegnern nicht deshalb unterscheiden, weil wir bestimmte Fakten kennen, die diesen unbekannt sind. Sondern unsere politischen Gegner widersprechen uns stattdessen wegen legitimer Wertunterschiede

2. dass wir als Individuen unseren myside bias verringern können, indem wir erkennen, dass wir selbst widersprüchliche Werte vertreten

3. die Erkenntnis, dass der Tatbestand der ständigen Einflussnahme durch soziale Medien eine »Adipositas-Epidemie des Denkens« verursacht

4. dass wir das Ausmaß unserer Myside-Voreingenommenheit verringern, indem wir die unbequeme Tatsache anerkennen, dass wir den ideologischen Überzeugungen, die unsere Voreingenommenheit antreiben, nicht ausreichend auf den Grund gegangen sind. Und dass Basis-Überzeugungen – ohne dass wir uns dies bewusst machen – durch unsere genetischen Dispositionen sowie aus unserem sozialen Milieu bewirkt wurden

5. dass wir uns bewusst machen sollten, dass Parteienbindungen voreingenommener machen, als dies zu unseren politischen Themen passt. Vermeiden Sie Myside–Voreingenommenheit, indem Sie Ihre individuellen Überzeugungen abkoppeln, indem Sie sich von den Großpositionen politischer Organisationen, wie z.B. politischer Parteien freimachen, mit denen Sie sich vielleicht identifizieren. Das heißt, vermeiden Sie Überzeugungen zu aktivieren, die zu einer Myside–Voreingenommenheit führen, indem Sie sich der von politischen Parteien praktizierten prinzipienlosen Bündelung von Themen widersetzen

6. dass wir uns bei politischen Fragen nicht mit einer spezifischen Gruppe identifizieren und nicht deren Positionen übernehmen sollten, weil dies offenbar unseren myside bias vergrößern würde

Nr. 2 und Nr. 5 oben beziehen sich insbesondere auf Ihren Punkt, dass »Politiker die Myside–Voreingenommenheit ihrer Mitbürger absichtlich ausnutzen, um ihre Ziele und ihre einseitigen Interessen zu erreichen«. Insbesondere trifft dies auf Punkt 5 zu.

Voreingenommenheit wird durch Überzeugungen befeuert, die wir für uns angenommen haben – aber viele dieser Überzeugungen werden durch Parteianhängerschaft angetrieben. Einige der Myside–Verhaltensweisen, die durch diese Anhängerschaft entstehen, sind in gewissem Sinne »unnötig«. Mit unnötig meine ich, dass wir in vielen Fragen keine auf Glaubenssätzen beruhenden Überzeugungen annehmen würden, wenn uns im jeweiligen Zusammenhang der Standpunkt der uns nahestehenden Partei unbekannt gewesen wäre. Die sich stattdessen zeigende überzogene »Hyper«–Parteilichkeit verwandelt überprüfbare bisherige Überzeugungen, die wir mit schwacher Zustimmung vertreten hätten, in zu verteidigende Wertpositionen, an die wir mit der Stärke eines Glaubenssatzes festhalten. Durch unabhängiges Nachdenken wären wir häufig niemals zu dieser Überzeugung gelangt.

Untersuchungen haben gezeigt, dass die meisten Menschen wenig ideologisch veranlagt sind. Sie denken nicht viel über allgemeine politische Prinzipien nach und sie nehmen zu bestimmten Themen nur dann Stellung, wenn diese sie persönlich betreffen. Von Thema zu Thema neigen ihre Positionen dazu, inkonsistent zu sein, statt von einer kohärenten politischen Weltanschauung zusammengehalten zu werden, die sie deutlich artikulieren können. Studien tendieren zu der Erkenntnis, dass lediglich Personen, die tief in Politik involviert und/oder extrem hochgebildet sind und sich ständig in hochkarätige Medienquellen vertiefen, Positionen zu bestimmten Themen auf eine Art und Weise vertreten können, die wie eine Ideologie aussieht.

Tatsächlich weisen beide Seiten in unseren parteilichen Debatten – oft überzeugend – darauf hin, dass die Positionen auf der Gegenseite auf inkohärente Weise zusammengestellt wurden, und diese Taktik wird oft mit Erfolg eingesetzt. In der Abtreibungsdebatte ist es üblich, dass Selbstbestimmungsrechts–Befürworter auf die Inkonsistenz der Abtreibungsgegner hinweisen, die das Leben von Ungeborenen, nicht aber das Leben von Strafgefangenen im Todestrakt erhalten wollen. Dieses Argument wird oft wirkungsvoll und überzeugend vorgetragen. Entsprechendes gilt jedoch auch für das umgekehrte Argument der Abtreibungsgegner, welche auf die Inkonsequenz von Selbstbestimmungsrechts–Befürwortern hinweisen, die gegen die Todesstrafe sind. Letztere scheinen den Tod des Ungeborenen zu akzeptieren (zunehmend – zumindest in der Demokratischen Partei – bis zum Zeitpunkt der Geburt), nicht aber den Tod von Kriminellen. Selbstbestimmungsrechts–Befürworter kontern oft mit dem Argument, dass unschuldige Menschen hingerichtet worden seien, woraufhin ihre Gegner darauf hinweisen, dass alle Ungeborenen ebenfalls unschuldig seien. Sowohl die Selbstbestimmungsrechts–Befürworter als auch Abtreibungsgegner weisen jeweils auf die Inkonsequenz ihrer Gegner hin und scheinen überzeugende Argumente zu haben. Passend wäre in dieser Situation die Empfehlung, dass beide Seiten ihre Meinung zumindest in einem dieser Punkte, wenn nicht sogar zu beiden, mäßigen sollten. Beide Gruppen vertreten in diesen beiden Fragen inkonsistente Standpunkte, weil ihre jeweiligen Parteien entsprechende nicht kompatible Grundannahmen gebündelt haben – die Demokraten haben Selbstbestimmungsrechts–Befürwortung mit Anti–Todesstrafe und die Republikaner haben Abtreibungs–Gegnerschaft mit Pro–Todesstrafe gebündelt. Diese beiden Themenfelder sind vom Prinzip her weitaus unabhängiger, als dies aufgrund der engen Bündelung dieser beiden Themen durch Partei–Vordenker zu erwarten gewesen wäre.

Es gibt weitere Bündelungen, die in der gegenwärtigen Politik zu beobachten sind, die äußerst befremdlich erscheinen. Befürworter von Tierrechten möchten den kollektiven »Schutzschirm« der moralischen Besorgnis auf diejenigen ausdehnen, die weniger empfindungsfähig und biologisch weniger komplex sind als Menschen. Es scheint also so, als ob Tierrechtsaktivisten grundsätzlich Befürworter des Lebens wären.

Ein Fötus ist weniger empfindungsfähig und biologisch weniger komplex und scheint damit in der vordersten Reihe der Organismen zu stehen, die den erweiterten moralischen Schutz benötigen, wie dieser im Zentrum der Tierrechtsposition steht. Wenn wir jedoch die Verteilung politischer Einstellungen empirisch untersuchen, stellen wir fest, dass es stattdessen, ein wenig erschreckend, eine Korrelation in entgegengesetzte Richtung gibt: Menschen, die sich für den Schutz von Tieren aussprechen, die viel weniger komplex und empfindungsfähiger sind als Menschen, unterstützen mit größerer Wahrscheinlichkeit die Abtreibung Ungeborener. Einige Veganerinnen und Veganer zum Beispiel, die mit dem Argument keinen Honig essen, dass dessen Konsum den moralisch definierten Rechten der Bienen schaden könnte, entpuppen sich als lautstarke Befürworterinnen und Befürworter einer uneingeschränkten Abtreibung.

Wir können darüber streiten, ob die Korrelation hier negativ sein sollte oder nicht. Es ist allerdings schwer, sich ein kohärentes moralisches Prinzip auszudenken, das die beiden Haltungen (gleichzeitige Unterstützung des Veganismus und der Abtreibung) in einer geglückten Weise verbindet. Um es klar zu sagen: Ich sage nicht, dass irgendeine der Positionen zu diesen einzelnen Themen (Tierrechte, Veganismus, Abtreibung) falsch oder irrational ist. Ich setze mich lediglich für den viel schwächeren Hinweis ein, dass darauf geachtet werden sollte, wie die Kollisionen von moralischen Urteilen bzw. die unerwartete Korrelation zwischen den Positionen eher darauf zurückzuführen zu sein scheint, dass wir die Parteistrategie akzeptiert haben, diese Themen zu bündeln. Diese Meinungskollisionen sind offenbar nicht das Ergebnis unserer unabhängigen Überlegungen zu diesen Themen.

Dass die Bündelung von Themenpositionen aus Gründen der politischen Zweckmäßigkeit erfolgt, wird durch die Geschwindigkeit und das Ausmaß der Veränderungen der politischen Positionen, die innerhalb der Parteien stattfinden können, nachdrücklich bestätigt. Es dauerte nur wenige Jahre, bis die Republikaner von einer Partei, die während der Amtszeit von Präsident Obama gegenüber Haushaltsdefiziten kritisch eingestellt war, zu einer Partei avancierte, die unter der Trump–Administration massive Haushaltsdefizite in Kauf nimmt. Es dauerte nicht viel länger, bis die Demokraten von einer Partei, die sich gegen illegale Einwanderung wendete, weil sie die Löhne gering qualifizierter Arbeitskräfte drückt, zu einer Partei der Zuflucht wurde, zum Fürsprecher jeder Person, die die Grenze ohne Ausweispapiere überquert. Diese Verschiebungen werden durch Veränderungen in der Wahlstrategie verursacht, nicht durch die Umsetzung politischer Prinzipien.

Die Einsicht in diesen Tatbestand kann genutzt werden, um unseren eigenen myside bias zu dämpfen. Bedenken Sie, dass Ihre politische Partei, statt sich an einer abstrakten Ideologie zu orientieren, wie eine soziale Identität funktioniert, und dass sie Themen bündelt, um ihren Partei–Interessen statt Ihren Bedürfnissen zu dienen.

Frage Nr. 5 – Wie können globale Probleme gelöst werden?

Zunächst möchte ich versuchen, Ihre Analyse kurz zu rekapitulieren:

Aus Ihrer Sicht könnten wir als Akteure gegen unsere Myside–Vorurteile ankämpfen,

1. wenn wir erkennen, dass wir bei Auseinandersetzungen mit Gegnern nicht um Fakten ringen, sondern stattdessen um legitime Wertunterschiede und auf diese Weise letztlich um gegensätzliche legitime Interessen

2. indem wir anerkennen, dass wir als Akteure oftmals versuchen, Werte und Interessen zu erfüllen, die miteinander unvereinbar sind

3. durch die Erkenntnis, dass unser Urteilsvermögen durch eine Epidemie des Einflusses der sozialen Medien eingeschränkt ist

4. dass wir anerkennen, dass die Überzeugungen, die unsere Myside–Voreingenommenheit vorantreiben, im Wesentlichen von zwei Grundlagen beeinflusst werden: Durch die biologische Evolution – durch die genetischen Voraussetzungen unseres Denkens – und durch unsere soziale Evolution und Sozialisation

5. dass wir anerkennen, dass wir einem parteilichen Tribalismus – einem Stammesdenken – ausgesetzt sind, der uns dazu beeinflusst, willkürlich gebündelte Werthaltungen und Meinungen zu übernehmen

6. durch die Anerkennung der Einseitigkeit der Identitätspolitik.

Habe ich Ihre Analyse korrekt zusammengefasst?

Die menschliche Spezies ist zunehmend durch ihre Unfähigkeit bedroht, rationale Entscheidungen zu treffen. Wie Sie zeigen, rührt dieses Problem oft von Wertorientierungen, Wertekonflikten und manipulierten Wertehaltungen her.

Wie sehen Sie vor diesem Hintergrund unsere Chancen für die Zukunft, Probleme wie die aktuelle Pandemie, den Klimawandel und die dadurch verursachten zunehmenden Umweltkatastrophen und so weiter zu lösen?
Werden die Menschen in den kommenden Jahren und Jahrzehnten lernen, mit Wertekonflikten umzugehen? Gibt es Mittel und Wege, das notwendige rationale und reflektierende Denken von Einzelpersonen und Entscheidungsträgern in Gruppen zu stärken – effektiv und rechtzeitig?

Oder sind wir, wie der Moralpsychologe Jonathan Haidt (Haidt, 2013) es bildlich umschrieben hat, »emotionale Hunde«, deren rationale Reflexionen nur eine untergeordnete Rolle spielen, indem sie uns mehr oder weniger wirkungslos mit dem »rationalen Schwanz« im Hinblick auf globale Probleme wedeln lassen?

Keith E. Stanovich #5 – Probleme werden nicht durch mehr Wissen gelöst – sondern durch die Einsicht in die eigenen Grundüberzeugungen.

Sie haben meine Empfehlungen in Kapitel 6 richtig zusammengefasst. – Jonathan Haidt hat sein duales Prozessmodell, bei dem rationale Reflexionen den Emotionen des Systems 1 *(Erläuterung des Übersetzers: »System 1« im Sinne der Terminologie in Kahnemans Bestseller: »Schnelles Denken – langsames Denken«: automatisches, schnelles Denken)* erheblich untergeordnet sind, im Kontext des moralischen Denkens entwickelt. Sein Modell lässt sich recht gut auf die moralische Argumentation anwenden, aber rationale Reflexionen können eine umfassendere Rolle bei der Eindämmung einiger der anderen Verzerrungen, die in der heuristics & biases–Literatur eine Rolle spielen (framing biases, base rate neglect, anchoring biases, vividness biases etc.). Die schlechte Nachricht in meinem Buch ist jedoch, dass die Myside–Verzerrung tatsächlich dem Fall der moralischen Argumentation mehr ähnelt als andere Verzerrungen in der Literatur, da sie durch Haidts Modell ziemlich gut beschrieben wird.

Der myside bias wird durch die Stärke der Überzeugungen zu bestimmten Themen befeuert. Diese Überzeugungen haben jedoch als wesentliche Ursache angeborene psychische Neigungen und soziales Lernen während des gesamten Lebens einer Person – beides steht nicht unter der Kontrolle des Einzelnen. Bei den Überzeugungen handelt es sich um Meme, die die Person zumeist nicht reflexiv erworben hat, sondern um Ideen im sozialen Milieu, die zum Temperament des Einzelnen passen.

Die einzige gute Nachricht hier ist Empfehlung Nr. 4: Wenn Menschen erkennen, dass die Überzeugungen, die sie anstellen, weniger bewusst gewählt sind, als sie dachten, halten sie diese Überzeugungen vielleicht mit

geringerer Intensität. Wenn die Intensität der Überzeugungen verringert wird, kann die Voreingenommenheit verringert werden.
Was schließlich Ihre Fragestellung zur aktuellen Pandemie und zum Klimawandel betrifft, möchte ich noch einmal auf Empfehlung Nr. 2 hinweisen, und Empfehlung Nr. 5 liefert hier die Antwort. Beide Themen sind auf der Basis des Parteien-Antagonismus politisiert worden, wodurch unsere Fähigkeit beeinträchtigt wird, beide Probleme anzugehen. Was die Pandemie in den Vereinigten Staaten anbelangt, so fanden, wie ich bereits erwähnt habe, Anfang Mai 2020 Demonstrationen in mehreren Hauptstädten der US-Bundesstaaten statt, um gegen die vorgeschriebene Politik des stay-at-home zu protestieren. Die meisten Mainstream-Medien verurteilten diese Demonstrationen als eine Bedrohung der öffentlichen Gesundheit. Als jedoch innerhalb weniger Tage nach dem ersten Aufmarsch neue Demonstrationen zu einem völlig anderen politischen Thema stattfanden, lobten die Massenmedien die neuen Demonstrationen, obwohl sie eine ebenso große Bedrohung für die öffentliche Gesundheit darstellten. Dies hatte zur Folge, dass das Vertrauen der Öffentlichkeit in die Massenmedien abnahm. Der myside bias hat die Fähigkeit beeinträchtigt, der Öffentlichkeit Informationen zu vermitteln, denen Vertrauen geschenkt werden kann. Und natürlich tun unsere Regierungen und Politiker das Gleiche – sie verurteilen und billigen inkonsequent äquivalente Aktionen auf der Grundlage der an den Aktionen beteiligten Interessengruppen.

Die entscheidende Strategie besteht darin, so etwas wie Maßnahmen gegen die Pandemie erst gar nicht zu politisieren. Etwas Ähnliches stellt sich im Fall des Klimawandels dar. Als Al Gore in den Vereinigten Staaten begann, das Thema Klimawandel gegenüber einer umfassenden Öffentlichkeit zu propagieren, dachte ich, das sei eine gute Sache, denn jetzt würde die Öffentlichkeit besser informiert werden. Aber im Laufe der Jahre sah ich mit Schrecken, dass der Umstand, dass Al Gore zum »Frontmann« für die Belange des Klimawandels geworden war, sich zu einer negativen Sache wandelte. Die Tatsache, dass er ein bekannter Politiker war, führte dazu, dass das Thema nach »stammespolitischen« / parteilichen Gesichtspunkten politisiert wurde. Mir ist jetzt klar, dass es viel besser gewesen wäre, die Öffentlichkeit durch politisch neutralere Gesprächspartner langsamer zu informieren, auch wenn dadurch die Verbreitung von Wissen über den Klimawandel verlangsamt worden wäre. Der Tempoverlust bei der Verbreitung wäre mehr als wettgemacht worden, wenn wir die Informationen in einer Weise hätten verbreiten können, die nicht zur Parteinahme einlädt.
Und schließlich möchte ich dazu anregen, sich auf die obige Empfehlung Nr. 2 zu besinnen. Vermeiden Sie, was der Politologe Arthur Lupia *(Lupia, 2016)* als den »Fehler der Umwandlung von Wertunterschieden in Unwissenheit«

bezeichnet – d.h., einen Streit über legitime Unterschiede in der Gewichtung der für ein Thema relevanten Werte fälschlicherweise für einen Streit um Fakten zu halten, bei dem Ihr Gegner »die bloßen Fakten nicht kennt«.

Der Klimawandel liefert ein Beispiel: Die Verringerung der Umweltverschmutzung und die Eindämmung der globalen Erwärmung erfordern oft Maßnahmen, die als Nebeneffekt das Wirtschaftswachstum bremsen. Die zukünftigen Steuerzahlungen und regulatorischen Auflagen, die notwendig sind, um die Umweltverschmutzung und die Erderwärmung deutlich zu reduzieren, gehen oft überproportional zu Lasten der Armen. So schränkt beispielsweise die Erhöhung der Kosten für den Betrieb eines Automobils das Autofahren ärmerer Menschen stärker ein als das der Wohlhabenden – durch die Schaffung von Fahrverbots-Zonen, durch höhere Parkgebühren sowie höhere Fahrzeug– und Benzinsteuern. Gleichermaßen gibt es keine Möglichkeit, die globale Erwärmung zu minimieren und gleichzeitig die Wirtschaftsleistung (und damit die derzeitigen Arbeitsplätze und allgemeinen Wohlstand) zu maximieren. Die Menschen unterscheiden sich darin, wo sie ihre »Parametereinstellungen« für den zukünftigen Kompromiss–Ausgleich zwischen dem zukünftigen Umweltschutz und dem gegenwärtigen Wirtschaftswachstum ansiedeln. Unterschiedliche Parametereinstellungen bei Themen wie diesem sind nicht notwendigerweise auf mangelndes Wissen zurückzuführen. Sie sind das Ergebnis unterschiedlicher Werte oder unterschiedlicher Weltanschauungen.

Es wäre nicht überraschend, wenn die unterschiedlichen Werte, die Menschen verfolgen, zu einem gesellschaftlichen Kompromiss führen könnten, der in seinen Extremen keiner der beiden Gruppen gefällt. Es stellt den Höhepunkt der Myside–Voreingenommenheit dar zu denken, dass, wenn alle intelligenter, rationaler oder weiser wären, sie die gesellschaftlichen Rahmenbedingungen ausgerechnet dort platzieren würden, wo sie ihre eigenen Idealbedingungen sehen. Es gibt keine empirischen Beweise dafür, dass mehr Wissen oder Intelligenz oder Rationalität solche Werte / –Nutzen–Diskrepanzen auflösen könnte.

Wenn Liberale sehen, dass Konservative grüne Initiativen ablehnen, werfen sie den Konservativen vor, die Auswirkungen der globalen Erwärmung auf die Zukunft nicht zu verstehen. Wenn Konservative sehen, dass Liberale teure grüne Initiativen unterstützen, werfen sie den Liberalen vor, die Gegebenheiten nicht zu verstehen, durch die ein Rückgang des Wirtschaftswachstums zu mehr Armut und wirtschaftlicher Not für die schwächsten Mitglieder unserer Gesellschaft führt. In beiden Fällen sind dies falsche Charakterisierungen. Die meisten Konservativen interessieren sich für den Zustand der Umwelt und für die Auswirkungen der globalen Erwärmung. Die meisten Liberalen verstehen, dass wirtschaftliches Wachstum Not verhindert und Armut verringert. Oft kennen beide Gruppen die Tatsachen – sie gewichten nur den Wertkompromiss, um den es hier geht, unterschiedlich: die Vermittlung zwischen Sorge um die Auswirkungen der künftigen globalen Erwärmung auf der einen Seite mit dem Interesse an der Aufrechterhaltung eines maximalen Wirtschaftswachstums auf der anderen Seite. Je mehr wir uns bewusst werden, dass es bei einem bestimmten Thema Wertkompromisse zu berücksichtigen gibt, desto weniger verwirrt werden wir sein.

Die vielen E-Mail-Schreiber, die sich über die Wahlergebnisse von 2016 ärgerten und mich nach der Veröffentlichung meines Buches über rationales Denken kontaktierten, sind Mitglieder einer weltweiten kognitiven Elite. Diese Gesprächspartner dachten (fälschlicherweise, wie ich in meinem neuen Buch demonstriere), dass jede Studie über das menschliche Denken Futter für ihre Ansicht liefern würde, dass die entscheidenden Wähler sowohl in Großbritannien (Brexit) als auch in den Vereinigten Staaten (die Präsidentschaftswahlen) irrational waren. Meine Ansprechpartner schienen der Meinung zu sein, dass politische Auseinandersetzungen ausschließlich Fragen der Rationalität oder des Wissenserwerbs sind – und dass überlegenes allgemeines (oder spezifisches) Wissen automatisch Korrektheit im politischen Bereich verleiht. Sie schienen der Meinung zu sein, dass, da ich als akademischer Forscher ein Spezialist für Rationalität und Wissen bin, ich auf der Basis dieses Fachwissens über besondere Weisheit auf dem Gebiet der Politik verfügen müsste. Kurz gesagt, meine Gesprächspartner schienen den Fehler zu machen, von dem Arthur Lupia spricht: Ihren Gegnern vorzuwerfen, »die Fakten nicht zu kennen«, einfach weil Sie wollen, dass sich Ihre eigene Weltanschauung als Faktenlage durchsetzt.

Als kognitive Eliten können wir unseren myside bias zähmen, indem wir erkennen, dass in vielen Fällen unsere Auffassung, dass bestimmte Fakten (die wir aufgrund des Rosinenpickens zufälligerweise kennen) unseren politischen Gegnern schockierenderweise unbekannt sind, in Wirklichkeit nur ein eigennütziges Argument darstellt. Es dient dazu, die Tatsache zu verschleiern, dass hinter dem umstrittenen Thema, über das wir sprechen, ein ungelöster Wertekonflikt steckt. Dass wir uns auf die angebliche Ignoranz unserer Gegner konzentrieren, ist eine List, um zu verschleiern, dass wir lediglich unsere eigenen Wertvorstellungen durchsetzen wollen – und nicht, dass es bei dem Thema um einen Streit geht, der durch mehr Wissen gelöst werden könnte.

Abschluss

Professor Stanovich – vielen Dank für Ihre Geduld und die ausführliche Aufklärung!

E Übersparsames, suboptimales Denken

E1 Das Problem des Rahmungs-Effekts bzw. des »framing«

E2 Das Problem des Anker-Effekts bzw. des »anchoring«

E3 Das Problem von Kontexteffekten bei der Entscheidungsfindung

E4 Wissens-Kalibrierung: Das Problem der Selbstüberschätzung

E Übersparsames, suboptimales Denken

Bevor wir mit der Erläuterung der Subtests E fortfahren und wir uns im Detail ansehen, wie Auswirkungen des dritten Typus »schlampiger« Denkprozesse gemessen werden, blicken wir kurz auf die ersten beiden Formen nachlässigen Denkens zurück.

Die erste Form ist die Tendenz von Individuen, sich leichtfertig bei der Bearbeitung von Aufgabenstellungen auf intuitive Antworten zu verlassen, die vom autonomen Mind geprimt – gebahnt – wurden. Diese Tendenz führt zu den oberflächlichen Denkfehlern, die dadurch charakterisiert sind, dass keinerlei Typ 2–Kognitionen in Funktion treten. Sie tritt auf, wenn die Mindware für eine normative, rationale Reaktion vorhanden ist, aber die Notwendigkeit einer Übersteuerung nicht detektiert wird. Im CART–Instrumentarium dienen die Subtests C dazu, das Auftreten dieser Denkfehler bei Individuen aufzuspüren.

Die zweite Form stellt nach Meinung von Stanovich und seinem Team einen Override–Fehler dar. Die dafür verantwortliche Denktendenz zeugt von weniger Nachlässigkeit als der simple Rückfall auf suboptimale Responses des autonomen Minds. Denn es treten zunächst inhibitorische Typ 2–Prozesse auf, um die Typ 1–Prozessierung des autonomen Minds offline zu nehmen. Allerdings scheitern diese Prozesse dabei, die Typ 1–Prozesse so lange offline zu halten, bis im Rahmen reflektierenden Denkens bessere Responses mit Hilfe hypothetischen Urteilens synthetisiert werden. Im CART–Instrumentarium sind es die Subtests D, die das Denken von Probanden mit Blick auf diese Fehler–Tendenz bewerten.

Die dritte Form der »schlampigen« kognitiven Prozessierung, mit deren Messung wir uns nun beschäftigen, ist die »serielle assoziative Kognition mit einer fokalen Verzerrung«. Dahinter steckt eine Tendenz zur »Übersparsamkeit« im Rahmen von Typ 2–Denkprozessen. Diese Form der »Denkknausrigkeit« lässt das Denken von Individuen insbesondere dann scheitern, wenn rationale Responses eine vollständige Simulation alternativer Welten erfordern. In den vorausgegangenen Kapiteln zeigte die Diskussion der Vier–Karten–Aufgabe von Wason detailliert, wie diese Denktendenz auftritt: Betroffene Individuen versuchen, mit einer Denk–Herausforderung fertig zu werden, indem sie in der Situation nach Anhaltspunkten suchen, die versprechen, ohne große Investition in kognitive Anstrengungen eine rationale Reaktion als Antwort auf eine Aufgabe ausfindig zu machen. Zur Beschreibung dieser Tendenz hatte Daniel Kahneman in seinem Buch »Schnelles Denken – langsames Denken« die WYSIATI–Regel formuliert: *»Was Du siehst, ist das einzige, das es gibt!« («What you see is all there is!«).* Anders ausgedrückt tritt eine typische Fokusverzerrung auf. Individuen zeigen die Neigung, sich bei der Verarbeitung von Informationen nur mit dem am einfachsten zu konstruierenden kognitiven Modell der Welt zu befassen.

Die im Folgenden beschriebenen Tests aus dem Bereich der Subtests E im CART–Instrumentarium bewerten die Auswirkungen dieser weit verbreiteten Verzerrung des Denkens.

Aufgabe E1: Das Problem pünktlicher und verspäteter Flugzeuge

Bitte bearbeiten Sie die folgenden beiden Aufgaben:

Aufgabe 1

- Sie planen eine Reise, für die Sie einen Flug benötigen.
- Dazu vergleichen Sie in Frage kommende Fluggesellschaften.
- Eine bestimmte Fluggesellschaft, die Sie ins Auge fassen, wirbt damit, dass ihre Flüge in 88 % der Fälle pünktlich sind.

Frage: Wie bewerten Sie diese Fluggesellschaft?

___ 1. Sehr vorteilhaft
___ 2. Vorteilhaft
___ 3. Geringfügig vorteilhaft
___ 4. Geringfügig unvorteilhaft
___ 5. Unvorteilhaft
___ 6. Sehr unvorteilhaft

Aufgabe 2

- Sie planen wiederum eine bevorstehende Reise, für die Sie einen Flug buchen müssen.
- Sie vergleichen in Frage kommende Fluggesellschaften.
- Eine bestimmte Fluggesellschaft, die Sie ausgewählt haben, stellt heraus, dass ihre Flüge in 12 % der Fälle verspätet sind.

Frage: Wie finden Sie diese Fluggesellschaft?

___ 1. Sehr vorteilhaft
___ 2. Vorteilhaft
___ 3. Geringfügig vorteilhaft
___ 4. Geringfügig unvorteilhaft
___ 5. Unvorteilhaft
___ 6. Sehr unvorteilhaft

(Adaptierte Aufgabenstellung aus Stanovich & Toplak, 2016, S. 346–347)

Das Problem des Rahmungs-Effekts bzw. des »framing«

Die übliche Vorstellung vom sogenannten rationalen Menschen in Wirtschafts- und Entscheidungstheorie basiert traditionell auf dem Konzept, dass Menschen stabile, ihren Entscheidungen zugrundeliegende Präferenzen verfolgen. Es wird angenommen, dass die Präferenzen, also die bedürfnisgestützten Vorlieben einer Person für die zur Wahl stehenden Optionen vollständig, gut geordnet und im Hinblick auf die Grundsätze ihrer Auswahlentscheidungen gut begründet sind. Der Theorie nach sollen diese Grundsätze auf die eine oder andere Weise sicherstellen, dass Entscheidungen nicht etwa durch irrelevante Umgebungs-Faktoren beeinflusst werden. Als leitendes Grundprinzip wird in der Ökonomie impliziert, dass Individuen Nutzenmaximierer sind – dass sie zielsicher handeln, um das zu bekommen, was sie am meisten wollen.

Keith E. Stanovich weist auf das Hauptproblem dieses Menschenbildes hin: *(Stanovich & Toplak, 2016, S. 142)* Über drei Jahrzehnte Arbeit von Daniel Kahneman und Amos Tversky sowie einer Reihe anderer Kognitions- und Entscheidungswissenschaftler haben dieses Konzept des rationalen Wirtschaftsmenschen grundlegend in Frage gestellt. Ihre Forschungsarbeiten haben gezeigt, dass die Entscheidungen von Personen – selbst in Bezug auf wichtige Angelegenheiten – durch gezielte kleine Modifikationen der Beschreibung der Handlungs-Situation manipuliert werden können. Dieses Problem wird sichtbar, wenn Individuen von ihren Grundsätzen abgelenkt werden, indem die Art der Beschreibung eines Details der Situation geändert wird, in der sie eine Entscheidung zu fällen haben. Gemäß ökonomischer Theorie sollten Personen ihr Verhalten und ihre Erwartungen stets an ihren stabilen Präferenzen ausrichten – unabhängig von der Art und Weise der Beschreibung der zugrundeliegenden Tatbestände. Anders ausgedrückt: Das Verhalten von rationalen Wirtschaftsakteuren soll »deskriptiv invariant« sein.

Empirisch gesehen werden Akteure jedoch durch Rahmungs-Effekte – sogenannte Framings – in solchem Umfang beeinflusst, dass das beschriebene Prinzip der deskriptiven Invarianz häufig falsifiziert wird. Kahneman und Tversky haben dafür in einer 1981 veröffentlichten Studie den berühmtesten Beleg geliefert, den wir uns nun anschauen. *(Stanovich & Toplak, 2016, S. 141–146; Tversky & Kahneman, 1981)* Dabei wurden Probanden zeitlich versetzt zwei Aufgabenstellungen präsentiert:

Aufgabe 1

Stellen Sie sich vor, die Vereinigten Staaten bereiten sich auf den Ausbruch einer ungewöhnlichen Krankheit vor, die voraussichtlich 600 Menschen töten wird. Es wurden zwei alternative Programme zur Bekämpfung der Krankheit vorgeschlagen. Nehmen wir an, dass die wissenschaftlichen Schätzungen in Bezug auf die Wirkungen der Programme wie folgt lauten:

- Wenn Programm A angenommen wird, werden 200 Menschen gerettet.
- Wird Programm B angenommen, besteht eine Ein–Drittel–Wahrscheinlichkeit, dass 600 Menschen gerettet werden und eine Zwei–Drittel–Wahrscheinlichkeit, dass keine Menschen gerettet werden.

Frage:

- Welches der beiden Programme würden Sie bevorzugen, Programm A oder Programm B?

Aufgabe 2

Stellen Sie sich vor, die Vereinigten Staaten bereiten sich auf den Ausbruch einer ungewöhnlichen Krankheit vor, die voraussichtlich 600 Menschen töten wird.

Es wurden zwei alternative Programme zur Bekämpfung der Krankheit vorgeschlagen. Nehmen wir an, dass die genauen wissenschaftlichen Schätzungen mit Blick auf den jeweiligen Erfolg der einzelnen Programme wie folgt lauten:

- Wenn Programm C angenommen wird, werden 400 Menschen sterben.
- Wird das Programm D angenommen, besteht eine Wahrscheinlichkeit von einem Drittel, dass niemand stirbt, und eine Wahrscheinlichkeit von zwei Dritteln, dass 600 Menschen sterben werden.

Frage:

- Welches der beiden Programme würden Sie bevorzugen, Programm C oder Programm D?

Professor Stanovich analysiert die Ergebnisse dieser Studie von Kahneman und Tversky:

Viele Versuchspersonen präferierten bestimmte Antwort-Alternativen, obwohl alle Behandlungs-Programme jeweils den exakt gleichen Erfolg gehabt hätten. Stets werden 200 Personen gerettet, 400 Personen wären dem Tode geweiht. Die Probanden präferierten bei ihren Antworten die Programm-Alternativen A und D. Dieses Antwortmuster verletzt offenbar grundlegend das Prinzip der deskriptiven Invarianz.

Wird der »Rahmen« der Beschreibung der Situation verändert – wechselt mit anderen Worten das Framing des Beurteilungs-Kontextes –, kommt die Rationalität, welche ökonomische Theorien Menschen zuschreiben möchten, ins Wanken. Hieraus kann der Schluss gezogen werden, dass Individuen, die einem Framing unterliegen, die Kontrolle über ihre eigenen Präferenzen einbüßen. Denn, wenn sie jeden Rahmen akzeptieren, wie er ihnen etwa durch die Medien, die Werbung, durch Politiker, Autoverkäufer und Versicherungsvertreter usw. vorgegeben wird, dann sind sie unter der Kontrolle dieser eigeninteressierten Mächte, die jeweils den Rahmen liefern.

Aus Keith E. Stanovichs Blickwinkel ist es wichtig, folgenden Aspekt zu erfassen: Framing-Effekte sind durch umfangreiche psychologische Forschung belegte »klassische« Beispiele für eine spezielle »schlampige« Informationsverarbeitung.

Hintergrund ist, was Kahneman als »das Grundprinzip des Framings« *(Kahneman, 2003, S. 703, 2011, S. 363–374, 2019, S. 447–461)* dargestellt hat: Der Rahmen, der dem Subjekt präsentiert wird, wird von diesem als Fokus genommen. Alle weiteren Überlegungen folgen daraus, ohne dass Individuen nach alternativen Rahmungen suchen – offenbar, weil die Suche danach anstrengende weitere Überlegungen erfordern würde. Mit anderen Worten: Rahmeneffekte bzw. Framings provozieren den Typus schlampiger kognitiver Prozessierungen, die wir als serielle assoziative Kognitionen mit einer fokalen Verzerrung kennengelernt haben.

Lösung des Problems pünktlicher und verspäteter Flugzeuge

Inzwischen ist den Lesern wahrscheinlich bewusst geworden, dass das Problem der Fluggesellschaften mit ihren unregelmäßigen Flugplänen eine Variante der Aufgabenstellung von Kahneman und Tversky aus dem Jahr 1981 darstellt. Beide Fluggesellschaften haben exakt übereinstimmende Probleme mit der Pünktlichkeit.

E

E1 Problem des »framing«

Aufgabe E2: Einschätzung von Entfernungen

Beantworten Sie folgende Fragen:

Ist die Entfernung von San Francisco nach Hawaii größer als 500 Meilen?

___ a. Ja
___ b. Nein

Was denken Sie, wie groß ist die Entfernung von San Francisco nach Hawaii?

____ Meilen

Ist die Dauer der Umlaufbahn des Mars um die Sonne größer als 1.500 Tage?

a. Ja
b. Nein

Was glauben Sie, wie ist die Umlaufzeit des Mars um die Sonne?

____ Tage.

(Adaptierte Aufgabenstellung aus Stanovich & Toplak, 2016, S. 347–8)

Das Problem des Anker–Effekts bzw. des »anchoring«

In diesem Abschnitt kommen wir auf eine Variante »schlampiger« Denkprozesse zu sprechen, die wie die gerade diskutierten Framings Beispiele für serielle assoziative Kognitionen mit einer fokalen Verzerrung darstellen.

Keith E. Stanovich holt ein wenig aus, um die Besonderheit dieser speziellen Verzerrung zu erläutern: *(Stanovich & Toplak, 2016, S. 147–151)*

Normalerweise halten wir die Tendenz für hilfreich, alle verfügbaren Informationen aus einer Entscheidungssituationen zu nutzen, um zu einer möglichst optimalen Problemlösung zu kommen, zum einen für hilfreich und darüber hinaus für weniger risikoreich. Die kognitive Strategie der umfassenden Informationsnutzung hat sich im Rahmen der Evolution für homo sapiens als weitgehend nützlich erwiesen. Dennoch gibt es in der modernen Welt Situationen, in denen sich diese Art der Anpassung von Akteuren an den Handlungs–Kontext als äußerst problematisch erweist. Diese Situationen mögen zwar zahlenmäßig in der Minderheit sein. Allerdings deutet vieles darauf hin, dass die hier auftretenden Fehleinschätzungen unverhältnismäßig große Konsequenzen für die zukünftige Nutzenmaximierung einer Person haben können.

Es handelt sich um Situationen, in denen sich Individuen bei ihrer Urteilsfindung an Kontextinformationen orientieren, die nicht nur irrelevant, sondern auch irreführend sind. Kahneman und Tversky haben hierfür im Jahr 1974 im Zusammenhang mit einem berühmten Experiment den Begriff des »anchoring effects« bzw. des Anker–Effekts eingeführt. *(Tversky & Kahneman, 1974)*

In ihrem berühmten Experiment ließen Kahneman und Tversky Probanden ein Glücksrad beobachten. Wenn das Glücksrad zum Stillstand kam, landete dessen Zeiger bei der Zahl »65«. Die Studienteilnehmer ahnten nicht, dass die Studienleiter das Rad manipuliert hatten, um bei dieser hohen Zahl zu stoppen.

Die Probanden wurden, nachdem die »manipulierte« 65 erschienen war, gefragt, ob der prozentuale Anteil afrikanischer Länder an den Mitgliedstaaten der Vereinten Nationen höher oder niedriger als die vom Glücksrad vorgegebene Zahl war. Nach der Beantwortung dieser Frage wurden die Studienteilnehmer aufgefordert, den prozentualen Anteil afrikanischer Länder in den Vereinten Nationen bestmöglich zu schätzen.

Bei einer anderen, parallel getesteten Gruppe von Probanden hatten die Studienleiter das Glücksrad so manipuliert, dass der Zeiger auf der Zahl »10« landete. Diesen Probanden wurden dieselben beiden Fragen zur prozentualen Beteiligung afrikanischer Länder an den Vereinten Nationen gestellt.

Den beteiligten Probanden in beiden Gruppen sollte klar gewesen sein, dass die Zahlen 65 bzw. 10 für die Beantwortung der zweiten Frage völlig irrelevant waren. Schließlich war diese per Glücksrad – also im Prinzip per »reinem Zufall« – ermittelt worden. Dennoch beeinflusste jeweils die Zahl, die auf dem Drehscheibenfeld auftauchte, die Antwort auf die zweite Frage deutlich:

Der Mittelwert der ersten Gruppe, also der Gruppe, bei der das Glücksrad bei 65 abgestoppt wurde, erwies sich mit 45 als signifikant höher als der Mittelwert von 25 der zweiten Gruppe, bei der die Glückrads–Vorgabe die Zahl 10 war. Beide Gruppen benutzten offenbar eine kombinierte Verankerungs– und Anpassungsheuristik – die Gruppe mit der hohen Anker–Zahl 65 passte sich in ihrer Schätzung nach unten an, während die Gruppe mit der niedrigen Anker–Zahl 10 sich nach oben anpasste. Deutlich war allerdings, dass die Schätzungen an den vom Glücksrad vorgegebenen Werten »klebten«. Die Probanden justierten ihre Schätzungen nach, was aber nicht ausreichte, um die korrekte Zahl herauszubekommen.

Dieses Anker–Phänomen offenbart, dass Individuen durch eine Tendenz zur »Schlampigkeit« beeinflusst sind: Sie verlassen sich zu sehr auf Ankerungen, ohne dass diese für ihre Beurteilungen Relevanz hätten.

Professor Stanovich weist darauf hin, dass die umfangreiche Forschungsliteratur zum Thema »anchoring« gezeigt hat, dass Anker–Effekte in vielerlei Situationen außerhalb von psychologischen Laboratorien auftreten. Es sei zum Beispiel beobachtet worden, wie Berufs–erfahrene Immobilienmakler unverhältnismäßig durch Angebotspreise in Anzeigen und Prospekten für Häuser beeinflusst werden, wenn sie versuchen, deren realistischen Wert einzuschätzen. *(Stanovich & Toplak, 2016, S. 148)* Auch vor Gericht spielen Anker–Effekte eine Rolle: Im Fall von Verhandlungen zum Ausgleich von Personenschäden beeinflusst die Höhe der von Klägern geforderten Entschädigung das richterliche Urteil. Bei anderen gerichtlichen Verfahrensarten wurde gezeigt, dass die Höhe der Strafanträge der Staatsanwaltschaft statistisch gesehen sowohl die Urteilsfindung der Richter als auch Kautionsentscheidungen beeinflussen. Offenbar sind auch Richter kognitive Geizhälse – sie erliegen einfachen kognitiven Verzerrungen, welche die kognitive Beanspruchung ihrer Gehirne zu verringern versprechen.

Aus Stanovichs Sicht gehört das »anchoring« zur gleichen Klasse von Effekten wie das »framing«. Besonderheit der Anker–Effekte ist, dass es sich hierbei um die unreflektierte Orientierung an irrelevanten Referenzpunkten handelt. Die Aufmerksamkeit auf diese Bezugspunkte verzerrt das Denken von Individuen so weit, dass viele Entscheidungen und Bewertungen nicht rational sind. Entsprechend der Framing–Effekte bewerten Stanovich und sein Team Anchoring–Effekte als Beispiele der Klasse schlampiger Denk–

Prozesse, die wir als serielle assoziative Kognition mit einer fokalen Verzerrung kennengelernt haben.

Lösung des Problems der Einschätzung von Entfernungen

Schauen wir zurück auf die beiden Aufgaben zum Beginn dieses Abschnitts:

Es ging zunächst um die Einschätzung der Entfernung zwischen San Francisco und Hawaii. Bei dieser Aufgabenstellung wird im CART mit 500 Meilen ein »niedriger« Anker gesetzt. Tatsächlich liegen zwischen der kalifornischen Stadt und der Insel 2.387 Meilen. – Was war Ihre Schätzung?

Anschließend ging es um die Dauer des Umlaufs des Mars um die Sonne – hier wird mit 1.500 Tagen ein »hoher« Anker gesetzt. Der korrekte Wert ist 687 Tage. – Wieviel Tage haben Sie geschätzt?

In diesem Zusammenhang gibt Stanovich zum Thema »anchoring« abschließend einen wichtigen Hinweis: Wieweit ein zu hoher oder zu niedriger Anker Personen in ihren Urteilen beeinflussen kann, hängt stark von deren Vorwissen ab. Wer jeweils den exakten bzw. annähernd den exakten Wert kennt, wird durch den falsch gesetzten Anker nicht beeinflusst. – Wissen hilft.

E

E2 Problem des »anchoring«

E

Aufgabe E3: Der angemessene Preis für Eiscréme

Betrachten Sie die drei Fragebögen, die Studenten an einer großen Universität im Mittleren Westen der Vereinigten Staaten vorgelegt wurden:

Fragebogen 1:

Stellen Sie sich das folgende Szenario vor:

- Es ist Sommer in Chicago.
- Sie befinden sich am Strand des Michigansees.
- Sie haben Lust auf ein Eis.
- Zufällig befindet sich eine Eisverkäuferin am Strand.
- Sie verkauft Haagen–Dazs–Eiscreme becherweise.
- Für jede Portion verwendet sie einen 10–oz–Becher (ca. 284 gr. Rand–Füllmenge).

Eiscréme-Angebot 1

Wieviel sind Sie höchstens bereit, für eine Portion zu bezahlen?

____ $

Fragebogen 2:

Stellen Sie sich das folgende Szenario vor:

- Es ist Sommer in Chicago.
- Sie befinden sich am Strand des Michigansees.
- Sie haben Lust auf ein Eis.
- Zufällig befindet sich eine Eisverkäuferin am Strand.
- Sie verkauft Haagen–Dazs–Eiscreme becherweise.
- Für jede Portion verwendet sie einen 5–oz–Becher (ca. 142 gr. Rand–Füllmenge).

Eiscréme-
Angebot 2

Wieviel sind Sie höchstens bereit, für eine Portion zu bezahlen?

_____ $

Fragebogen 3:

Stellen Sie sich das folgende Szenario vor:

- Es ist Sommer in Chicago.
- Sie befinden sich am Strand des Michigansees.
- Sie haben Lust auf ein Eis.
- Zufällig befinden sich zwei Eisverkäuferinnen am Strand.
- Anbieterin 1 verwendet für jede Portion einen 10–oz–Becher (ca. 284 gr. Rand–Füllmenge).
- Anbieterin 2 verwendet für jede Portion einen 5–oz–Becher (ca. 142 gr. Rand–Füllmenge).

Eiscréme-Angebot 1 ***Eiscréme-Angebot 2***

Wieviel sind Sie höchstens bereit, jeweils für eine Portion zu bezahlen?

Bei Anbieterin 1 ____ $

Bei Anbieterin 2 ____ $

(Adaptierte Aufgabenstellung aus Hsee, 1998, S. 111–114)

Das Problem von Kontexteffekten bei der Entscheidungsfindung – die Herausforderung, Präferenz-Anomalien zu vermeiden

Die vorhergehenden Abschnitte haben gezeigt: Die Verankerungseffekte und Rahmungseffekte, die umfangreich in der kognitiven Psychologie untersucht werden, sind weitverbreitete Beispiele für die Beeinflussbarkeit durch irrelevanten Kontext, der unser Urteilsvermögen unangemessen beeinflusst.

Stanovich weist darauf hin, dass es zahlreiche dieser Anomalien gibt. Bei den nun zu betrachtenden Tests zur Bewertung des Einflusses weiterer Präferenz-Anomalien handelt es sich um ein »Potpourri«, das Verzerrungen des Denkens verschiedener Art kombiniert. *(Stanovich & Toplak, 2016, S. 151–154)* Keith E. Stanovich betont, dass viele von ihnen jedoch aufgrund ähnlicher psychischer Mechanismen wirken. Die einzelnen Items dieses Subtests »Präferenz-Anomalien« gleichen sich darin, dass jeweils gemessen wird, inwieweit Individuen Verzerrungen vermeiden, die mit dem Kontext bzw. mit irrelevanten Umgebungsfaktoren ihrer Entscheidungsfindung zu tun haben.

Die neun Items dieses Subtests bewerten eine Vielzahl von Effekten u.a.

- **den Sicherheitseffekt**
- **den Effekt der Ergebnisverzerrung**
- **den Effekt der Unterlassungsverzerrung**
- **den »weniger-ist-mehr«- Effekt**

Um einen Eindruck zu bekommen, werfen wir einen Blick darauf, worum es sich bei diesen Effekten im Wesentlichen handelt.

Der Sicherheitseffekt

Der Sicherheitseffekt spielt in der »Prospect-Theorie« von Kahneman und Tversky eine Rolle. In seinem Bestseller *»Schnelles Denken, langsames Denken«* findet sich eine treffende Erläuterung Kahnemans dazu: *(Kahneman, 2011, S. 310–312, 2019, S. 381–384)*

Als Akteure neigen wir dazu, im Rahmen von Entscheidungen bestimmte Umstände überzugewichten, obwohl deren Eintreten höchst unwahrscheinlich ist. Die damit verbundene Tendenz, Risiken auszuweichen und teure Sicherungsmaßnahmen zu ergreifen, verursacht diesen Akteuren hohe Kosten.

Um den Mechanismus des Sicherheitseffekts zu illustrieren, beschreibt Kahneman ein imaginäres Beispiel. Wir sollen uns vorstellen, wir hätten eine Million Dollar geerbt. Allerdings hat unsere habgierige Stiefschwester das Testament vor Gericht angefochten. Für morgen wird die bindende gerichtliche Entscheidung erwartet. Unser Anwalt versichert uns, das Recht sei auf unserer Seite, so dass wir den Rechtstreit um das Erbe mit der Wahrscheinlichkeit von 95 Prozent gewinnen werden. Allerdings erinnert uns der Anwalt daran, dass Gerichtsurteile nie hundertprozentig sicher vorhersagbar sind. – Nun kommt eine sogenannte Risikoübernahme-Gesellschaft auf uns zu. Von dieser Gesellschaft bekommen wir das Angebot, uns das Erbe gegen eine sofortige Zahlung von 910.000 Dollar abkaufen zu lassen; Bedingung ist, dass wir uns sofort entscheiden.

Viele Personen, die in einer solchen Risiko-Entscheidungssituation stecken, nehmen solche Kaufangebote an, obwohl sie damit eine hohe finanzielle Einbuße akzeptieren – im imaginären Fallbeispiel 9 Prozent ihrer Ansprüche verlieren, während das Ausfallrisiko lediglich 5 Prozent betrug. Kahneman weist darauf hin, dass es eine auf solche Situationen spezialisierte Branche für »strukturierte Abwicklungen« gibt, die zu überhöhten Preisen die Risikoscheu Betroffener ausnutzen und auf diese Weise vom Sicherheitseffekt profitieren. Offenbar nutzt insbesondere die Versicherungsbranche diesen Sicherheitseffekt gewerbsmäßig aus: Neben sinnvoller Absicherung von existenzbedrohenden Risiken werden Verbrauchern überflüssige Versicherungspolicen verkauft, deren Kosten höher sind als der mögliche Schaden bei Eintritt des Versicherungsfalles.

Charakteristisch für die Verzerrungen aufgrund des Sicherheitseffekts ist es, dass Individuen durch die Fokussierung auf Risiken und auf ihr Sicherheitsbedürfnis dazu bewegt werden, suboptimale Entscheidungen zu fällen. Statt die Wahrscheinlichkeit des Eintretens bestimmter Ereignisse durchzukalkulieren und alternative Verhaltensweisen zu suchen, akzeptieren sie vorschnell teure Risikomanagement-Angebote.

Die Ergebnisverzerrung

Eine rationale Entscheidung basiert in der Regel auf dem sorgfältigen Erwägen von Daten und Fakten.

Allerdings neigen Akteure dazu, sich dieses aufwendige Überprüfen von relevanten Informationen zu sparen. In diesem Zusammenhang wird vom »outcome bias« bzw. von der Ergebnisverzerrung gesprochen.

Wie läuft bei der Ergebnsverzerrung dieses Fokussieren auf vermeintlich relevante Handlungsresultate ab, das zu suboptimalen Bewertungen führt?

Grundprinzip ist, dass eine vergangene Entscheidung, danach beurteilt wird, ob sich an diese positiv oder negativ zu bewertende Ereignisse anschlossen. Die Qualität der Entscheidung wird dabei nicht auf der Basis der Fakten bewertet, die in deren Vorfeld relevant waren. Stattdessen wird von Akteuren auf die Konsequenzen fokussiert, die sich an die Handlungsentscheidung anschlossen. Das Ereignis, das auf eine Entscheidung als »Resultat« folgt, ist allerdings oft durch Zufälle bestimmt und nicht durch die Qualität der vorhergehenden Entscheidung.

Im Jahr 1988 veröffentlichten die Psychologen Jonathan M. Baron und John C. Hershey einen Artikel *(»Outcome Bias in Decision Evaluation«)*, in dem sie fünf Studien vorstellten, die sie an der University of Pennsylvania durchgeführt hatten. *(Baron & Hershey, 1988)*

Bei einer dieser Studien wurde Studenten eine hypothetische Situation vorgestellt, bei der es um einen Chirurgen ging, der entscheiden musste, ob er bei einem Patienten eine Operation durchführen sollte oder nicht. Dem Chirurgen war bekannt, dass die Operation eine lediglich 50-Prozent-Erfolgs-Wahrscheinlichkeit hatte und den Tod des Patienten mit entsprechender 50-Prozent-Wahrscheinlichkeit verursachen konnte. Die an der Studie beteiligten Studenten wurden in zwei Gruppen aufgeteilt, denen jeweils der Fall mit einem guten oder einem schlechten Ausgang präsentiert wurde – der Patient überlebte entweder oder er starb nach der Operation.

Ergebnis der Studie war, dass die Studenten, denen der tödliche Ausgang der Operation präsentiert wurde, die Entscheidung des Chirurgen als schlechter bewerteten als diejenigen Studenten, denen eine erfolgreiche Operation präsentiert wurde. – Offenbar hatte der gute Ausgang der Operation bzw. das positive Resultat der Entscheidung des Operateurs die »Mittel heiligen lassen«.

Der Grund, warum ein Individuum durch die Ergebnisverzerrung beeinflusst wird, besteht darin, dass es sich bei seiner Bewertung der Entscheidung auf die direkt verfügbare Information zum Resultat der Entscheidung in der Vergangenheit fokussiert. Wer den Einfluss der Ereignisverzerrung vermeiden möchte, sollte dieses für den »kognitiven Geizhals« typische Vorgehen vermeiden. Dazu sollte er zunächst die Informationen zum Handlungsresultat ignorieren – im Fall des Chirurgen das negative oder das positive Ergebnis der Operation. Stattdessen sollte er nachvollziehen, welche Fakten im Vorfeld einer Entscheidung etwa in Bezug auf die objektive Wahrscheinlichkeit des Eintretens bestimmter Ereignisse als Konsequenz der verfügbaren Handlungsoptionen zu berücksichtigen sind – etwa die 50%–Sterbehäufigkeit im Rahmen der Durchführung von Operation A.

Unterlassungseffekt

Ein weiterer Effekt, der eine Verzerrung bewirkt, die zu einer einseitigen kognitiven Fokussierung führt, ist der »omission bias« bzw. Unterlassungsfehler. Es handelt sich hierbei um die Tendenz, die Entscheidung für eine Handlung als riskanter zu bewerten als eine Option, die das Unterlassen einer Handlung favorisiert.

Wie funktioniert der Unterlassungseffekt?

Auch wenn die Konsequenzen beider Verhaltensoptionen dieselben sind, wird erfahrungsmäß im Fall von Problemen Handeln meist stärker sanktioniert als Nicht–Handeln bzw. Unterlassen. Die unterschiedliche Bewertung von Handlung und Unterlassung findet im Strafrecht ihren Widerhall: Allgemein ist nur Handeln sanktionierbar. Unterlassungen sind lediglich strafbar, wenn dies beispielsweise im Strafrecht ausdrücklich definiert wurde – wie im Fall der »unterlassenen Hilfeleistung«.

Jonathan M. Baron, inzwischen emeritierter Professor an der University of Pennsylvania, berichtet in seinem Buch »Thinking and Deciding« von einer Studie, die den omission bias untersucht hat. (Baron, 2007)

Den Probanden wurden folgende alternative Szenarien vorgestellt:

- **Ausgangssituation:**
  Sportler A weiß, dass er am nächsten Tag mit dem ihm überlegenen Gegner B einen Wettkampf auszutragen hat.
  Ihm ist auch bekannt, dass B eine bestimmte Lebensmittelallergie hat.

- **Variante 1:**
  Beim gemeinsamen Abendessen sorgt Sportler A heimlich dafür, dass Gegner B das Allergen zu sich nimmt, um am nächsten Tag geschwächt zu sein. *(Aktives Handeln)*

- **Variante 2:**
  Gegner B will in Unkenntnis der Lage, Nahrung zu sich nehmen, die das Allergen beinhaltet.
  Sportler A bemerkt dies rechtzeitig, unternimmt aber nichts dagegen. *(Handeln durch Unterlassen)*

Das Verhalten nach Variante 1 und damit das unmoralische aktive Handeln wird von den meisten Probanden als verwerflicher bewertet als das Handeln nach Variante 2 also als das unmoralische Unterlassen eines Handelns.

Wenn Akteure im Rahmen von Entscheidungen Tatbestände bewerten, besteht also das Risiko, dass sie aufgrund des Unterlassungsfehlers die Kosten und Risiken von Nicht-Handeln falsch einschätzen.

Weniger-ist-mehr-Effekte

Im Subtest »Präferenz-Anomalien« des CART werden Items genutzt, welche die eventuellen Auswirkungen von sogenannten Weniger-ist-mehr-Effekten bewerten.

Hinter diesen Effekten können unterschiedliche Mechanismen stecken. Stanovich und sein Team lehnen sich bei ihren Testaufgaben unter anderem an eine Studie des Psychologen Kimihiko Yamagishi aus dem Jahr 1997 an. *(Yamagishi, 1997)*

Probanden sollten die Gefährlichkeit von Krebserkrankungen einschätzen. Dabei trat eine deutliche Anomalie zu Tage: Die Teilnehmer bewerteten Krebs als riskanter, wenn er als »tötet 1.286 von 10.000 Menschen« beschrieben wurde, als wenn er als »tötet 24,14 % von 100 Menschen« dargestellt war. Ähnliche Ergebnisse wurden für 10 weitere Todesursachen beobachtet.

Stanovich vermutet, dass es an der größeren »Anschaulichkeit« der Vorstellung von 1.286 getöteten Personen lag, welche den Tatbestand bedrohlich wirken und eine affektive Reaktion auslösen lassen. *(Stanovich & Toplak, 2016, S. 153)* Der abstrakte Prozentsatz, der eine beinahe doppelt so hohe Sterblichkeitsrate repräsentiert, wurde unterschätzt. Die Fokussierung auf »reale« tote Personen und das Unterbewerten von Prozentangaben führte zu einem eindeutig suboptimalen Urteil.

Oben – zum Start der Darstellung der Subtests zu den Präferenz-Anomalien – stellten wir drei Fragebögen aus einer Studie aus dem Jahr 1998 des Psychologen Christopher K. Hsee von der Graduate School of Business an der University of Chicago vor. Hsee hatte herausgefunden, dass ein »überfüllter« Eisbecher mit ca. 199 Gramm Eiscréme-Füllung gemessen an der Zahlungsbereitschaft der Probanden höher bewertet wurde als ein »unterfüllter« Eisbecher mit ca. 227 Gramm Speiseeis-Gehalt. Es handelt sich somit um einen klaren Weniger-ist-mehr-Effekt:

Im Fall der beiden separat eingesetzten Fragebogen 1 und 2 wurde das »übervolle« Eiscréme-Angebot 2 signifikant höher bewertet als das Eiscréme-Angebot 1, obwohl die Portion von Anbieter 2 weniger Eis enthielt. Bei der parallelen Bewertung in Fragebogen 3 wurde der Effekt umgekehrt: Das Eiscréme-Angebot 1 wurde signifikant höher bewertet.

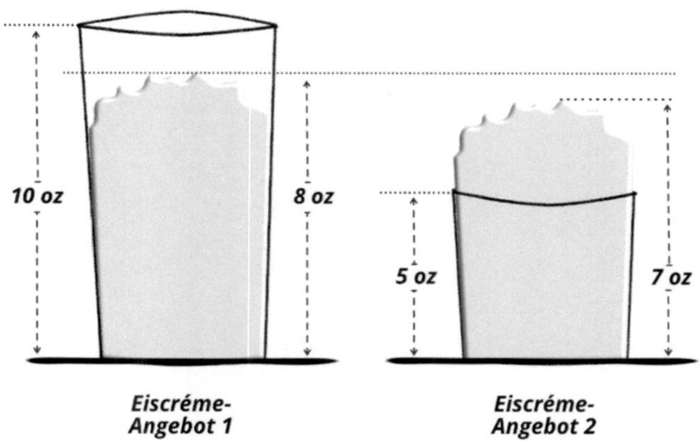

Offenbar hat die einseitige Fokussierung der Probanden auf den »Füllungsgrad« der Verpackung diese davon abgebracht, das Eisangebot kritisch zu prüfen. Resultat ist eine suboptimale Beurteilung des Eiscréme-Angebots.

Aufgabe E4: Die Frage nach der Politik der offenen Tür

Betrachten Sie folgende Frage nach der sogenannten »Politik der offenen Tür«.

Bitte geben Sie an, welche Antwort richtig ist und wie sicher Sie sind, die richtige Antwort angekreuzt zu haben:

Die »Politik der offenen Tür« bedeutet Folgendes:

A: __ Keine Nation kann exklusive Handelsrechte in China beanspruchen.
B: __ Reportern muss es erlaubt sein, die Auswirkungen der chinesischen Kulturrevolution zu beobachten.

___ Die Wahrscheinlichkeit liegt bei 100%, dass ich richtig geantwortet habe. (Ich bin sicher.)

___ Die Wahrscheinlichkeit liegt bei 90%, dass ich richtig geantwortet habe.

___ Die Wahrscheinlichkeit liegt bei 80%, dass ich richtig geantwortet habe.

___ Die Wahrscheinlichkeit liegt bei 70%, dass ich richtig geantwortet habe.

___ Die Wahrscheinlichkeit liegt bei 60%, dass ich richtig geantwortet habe.

___ Die Wahrscheinlichkeit liegt bei 50%, dass ich richtig geantwortet habe. (Ich habe geraten.)

(Adaptierte Aufgabenstellung aus Stanovich & Toplak, 2016, S. 352)

Wissens-Kalibrierung: Das Problem der Selbstüberschätzung

Ein Individuum ist nur dann zu 100 Prozent epistemisch rational, wenn es in Bezug auf sein Wissen eine Eins-zu-Eins-Kalibrierung erreicht.

Was bedeutet das?

Betrachten wir folgenden Fall: Einem Individuum werden Wissens-Aufgaben vorgelegt, die es beantwortet. Anschließend wird gefragt, wie sicher es ist, korrekte Antworten gegeben zu haben. Es gibt als subjektive Wahrscheinlichkeit 0,70 bzw. 70% an. Bei der Auswertung der Antworten stellt sich heraus, dass das Individuum die Aufgaben tatsächlich in 70% der Fälle richtig beantwortet hat. Das ist es, was Keith E. Stanovich im Zusammenhang des CART als gute Wissenskalibrierung versteht. *(Stanovich & Toplak, 2016, S. 162–168)*

Es bedeutet offenbar in gewissem Sinne, dass eine Person wissen muss, was sie weiß und was sie nicht weiß. Nicht gemeint ist mit guter Wissenskalibrierung, dass jemand alles weiß bzw. keine Wissenslücken hat. Es geht stattdessen darum, dass eine Person möglichst gut einschätzen kann, über welches Wissen sie sicher verfügt, und inwieweit sie sich bei Wissenslücken darauf verlegt, intuitiv auf der Basis von Impulsen des autonomen Minds einfach zu raten.

Wenn Personen eine solche Kalibrierung nicht erreichen und möglicherweise grob verfehlen, dann ist sie nicht erkenntnismäßig – epistemisch – rational: Seine bzw. ihre Überzeugungen stimmen in wichtigen Aspekten nicht mit der Realität und der Welt überein.

Bei Wissenskalibrierungs-Experimenten zeigt sich, dass Probanden mit Blick auf ihr vermeintliches Wissen unvollständig kalibriert sind – präzise ausgedrückt: dass sie von Selbstüberschätzung betroffen sind.

Wie kommt diese Fehleinschätzung in Bezug auf die eigene Wissens-Qualität zustande? Stanovich vermutet, dass der Effekt des übertriebenen Selbstvertrauens bei der Wissenskalibrierung teilweise auf unsere Tendenz zurückzuführen ist, uns auf die erste Antwort, die uns in den Sinn kommt, zu fokussieren. Diese fokussierte Antwort betrachten wir als »Wissens-Besitzstand«, an den wir uns klammern, um mentale Kosten zu senken. Wir sparen uns, weiter über alternative Antworten oder über Gegenargumente nachzudenken. Wir privilegieren die erste Antwort und nutzen diese als Filter, indem wir ausschließlich nach Beweisen suchen, die diese Antwort belegen. Alles weitere Denken wird auf der Basis dieser Antwort in seiner Wahrscheinlichkeit bewertet. Das führt dazu, dass ein von schlechter Wissenskalibration betroffener, sich selbst überschätzender Proband am Ende zu viel Vertrauen in seine spontanen Antworten investiert und sich vor Denkalternativen verschließt.

Offenbar ist die mangelhafte Wissenskalibrierung und die damit verbundene Fokussierung auf die erste Antwort, die jemandem in den Sinn kommt, ein weiteres Beispiel für »schlampiges« Denken, das sich aufgrund serieller assoziativer Kognition mit einem fokalen Bias ergibt.

Mangelhafte Wissenskalibrierung ist kein künstliches Laborphänomen psychologischer Forschung, sondern wurde in einer Vielzahl von Bereichen des täglichen Lebens gefunden, wie z.B. bei der Vorhersage von Sportergebnissen, bei der Vorhersage eigenen Verhaltens oder Lebenserfolge sowie bei wirtschaftlichen und medizinischen Prognosen.

Viele Leserinnen und Leser werden die Auswirkungen übertriebenen Selbstvertrauens anhand des sogenannten Planungs-Trugschlusses selbst beobachtet haben: Anhand der Tatsache, dass wir oft die Zeit unterschätzen, die wir benötigen, um Projekte in der Zukunft abzuschließen – beispielsweise die Unterlagen für die anstehende Job-Bewerbung fertigzustellen, eine Abschlussarbeit an der Hochschule fertigzuschreiben, die Unterlagen für den Jahressteuerausgleich zusammenzusuchen usw.

Die Frage zur »Politik der offenen Tür«

Bei der einleitenden Frage handelt es sich um ein Beispiel-Item aus dem CART. Die »Politik der offenen Tür« bezeichnet eine besondere Form der Außen- und Wirtschaftspolitik. Ursprünglich regelte sie die Handelsbeziehungen zwischen Großmächten mit Blick auf das Kaiserreich China, die sich militärisch sowie auf der Basis ungleicher Verträge ungehinderten Marktzugang im Reich der Mitte zu verschaffen suchten. – Was hatten Sie gedacht?

F Wissens- und Mindware-Lücken

F1 Mit Wahrscheinlichkeiten rechnen

F2 Finanzkompetenz und Wirtschaftswissen

F3 Bewertung des Nutzens von Wahlmöglichkeiten

F4 Bewertung von Risiken

F Wissens– und Mindware–Lücken

Bevor wir uns auf den nächsten Seiten mit einer weiteren Kategorie von Subtests beschäftigen, schauen wir kurz zurück, um zu sehen, wie weit wir bereits gekommen sind:

Zunächst haben wir die Hintergründe der beiden Subtest–Kategorien probabilistisches und statistisches Urteilen **(A)** sowie wissenschaftliches Urteilen **(B)** kennengelernt.

Die folgenden drei Subtest–Bereiche **(C, D, E)** beschäftigten sich mit der Messung der Prozesse, mit deren Hilfe rational reflektierende Individuen suboptimales, »schlampiges« Denken verhindern können.

Nun geht es um eine weitere Voraussetzung rationalen Denkens: das Vermeiden von Mindware–, bzw. Wissens–Lücken **(F)** und die Tendenz, Einflüsse kontaminierter Mindware zu verhindern **(G)**.

Wir starten mit dem **Thema F**: Vermeiden von Mindware–Lücken. *(Stanovich & Toplak, 2016, S. 177–189)*

Wir haben in der Theorie gesehen, wie wichtig passende und gut instanziierte Mindware ist, um die Bedingungen für rationales Denken und Urteilen zu schaffen. Verfügt eine Person nicht über solche Mindware bzw. über solches Wissen, ist sie in Situationen nicht in der Lage, aus dem autonomen Mind stammende ungünstige intuitive Responses zu stoppen und über Overwrite, Entkopplung und hypothetischem Denken zu einem normativen, rationalen Response zu gelangen.

Der Befund »fehlende Mindware« hat Auswirkungen in realen Situationen und ist keineswegs ein »außerweltliches«, bloßes Laborphänomen.

Keith E. Stanovich weist darauf hin, dass beispielsweise Studien über pathologisches Glücksspielverhalten bei Individuen einen deutlichen Mangel an Wissen über objektive Wahrscheinlichkeit sowie die Bewertung probabilistischer Ereignisse aufgedeckt haben. Andere Untersuchungen vollzogen nach, wie fehlende Mindware im Bereich persönlicher Finanzen bei Personen zu schwerwiegenden Problemen beim Finanzmanagement und der wirtschaftlichen Lebensplanung führten.

In der Folge betrachten wir die Mindware–Subtests des CART, die sich im Einzelnen auf Kenntnisse des Rechnens mit Wahrscheinlichkeiten, Wissen über Finanzfragen, Umgang mit Erwartbarkeitsgraden und Risikowissen beschäftigen.

Aufgabe F1: Rechnen mit Wahrscheinlichkeiten

Lösen Sie bitte folgende Aufgaben:

Aufgabe 1: Gürtelrose

- Für eine über 60–jährige Person beträgt die Wahrscheinlichkeit, irgendwann in ihrem Leben an Gürtelrose zu erkranken, 6% bzw. 0,06.
- Betrachten wir eine Gruppe von 30.000 Menschen über 60 Jahren – wie viele von ihnen werden voraussichtlich an Gürtelrose erkranken?

Antwort:______ Personen

Aufgabe 2: Grippeimpfung

- Stellen Sie sich vor, dass eine ungeimpfte Person ein 10%iges Risiko auf sich nimmt, an Grippe zu erkranken, und dass der Grippeimpfstoff zu 80% wirksam ist.
- Wie hoch ist die Wahrscheinlichkeit, dass eine Person, die geimpft wurde, trotzdem die Grippe bekommt?

Antwort:______ %

(Adaptierte Aufgabenstellung aus Stanovich & Toplak, 2016, S. 357–358)

Die Herausforderung, mit Wahrscheinlichkeiten zu rechnen

Keith E. Stanovich weist darauf hin, dass sich in der Vergangenheit eine stark wachsende psychologische Forschung zur Messung von Rechen–Kompetenz und der Beziehung des Rechnens zu anderen kognitiven Fähigkeiten sowie zu Auswirkungen von Rechenkompetenz in der Praxis entwickelt hat. Messungen des Zahlenverständnisses von Akteuren wurden systematisch mit Verbraucher–, Wirtschafts– und Gesundheitsentscheidungen in Verbindung gebracht.

Aus den Ergebnissen lässt sich verlässlich ableiten, dass selbst gebildete Probanden große Schwierigkeiten haben, mit Prozentsätzen, Wahrscheinlichkeiten und Proportionen zu rechnen.

Die meisten dieser Studien zum Thema Rechnen beschäftigen sich vor allem mit dem, was »probabilistisches Rechnen« oder »statistisches Rechnen« genannt werden könnte. Hieran knüpften Stanovich und seine Kollegen bei der Entwicklung von »Rechen–Aufgaben« für den CART an: Sie konzentrierten sich ebenfalls auf Prozentsätze, Wahrscheinlichkeiten und verwandte statistische Konstrukte.

Auf diese Weise ergibt sich, dass diese Aufgaben zu den Subtests zum probabilistischen und statistischen Urteilen, die wir oben im Detail betrachtet haben **(A und B)**, eine gute Ergänzung bilden.

Diese Subtests stellten mit ihren Aufgaben sowohl Anforderungen an das kognitive Prozessieren als auch an das Wissen von Probanden. Allerdings waren diese Subtests eher auf den Faktor des Prozessierens weniger auf den der notwendigen Mindware ausgerichtet.

Bei den Rechen–Aufgaben, mit denen wir es hier bei diesen Subtests zu tun bekommen, liegt die Anforderung weniger auf der Funktionalität des kognitiven Prozessierens, sondern eher bei spezifischem Wissen – etwa Kenntnisse darüber, wie mit Wahrscheinlichkeiten kalkuliert wird.

Hintergrund ist, dass Probanden beim Bearbeiten der Rechen–Aufgaben über ihren autonomen Mind vermittelt keine intuitiven Ergebnisse als Responses geliefert bekommen. Die Bearbeitung der Aufgaben erfordert die Anwendung handfestem mathematischen Wissens, die zu einem Rechenergebnis führt.

Schauen wir dazu auf die beiden Beispielaufgaben: Haben Sie die Ergebnisse errechnen können?

Gürtelrose – Personen, die über 60 Jahre alt sind, erkranken mit einer Wahrscheinlichkeit von 0,06 bzw. 6% an Gürtelrose. Durchschnittlich werden also von 30.000 Über–60–Jährigen **(6% / 100% * 30.000) = (0,06 * 30.000) = 1.800** Personen befallen.

Grippeimpfung – Ungeimpfte Personen erkranken mit einer 10%–Wahrscheinlichkeit an Grippe, während eine Grippeimpfung einen 80%–Schutz bietet (lediglich 20% Personen werden krank). Das Risiko einer geimpften Person an Grippe zu erkranken liegt also bei:

(10% / 100%) * ((100% – 80%) / 100%) = (0,1) * (20% / 100%) =
0,1 * 0,2 = 0,02 bzw. 2%.

F2: Allgemeinbildung im Bereich Finanzen und Wirtschaftswissen

Bitte lösen Sie folgende Aufgaben:

Aufgabe 1 – finanzielle Diversifizierung

Welche Aussage ist korrekt – was sind die Vorteile finanzieller Diversifizierung?

a. Diversifizierung garantiert die maximale Rendite. ____
b. Diversifizierung garantiert den Schutz vor Verlusten. ____
c. Diversifizierung reduziert das Risiko. ____
d. Diversifizierte Anlagen sind staatlich garantiert. ____
e. Diversifizierte Anlagen reduzieren die Steuerpflicht. ____
f. Alle der oben genannten Punkte ____

Aufgabe 2 – liquide Anlage

Welche der folgenden Anlagen ist die liquideste?

a. Ein Haus im Wert von 200.000 € mit einer abbezahlten Hypothek ____
b. Eine 300.000–Euro–Eigentumswohnung mit einer laufenden Hypothek ____
c. Ein Einlagenzertifikat im Wert von € 1.000 ____
d. 500 Anteile einer Aktie im Wert von € 10.000 ____
e. Ein Betrag von 500 € auf einem Girokonto ____
f. Ein Gebrauchtwagen im Wert von € 1.500 ____

(Adaptierte Aufgabenstellung aus Stanovich & Toplak, 2016, S. 358–359)

Finanzielle Kompetenz und Wirtschaftswissen

Wie wir im Rahmen der Diskussion der beiden Typen von kognitiven–Prozessen im Detail nachvollzogen haben, spielen sowohl Typ 1–Prozesse als auch Typ 2–Prozesse eine wichtige Rolle dabei, einem Stimulus mit einem optimalen Response zu begegnen.

Keith E. Stanovich blickt an dieser Stelle auf das Fazit, dass Daniel Kahneman in seinem Bestseller *»Schnelles Denken, langsames Denken«* in Bezug auf die typische Fehler– und Verzerrungsanfälligkeit dieser Denkprozesse gezogen hat: *(Stanovich & Toplak, 2016, S. 181–182)*

Die Anfälligkeit der Typ 2–Prozesse liegt in der Trägheit des Denkens bzw. in der stetigen Tendenz, Anstrengungen zu vermeiden, selbst wenn diese erforderlich sind, um eine intuitive, suboptimale Reaktion zu stoppen und zu einem rationalen Response zu kommen.

Die »Achillesferse« der Typ 1–Prozesse liegt darin, dass der autonome Mind statt passender Lösungen lediglich Heuristiken liefert, die nicht das anstehende Problem lösen, sondern stattdessen eine »Stellvertreter«–Reaktion anbieten: Der autonome Mind bietet – wenn ihm eine Frage gestellt wird, für die er nichts Passendes parat hat – eine Substitutions–Antwort im Sinne einer »Verlegenheitslösung«.

Kognitionspsychologen betonen in diesem Zusammenhang, dass Individuen in »gutartigen« Umgebungen trotz dieser Schwächen von Typ 1– und Typ 2–Prozessen durchaus an Situationen angepasst erfolgreich handeln können. Sie räumen aber ein, dass es durch diese Denkschwächen und durch das Verfehlen von rationalen Responses in feindlichen Umgebungen zu schwerwiegend suboptimalem Verhalten kommen kann.

In vorhergehenden Kapiteln haben wir einige Male Stanovichs Erläuterungen zu feindlichen und gutartigen Umgebungen betrachtet und gesehen, welche Konsequenzen suboptimale Responses auf der Basis der Prozessierung vom Typ 1 für Individuen haben können. Eine gutartige Umgebung zeichnet sich dadurch aus, verwertbare Hinweise zu enthalten, die Menschen auf der Basis von Übung und im Rahmen der Evolution erworbener Kompetenz ermöglichen, auf gut angepasste und erfolgreiche Weise zu reagieren.

Stanovich betont an dieser Stelle stets einen weiteren Punkt, der besondere Beachtung erfordert: Damit eine Umgebung als gutartig eingestuft werden kann, sollte sie darüber hinaus nicht von Personen geteilt werden, die ihr Verhalten gezielt anpassen, um Individuen auszunutzen und zu übervorteilen, die sich ausschließlich auf kognitive Prozessierung des Typs 1 verlassen.

Aus Stanovichs Sicht wurde die heuristics- & biases-Forschung von Beginn an dafür kritisiert, dass sie insbesondere auf die Fehler des menschlichen informationsverarbeitenden Apparates fokussieren. Dabei wird von Kritikern unterschlagen, dass die Forscher immer betont haben, die meisten Situationen in der realen Welt seien gutartig, während feindliche Umgebungen selten sind. *(Stanovich & Toplak, 2016, S. 182–183)*

Dennoch ist hier eine differenzierte Gewichtung der jeweiligen typischen Situationen wichtig. Denn, auch wenn Individuen selten mit feindlichen Umgebungen zu tun bekommen, zeichnen sich diese Fälle häufig durch besondere Relevanz aus. Es geht um Situationen, in denen Personen Urteile zu fällen haben, die weitläufige und langfristige Konsequenzen haben können.

Aus diesem Grund hält Professor Stanovich die Perspektive nicht für beruhigend, dass viel mehr Lebenssituationen einen gutartigen und keinen feindlichen Charakter tragen. Entsprechend kritisiert er die Strategie von Rationalitäts-Skeptikern, die Wichtigkeit von Typ 2-Prozessen mit dem Argument zu bezweifeln, dass die Heuristik auf der Basis von Typ 1-Prozessen in 98 Prozent der Fälle eine Antwort liefert, die »nahe genug« an einer passenden Lösung liegt. Denn laut Stanovich können es genau diese 2 Prozent entscheidender Fälle sein, bei denen uns die Prozessierung vom Typ 1 ernsthaft in die Irre führt. – In Situationen, in denen wir uns beispielsweise für eine Ausbildung oder ein Studium entscheiden, wir uns entschließen, zu heiraten oder Single zu bleiben, ein Haus zu kaufen oder zu mieten.

Die Moderne konfrontiert uns mit einer Vielzahl von Situationen, in denen wichtige persönliche Entscheidungen fundiertes Sachwissen erfordern, um nicht in die Irre geführt zu werden. Bürger unserer Technologie-Gesellschaften müssen sich erfolgreich umfassenden Komplexitäten im Themenfeld Finanzen stellen: Details hinter Kreditkarten-Verträgen, Autofinanzierungen, Rentenplänen, Hypotheken im Rahmen des Kaufs einer Wohnimmobilie, Selbstbeteiligungen bei Krankenzusatzversicherungen, bei Autoversicherungen, Lebensversicherungen, Geldanlagen sowie einer Unzahl weiterer Finanzprodukte und -dienstleistungen.

Während wir in der »natürlichen Welt« laufend in wiederkehrenden Situationen unsere Urteilskraft und unsere Reaktionen auf Stimuli einüben und optimieren können, sind unsere Entscheidungen im Finanzbereich durchweg wesentlich anders angelegt. Sie zeichnen sich dadurch aus, dass sie nur wenige Male im Leben vorkommen – wie das Aufnehmen eines Hypothekenkredits, der Abschluss eines Rentenvertrags, das Eintreten in eine private Krankenversicherung usw.

Offenbar haben unsere kognitiven Prozessierungs–Subsysteme vom Typ 1 keine Möglichkeit, für solche Entscheidungen ausgiebig genug zu üben, um verlässliche, rationale Reaktionsweisen zu trainieren. Stattdessen besteht der Weg zur effektiven Entscheidungsfindung im Finanzbereich darin, sich spezifisches Wissen anzueignen, das für Finanzentscheidungen relevant ist, die tiefgreifende Konsequenzen haben.

Um dieses besondere Wissen geht es bei den Aufgabenstellungen zur Finanzkompetenz und zum ökonomischen Verständnis des CART.

Schauen wir dazu auf die beiden Beispielaufgaben: Welche Antworten hat Ihnen Ihr Finanzsachverstand vorgegeben?

Aufgabe 1 – was sind die Vorteile finanzieller Diversifizierung? – Eine kompetent diversifizierte Anlagestrategie kann Risiken einschränken (Antwort c). Gewinn–Garantien existieren genauso wenig, wie ein wirksamer Schutz vor Verlust. Auf Nachfrage wird Ihnen das Ihr Anlageberater bestätigen – und im Kleingedruckten seiner Geschäftsbedingungen finden Sie entsprechende, anstrengend zu lesende und schwer zu verstehende Erklärungen.

Aufgabe 2 – welche der folgenden Anlagen ist die liquideste? Flüssig sind allein die 500 € auf Ihrem Girokonto (Antwort e), auch wenn es sich dabei um die Anlage mit dem geringsten Wert der Aufgabe handelt.

F

★

F2 Finanzkompetenz und Wirtschaftswisssen

F3: Einschätzung des zu erwartenden Nutzens

Bitte beantworten Sie folgende zwei Fragen:

Frage 1:

Welches Glücksspiel würden Sie bevorzugen?

a. Beim Glücksspiel A besteht eine 30–prozentige Chance, 2.000 €, und eine 70–prozentige Chance, 50 € zu gewinnen. ____

b. Beim Glücksspiel B besteht eine 30–prozentige Chance auf einen Gewinn von 400 € und eine 70–prozentige Chance auf einen Gewinn von 1.100 €. ____

Frage 2:

Welches Glücksspiel würden Sie bevorzugen?

a. Beim Spiel A besteht eine 5–prozentige Chance, 120 €, und eine 95–prozentige Chance, 6 € zu gewinnen. ____

b. Beim Spiel B besteht eine 5–prozentige Chance, 30 € und eine 95–prozentige Chance, 8 € zu gewinnen. ____

(Adaptierte Aufgabenstellung aus Stanovich & Toplak, 2016, S. 359–360)

Kompetenz bei der Bewertung des Nutzens von Wahlmöglichkeiten

Bei den Subtests in diesem Abschnitt geht es darum zu überprüfen, inwieweit Personen in der Lage sind, den Nutzen von Handlungsoptionen korrekt zu berechnen. Bei den verschiedenen Items werden die Probanden mit monetären Wahlmöglichkeiten insbesondere von Glücksspielen konfrontiert. Ihre Aufgabe ist es, jeweils die Option mit der größten Gewinnchance zu bestimmen.

Solche Aufgabenstellungen, bei denen sich Testteilnehmer zwischen Glücksspielen entscheiden müssen, werden in der psychologischen Forschung schon seit einiger Zeit verwendet. Dabei geht es meist darum, Tendenzen im Bereich von Präferenzanomalien bei Individuen zu untersuchen.

In diesen Untertests des CART geht es Stanovich und seinen Kollegen darum zu bewerten, inwieweit die Probanden in der Lage sind, die Option mit dem jeweils höheren Erwartungswert zu ermitteln, um die normative bzw. rationale Wahl zu treffen.

Spielen wir das anhand der beiden einleitenden Fragen durch:

Zunächst zur Frage 1: *Welches Glücksspiel ist die jeweils wertvollere Option?*

- Beim Glücksspiel A besteht eine 30–prozentige Chance, 2.000 €, und eine 70–prozentige Chance, 50 € zu gewinnen.
- Beim Glücksspiel B besteht eine 30–prozentige Chance auf einen Gewinn von 400 € und eine 70–prozentige Chance auf einen Gewinn von 1.100 €.

Der Lösungsweg besteht darin, den Erwartungswert zunächst von Spiel A zu berechnen:

Spiel A:

((30% / 100%) * 2000 €) + ((70% / 100%) * 50 €)

=

(0,3 * 2000 €) + (0,7 * 50 €) = (600 € + 35 €) = **635 €**

Spiel B:

((30% / 100%) * 400 €) + ((70% / 100%) * 1100 €))

=

(0,3 * 400 €) + (0,7 * 1100 €) = (120 € +770 €) = **890 €**

Die rationale Wahl ist also das Spiel B mit einem Erwartungswert von 890 €.

Nun zur Frage 2: Welches Glücksspiel ist die jeweils wertvollere Option?

- Beim Spiel A besteht eine 5–prozentige Chance, 120 € und eine 95–prozentige Chance, 6 € zu gewinnen.
- Beim Spiel B besteht eine 5–prozentige Chance, 30 € und eine 95–prozentige Chance, 8 € zu gewinnen.

Auch hier besteht der Lösungsweg darin, den Erwartungswert zunächst von Spiel A zu berechnen:

Spiel A:

((5% / 100%) * 120 €) + ((95% / 100%) * 6 €))

=

(0,05 * 120 €) + (0,95 * 6 €) = (6 € + 5,70 €) = **11,70 €**

Spiel B:

((5% / 100%) * 30 €) + ((95% / 100%) * 8 €)

=

(0,05 * 30 €) + (0,95 * 8 €) = (1,50 € +7,60 €) = **9,10 €**

Die rationale Wahl ist diesmal mit einem Erwartungswert von 11,70 € das Spiel A.

F4: Einschätzung von Risiken

Beantworten Sie folgende Fragen:

Frage 1:

Mit Blick auf die Bevölkerung der Vereinigten Staaten – welche Todesursache ist wahrscheinlicher?

___ a. einem Mord zum Opfer fallen
___ b. an Diabetes–Folgen zu versterben

Frage 2:

Mit Blick auf die Bevölkerung der Vereinigten Staaten – welche Todesursache ist wahrscheinlicher?

___ a. bei einem Tornado zu Tode kommen
___ b. an den Folgen des Sturzes von einer Leiter zu sterben

Frage 3:

Mit Blick auf die Bevölkerung der Vereinigten Staaten – welche Todesursache ist wahrscheinlicher?

___ a. im Verkehr als Fahrradfahrer getötet zu werden
___ b. bei einem Verkehrsflugzeugabsturz zu Tode kommen

Frage 4:

Mit Blick auf die Bevölkerung der Vereinigten Staaten – welche Todesursache ist wahrscheinlicher?

___ a. an den Folgen eines Hai–Angriffs zu sterben
___ b. an den Folgen von Hornissen–, Wespen– oder Bienenstichen zu sterben

(Adaptierte Aufgabenstellung aus Stanovich & Toplak, 2016, S. 361)

Wissen über die Wahrscheinlichkeit von Risiken

Ein langjähriger Befund der kognitiven Psychologie ist, dass menschliche Gehirne im Rahmen der Evolution mit nützlichen Mechanismen zur Risikobewertung ausgestattet wurden. Allerdings ist in unserer modernen, durch Technologien und Massenkommunikation geprägten Gesellschaften die Kalibrierung unseres Risikobewusstseins manchmal suboptimal.

Keith E. Stanovich weist darauf hin, dass Menschen die Risiken in ihrer Umgebung falsch einschätzen können, indem sie sich mehr Sorgen über das Eintreten bestimmter Arten von Ereignissen machen, als es die tatsächliche Wahrscheinlichkeit rechtfertigt. Auf der anderen Seite unterschätzen Personen manches Mal Risiken, deren Folgen wesentlich wahrscheinlicher sind. *(Stanovich & Toplak, 2016, S. 188–189)*

Studien haben erbracht, dass bei dieser schlechten Kalibrierung der Risiko–Beurteilung Bestätigungsverzerrungen bzw. believe biases, probabilistische Denkfehler sowie kontaminierte Mindware eine Rolle spielen; sie bewirken Fehleinschätzungen im Lebensumfeld von Individuen aber auch im öffentlichen, politischen Raum.

Darüber hinaus haben Forschungen ergeben, dass der sogenannte »Lebendigkeitseffekt« beim Auftreten von Risiko–Fehleinschätzungen häufig eine ausschlaggebende Rolle spielt. Risiken, deren Darstellungen etwa in den Medien besonders »hautnah« und lebendig wirken, beeinflussen das menschliche Gedächtnis und in die Entscheidungsfindung besonders stark.

Diese starke Wirkung lässt sich dadurch erklären, dass Personen – konfrontiert mit Problemlösungs– oder Entscheidungssituationen – aus dem Gedächtnis insbesondere solche Informationen abrufen, die für die jeweilige Situation relevant zu sein scheinen. Das Problem besteht darin, dass Eindrücke, die leicht auffindbar sind, häufig mit Informationen zu tun haben, die für die objektive Bewertung von Wahrscheinlichkeiten nicht hilfreich sind. In diesem Zusammenhang haben Tversky und Kahneman im Jahr 1974 den mittlerweile klassischen Begriff der »Verfügbarkeit« geprägt: Was sich beim Nachdenken unmittelbar zeigt, also »verfügbar« ist, wird für besonders wichtig gehalten.*(Tversky & Kahneman, 1974)* Darüber hinaus sind Individuen heute stark durch die »Bildhaftigkeit« und häufige Präsenz von Gefahren in den Medien beeinflusst. Dabei wird die tatsächliche Bedeutung der damit verbundenen Risiken sowie die tatsächliche Häufigkeit von Risikofällen nicht realistisch vermittelt. Irreführende persönliche Urteile aufgrund der Anschaulichkeit der medialen Bilder sind weit verbreitet.

Im Rahmen von Studien wurden Eltern in den Vereinigten Staaten gefragt, welche Risiken für ihre Kinder sie am meisten beunruhigten. Es stellte sich heraus, dass die Eltern am meisten wegen der möglichen Entführung ihrer Kinder besorgt waren – einem Ereignis mit einer Wahrscheinlichkeit von 1 zu 600.000. Im Gegensatz dazu ist die Wahrscheinlichkeit, dass ein Kind bei einem Autounfall getötet wird, um ein Dutzend Mal höher, worüber sich die Eltern viel weniger Sorgen machen. Entsprechend ist es viel wahrscheinlicher, dass Kinder in einem Schwimmbad ertrinken, als dass sie von einem Unbekannten entführt und getötet werden könnten.

Offenbar ist die Furcht vor einer Entführung oder vor einem Haiangriff am Badestrand eine insbesondere durch die Berichterstattung von Medien forcierte Sorge von Eltern. Tendenziell zu wenig Gedanken machen sie sich demgegenüber mit Blick auf Risiken, denen sie selbst aktiv begegnen könnten: Autounfälle, Unfälle im Haushalt, Fettleibigkeit in der Kindheit sowie suizidale Neigungen sowie Schädigungen durch Drogenkonsum im Teenager–Alter.

Mit Blick auf die einleitenden Aufgaben und Fragen ergibt sich, dass Bürger der USA vor allem Angst haben sollten vor Diabetes, wackeligen Leitern, leichtsinnigem Verhalten als Fahrradfahrer sowie vor Hornissen, Bienen und Wespen. Weitestgehend Entwarnung kann gegeben werden bezüglich Serienkillern, Tornados, Flugzeugabstürzen und Haien.

G Kontaminierte Mindware

G1 Abergläubisches Denken

G2 Anti-wissenschaftliches Denken

G3 Verschwörungs-Überzeugungen

G4 Dysfunktionale persönliche Überzeugungen

G Kontaminiertes Wissen

Bei der Diskussion der **Subtests F** haben wir bereits Items kennengelernt, die das Wissen bzw. die Mindware von Individuen bewerten. Wir haben gesehen, wie das Fehlen von Wissen rationale Entscheidungsprozesse verhindern und fehlerhaftes Denken verursachen kann. Nicht nur Mindware–Lücken verursachen suboptimale Kognitionen. Wie wir bei der Diskussion der Theorie der Rationalität oben gesehen haben, gibt es eine weitere Kategorie von Mindware–Problemen. Diese haben damit zu tun, dass nicht jede Mindware und nicht jedes Wissen hilfreich ist, wenn wir uns darum bemühen, korrekte Überzeugungen über die Welt zu entwickeln und davon ausgehend das angemessene Vorgehen zum Verwirklichen unserer Ziele herzuleiten. Denn es ist möglich, dass das von uns erworbene Wissen epistemisch und instrumentell rationales Verhalten verhindert. Keith E. Stanovich und sein Team benutzen in diesem Zusammenhang den Begriff des »Problems der kontaminierten Mindware«. *(Stanovich & Toplak, 2016, S. 191–205)*

Stanovich weist bei der Präsentation der Subtests zum Aufspüren von »verinnerlichten« Fehlinformationen darauf hin, dass es eine Vielfalt an Kategorien von kontaminierter Mindware gibt. Grundsätzlich treten in jedem Wissensbereich solche Kontaminationen auf. Im aktuellen Subtest–Bereich des CART ist es allerdings die Strategie, auf solche Wissens–Domänen zu fokussieren, die einen gewissen Grad an Allgemeinheit aufzuweisen haben. Das CART–Instrument bewertet deshalb vor allem pseudo–wissenschaftliche Vorstellungen, die mit abergläubischem Denken, wissenschaftsfeindlichen Einstellungen sowie dem Glauben an Verschwörungstheorien zusammenhängen.

Stanovich begründet den Fokus dieser drei Subtests auf pseudowissenschaftliche Vorstellungen damit, dass »Scheinwissenschaften« in unseren Gesellschaften allgegenwärtig und eine Hauptquelle für kostspieliges irrationales Verhalten sind.

Ergänzt werden die drei Subtests des CART zur Bewertung pseudowissenschaftlicher Mindware um einen ergänzenden vierten Untertest, der auf ein weiteres Problemfeld abzielt: der Subtest zur Messung dysfunktionaler persönlicher Überzeugungen. Hierbei wird überprüft, inwieweit Probanden typischen selbstzerstörerischen persönlichen Vorstellungen in Bezug auf die eigene Person anhängen, die eine rationale Zielerreichung behindern können.

Bei der detaillierten Erläuterung der Hintergründe kontaminierter Mindware greift Stanovich vor allem auf Beispiele zurück, die für die US–amerikanische Gesellschaft typisch sind. Allerdings lässt sich sagen, dass pseudowissenschaftliche Überzeugungen unabhängig von nationalen Besonderheiten weit verbreitet sind und sich dabei als oft kostspieliger erweisen, als es uns bewusst ist. Das hängt aus Professor Stanovichs Sicht damit zusammen, dass Menschen vergessen, über die »Opportunitätskosten« verbreiteter Pseudowissenschaften nachzudenken. *(Stanovich & Toplak, 2016, S. 192)*

Was ist in diesem Zusammenhang mit Opportunitätskosten gemeint?

Das ökonomische Konzept der Opportunitätskosten akzentuiert die Kosten, die wir verursachen, indem wir einseitig in eine Sache investieren und dadurch keine Mittel mehr zur Verfügung haben, unsere Ressourcen bei einer möglicherweise wertvolleren Alternative anzulegen. Auf das Thema Wissen und kontaminiertes Wissen übertragen bedeuten Opportunitätskosten: Wenn Menschen Zeit und Geld für Pseudowissenschaften aufwenden, gewinnen sie nichts und verschwenden außerdem Zeit, die sie für produktivere Unternehmungen hätten verwenden können.

Durch den Rückgriff auf den Begriff der Opportunitätskosten gelingt es Stanovich, deutlich herauszustellen, dass pseudowissenschaftliches Denken, selbst wenn es sich auf das Recht auf freie Meinungsäußerung beruft, keineswegs harmlos und unschädlich ist. Denn es raubt uns die Energie, an realistischen, rationalen Lösungen zu arbeiten.

Aus seiner Sicht ist noch wichtiger zu bedenken, dass Bürger in einer komplexen, technologischen Gesellschaft von pseudowissenschaftlichen Überzeugungen betroffen sein können, selbst wenn sie diese Überzeugungen nicht teilen oder sogar ablehnen. Als Beispiel weist er auf Millionen von Amerikanern hin, die in Gegenden leben, in denen Leitungswasser von Wasserwerken nicht fluoridiert werden darf, was unter anderem zu unnötigen Kariesschäden in der Bevölkerung führt. Eine Situation, die sich – wie Studien gezeigt haben – dadurch ergeben hat, weil Mitbürger pseudowissenschaftlichen Verschwörungstheorien über die schädlichen Auswirkungen der Fluoridierung anhängen und politische Entscheidungen zur Unterbindung der Fluorid–Nutzung bewirkt haben.

Weitere Beispiele:

In den USA gibt es Polizeibehörden, die Hellseher engagiert haben, um sich bei Ermittlungen »helfen« zu lassen, obwohl die Forschung gezeigt hat, dass dieses Vorgehen keinerlei Aussicht auf Erfolg hat. Es gibt keinen einzigen dokumentierten Fall, in dem »übersinnliche« Informationen beispielsweise zur erfolgreichen Suche nach einer vermissten Person geführt hätten. – Übrigens kommt es auch in Deutschland vor, dass bei polizeilichen Ermittlungen, etwa in Mordfällen, Hinweise von »psychic detectives« berücksichtigt und Ermittlungsressourcen verschwendet werden. *(Beispiel Mordfall Carolin G: Roth, 2020)*

Aus der Sicht Keith E. Stanovichs ein besonders deutliches Beispiel dafür, wie eine ganze Bevölkerungsgruppe geschädigt wird, wenn pseudowissenschaftliche Überzeugungen verbreitet werden, repräsentiert die »Theorie«, dass Autismus mit der frühen Impfung von Kindern zusammenhängt. Diese bis heute verbreitete Pseudo–Theorie wurde erstmals in den frühen 1990er Jahren in Umlauf gebracht. Diese falsche Theorie ist neben anderem Scheinwissen Ursache dafür, dass sich in westlichen Gesellschaften Anti–Impf–Bewegungen etablieren konnten. In den USA sind infolgedessen bereits vor dem Ausbruch der Corona–Pandemie Impfraten gesunken. Deutlich mehr Kinder mussten beispielsweise in der Vergangenheit wegen einer Erkrankung mit den hochinfektiösen Masern hospitalisiert werden – das Risiko, an dieser Krankheit zu sterben, nahm signifikant zu. Dass im Rahmen der COVID–19–Bekämpfung die amerikanische Anti–Vakzin–Bewegung besonders stark werden konnte, hat offenbar eine Vorgeschichte.

In unseren vernetzten und kommunikativen Gesellschaften werden wir offenbar Opfer pseudowissenschaftlicher Überzeugungen von Personen, selbst wenn diese nicht in unserer Nachbarschaft leben. Gesundheitsexperten sind zunehmend besorgt angesichts der Verbreitung medizinischer Quacksalberei im Internet und in den Sozialen Medien, die reale Gesundheitskosten durch gefährliche Fehlbehandlungen nach sich ziehen. Denn viele Kranke zögern eine medizinisch begründete Behandlung hinaus, weil sie Zeit damit verschwenden, Scheinheilmitteln nachzujagen. Stanovich erwähnt als anschauliche Dokumentation die Steve Jobs–Biografie, die der Autor Walter Isaacson im Jahr 2011 veröffentlicht hat: *(Isaacson, 2012)* Der prominente Computerunternehmer Jobs ignorierte die Empfehlungen seiner Ärzte, nachdem er von seinem Bauchspeicheldrüsenkrebs erfahren hatte. Er zögerte eine Operation neun Monate lang hinaus, während er sich einer Obstdiät–Therapie ohne Wirksamkeitsnachweis unterzog, einen Hellseher konsultierte und eine Pseudo–Hydrotherapie absolvierte.

Wie der Fall von Steven Jobs andeutet, wirkt hohe Intelligenz nicht immunisierend in Bezug auf die kontaminierte Mindware verschiedener Pseudowissenschaften. Im Gegenteil – komplexe Mindware aus Scheinwissenschaften scheint insbesondere auf Personen mittlerer bis hoher Intelligenz geradezu Anziehungskraft auszuüben. Stanovich verweist auf das Internet und die hier verbreiteten Beispiele für Verschwörungstheorien, »kreative« Steuerspar–Konzepte, »get–rich–quick«–Systeme, Strategien zum »Austricksen« des Aktienmarktes und Kniffe zum »Knacken« von Lotterie–Spielen. Typischerweise sind diese »trickreichen« Empfehlungen durch hochkomplizierte, »genialische« Erläuterungen charakterisiert. Zum Beispiel beinhalten viele »get–rich–quick«–Systeme zuweilen Immobilientransaktionen, die auf undurchschaubar komplexe Weise mit dem Steuersystem interagieren sollen. Viele Bücher, die Gewinnformeln zum Lottogewinn anbieten, basieren auf falschen mathematischen Erklärungen und manipulierten Wahrscheinlichkeits–Rechnungen. Angebliche »Ratschläge« für Aktienkäufe mit dem vermeintlichen Potential, den Markt zu schlagen, arbeiten mit phantasmagorischen mathematischen Formeln und grafischen Darstellungen der sogenannten »technischen Analyse«.

Die US–amerikanische National Association of Securities Dealers (NASD) – eine Berufs–Organisation im Bereich des Investment–Bankings – gab eine im Jahr 2006 veröffentlichte Studie zum Hintergrund von Investmentbetrügereien in Auftrag. *(NASD Investor Education Foundation, 2006)* Die Studie untersuchte die Überzeugungen und demographischen Merkmale von 165 Personen, die jeweils per »Investitions–Masche« um mehr als 1.000 Dollar betrogen worden waren, und verglich sie mit denen einer Kontroll–Gruppe von Personen, die nicht Opfer von Finanzbetrug geworden waren.

Die Studie fand heraus, dass die Opfer von Anlagebetrug signifikant höher gebildet waren als die Vergleichsgruppe – 68,6 Prozent der Opfer von Anlagebetrug hatten mindestens einen Bachelor–Abschluss, verglichen mit nur 37,2 Prozent in der Kontrollgruppe. Der Anteil der Gruppe der Investmentopfer mit einem Einkommen über 30.000 Dollar betrug 74,1 Prozent, verglichen mit 56,4 Prozent in der anderen Gruppe. Aus diesen Statistiken lässt sich ableiten, dass der Großteil der Opfer von Anlagebetrug von mittlerer oder sogar hoher Intelligenz ist. Die von Anlagebetrügern genutzten abgehobenen »Narrative« – Investment–Stories – repräsentieren offenbar eine Art von kontaminierter Mindware, die vor allem auf Personen mit höherer Intelligenz Anziehungskraft ausübt. Schlaue Menschen wollen offenbar betrogen sein, wenn auch auf intellektuell »anspruchsvolle« Weise.

Keith E. Stanovich sieht hinter Phänomenen wie diese Zugänglichkeit für Investment–Betrügereien eine in Gesellschaften weitverbreitete Neigung zu irrationalem Verhalten, das auf Mindware basiert, die von Menschen mit mittlerer bis hoher Intelligenz ausgeheckt wird, und die vor allem mit entsprechender kognitiver Kompetenz ausgestattete Personen infiziert. Er zeigt außerdem auf, dass das Erfinden und »Verwirklichen« besonders destruktiver und inhumaner Mindware Menschen mit beträchtlicher Intelligenz voraussetzt. Zur Illustrierung verweist er auf die Gruppe von Nazi–Kriegsverbrechern, die im Rahmen der Nürnberger Prozesse verurteilt wurden und IQ–Tests abgelegt hatten: Sie erreichten dabei durchschnittlich über 125 Punkte. Acht der vierzehn Männer, die für die Planung der »Endlösung der Judenfrage« bzw. des Holocaust zuständig waren, verfügten über einen Doktortitel. *(Stanovich, 2009)*

Als wir oben mit den Subtests F und dem Problem von Mindware–Lücken beschäftigt waren, konnte der Eindruck entstehen, dass das Fehlen von passendem Wissen bereits das Hauptdefizit im Bereich von Mindware–Problemen darstellt. Kontaminierte Mindware kann schwerwiegendere Folgen haben: Offenbar kann sich Verbreitung und Aufnahme von kontaminiertem Wissen als besonders schädlich erweisen, weil diese Mindware insgeheim unseren Interessen widerspricht und zu folgenreichen irrationalen Orientierungen und irrationalem Verhalten führt.

Wie kommt es, dass Wissen für Individuen und ganze Bevölkerungsgruppen schädlich sein kann?

Der Begriff des Wissens hat in der Regel eine überwiegend positive Konnotation – das Erlangen und das Vermitteln von Wissen sind moralisch hoch bewertete Tätigkeiten. Dass wir geneigt sind, pauschal Positives in den Wissensbegriff zu projizieren, hat zunächst damit zu tun, dass wir uns die Hintergründe des Begriffs selten klar vor Augen führen. Holen wir das an dieser Stelle nach, bevor wir weiter der Kognitionspsychologie und Keith E. Stanovich folgen, der Fakten aus der empirischen Forschung zur Wissens– und Mindware–Problematik zusammengefasst hat.

Arten von Wissen und Mindware

Zur Klärung des Wissens–Begriffs trägt bei, zunächst einmal darauf zu schauen, aus welchen Ursprüngen Wissen bzw. Mindware geschöpft wird: *(Vergleiche Droste, 2020, S. 197–208)*

Wissen kann aus erster oder zweiter Hand, also *direkt* oder *indirekt* sein.

Direktes Wissen wird aufgrund eigener Erfahrung und aufgrund eigener Untersuchungen erworben.

Indirektes Wissen gelangt in unser Bewusstsein in Form von Mindware, die ursprünglich von anderen erarbeitet und aufbereitet wurde, etwa durch Studien, Überlegungen usw.

Indirektes Wissen ist häufig wertvoller als direktes Wissen. So kann das epistemische bzw. theoretische Wissen anderer Autoren, das wir uns durch das Lesen von deren Büchern und Studien vergegenwärtigen, umfassender sein als das von uns selbst erarbeitete Wissen.

Wir können *stillschweigendes* oder *unbewusstes* Wissen von *explizitem* oder *bewusstem* Wissen trennen. Wenn beispielsweise ein Individuum X ein Y weiß, dann hat X explizites Wissen von Y genau dann, wenn X tatsächlich weiß, dass es Y weiß, und es Y sprachlich ausdrücken kann. Andernfalls verfügt X lediglich über ein unbewusstes Wissen von Y.

Weiterhin können wir *privates* und *öffentliches* Wissen unterscheiden.

Jemand besitzt privates Wissen über Y genau dann, wenn niemand sonst X weiß. Andernfalls, wenn vormals privates Wissen von mehreren Mitgliedern einer Gruppe oder einer Organisation geteilt wird, ist es *öffentliches* oder *intersubjektives* Wissen.

An dieser Stelle ist wichtig zu bemerken, dass intersubjektives Wissen nicht automatisch *objektives* Wissen ist. Denn *Objektivität* ist folgendermaßen zu definieren:

Ein Stück explizites öffentliches Wissen bzw. bewusstes intersubjektives Y ist *objektiv* genau dann, wenn zwei Bedingungen gleichzeitig erfüllt sind:

- Y ist intersubjektives Wissen in einem sozialen System wie etwa einer Gruppe oder einer Organisation und
- Y ist begrifflich oder empirisch prüfbar

Beispielsweise mögen religiöse oder ideologische Glaubenssätze in einer Glaubensgemeinschaft intersubjektiv sein. Sie sind aber wegen ihrer fehlenden Prüfbarkeit im erkenntnistheoretischen bzw. epistemischen Sinn nicht objektiv.

An diesem Punkt tut noch eine weitere Präzisierung not:

Objektivität ist nicht gleich *Wahrheit*: Wissen bzw. Mindware kann *objektiv* – intersubjektiv und prüfbar – aber dennoch *falsch* sein. Und umgekehrt kann etwas *subjektiv* und dennoch *wahr* sein (zum Beispiel die Erkenntnis: »Wenn ich Kopfschmerzen habe, helfen zwei Aspirin.«).

Eine weitere wichtige Klassifikation von Wissen betrifft den Grad der *Zustimmung*, den wir diesem zumessen. – Wir nennen diesen Grad der *Zustimmung gemeinhin Glaube – Wissen kann in unterschiedlichem Maß geglaubt werden.*

Wir können den Grad des Glaubens mit Hilfe von Maßzahlen zwischen –1 und +1 darstellen.

- »–1« zeigt an, dass wir etwas maximal nicht glauben oder etwas zurückweisen.
- »0« drückt aus, dass wir einem Wissen indifferent gegenüberstehen, weder glauben noch nicht glauben.
- »+1« drückt aus, dass wir etwas maximal glauben und akzeptieren.

Erkenntnistheoretisch gesehen, müssen wir zunächst etwas wissen, um es danach in einem bestimmten Maß zu glauben. Das Sprechen über Glauben losgelöst von Wissen ist sinnlos – ich muss wissen, was ich glauben soll. Das hält Religionsanhänger nicht davon ab, zu behaupten, etwas zu glauben, von dem sie nichts wissen können; auf diese Weise verzerren manche Anhänger von Religionen und Ideologien die Bedeutung von klar definierten Begriffen und behaupten das Vorliegen einer besonderen Ausprägung von Glauben, der ohne Wahrheit von Wissen auskommt, indem er die Bedeutung von Tatsachenwissen negiert.

Was ist nun *wahres* Wissen?

Wahrheit besteht im *Grad der Übereinstimmung zwischen einem Wissen und dem betreffenden Sachverhalt*. Wir haben in der Regel keine Möglichkeit, diese Übereinstimmung mit Sachverhalten direkt zu erkennen. Wir müssen deshalb die Wahrheitsbewertungen mit Hilfe empirischer Operatoren prüfen und ermitteln – mit Hilfe von Recherchen, Messungen, Studien usw.

Kommen wir zu ein paar abschließenden Gedanken zum Wissens–Begriff – wir haben den Begriff so weit geklärt, dass uns einige Hintergründe deutlich wurden, die im alltäglichen Sprechen meist unklar sind und die uns helfen, das Phänomen kontaminierter Mindware besser zu verstehen:

- So zeigt sich, dass *Wissen weder Wahrheit noch Objektivität voraussetzt*, um als Wissen gelten zu können. Es gibt Dinge, die von Personen gewusst werden, die *falsch und nicht objektiv* sind.
- Wissen kann *subjektiv oder objektiv* sein. Es kann wahr oder falsch sein. Faktisches Wissen ist manchmal nicht vollständig wahr und nicht vollständig falsch, stattdessen *teilweise wahr und teilweise* falsch.
- Wir können *Wissen mehr oder weniger glauben*.

- *Wahres Wissen* wird keineswegs aus sich heraus in einem höheren oder niedrigeren Grad geglaubt oder nicht geglaubt als falsches Wissen. Auch falsches Wissen kann von Individuen in maximalem Grad geglaubt werden. Wahres Wissen kommt ohne Glauben und Initiative von Individuen nicht zur Geltung – es verfügt nicht über eine intrinsische Wirkungskraft. Die Wahrheit von Wissen muss teilweise mühevoll bestätigt und verbreitet werden.
- Wenn wir uns in Bezug auf eine Tatsache *irren*, dann haben wir es *nicht mit dem Gegensatz von Wissen und Nichtwissen*, sondern mit dem Gegensatz von *Wahrheit und Falschheit* zu tun. Ein Irrtum ist eine Form des Wissens. Irrtümer gehören zum mehr oder weniger großen Bestand individuellen falschen Wissens.

Diese Begriffsanalyse stellt deutlich heraus, warum Wissen bzw. Mindware mit Bedacht zu betrachten ist. Denn Individuen sind geneigt anzunehmen, dass Annahmen, sobald diese als »Wissen« bezeichnet werden, vor allem objektiv, intersubjektiv gültig und wahr sind. Diese häufige Annahme ist genau betrachtet eine Konsequenz »schlampigen« Denkens. Wer die Mühe auf sich nimmt, dem Konzept des Wissens bzw. der Mindware zu folgen, erfasst, dass Wissen auf der einen Seite objektiv, intersubjektiv und in höchstem Maß geglaubt werden kann. Auf der anderen Seite kann es trotz aller dieser positiven Attribute komplett falsch sein, ohne deshalb aufzuhören, als »Wissen« zu gelten. Formal – von ihrer Definition her betrachtet – schließt die Bezeichnung Wissen nicht aus, so weit von der Realität abzuweichen, dass Individuen als »Wissensträger« ihre notwendige Tatsachen-belegte Basis für rationale Entscheidungen einbüßen.

Inseln falscher Überzeugungen

Nun kommen wir zurück auf die Befunde der Kognitionswissenschaften. Stanovich stellt einige der Gründe vor, die er und seine Kollegen aufgedeckt haben, warum intelligente Menschen zu Wissen und Überzeugungen kommen können, die mit der Realität nicht übereinstimmen. *(Stanovich & Toplak, 2016, S. 193–195)*

Eine Erklärung sieht er in der sogenannten knowledge–projection–Tendenz von Personen. Hiermit ist etwas angesprochen, das uns gerade eben bei der Begriffsklärung bereits begegnet ist: Personen haben die Tendenz, in Situationen auf Überzeugungen, die ihnen begegnen, eine positiv besetzte Vorstellung von Wissen zu übertragen bzw. zu projizieren. Individuen attribuieren dabei diese Überzeugungen mit dem Wissensbegriff und projizieren gleichzeitig unbewusst die Annahme, dass Wissen stets durch objektive Wahrheit charakterisiert ist.

Der Erklärungsversuch für diese Wissens–Projektion liegt in der Analyse der individuellen Bildungshistorie von Personen. In einer »natürlichen«, frühen Lernumgebung – in unseren Familien – und in den Bildungsinstitutionen, die wir durchlaufen, wird uns vermittelt, dass die meisten unserer früheren Überzeugungen wahr sind. Dieses frühe Wahrheits–Fundament wirkt bei der Verarbeitung bzw. Prozessierung neuer Daten wie ein Filter, durch den hinzukommende aktuelle Überzeugungen schnell akkumuliert und geformt Teil unseres zügig wachsenden neuen Wissensbestand werden.

Aber diese gutmütig–naive bisweilen durch unsere Denk–Faulheit geprägte Tendenz, alles was uns in unserem Umfeld an Überzeugungen begegnet und uns vertraut erscheint, für weitgehend wahr zu halten, ist kritisch.

Warum? Schauen wir uns die Details an:

Wenn unsere bisherigen aktiven und aktuellen Überzeugungen auf wahrem Wissen bzw. adäquater Mindware beruhen, haben wir den großen Vorteil, entsprechende neue wahre Informationen schnell und mühelos zu assimilieren.

Wenn jedoch die Gruppe von Überzeugungen, auf die wir als Individuen zurückgreifen, beträchtliche Mengen an falschen, kontaminierten Informationen enthält, nehmen wir zunehmend mehr falsches Wissen bzw. inadäquate Mindware auf, während sich die Assimilation korrekter, realitäts–gerechter Informationen verzögert und Umwege erfordert.

In dieser Tendenz sieht Stanovich den Schlüssel zum Verständnis beispielsweise von Kreationisten oder von Holocaust–Leugnern. Die kontaminierende Tendenz zur Wissens– und Wahrheitsprojektion auf ideologische Lehren kann sich derart steigern, dass diese für betroffene Individuen den Effekt haben, sich auf »Inseln falscher Überzeugungen« zu isolieren, von denen sie nicht entkommen können.

Das Konzept der Isolierung auf Inseln falscher Überzeugungen, die durch falsche Wissens– und Wahrheitsprojektionen bewirkt wurde, hat laut Stanovich umfassendes Erklärungspotential: Es begründet, warum ansonsten intelligente Menschen sich in einem domänenspezifischen Netz der Falschheit verfangen, dem sie aufgrund der Projektionstendenzen nicht entkommen können. Erfahrungsgemäß nutzen solche hochintelligenten Personen ihre oft beträchtliche kognitive Kompetenz, um ihre Überzeugungen zu »rationalisieren« – also mit pseudo–vernünftigen Argumenten zu verteidigen –, um die Argumente von Skeptikern abzuwehren.

An dieser Stelle zieht Professor Stanovich sein Fazit: Die Wissens– und Wahrheits–Projektion und die Wissens–Isolierung von Personen mag der Grund dafür sein, dass einige der schädlichsten Formen kontaminierter Mindware von besonders intelligenten Individuen erfunden und von ihnen verbreitet werden. Er zitiert ein irisches Sprichwort: *»Wenn dieser Mann zwei Gehirne hätte, wäre er doppelt so dumm!«*. Tatsächlich haben solche hochintelligenten Menschen »doppelt so viel Hirn und sind am Ende doppelt so dumm«. Ihre überlegene Lernfähigkeit kann es intelligenten Individuen mitunter »erleichtern«, sich in größerem Umfang kontaminierte Mindware anzueignen als weniger intelligente Zeitgenossen.

Stanovich vermutet weiter, dass komplexe kontaminierte Mindware ein gewisses, »höheres« Maß an Intelligenz erfordert, um für den »Wirt« verlockend zu sein. Er verweist auf den bedeutenden englischen Schriftsteller George Orwell. Dieser vermutete, als er die politischen Einstellungen in der Zeit des Zweiten Weltkriegs diskutierte: *»Es gibt keine Grenze für die Torheiten, die jemand schlucken kann, wenn er sich unter dem Einfluss von Gefühlen dieser Art befindet. ... Jemand muss zur Intelligenzija gehören, um so etwas zu glauben: Kein normaler Mensch könnte ein solcher Narr sein«. (Orwell et al., 1984, S. 379 – Übersetzung ins Deutsche: Heinz W. Droste).*

Aufgabe G1: Von den Dingen außerhalb dessen, das unsere Schulweisheit sich träumt

Bitte schauen Sie sich die folgenden Aussagen an und bewerten diese:

Aussage 1:
Die Gedanken einer Person können die Bewegung eines physischen Objekts beeinflussen.

___ stimme überhaupt nicht zu (1)
___ stimme mäßig nicht zu (2)
___ stimme etwas nicht zu (3)
___ stimme etwas zu (4)
___ stimme mäßig zu (5)
___ stimme stark zu (6)

Aussage 2:
Astrologie kann nützlich sein, um Persönlichkeitsurteile zu fällen.

___ stimme überhaupt nicht zu (1)
___ stimme mäßig nicht zu (2)
___ stimme etwas nicht zu (3)
___ stimme etwas zu (4)
___ stimme mäßig zu (5)
___ stimme stark zu (6)

Aussage 3:
Gedankenlesen ist nicht möglich.

___ stimme überhaupt nicht zu (1)
___ stimme mäßig nicht zu (2)
___ stimme etwas nicht zu (3)
___ stimme etwas zu (4)
___ stimme mäßig zu (5)
___ stimme stark zu (6)

(Adaptierte Aufgabenstellung aus Stanovich & Toplak, 2016, S. 362)

Bewertung abergläubischen Denkens

Der **Subtest G 1** – »Abergläubisches Denken« – erfasst abergläubische und paranormale Vorstellungen rund um Themen wie Astrologie, Psychokinese, Gedankenlesen, Glück im Allgemeinen, Glückszahlen, Glücksbringer (z.B. Talismane, Schornsteinfeger, vierblättrige Kleeblätter), Unglücksüberbringer (Pechvögel bzw. Unglücksraben), Unglück auslösende Objekte und Konstellationen (z.B. Freitag der 13., an Wände angelegte Leitern), Horoskope und Zukunftsvorhersagen.

Bei der Konzeption von Items für den CART griffen Stanovich und sein Team unter anderem auf eigene Studien zurück. Bereits seit dem Jahr 1989 nahmen sie Messungen abergläubischen Denkens vor, wobei ihre Aufgabenstellungen von Items inspiriert waren, die psychologische Kollegen in früheren Fragebögen zu paranormalen Überzeugungen und Tests zum abergläubischen Denken genutzt hatten. *(Stanovich & Toplak, 2019, S. 195–196)*

In diesen früheren Studien hatte Stanovich festgestellt, dass abergläubisches Denken von Probanden mit deren Einstellungen zu Wissenschaft und mit deren Strategien zum Umgang mit Fakten verbunden ist. In einer Studie im Jahr 1997 fanden er und sein Team heraus, dass eine hohe Ausprägung abergläubischen Denkens signifikant mit einer schlechten Leistung bei der Überprüfung der Immunität gegenüber dem myside bias bzw. des Bestätigungsfehlers verbunden war. Wie wir bei der Diskussion des **Subtests D 4** gesehen haben, deutet dies darauf hin, dass betroffene Personen Schwierigkeiten haben, Schlussfolgerungen in Bezug auf Sachverhalte rational zu bewerten, die im Widerspruch zu dem stehen, was sie über die Welt zu wissen glauben.

In dieser Studie von 1997 wurde auch ermittelt, dass die Tendenz abergläubisch zu sein und auf den Bestätigungsfehler hereinzufallen unabhängig von der Intelligenz von Probanden auftrat. Intelligenz immunisiert somit nicht für die Urteils–verzerrenden Wirkungen abergläubischen Denkens.

In weiteren Studien hatte Keith E. Stanovich darüber hinaus zusammen mit Kollegen herausgefunden, dass Personen, die beim abergläubischen Denken eine höhere Punktzahl erreichten, eher zu einfachen Formen der Argumentation neigten und zum Beispiel auf Nachfrage einfach ihre ursprünglichen Annahmen wiederholten, anstatt Beweise für ihre Überzeugungen anzubieten.

In einer Studie mit pathologischen Glücksspielern und einer Kontrollgruppe fanden sie heraus, dass ein höheres Maß an abergläubischem Denken signifikant mit dysfunktionalem Glücksspielverhalten verbunden war.

Auch hier stellte sich heraus, dass höhere Intelligenz von Probanden nicht gegen deren Urteilsverzerrungen immunisierte.

Wer sich eventuell oben bei der Beantwortung der drei Beispiel–Aufgaben zu seinem abergläubischen Denken bekannt hat – zu seinem Glauben an Psychokinese und zur Astrologie –, kann in Richtung Rationalität keine Punkte machen. Wer dagegen Gedankenlesen für unmöglich hält, ist auf dem richtigen Weg zum rationalen Denken.

Aufgabe G2: Intuition und Instinkt versus wissenschaftliche Fakten

Bitte schauen Sie sich die folgenden Aussagen an und bewerten diese:

Aussage 1:

Die Tatsache, dass sich Wissenschaftler oft über ein Thema uneinig sind, zeigt, dass Wissenschaft mehr mit den persönlichen Meinungen der Wissenschaftler zu tun hat als mit tatsächlichen Beweisen.

___ stimme überhaupt nicht zu (1)
___ stimme mäßig nicht zu (2)
___ stimme etwas nicht zu (3)
___ stimme etwas zu (4)
___ stimme mäßig zu (5)
___ stimme stark zu (6)

Aussage 2:

Ich lege keinen großen Wert auf »wissenschaftliche Fakten«, weil wissenschaftliche Fakten dazu verwendet werden können, fast alles zu beweisen.

___ stimme überhaupt nicht zu (1)
___ stimme mäßig nicht zu (2)
___ stimme etwas nicht zu (3)
___ stimme etwas zu (4)
___ stimme mäßig zu (5)
___ stimme stark zu (6)

Aussage 3:

Wenn die Wissenschaft mit der konventionellen Weisheit in Konflikt steht, hat die Wissenschaft in der Regel recht.

___ stimme überhaupt nicht zu (1)
___ stimme mäßig nicht zu (2)
___ stimme etwas nicht zu (3)
___ stimme etwas zu (4)
___ stimme mäßig zu (5)
___ stimme stark zu (6)

Aussage 4:

Wenn eine wissenschaftliche Erkenntnis im Widerspruch zu meinen Intuitionen steht, würde ich mich auf meine Intuitionen verlassen.

___ stimme überhaupt nicht zu (1)
___ stimme mäßig nicht zu (2)
___ stimme etwas nicht zu (3)
___ stimme etwas zu (4)
___ stimme mäßig zu (5)
___ stimme stark zu (6)

(Adaptierte Aufgabenstellung aus Stanovich & Toplak, 2016, S. 362–363)

Anti–wissenschaftliche Einstellungen

Bei der Diskussion von **Subtest G 1** zum abergläubischen Denken ging es um eine direkte Messung der von Individuen erworbenen kontaminierten Mindware, die eine spezifische und wichtige Rolle in der Weltanschauung einer Person spielt.

Beim **Subtest G 2** des CART zur Ermittlung von anti–wissenschaftlichen Überzeugungen geht es wiederum um eine direkte Messung kontaminierter Mindware, die sich Individuen aneignen und in ihre Weltanschauung integrieren.

Laut Keith E. Stanovich hat sich gezeigt, dass die Einstellungen, die Personen gegenüber der Wissenschaft entwickeln, eng damit zusammenhängen, inwieweit diese dazu tendieren, selbst akkurates wissenschaftliches Wissen zu erwerben.

Der **Subtest G 2** untersucht insbesondere, ob Probanden dazu neigen, Wissenschaft zu meiden und sich stattdessen auf Intuition oder »Bauchgefühl« zu verlassen, um Überzeugungen und Handlungen zu rechtfertigen.

Die verwendeten Items dienen dazu, zu ermitteln:

- ob Befragte dazu neigen, sich auf eher empirische Beweise oder stattdessen auf Intuitionen zu verlassen
- ob sie annehmen, dass die Wissenschaft eine zuverlässige Quelle des Fortschritts ist
- was sie tun, wenn wissenschaftlich fundierte Fakten mit ihrem »gesunden Menschenverstand« in Konflikt stehen und »kontraintuitiv« zu sein scheinen und
- ob sie sich entweder mehr auf belegte Tatsachen oder stattdessen auf ihren »Instinkt« verlassen.

Die vorhergehenden Test–Aussagen bewerten entsprechend

- Aussagen 1 und 2:
  die Skepsis daran, dass Wissenschaft verlässliches Wissen ermittelt
- Aussage 3:
  die Neigung sich auf wissenschaftliche Expertise zu verlassen
- Aussage 4:
  die Tendenz, stattdessen Instinkt und Intuition Vorrang einzuräumen

Aufgabe G3: Niemand ist auf dem Mond gelandet und der Klimawandel ist ein Fake.

Lesen Sie jede Aussage und entscheiden Sie, ob Sie jeweils zustimmen oder nicht zustimmen. Kreuzen Sie die Alternative an, die Ihre Meinung am besten beschreibt. Es gibt keine richtigen oder falschen Antworten, so dass Sie nicht zu viel Zeit damit verbringen sollten, sich für eine Antwort zu entscheiden. Die erste Antwort, die Ihnen in den Sinn kommt, ist wahrscheinlich Ihre beste Reaktion.

Aussage 1:

Hochrangige Mitarbeiter der US–Regierung wussten im Voraus, dass der Anschlag vom 11. September 2001 auf das World Trade Center bevorstand.

___ stimme überhaupt nicht zu (1)
___ stimme mäßig nicht zu (2)
___ stimme etwas nicht zu (3)
___ stimme etwas zu (4)
___ stimme mäßig zu (5)
___ stimme stark zu (6)

Aussage 2:

Die Beweise dafür, dass bestimmte Kinderimpfungen Autismus verursachen können, wurden von mächtigen und profitgierigen Pharmakonzernen vertuscht und unterdrückt.

___ stimme überhaupt nicht zu (1)
___ stimme mäßig nicht zu (2)
___ stimme etwas nicht zu (3)
___ stimme etwas zu (4)
___ stimme mäßig zu (5)
___ stimme stark zu (6)

Aussage 3:

US–Tabakkonzerne haben sich mit der Politik verschworen, um Beweise zu vertuschen, dass Tabakrauchen Lungenkrebs verursacht.

___ stimme überhaupt nicht zu (1)
___ stimme mäßig nicht zu (2)
___ stimme etwas nicht zu (3)
___ stimme etwas zu (4)
___ stimme mäßig zu (5)
___ stimme stark zu (6)

Aussage 4:

Beamte des öffentlichen Gesundheitswesens, die die Fluoridierung der öffentlichen Trinkwasserversorgung befürworten, haben wichtige wissenschaftliche Beweise über die ernsten Gesundheitsprobleme verschwiegen, die durch das Trinken von fluoridiertem Wasser verursacht werden.

___ stimme überhaupt nicht zu (1)
___ stimme mäßig nicht zu (2)
___ stimme etwas nicht zu (3)
___ stimme etwas zu (4)
___ stimme mäßig zu (5)
___ stimme stark zu (6)

Aussage 5:

Die pharmazeutische Industrie hat sich mit medizinischen Organisationen verschworen, die neue Krankheiten erfinden, um Geld zu verdienen.

___ stimme überhaupt nicht zu (1)
___ stimme mäßig nicht zu (2)
___ stimme etwas nicht zu (3)
___ stimme etwas zu (4)
___ stimme mäßig zu (5)
___ stimme stark zu (6)

(Adaptierte Aufgabenstellung aus Stanovich & Toplak, 2016, S. 363–365)

Die Machenschaften mächtiger Personen und Organisationen

Verschwörungs–Überzeugungen stellen einen weiteren wichtigen Bereich kontaminierter Mindware dar. Dahinter steckt die Neigung, Einzel–Ereignisse und Reihen von Geschehnissen durch den Verweis auf die Machenschaften mächtiger Leute zu erklären, denen es gelingt, ihre Rolle als »Drahtzieher« weitestgehend zu verbergen.

Obgleich wir in Gesellschaften leben, in denen es häufig Zugang zu objektiven und belegbaren Zahlen und Daten gibt, scheinen diese Überzeugungen angesichts des Mangels an Beweisen bemerkenswert weit verbreitet zu sein.

Für die USA hebt Keith E. Stanovich einige Legenden–Highlights hervor: *(Stanovich & Toplak, 2016, S. 198–203)*

- Anhand verschiedener Umfragen hat sich erwiesen, dass fast 20 Prozent der nordamerikanischen Öffentlichkeit glaubt, die US–Regierung hätte selbst eine Rolle bei der Planung der Anschläge vom 9. September 2001 gespielt
- eine Mehrheit glaubt an eine Verschwörung im Zusammenhang mit der Ermordung von John F. Kennedy
- in vier national repräsentativen Umfragen in den Jahren 2006, 2010 und 2011 wurde festgestellt, dass mehr als die Hälfte der amerikanischen Bevölkerung an irgendeine Art von Verschwörungs–Narration im Zusammenhang mit aktuellen politischen Ereignissen glaubt

Solche Verschwörungs–Überzeugungen sind nicht nur weit verbreitet, sondern sie gehören offenbar als ein Baustein zu einem ganzen Komplex kontaminierter Mindware. Zu diesem Überzeugungs–Bündel gehören neben abergläubischen Neigungen und wissenschaftsfeindlichen Haltungen auch animistische Vorstellungen – die Tendenz, materielle Dinge in der Vorstellung zu »beseelen« und mit menschlichen Eigenschaften auszustatten.

Eine Reihe von Untersuchungen haben darüber hinaus laut Stanovich ergeben, dass Personen und Personen–Gruppen dazu neigen, einzelne Verschwörungs–Überzeugungen zu bündeln. Das heißt, der Komplott–Aberglaube in Bezug auf eine bestimmte Art von Verschwörung korreliert tendenziell mit dem Aberglauben in Bezug auf weitere Verschwörungs–Ideen. Dieser Befund ist so allgegenwärtig, dass eine Gruppe von Autoren um den australischen Psychologen Stephan Lewandowsky einen Artikel veröffentlichte – humorvoll übertitelt mit *"Die NASA hat die Mondlandung gefaked – deshalb ist die Klimawissenschaft ein Schwindel" ("NASA Faked the Moon Landing – Therefore, Climate Science Is a Hoax"). (Lewandowsky et al., 2013)*

Dabei ist das »geballte« Auftreten von Verschwörungs-Überzeugungen derart umfassend, dass Individuen den Überblick verlieren und an verschwörerische Machenschaften glauben, selbst wenn diese sich gegenseitig widersprechen.

Stanovich führt den Tatbestand, dass Überzeugungen über unterschiedlichste Arten von Verschwörungen parallel und sich überschneidend auftreten, auf gemeinsame psychologische Mechanismen zurück:

- die Tendenz, Ereignisse dadurch zu erklären, dass ihrem Zustandekommen eine Absicht zugeschrieben wird, selbst wenn keinerlei Intention oder absichtsvolles Design vorliegt
- die Tendenz, melodramatische Narrative zu erfinden, statt eine nüchterne, belegbare Erklärung für ein wichtiges Ereignis zu suchen

Für die Gestaltung des **Subtest G 3** griffen Stanovich und sein Team auf eine große Anzahl von Verschwörungs-Theorien zurück, die in der psychologischen Forschung untersucht wurden – fügten aber auch einige neue, eigene hinzu. Auf diese Weise deckt dieser Untertest ein breites Spektrum an konspirativen Überzeugungen ab. Den CART-Konstrukteuren ist dabei wichtig, ausgewogen vorzugehen: Verschwörungen sowohl der politischen Linken als auch der politischen Rechten kommen zum Einsatz.

Bei der Gestaltung und Auswahl der Verschwörungs-Items für den CART kamen auch fünf »Füll-Items« zum Einsatz – es wurden Geschehnisse thematisiert, bei denen tatsächlich illegale Machenschaften bzw. die Verschwörung von Mächtigen eine Rolle spielte. Diese »gerechtfertigten Verschwörungs-Überzeugungen« wurden in den Fragebogen eingebaut, um herauszubekommen, ob Probanden eventuell eine verzerrende Beantwortungsstrategie anwandten und einfach durchgängig, ohne weiteres Nachdenken die Möglichkeit des Auftretens von Verschwörungen leugneten.

In den oben vorgestellten Beispiel-Aussagen aus dem CART handelt es sich bei der dritten Aussage um eine gerechtfertigte Verschwörungs-Überzeugung: Tatsächlich sind über viele Jahre die wissenschaftlichen Beweise für die Gesundheitsgefährdung durch Tabakgenuss vertuscht worden. Bei den übrigen Aussagen handelt es sich jeweils um ungerechtfertigte Komplott-Vermutungen.

Aufgabe G4: Dem inneren Kritiker auf der Spur

Bitte schauen Sie sich die folgenden Aussagen an und bewerten diese:

Aussage 1:
Ich mache mir oft Sorgen, dass ich unsympathisch wirken könnte.

___ stimme überhaupt nicht zu (1)
___ stimme mäßig nicht zu (2)
___ stimme etwas nicht zu (3)
___ stimme etwas zu (4)
___ stimme mäßig zu (5)
___ stimme stark zu (6)

Aussage 2:
Ich mache mir keine Sorgen wegen der Dinge, die ich nicht kontrollieren kann.

___ stimme überhaupt nicht zu (1)
___ stimme mäßig nicht zu (2)
___ stimme etwas nicht zu (3)
___ stimme etwas zu (4)
___ stimme mäßig zu (5)
___ stimme stark zu (6)

Aussage 3:
Ich bin gut darin, über Dinge hinwegzukommen, die mich verärgern.

___ stimme überhaupt nicht zu (1)
___ stimme mäßig nicht zu (2)
___ stimme etwas nicht zu (3)
___ stimme etwas zu (4)
___ stimme mäßig zu (5)
___ stimme stark zu (6)

(Adaptierte Aufgabenstellung aus Stanovich & Toplak, 2016, S. 365)

Dysfunktionale persönliche Überzeugungen

Die drei vorangegangenen Subtests zur Bewertung kontaminierter Mindware weisen Parallelitäten auf, gehen in ähnliche Richtung und greifen ineinander: Es werden eine Reihe von Überzeugungen und Einstellungen

- zu Wissenschaft,
- dazu, wie Individuen sich angemessene Erklärungen von Tatbeständen vorstellen,
- was sie als überzeugende Beweise definieren sowie
- über welche Einstellungen zur Rechtfertigung von Überzeugungen und zu Fachwissen sie verfügen.

Der vierte Subtest in diesem Bereich des CART, der sich auf kontaminierte Mindware bezieht, zielt demgegenüber in einen anderen Bereich, der nicht mit den vorhergegangenen Themenfeldern direkt korreliert. *(Stanovich & Toplak, 2016, S. 203–205)* – Es handelt sich um die Betrachtung der Haltung, die Probanden gegenüber ihrer eigenen Person einnehmen und wie sie ihre eigene Persönlichkeit und Kompetenz mit Blick auf ihre Lebensgestaltung einschätzen.

Keith E. Stanovich weist auf die umfangreiche Forschungsliteratur der klinischen Psychologie, die dokumentiert, wie solche persönlichen Überzeugungen mit suboptimalem Urteilen und suboptimalen Handlungsergebnissen verbunden sein können.

Viele dieser Überzeugungen sind beispielsweise selbstzerstörerisch, indem sie exakt die Ziele untergraben, die Personen haben, und indem sie die Sorgen und den Kummer verursachen, den die meisten Menschen vermeiden möchten, um ihre Handlungsenergie optimal auf ihre Handlungsziele auszurichten. *(Vergleiche: Hammer 2017)*

Beispiele dafür sind Haltungen der *kontinuierlichen Kritik an der eigenen Person*. Diese Haltung ist verbunden mit der fehlenden Akzeptanz der unvermeidbaren Unvollkommenheit menschlicher Leistungsfähigkeit angesichts einer Umgebung, in der ständige Veränderung und Anpassungs–probleme unvermeidbar sind.

Zu diesen dysfunktionalen Haltungen gehört weiterhin *extremer Perfektionismus*, der als individuelle Weltanschauung erfahrungsgemäß häufig mit negativen Verhaltensweisen und negativen psychischen Folgen verbunden ist.

Ein weiteres Beispiel für diese Gruppe ungesunder Überzeugungen ist die *übertriebene Sorge* des Einzelnen darum, *von seinen Mitmenschen möglicherweise nicht akzeptiert zu werden.*

H Denkdispositionen und kognitive Stile

H1 »Active open minded Thinking« (AOT)

H2 »Deliberative Thinking«

H3 »Consideration of Future Consequences« (CFC)

H4 Alexithymie: Tendenzen von Gefühlsblindheit

H Denkdispositionen und kognitive Stile rationaler Akteure

Im Rahmen des letzten Subtests–Bereichs H geht es um die Denkdispositionen rationaler Personen. Konzipiert sind diese Tests als nützliche ergänzende Messungen des CART.

Wir sind bereits im ersten Teil des vorliegenden Buchs auf rationale Denkdispositionen eingegangen und haben deren besondere Positionierung in Stanovichs Theorie der Rationalität betrachtet. Nun schauen wir uns an, wie das Konzept der Denkdispositionen im CART umgesetzt wird: *(Stanovich & Toplak, 2016, S. 207–216)*

Denkdispositionen in der Psychologie

Laut Stanovich wird in der Psychologie seit langem zwischen »kognitiven Kompetenzen« auf der einen Seite und »Denkdispositionen« auf der anderen Seite unterschieden. Augenfällig sei, dass für das Konzept der Denkdispositionen unterschiedlichste Terminologien verwendet werden, wobei die meisten Autoren dennoch in eine ähnliche Richtung zielen: Es geht um relativ stabile psychische Mechanismen und Strategien, die dazu tendieren, charakteristische Verhaltenstendenzen und Denkstrategien zu bewirken.

Betrachten wir zunächst genauer die psychologischen Begrifflichkeiten – kognitive Kompetenzen versus Denkdispositionen.

Bei kognitiven Kompetenzen handelt es sich um Typen von Denk–Prozessen, die im Fokus der Forschung stehen, sobald es um die Analyse der kognitiven Informationsverarbeitung geht, die der Leistung von Individuen bei IQ–Tests zugrunde liegt. Beispiele sind kognitive Fähigkeiten, die von der traditionellen psychometrischen Psychologie ausgiebig untersucht wurden, wie beispielsweise:

- Wahrnehmungsgeschwindigkeit
- Unterscheidungsgenauigkeit
- Kapazität des Arbeitsgedächtnisses und
- die Effizienz des Abrufs der im Langzeitgedächtnis gespeicherten Informationen

Im Unterschied dazu handelt es sich bei Denkdispositionen genau betrachtet um kognitive Stile. Es geht um diejenigen kognitiven Stile von Individuen, die sich auf die Bewertung von Überzeugungen und von Entscheidungen beziehen. Beispiele für rationale Denkdispositionen sind

- die Disposition, neue Beweise und Belege mehr oder weniger streng gegen eine bisher favorisierte Überzeugung abzuwägen
- die Disposition von Individuen, mehr oder weniger viel Zeit auf ein Problem zu verwenden, bevor sie ihre Lösungsversuche aufgeben, oder
- die Disposition, die Meinungen anderer Personen bei der Bildung eigener Überzeugungen ernst zu nehmen und stark zu gewichten

Es gibt umfassend Belege dafür, dass die individuellen Unterschiede von Personen im Kompetenzbereich rationales Denken direkt damit zusammenhängen, wie deren reflektierende Denkdispositionen ausgeprägt sind. Denkdispositionen sind offenbar grundlegend mit der Rationalität von Individuen verbunden.

Kognitive Kompetenzen von Individuen sind ebenfalls eng mit deren rationalem Denken verknüpft. Diese Kompetenzen haben direkt mit den Mechanismen des algorithmischen Minds zu tun, deren Leistung im Rahmen von IQ–Tests gemessen wird. Wir haben oben bei der Diskussion des dreigliedrigen Funktionsmodells des Denkens gesehen, dass der algorithmische Mind – koordiniert durch den reflektierenden Mind – wesentliche Aufgaben bei der Realisierung rationaler Responses spielt.

Dennoch liefert weder die direkte Messung der kognitiven Kompetenzen – und damit der Intelligenz – noch die direkte Messung von Denkdispositionen eine direkte Messung des rationalen Denkens selbst. Intelligenz und Denkdispositionen ermöglichen lediglich in gewissem Sinne Diagnosen mit Blick auf den möglichen Ursprung individueller Probleme, wenn eine Person nicht rational zu denken in der Lage ist.

Anhand des dreigliedrigen Denk–Funktions–Modells haben wir gesehen, dass Rationalität ein umfassenderes Konstrukt ist als die fluide Intelligenz, die auf der Basis der gerade angesprochenen kognitiven Kompetenzen funktioniert. Und das Rationalitäts–Konzept ist ebenfalls umfassender als das Konstrukt der Denkdispositionen: Rationalität basiert auf den Mechanismen aller drei Minds im Denkfunktions–Modell.

Die Subtests zur Messung der Denkdispositionen von Probanden, die wir in der Folge kennenlernen, ergänzen auf gewisse Weise die Untertests des CART. Allerdings ermöglichen sie – wie angedeutet – keine direkte Messung rationalen Denkens. Das ergibt sich insbesondere dadurch, dass sie keine »maximierenden« Konzepte wie die anderen Konstrukte des CART sind – wie beispielsweise probabilistisches, statistisches, wissenschaftliches Denken.

Was ist in diesem Zusammenhang mit »Maximierung« gemeint? *(Stanovich & Toplak, 2016, S. 208–209)*

Probabilistisches Denken beispielsweise ist insoweit »maximierend«, als dass gesteigerte Fähigkeiten im Bereich objektiven Wahrscheinlichkeits–Denkens zu gesteigerter rationaler Denkfähigkeit führen. Im Fall von Denkdispositionen und von kognitiven Stilen verhält es sich anders: Optimales rationales Funktionieren basiert nicht auf der Maximierung kognitiver Stile. Rationalität kann nicht maximiert bzw. auf ein gesteigert optimiertes Niveau gebracht werden, indem jemand zunehmend die Neigung zeigt, im Zusammenhang mit anstehenden Entscheidungen andauernd zu reflektieren, statt sich nach einer Phase des Überlegens für eine Lösungs–Alternative zu entscheiden. Denn eine Person, die sich gesteigerter Reflektion hingibt, könnte sich in endlosem Grübeln verlieren und unfähig werden, Entscheidungen rechtzeitig zu treffen. Entsprechend maximiert niemand seine rationale Kompetenz, indem er eine gesteigerte Flexibilität und Neigung entwickelt, seine bisherigen Überzeugungen »über Bord zu werfen«. Ein solcher Mensch könnte sich stattdessen zunehmend in eine pathologisch instabile Persönlichkeit verwandeln.

Es mag zwar sein, dass die meisten Menschen ihre Neigung zur Reflektion und ihre Überzeugungsflexibilität erhöhen, wenn sie ihre Rationalität entwickeln. Erfahrungsgemäß sind diese beiden Denkstile bei den meisten Menschen zu schwach ausgeprägt. Das bedeutet aber nicht, dass Personen diese beiden Denkdispositionen für sich steigern sollten.

Mit der Darstellung dieser Hintergründe von kognitiven Stillen versucht Professor Stanovich, plausibel zu machen, warum Messungen der Denkdispositionen keine direkten Messungen der Rationalität liefern. Die erhobenen Messwerte ergeben stattdessen Hinweise darauf, welche grundlegenden Mechanismen bei Individuen an deren eventuell suboptimalen Denken beteiligt sind.

Wie werden rationale Denkdispositionen im Rahmen des CART gemessen?

Zu beachten ist, dass nicht alle der von Psychologen untersuchten Denkdispositionen in Beziehung zu Rationalität stehen. Außerdem gibt es aus Stanovichs Sicht mehr Skalen, die kognitive Stile messen, als sich tatsächlich zugrunde liegende Konstrukte unterscheiden lassen. Das liegt seiner Meinung nach daran, dass viele Messungen vermeintlich unterschiedlicher Denkdispositionen in Wirklichkeit sehr ähnliche Dinge messen, auch wenn diese von Forschern unterschiedlich benannt werden.

Keith E. Stanovich und seine Kollegen haben sich beim Aufbau des CART auf vier verschiedene Skalen zur Bewertung von Denkdispositionen geeinigt, die eine Bandbreite kognitiver Regulation widerspiegeln:

- die Skala »Actively Open–minded Thinking« (AOT)
- die Skala »Deliberatives Denken« bzw. »Bewusstes Denken«
- die Skala »Zukunftsorientierung« und
- die Skala »Differenzierung von Emotionen«

In der Folge werfen wir jeweils einen kurzen Blick auf diese Skalen, indem wir Beispiel–Items und eine kurze Erläuterung des Konzepts dahinter betrachten.

Aufgabe H1: Engagiertes, aufgeschlossenes Denken

Lesen Sie jede Aussage und entscheiden Sie, ob Sie jeweils zustimmen oder nicht zustimmen. Kreuzen Sie die Alternative an, die Ihre Meinung am besten beschreibt. Es gibt keine richtigen oder falschen Antworten, so dass Sie nicht zu viel Zeit damit verbringen sollten, sich für eine Antwort zu entscheiden. Die erste Antwort, die Ihnen in den Sinn kommt, ist wahrscheinlich die beste Reaktion.

Aussage 1

Wenn eine Überzeugung zu mir passt, dann fühle ich mich wohl – es ist eigentlich egal, ob die Überzeugung wahr ist.

___ stimme überhaupt nicht zu (1)
___ stimme mäßig nicht zu (2)
___ stimme etwas nicht zu (3)
___ stimme etwas zu (4)
___ stimme mäßig zu (5)
___ stimme stark zu (6)

Aussage 2

Jeder sollte Informationen und Hinweise außer Acht lassen, die im Widerspruch zu den eigenen Überzeugungen stehen.

___ stimme überhaupt nicht zu (1)
___ stimme mäßig nicht zu (2)
___ stimme etwas nicht zu (3)
___ stimme etwas zu (4)
___ stimme mäßig zu (5)
___ stimme stark zu (6)

Aussage 3
Es ist wichtig, an seinen Überzeugungen festzuhalten, auch wenn Beweise gegen sie vorgebracht werden.

___ stimme überhaupt nicht zu (1)
___ stimme mäßig nicht zu (2)
___ stimme etwas nicht zu (3)
___ stimme etwas zu (4)
___ stimme mäßig zu (5)
___ stimme stark zu (6)

Aussage 4
Schwierigkeiten können in der Regel überwunden werden, indem wir über das Problem nachdenken, anstatt auf glückliche Fügungen zu hoffen.

___ stimme überhaupt nicht zu (1)
___ stimme mäßig nicht zu (2)
___ stimme etwas nicht zu (3)
___ stimme etwas zu (4)
___ stimme mäßig zu (5)
___ stimme stark zu (6)

Aussage 5
Bestimmte Überzeugungen sind einfach zu wichtig, um sie aufzugeben, egal wieviel gute Argumente gegen sie vorgebracht werden können.

___ stimme überhaupt nicht zu (1)
___ stimme mäßig nicht zu (2)
___ stimme etwas nicht zu (3)
___ stimme etwas zu (4)
___ stimme mäßig zu (5)
___ stimme stark zu (6)

Aussage 6

Überzeugungen sollten immer mit Blick auf neue Informationen oder Beweise revidiert werden können.

___ stimme überhaupt nicht zu (1)
___ stimme mäßig nicht zu (2)
___ stimme etwas nicht zu (3)
___ stimme etwas zu (4)
___ stimme mäßig zu (5)
___ stimme stark zu (6)

Aussage 7

Ich sammle gerne viele verschiedene Arten von Beweisen, bevor ich entscheide, was zu tun ist.

___ stimme überhaupt nicht zu (1)
___ stimme mäßig nicht zu (2)
___ stimme etwas nicht zu (3)
___ stimme etwas zu (4)
___ stimme mäßig zu (5)
___ stimme stark zu (6)

(Adaptierte Aufgabenstellung aus Stanovich & Toplak, 2016, S. 365–366)

»Aktiv open-minded thinking« (AOT)

Stanovich und sein Team haben »aktives aufgeschlossenes und ergebnisoffenes Denken« – »aktively open-minded thinking« (AOT) – über beinahe zwei Jahrzehnte untersucht. Inspiriert waren sie dabei von einer Studie des Psychologen Jonathan M. Baron *(Baron, 2005)*, dessen Skala sie verfeinerten und in mehreren Studien einsetzen und Ergebnisse untersuchen konnten. *(Stanovich & West, 1998a, 1998b)*

Die im CART verwendete aktuelle Skala erfasst mehrere miteinander verbundene Aspekte des offenen Denkens:

- die Vermeidung von epistemischem Absolutismus (von schwarz-weiss- bzw. entweder-oder-Denken)
- die Bereitschaft zum Perspektivenwechsel
- die Bereitschaft zur Dekontextualisierung – die Bereitschaft, bei Bewertungen Argumente und Aspekte außerhalb der vorliegenden aktuellen Situation zu berücksichtigen
- die Tendenz, alternative Meinungen und Beweise zu bedenken

Diese Skala hat Ähnlichkeiten mit anderen Skalen, die in unterschiedlichen psychologischen Studien Verwendung fanden – beispielsweise mit

- Dogmatismus- und Absolutismus-Skalen
- die »Need for Closure«-Skala – einige Beispiel-Items dieser Skala haben wir oben betrachtet (Kapitel 2) und
- zwei dispositionelle Faktoren, die in der Forschung als »Glaube an einfaches Wissen« (Einfachheit als Wahrheitskriterium) und »Glaube an sicheres Wissen« (Gesichertheit von Wissen als Wahrheitskriterium) bezeichnet wurden

Auswertung der Beispiel-Items:

- Auf wenig aufgeschlossenes Denken weist die hohe Zustimmung zu Aussagen 1, 2, 3, 5
- Auf ausgeprägtes aufgeschlossenes Denken weist die hohe Zustimmung zu Aussagen 4,6,7

Aufgabe H2: Abwägendes, reflektierendes Denken

Lesen Sie jede Aussage und entscheiden Sie, ob Sie jeweils zustimmen oder nicht zustimmen. Kreuzen Sie die Alternative an, die Ihre Meinung am besten beschreibt. Es gibt keine richtigen oder falschen Antworten, so dass Sie nicht zu viel Zeit damit verbringen sollten, sich für eine Antwort zu entscheiden. Die erste Antwort, die Ihnen in den Sinn kommt, ist wahrscheinlich die beste Reaktion.

Aussage 1
Ich mag geistig herausfordernde Aufgaben.

___ stimme überhaupt nicht zu (1)
___ stimme mäßig nicht zu (2)
___ stimme etwas nicht zu (3)
___ stimme etwas zu (4)
___ stimme mäßig zu (5)
___ stimme stark zu (6)

Aussage 2
Ich vermeide Aufgaben, die viel Denkarbeit erfordern.

___ stimme überhaupt nicht zu (1)
___ stimme mäßig nicht zu (2)
___ stimme etwas nicht zu (3)
___ stimme etwas zu (4)
___ stimme mäßig zu (5)
___ stimme stark zu (6)

Aussage 3
Es macht Spaß, mehr als einen Weg zu finden, um Probleme zu lösen.

___ stimme überhaupt nicht zu (1)
___ stimme mäßig nicht zu (2)
___ stimme etwas nicht zu (3)
___ stimme etwas zu (4)
___ stimme mäßig zu (5)
___ stimme stark zu (6)

(Adaptierte Aufgabenstellung aus Stanovich & Toplak, 2016, S. 366–367)

»Deliberative Thinking«

Die sogenannte »deliberative thinking«–Skala wurde entwickelt, um Denkstile von Individuen zu erfassen, die intellektuelles Engagement und Neigung zur bewussten Reflektion im Rahmen der Lösung von Problemstellungen begünstigen.

Statt sich in Situationen bei der Entscheidungsfindung weitgehend auf intuitive kognitive Prozesse zurückfallen zu lassen, engagieren sich deliberativ denkende Akteure fallweise bei langsamen, kontrollierten Überlegungen.

Die durch die »deliberative thinking«–Skala des CART ermittelte Leistungsfähigkeit von Probanden im Bereich des deliberativen – bewussten – Denken kann ein Indikator für rationale Reflektionskompetenz sein.

Auswertung der Beispiel–Items:

- Auf wenig abwägendes Denken weist die hohe Zustimmung zu Aussage 2
- Auf ausgeprägtes abwägendes Denken weist die hohe Zustimmung zu Aussagen 1, 3

Aufgabe H3: Den Blick in die Zukunft richten

Lesen Sie jede Aussage und entscheiden Sie, ob Sie jeweils zustimmen oder nicht zustimmen. Kreuzen Sie die Alternative an, die Ihre Meinung am besten beschreibt. Es gibt keine richtigen oder falschen Antworten, so dass Sie nicht zu viel Zeit damit verbringen sollten, sich für eine Antwort zu entscheiden. Die erste Antwort, die Ihnen in den Sinn kommt, ist wahrscheinlich die beste Reaktion.

Aussage 1

Ich verbringe nicht gerne viel Zeit damit, für Dinge zu planen, die in der Zukunft passieren könnten.

___ stimme überhaupt nicht zu (1)
___ stimme mäßig nicht zu (2)
___ stimme etwas nicht zu (3)
___ stimme etwas zu (4)
___ stimme mäßig zu (5)
___ stimme stark zu (6)

Aussage 2

Die Dinge, die ich heute tue, werden stark davon beeinflusst, wie ich mir die Zukunft vorstelle.

___ stimme überhaupt nicht zu (1)
___ stimme mäßig nicht zu (2)
___ stimme etwas nicht zu (3)
___ stimme etwas zu (4)
___ stimme mäßig zu (5)
___ stimme stark zu (6)

Aussage 3

Ich mache mir keine Gedanken über Dinge, die erst in einigen Jahren passieren werden, denn zukünftige Entwicklungen sind nicht beeinflussbar.

___ stimme überhaupt nicht zu (1)
___ stimme mäßig nicht zu (2)
___ stimme etwas nicht zu (3)
___ stimme etwas zu (4)
___ stimme mäßig zu (5)
___ stimme stark zu (6)

Aussage 4

Ich denke, dass es wichtig ist, für Dinge zu planen, die noch Jahre entfernt sind.

___ stimme überhaupt nicht zu (1)
___ stimme mäßig nicht zu (2)
___ stimme etwas nicht zu (3)
___ stimme etwas zu (4)
___ stimme mäßig zu (5)
___ stimme stark zu (6)

(Adaptierte Aufgabenstellung aus Stanovich & Toplak, 2016, S. 367)

»Consideration of Future Consequences« (CFC)

Die Zukunftsorientierungs–Skala, die Stanovich und seine Kollegen im CART verwenden, wurde durch das Konstrukt »consideration of future consequences« (CFC) inspiriert, das der Psychologe Alan Strathman von der University of Missouri im Jahr 1994 zusammen mit Kollegen definierte. *(Strathman et al., 1994)* Die Forscher hatten untersucht, inwieweit Personen weit in der Zukunft liegende Konsequenzen von Entscheidungen für bestimmte Handlungsoptionen in Betracht ziehen.

Stanovich und sein Team hatten die CFC–Skala bei verschiedenen eigenen Studien bereits verwendet und festgestellt, dass darauf basierende Messungen bei Individuen Hinweise auf deren rationales Denkvermögen gaben. In einer Studie mit pathologischen Spielern und einer Kontrollgruppe fanden sie heraus, dass *ein vermindertes Maß an zukunftsorientiertem Denken* mit signifikant mehr dysfunktionalem Spielverhalten assoziiert war – unabhängig von der kognitiven Kompetenz der getesteten Individuen.

Auswertung der Beispiel–Items:

- Auf wenig zukunftsorientiertes Denken weist die hohe Zustimmung zu Aussage 1, 3
- Auf ausgeprägtes zukunftsorientiertes Denken weist die hohe Zustimmung zu Aussagen 2, 4

Aufgabe H4.: Gefühle berücksichtigen

Lesen Sie jede Aussage und entscheiden Sie, ob Sie jeweils zustimmen oder nicht zustimmen. Kreuzen Sie die Alternative an, die Ihre Meinung am besten beschreibt. Es gibt keine richtigen oder falschen Antworten, so dass Sie nicht zu viel Zeit damit verbringen sollten, sich für eine Antwort zu entscheiden. Die erste Antwort, die Ihnen in den Sinn kommt, ist wahrscheinlich die beste Reaktion.

Aussage 1
Ich bin oft verwirrt mit Blick auf meine emotionalen Zustände.

___ stimme überhaupt nicht zu (1)
___ stimme mäßig nicht zu (2)
___ stimme etwas nicht zu (3)
___ stimme etwas zu (4)
___ stimme mäßig zu (5)
___ stimme stark zu (6)

Aussage 2
Meine Emotionen sind manchmal so verwirrend, dass ich nicht weiß, wie ich mich fühle.

___ stimme überhaupt nicht zu (1)
___ stimme mäßig nicht zu (2)
___ stimme etwas nicht zu (3)
___ stimme etwas zu (4)
___ stimme mäßig zu (5)
___ stimme stark zu (6)

Aussage 3
Ich kann gut beschreiben, in welchem emotionalen Zustand ich mich befinde.

____ stimme überhaupt nicht zu (1)
____ stimme mäßig nicht zu (2)
____ stimme etwas nicht zu (3)
____ stimme etwas zu (4)
____ stimme mäßig zu (5)
____ stimme stark zu (6)

(Adaptierte Aufgabenstellung aus Stanovich & Toplak, 2016, S. 367–368)

Alexithymie: Tendenzen von Gefühlsblindheit

Die Grundlagen für die Skala zur Differenzierung von Emotionen im CART stammen aus der Forschung in der kognitiven Neurowissenschaft. Stanovich und sein Team beziehen sich auf Fälle einer psychischen Pathologie, die durch eine inadäquate Regulation der Emotionssubsysteme des autonomen Minds gekennzeichnet sind.

Inspiriert wurden Stanovich und seine Kollegen durch Veröffentlichungen des Neurowissenschaftlers Antonio Damasio, der Untersuchungen an Patienten mit Schäden im ventromedialen präfrontalen Cortex vorgenommen hatte. *(Damasio & Damasio, 1997)*

Der ventromediale präfrontale Cortex (vmPFC) ist ein Teil der präfrontalen Rinde im Gehirn von Säugetieren. Der ventrale mediale Abschnitt befindet sich im Frontallappen am unteren Rand der Gehirnhälften und ist an der Verarbeitung von Risiko–Gefühlen und Angst beteiligt, wobei diese Hirnregion für die Regulierung der Amygdala–Aktivität beim Menschen von entscheidender Bedeutung ist. Es spielt eine Rolle bei der Hemmung emotionaler Reaktionen sowie bei Entscheidungsfindung und Selbstkontrolle.

Ventromedialer präfrontale Cortex

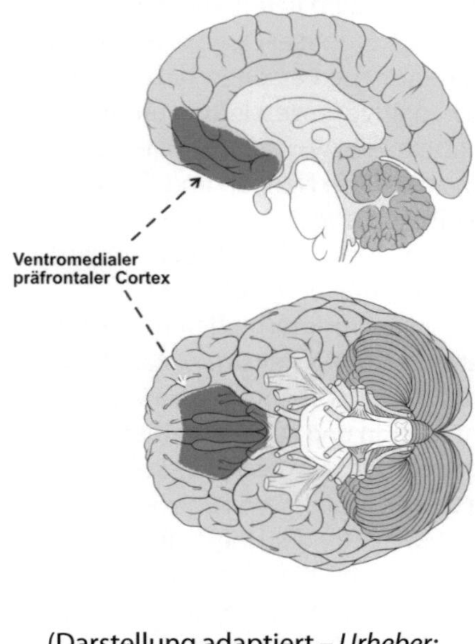

(Darstellung adaptiert – *Urheber: Patrick J. Lynch aus: https://commons.wikimedia.org/wiki/File:Ventromedial-_prefrontal_cortex.png)*

Damasios Studien zeigen, dass Patienten mit Verletzungen des vmPFC schwerwiegende Beeinträchtigungen der persönlichen und sozialen Entscheidungsfindung erfahren, obwohl der größte Teil ihrer intellektuellen Fähigkeiten erhalten bleibt. Der Neurowissenschaftler entwickelte in diesem Zusammenhang die Theorie der »somatischen Marker« – von verkörperlichten emotionalen Erfahrungen, die er im ventromedialen präfrontalen Cortex des Menschen verortet. Diese Marker seien für Entscheidungsverhalten notwendig und könnten im Fall von Verletzungen dieser Hirnregion in ihrer Funktion eingeschränkt sein. Das Grundkonzept hinter der Somatische-Marker-Hypothese ist einfach ausgedrückt: Individuen brauchen im Rahmen einer Entscheidung für eine Option das »Gefühl«, dass die betreffende Wahl richtig ist. Dieses Gefühl setzt einen emotionalen Impuls aus Richtung der vmPFC voraus, ausgelöst durch die hier vermuteten somatischen Marker.

Stanovich betrachtet dieses von Damasio beschriebene Phänomen der Blindheit gegenüber eigenen Emotionen – Alexithymie – im Rahmen des mehrteiligen Struktur-Konzepts des menschlichen Denkens. Er erklärt in diesem Zusammenhang das Gefühlsblindheits-Problem damit, dass die automatische Zielregulierung des autonomen Minds nicht funktioniert, da dieser angesichts eines komplexen Angebots an Reaktions-Optionen überfordert ist: Der autonome Mind liefert kein Selektions-Ergebnis, keine eindeutige Auswahl einer Response-Option, an welche die Typ 2-Prozesse ansetzen könnten. Betroffene Personen bekommen Schwierigkeiten, weil auf diese Weise die kognitive Prozessierung unterbrochen ist.

Der Begriff Alexithymie bzw. »alexithymia« wurde im Jahr 1973 von den Psychotherapeuten John Case Nemiah und Peter Sifneos geprägt, die diesen aus dem Griechischen abgeleitet hatten: ἀ- (a-, 'nicht') + λέξις (léxis, 'Worte') + θῡμός (thȳmós, 'Herz' oder 'Sitz der Empfindung') – wörtlich: keine Worte für Empfindungen. *(Nemiah et al., 1976)*

Stanovich und sein Team interpretieren Alexithymie im Rahmen des CART als verbreitetes Persönlichkeitsmerkmal, das durch die Tendenz von Personen gekennzeichnet ist, Schwierigkeiten zu haben, selbst erlebte Emotionen zu identifizieren und zu beschreiben.

Bei der Entwicklung der Items für den **Subtest H 4** setzten sie an der Alexithymie-Skala an, die im Jahr 1994 vom Psychologen R. Michael Bagby vom Department of Psychiatry der University of Toronto und Kollegen veröffentlicht wurde. *(Bagby et al., 1994)* Konzept dieser Skala war, die selbstberichteten Schwierigkeiten von Probanden bei der Identifizierung und Beschreibung von Gefühlen zu bewerten. Auf dieser Skala hat Stanovichs Team in mehreren unveröffentlichten Studien ein eigenes Konzept zur Differenzierung des Erlebens von Emotionen entwickelt, die im Detail auch durch Anregungen aus weiteren Alexithymie–Skalen inspiriert ist.

Auswertung der Beispiel–Items:

- Auf ausgeprägte Gefühlblindheit weist die hohe Zustimmung zu Aussage 1, 2
- Die hohe Zustimmung zu Aussage 3 weist darauf hin, dass seine Kognitionen nicht durch Gefühlblindheit eingeschränkt sind

ABSCHLUSS:
DEN RATIONALITÄTS-QUOTIENTEN NUTZEN

Kapitel 10:
Trainieren Sie Ihr bestes Denken!

Wie Coaching für rationales Denken funktioniert

Eines der zentralen Ergebnisse des vorliegenden Buchs ist:

Psychologen haben ein umfassendes Instrument entwickelt, mit dem rationales Denken gemessen werden kann. Auf der Basis des in Details vorgestellten CART – dem Comprehensive Assessment of Rational Thinking (Umfassende Bewertung rationalen Denkens) – gelang es ihnen, Untersuchungsergebnisse von beinahe 50 Jahren heuristics & biases–Forschung in eine integrierte Testbatterie zu synthetisieren.

Aus Keith E. Stanovichs Sicht ist noch Einiges zu tun, um die bisher in einer Vollform und einer Kurzform entwickelten Fragebögen vollständig zu standardisieren. *(Stanovich et al., 2016, S. 268–296)*

Gewiss werden Leserinnen und Leser mit großem Interesse verfolgen, wie Kognitionspsychologen und insbesondere Psychometriker den CART zukünftig für die Nutzung in der Praxis perfektionieren.

Doch bereits die hier vorgestellten Details bieten reichlich Stoff dafür, Maßnahmen für besseres Denken zu entwerfen und umzusetzen. Anknüpfungspunkte sind dabei nicht allein die einzelnen Tests des CART.

Besonders fruchtbar ist die Theorie rationalen Denkens, die wir oben im Teil eins kennengelernt haben. Ergänzt haben wir diese von Stanovich und seinem Team entwickelte kognitionspsychologische Theorie mit Ergebnissen der aktuellen neurowissenschaftlichen Erforschung der Hirnfunktionen kognitiver Kontrolle. Zusammengenommen haben wir damit eine Grundlage, realistisch einzuschätzen, wie rationales Denken gezielt gefördert werden kann – etwa durch Training und Coaching: Denn im Sinne des deutsch-amerikanischen Sozialpsychologen Kurt Lewin können wir sagen: »Es gibt nichts Praktischeres als eine gute Theorie.« *(Lewin et al., 1951, S. 169)*

Durch die in Teil drei dargestellte 8–teilige, übersichtliche Struktur haben Nutzerinnen und Nutzer dieses Buchs schon jetzt Zugriff auf täglich nutzbares Denk–Verbesserungs–Know–how.

Wir können damit im Alltag in uns »hineinhorchend« ein Bewusstsein dafür entwickeln, wie unsere Kognitionen in typischen Situationen funktionieren. Wir können insbesondere sensibel werden für Denk–Unterbrechungen – für Momente, in denen unsere Denk–Routinen mit »Störgefühlen« konfrontiert werden. Auf der Basis von CART–Kenntnissen können wir nun einen Augenblick verharren und darüber reflektieren, ob diesen Störungen Vorrang eingeräumt und Fragen gestellt werden sollten wie:

Bietet die eine oder andere neuerlernte Mindware in Bezug auf die Einschätzung von Wahrscheinlichkeiten den Ausgangspunkt für optimierte Überlegungen? Oder sind wir stattdessen auf kontaminierte Mindware gestoßen, die auszuschalten ist? Befinden wir uns gegenwärtig gemeinsam in einer Situation mit einer weiteren Person, die mehr oder weniger geschickt unser spontanes unreflektiertes Reagieren provozieren und uns übervorteilend für eigene Interessen ausnutzen möchte?

Dass rationales Denken trainierbar ist, haben die Forscher aus der heuristics & biases–Tradition umfassend erforscht. *(Stanovich, 2011, S. 230–243)* Sie haben festgestellt, dass sich grundsätzlich all die Aspekte des rationalen Denkens systematisch verbessern lassen, die wir oben in acht Gruppen zusammengestellt kennengelernt haben. Ein paar Beispiele:

- Erhalten Akteure ein paar Instruktionen dazu, wie sie verhindern können, sich bei Entscheidungen von gewissen Vorurteilen freizumachen und über unmittelbare Vorgaben ihrer Situation hinwegzusehen, können sie ihr reflektierendes Denken wesentlich optimieren.
- Akteure können lernen, sich von der Anschaulichkeit und Lebendigkeit der Formulierung von Entscheidungs–Alternativen nicht mehr einseitig beeinflussen zu lassen, und stattdessen ein paar grundlegende, einfache statistische Regeln nutzen.
- Das situationsgerechte Trainieren von einigen Konzepten der Wahrscheinlichkeitsrechnung hilft dauerhaft, anschließend Risiken besser einzuschätzen.
- Gewisse gesteigerte Rechenfähigkeiten machen Personen weniger anfällig für Framing–Effekte.
- Werden Akteure daran erinnert, in Entscheidungsfällen stets alternative Erklärungen und gegenteilige Beweise in Betracht zu ziehen, schützen sie sich vor einer ganzen Reihe von Denkverzerrungen. Unter anderem können sie dadurch die Wirkung des Ankerungs–Effekts – des Anchorings – minimieren.

Über solche einzelne Trainings–Effekte hinaus kann die Einsicht von Individuen in die Funktionsweise ihres Gehirns dazu führen, die dahinter ablaufenden Lerneffekte zu verallgemeinern. Sie können sich systematisch auf typische Entscheidungs–Situationen vorbereiten, indem sie Handlungs–Alternativen im Vorhinein imaginieren und auf diese Weise rationales Denken kultivieren. Statt in der »Hitze des Gefechts« – im lebendigen Alltag – auf die »spontane« und meist nicht optimale Reaktion angewiesen zu sein, können sie die bereits vorher verinnerlichte optimale Entscheidungs–Alternative nutzen.

Einen wichtigen Punkt macht Keith E. Stanovich in diesem Zusammenhang, indem er vor einem »ineffizienten Coaching« warnt: Ein nutzbringender Lerneffekt setzt voraus, dass Denk–Fähigkeiten grundlegend trainiert werden. Es reicht nicht aus, die in Teil drei vorgestellten Aufgaben und deren Lösungen auswendig zu lernen – wie etwa die Aufgabe mit den grünen und blauen Taxen von Daniel Kahneman oder die Aufgabe mit den umzudrehenden Spielkarten von Peter C. Wason. Das würde nur helfen, die konkrete jeweilige Aufgabe zu lösen. Für die wechselvollen zukünftigen Herausforderungen im Alltag wäre damit nichts gewonnen. Stattdessen sollten Personen so gecoacht werden, dass sie grundsätzlich besser beispielsweise mit kombinierten Wahrscheinlichkeiten kalkulieren können oder ein Verständnis für die grundlegenden Regeln der Aussagenlogik entwickeln.

Warum Rationalität und Intelligenz korrelieren

Frage:

Warum ist das Coachen von rationalem Denken eine wichtige Herausforderung in Gegenwart und Zukunft?

Antwort:

Das vorliegende Buch setzt bei einem Problem an, dass nicht nur laufend neue, sondern ständig sogar weltumfassende Probleme verursacht: Wir müssen zunehmend schlechtes Verhalten und suboptimale Entscheidungen von hochintelligenten Personen hinnehmen.

Im Augenblick des Schreibens dieser Zeilen leiden global große Bevölkerungsgruppen beispielsweise unter Fehlentscheidungen »Intelligenz-begabter« Individuen bei der Bekämpfung der Corona-Pandemie. Und angetrieben durch einseitige Machtinteressen haben in Osteuropa Kriegshandlungen eingesetzt, die Tod und Leiden unzähliger Kriegsopfer, aber voraussichtlich auch Hungersnöte etwa in afrikanischen Ländern bewirken werden. Außerdem ist davon auszugehen, dass sich als Konsequenz des Krieges die international vereinbarten Klimaschutzziele zur Begrenzung der globalen Erderwärmung auf unter 2°C unerreichbar werden. Denn die notwendigen Strategien in Bezug auf die Ablösung fossiler Energieträger durch Regenerative zur Verhinderung des sich steigernden Klimawandels wurden kriegsbedingt außer Kraft gesetzt.

Was ist nun mit Blick auf den CART über dieses Phänomen zu sagen, dass intelligente Menschen folgenreich »unklug« handeln?

Keith E. Stanovich hält nach Entwicklung seiner Fragebögen und nach Durchführung von Testbefragungen für uns ein interessantes Ergebnis bereit: Er und sein Team haben die Ergebnisse von Testpersonen nach Absolvieren des CART mit einer Punktzahl für den Rationalitäts-Quotienten bewertet – also einen RQ dieser Testteilnehmer ermittelt. Der Vergleich dieses RQs von Personen mit deren IQ ergibt eine deutliche Korrelation von 0.69. – Zur Erinnerung: Korrelationen unter 0.3 gelten als gering, über 0.3 als mittelmäßig, und ab 0.5 werden Korrelationen meist als »hoch« bewertet (vgl. Erläuterung auf Seite 57).

Wie ist dieser hohe Korrelationswert einzuschätzen? Zeigt sich hier auf den letzten Seiten, dass ein IQ–Test nicht nur Intelligenz, sondern in hohem Maße auch Rationalität misst – und Stanovichs Anstrengungen rund um den Rationalitäts–Quotienten letztlich »für die Katz« waren? Dass es also ausreicht, bei der Auswahl unseres »Entscheidungspersonals« auf einen möglichst hohen IQ zu achten.

Diese Fragen beantwortet Keith E. Stanovich eindeutig: Die von ihm und seinem Team ermittelte Korrelation – obgleich hoch – bietet reichlich Raum für entscheidende Diskrepanzen zwischen Rationalität und Intelligenz. Diese Diskrepanzen sind aus seiner Sicht derart wichtig, dass sie zukünftig dringend der Aufmerksamkeit der Öffentlichkeit bedürfen. Außerdem sollte diese Abweichung zwischen den beiden Konzepten zunehmend in den Fokus wissenschaftlicher Untersuchungen genommen werden.

Wie wir hier Kapitel für Kapitel immer wieder detailreich betrachten konnten, ist Rationalität ein wesentlich umfassenderes Konstrukt als Intelligenz. Zwar stehen beide miteinander in Beziehung. Doch zur Klärung muss gesagt werden: *Intelligenz ist zwar eine notwendige Bedingung – doch keinesfalls ist sie eine hinreichende Voraussetzung für rationales Denken.*

Was das bedeutet, haben wir sowohl aus der Perspektive der Kognitionspsychologie und der Neurowissenschaften betrachtet. – Kognitionspsychologisch gesehen setzt Rationalität Intelligenz voraus, weil jene eine »Maschinerie« auf algorithmischer Ebene erfordert. Wesentlicher Faktor ist dabei, wie wir in Teil eins gesehen haben, die fluide Intelligenz Gf. Aufgrund von Messergebnissen aus der Forschung ist bekannt, dass Gf beinahe vollständig identisch ist mit der Aktivität des Arbeitsgedächtnisses – die Korrelationen liegen hier zwischen 0.7 und 0.8. *(Stanovich & Toplak, 2016, S. 315–321)* Als zentrale Funktion des Arbeitsgedächtnisses wurde dabei die kognitive Entkopplung identifiziert – die Fähigkeit, im Bewusstsein sekundäre Repräsentationen der Welt aufrechtzuerhalten und gedanklich umzugestalten.

Wie wir gesehen haben, ist diese Entkopplung eine wichtige Voraussetzung für gelungenes reflektierendes Denken. Deshalb bewerten traditionelle Intelligenztests tatsächlich etwas in unserem »mentalen Leben«, das für die Realisierung von Rationalität wichtig ist.

Im zweiten Teil haben wir auf der Basis neurowissenschaftlicher Forschungen den entsprechenden Tatbestand entdeckt und physiologisch präzisiert gefunden: Hier hat die Forschung erbracht, dass flüssige Intelligenz erforderlich ist, um die funktionale Integration von drei neuronalen Netzwerken zu unterstützen – des Salience Networks zur Detektion von Auffälligkeiten, des Default Mode Networks zur Simulation und Imagination sowie des Central Executive Networks zur Modulation und Aufrechterhaltung des Arbeitsgedächtnisses.

Fazit: Die durch bewährte Intelligenztests per IQ bewertete Intelligenz ist eng bei der Funktion des Arbeitsgedächtnisses positioniert. In diesem Zusammenhang liefern diese Tests solide Ergebnisse. Dennoch muss festgehalten werden, *dass keiner der bekannten Intelligenztests unter diesen Voraussetzungen in irgendeiner Weise rationales Denken messen kann.*

Fähigkeiten, die Intelligenz-Tests nicht erfassen können: Übersicht (Cheat-Sheet)

Selbst für denjenigen, der dieses Buch aufmerksam durchgearbeitet und zahlreiche entsprechende Fakten kennengelernt hat: Der letzte Satz erscheint als »starke These«, die beklommen macht. Wer traute sich in einem Gespräch Mitmenschen zu offenbaren, dass deren möglicherweise hoher IQ kein Garant für rationales Denken ist? Da es wichtig ist, diese These zu akzeptieren und auch in einer Diskussion mit »Ungläubigen« zu verteidigen, werden den Leserinnen und Lesern an dieser Stelle zwei »Überzeugungshilfen« an die Hand gegeben.

Die erste Überzeugungshilfe kommt in Form einer Format-füllenden Grafik auf der folgenden Doppelseite. Diese enthält eine kombinierte Mindmap. Dargestellt ist eine Übersicht über Aspekte von Rationalität und rationalem Denken, die durchgängig selbst mit den »besten« Intelligenz-Tests nicht gemessen werden.

Die Darstellung orientiert sich an einer Abbildung, die Keith E. Stanovich zusammen mit Maggie E. Toplak und Richard E. West im Jahr 2011 in einem gemeinsamen Beitrag veröffentlicht hatte. *(Stanovich, 2011 – »The Assessment of Rational Thought«, S. 191–246)* Dargestellt wird dabei zum einen die Liste der Denk-Prozess-Aspekte, die grundlegend zum facettenreichen Konzept der Rationalität gehören, aber grundsätzlich nicht durch den üblichen IQ bewertet werden:

Denk-Prozess-Aspekte

- *Resistenz gegenüber nachlässiger Informations-Verarbeitung*
- *Differenzierte und kontrollierte emotionale Regulation*
- *Resistenz gegenüber Myside-Denken: Akkurate Selbst-Einschätzung*
- *Resistenz gegenüber Kontext-Effekten beim Treffen von Entscheidungen*

- *Glaubens–Flexibilität: Aktives, aufgeschlossenes Denken*
- *Wertschätzung von vernünftiger Argumentation*
- *Tendenz, Informationen zu suchen – Spaß am Denken und an der vollständigen Verarbeitung von Informationen zu haben*
- *Objektiver Argumentations–Stil*
- *Sensibilität mit Blick auf Widersprüche: Tendenz, konsistent zu glauben und zu argumentieren*
- *Gespür für Selbst–Effizienz*
- *Kluges Diskontieren der Zukunft*
- *Selbst–Kontroll–Vermögen*
- *Emotionale Regulation mit Blick auf Belohnungen*

Der Rationalitäts–Quotient bewertet über diese Prozess–Aspekte hinaus spezifisches Wissen. Dazu listen die Autoren die Wissens–Aspekte auf, die rationales Denken unterstützen. Intelligenztests bewerten dieses Wissen typischerweise nicht:

Unterstützende Wissens–Aspekte

- *Probabilistisches Urteilsvermögen*
- *Entscheidungstheorie–konformes Urteilen*
- *Kenntnisse über wissenschaftliches Begründen*
- *Regeln logischer Konsistenz und Gültigkeit*
- *Ökonomisches Denken*

Weiterhin geben sie eine Übersicht über Wissens–Aspekte, die rationale Kompetenz einschränken. Auch diesen Aspekten gegenüber sind Intelligenztests blind:

Hemmende Wissens–Aspekte – was zu vermeiden ist:

- *Aberglaube und paranormale Überzeugungen*
- *Übertriebenes Vertrauen in Alltagsweisheit und Laien–Psychologie*
- *Allzu großer Optimismus in Bezug auf die persönliche introspektive Kompetenz*
- *Überzeugungen vom eigenen Selbst, die egozentrisches Denken begünstigen*
- *Glaube an die Überlegenheit von Intuition*
- *Glaube an »spezielle« Expertise*
- *Fehlende Finanz–Kompetenz*
- *Dysfunktionale persönliche Glaubens–Vorstellungen*

Aspekte der Rationalität

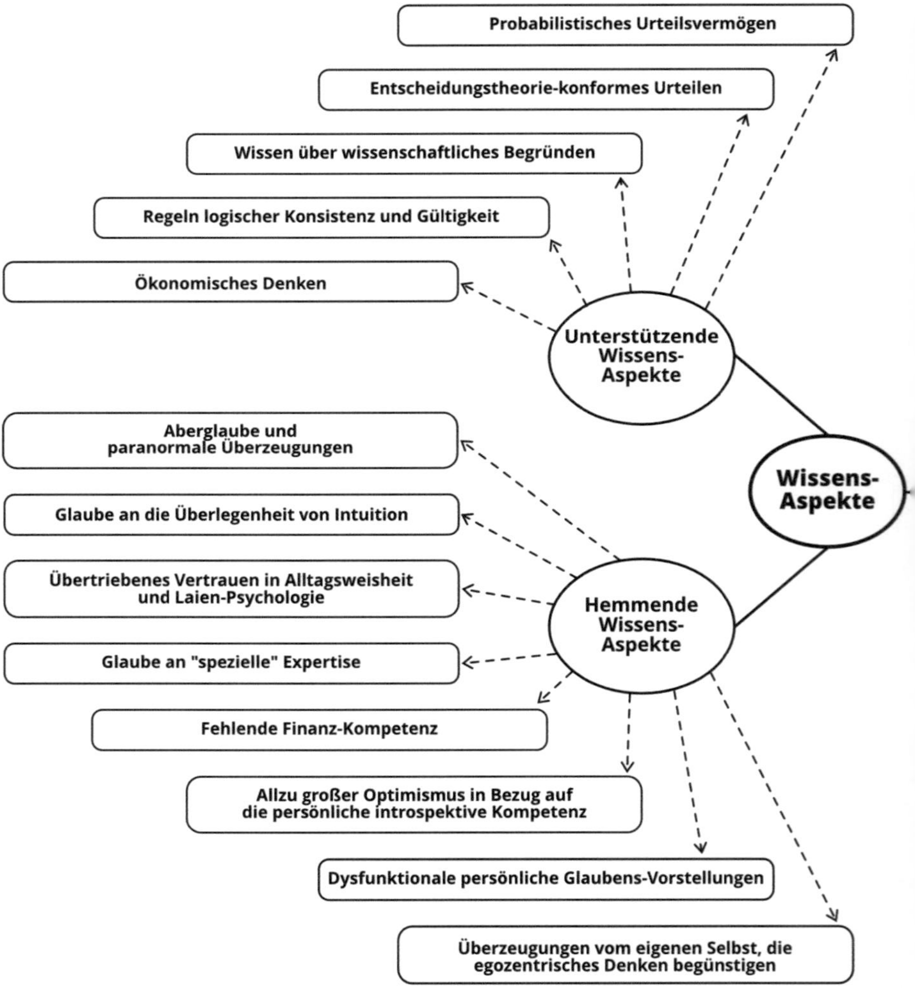

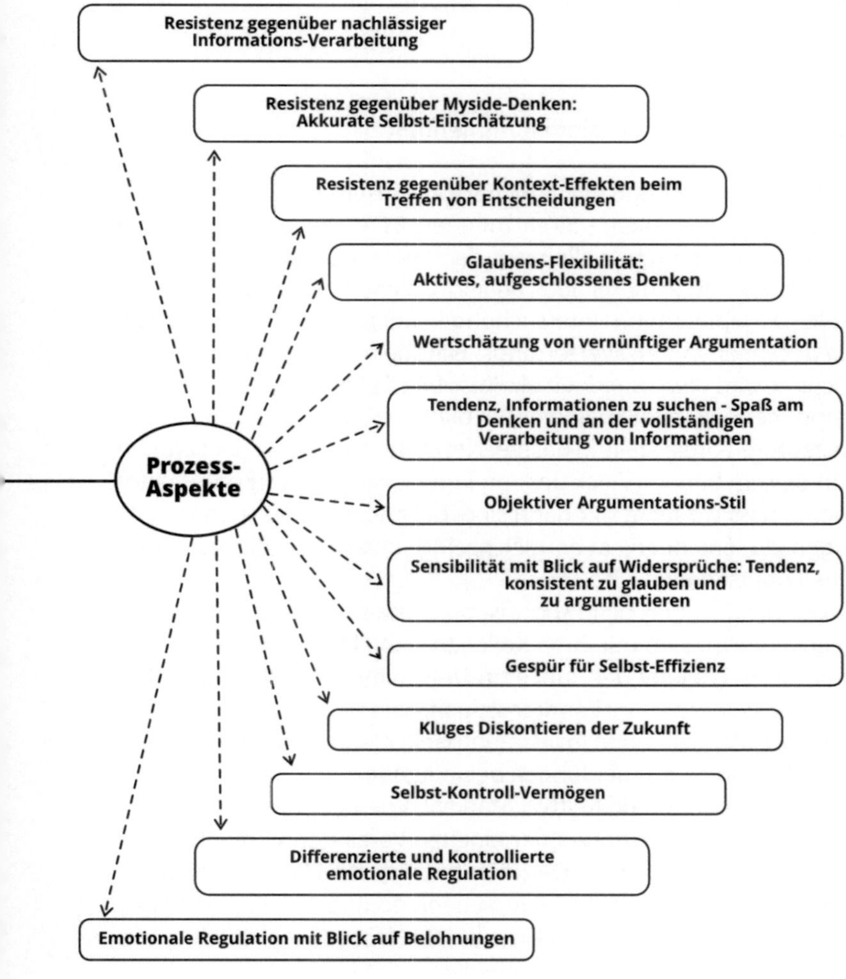
Resistenz gegenüber nachlässiger Informations-Verarbeitung
Resistenz gegenüber Myside-Denken: Akkurate Selbst-Einschätzung
Resistenz gegenüber Kontext-Effekten beim Treffen von Entscheidungen
Glaubens-Flexibilität: Aktives, aufgeschlossenes Denken
Wertschätzung von vernünftiger Argumentation
Tendenz, Informationen zu suchen - Spaß am Denken und an der vollständigen Verarbeitung von Informationen
Prozess-Aspekte
Objektiver Argumentations-Stil
Sensibilität mit Blick auf Widersprüche: Tendenz, konsistent zu glauben und zu argumentieren
Gespür für Selbst-Effizienz
Kluges Diskontieren der Zukunft
Selbst-Kontroll-Vermögen
Differenzierte und kontrollierte emotionale Regulation
Emotionale Regulation mit Blick auf Belohnungen

Wer sich also demnächst mit diesem Buch in eine Diskussion mit Skeptikern begibt, kann einen Finger in die vorhergehende Doppelseite klemmen, um schnell detailreich die Überlegenheit des Rationalitäts-Quotienten gegenüber dem eher »beschränkten« Intelligenz-Quotienten zu belegen. – *Vielleicht machen Sie ein paar Fotokopien von der Seite und teilen diese während des Gesprächs aus …*

Der blinde Fleck unserer Voreingenommenheit

Diese Mindmap zeigt: Wir sind nicht gut beraten, unsere Kompetenz auf unseren – möglicherweise hohen – IQ einzuengen. Es ist ein großes Risiko, die Urteilsfähigkeit von Menschen allein auf der Basis ihres Intelligenz-Quotienten zu bewerten – mag dieser auch beeindruckend hoch sein.

Das stellen Ergebnisse von Untersuchungen noch einmal deutlicher heraus, die an der sogenannten »Verzerrungs-Blindheit« von Personen ansetzten. Bezeichnet wird diese Blindheit als »bias blind spot« («Blinder Fleck für Voreingenommenheit«) – in Analogie zum blinden Fleck in unserem Auge – die Lichtrezeptoren-freie Stelle in unserer Netzhaut, an welcher der Sehnerv eintritt: Mit diesem blinden Fleck der Voreingenommenheit ist das Phänomen gemeint, dass wir recht gut darin sind, bei anderen Personen Urteilsverzerrungen zu erkennen, aber gleichzeitig unsere eigene Voreingenommenheit übersehen.

Namensgeber des »bias blind spot« ist die Sozialpsychologin Emily Pronin, die hierzu gemeinsam mit ihren Kollegen Daniel Lin und Lee Ross am Department of Psychology der Princeton University geforscht und publiziert hat. *(Pronin et al., 2002)* Sie konnten zeigen, dass sich beispielsweise Berufsgruppen wie Mediziner und Investmentbanker kaum über die Faktoren im Klaren sind, die ihre Entscheidungen beeinflussen.

Als sich daran anknüpfend Keith E. Stanovich gemeinsam mit Kollegen mit diesem Defizit beim Erkennen der eigenen Voreingenommenheit beschäftigte, zeigte sich Folgendes: Der »bias blind spot«-Effekt – die Verzerrungen anderer Personen verstärkt wahrzunehmen und die eigenen biases zu übersehen – wird durch hohe Intelligenz nicht abgeschwächt. *(West et al., 2012)* Es stellte sich heraus, dass ein hoher IQ diesen Effekt sogar verstärkt; dennoch waren intelligentere Versuchspersonen der Überzeugung, aufgrund ihrer intellektuellen Kompetenz weniger voreingenommen zu sein als weniger intelligente.

Von den Normen der Rationalität abweichendes Verhalten im »wahren Leben«: Tabellen

Die angekündigte zweite Überzeugungshilfe kommt in Form einer Tabelle daher. Diese hilft insbesondere dabei, in der Diskussion mit Rationalitäts-Bewertungs-Skeptikern auf den Einwand einzugehen, die Tests aus dem Umfeld der heuristics & biases-Forschung wären künstlich und lieferten – anders als Intelligenz-Tests – keine für die Realität aussagefähigen Resultate.

Was ist von der Behauptung der *Kritiker (beispielsweise Gigerenzer & Goldstein, 2011)* zu halten, die in Rationalitäts-Tests nachgewiesenen Effekte wären nur im Labor-Experiment zu erzielen und könnten nichts im wirklichen Leben vorhersagen?

Diese Behauptung geht fehl, und ihr Scheitern zeigt ein weiteres Mal, wie beschränkt die Ergebnisse von Intelligenz-Messungen mit Blick auf die Bewertung rationalen Denkens tatsächlich sind.

Wie das geht? – Eins nach dem anderen:

Beginnen wir mit der Tatsache, dass in der Vergangenheit zahlreiche Forschungsarbeiten durchgeführt wurden, welche die Neigung von Individuen, rational zu denken, mit der Entscheidungsfindung im realen Leben in Verbindung bringen konnten. Stanovich und sein Team haben einige der betreffenden Studien aufgelistet und jeweils kommentiert, welche Aufgabenbereiche des CART-Instruments dabei betroffen waren.

Auf den folgenden Seiten findet sich ein Auszug aus dieser Liste.

Um den Zusammenhang zur Systematik des CART und zur Systematik von Teil drei dieses Buchs sichtbar zu machen, wurden die Überschriften und Beschreibungen in der Tabelle auf der Basis des durchgängigen Prozessierungs- und Wissens-Raum-Konzepts sowie der hierfür genutzten Icons strukturiert.

Mit Blick auf diese umfassende Batterie von Untersuchungen stellt Professor Stanovich fest, dass in Zukunft zwar noch einige Forschungsarbeit geleistet werden muss. – Die genaue Art der Zusammenhänge zwischen Forschungs-Paradigma und Verhaltensweisen von Individuen in der Praxis sollte noch weiter untersucht werden. – Seiner Meinung nach deutet aber die große Anzahl der belegbaren engen Zusammenhänge von Labor-Konstrukten und Verhaltensweisen im realen Leben von Menschen an, dass die Bedeutung der mit dem CART-Test bewerteten Fähigkeiten des rationalen Denkens außer Frage steht.

Denn im anschließend ausgebreiteten »Tabellenwerk« wurden systematisch Denk-Defizite in vielerlei praktischen Feldern und Lebensumständen gefunden. Unter anderem wurden Rationalitäts–Forscher bei der Analyse der beruflichen Tätigkeit von vielerlei Experten fündig und zwar bei:

- *Medizinern*
- *Anwälten und Richtern*
- *Börsenmaklern*
- *Journalisten*
- *Ökonomen und Finanzmanagern in Unternehmen*
- *Meteorologen*
- *Wissenschaftlern*
- *Psychiatern und Gerichtspsychologen*
- *Lehrern*
- *Personal–verantwortlichen Managern*
- *Kriminalbeamten*

Darüber hinaus enthält die Liste Hinweise auf Studien, die das Verhalten von Medizin–Studenten, von Glücksspielern, von Geschworenen in Gerichtsprozessen usw. betrafen.

Solche Untersuchungen realer Verhaltensweisen könnten zukünftig wahrscheinlich in weiteren Bereichen menschlichen Handelns vorgenommen werden. Dabei bestände keine Aussicht darauf, dass es Felder gibt, in denen die typischen Mechanismen rationalen Denkens, die im Konzept des CART erfasst werden, keine Rolle spielen.

Tabellen

(Stanovich & Toplak, 2016, S. 297–312)

Grundlegendes Urteilsvermögen

A *Probabilistisches und statistisches Urteilen*

Korrekte Anwendung von Basisraten	
Die Kalibrierung von Experten-Urteilen (1)	Probleme mit Basisraten: In Studien mit medizinischem Personal, Anwälten, Börsenmaklern, Sportjournalisten, Ökonomen und Meteorologen kamen Forscher zu dem Schluss, dass die Basisraten-Wahrscheinlichkeit ein wichtiger Prädikator für Fehleinschätzungen bei alltäglichen Urteilen von Experten ist.
Bedeutung des Stichprobenumfangs	
Die Fehleinschätzung der Stichprobengröße (2)	Forscher führen Experimente mit unzureichendem Aufwand durch, weil sie die Bedeutung der Stichprobengröße nicht richtig einschätzen.
Widerstand gegen den »Fehlschluss des Spielers«	
Videobeweise für den Fehlschluss (3)	Im Rahmen von Studien zeigten reale Glücksspieler, die in einem Casino gefilmt wurden, den Fehlschluss des Spielers.
Beispielhafte Sportwetten (4)	Eine Analyse von 565.915 Online-Sportwetten deckte die Wirksamkeit des Spieler-Fehlschlusses auf.
Spieler überziehen ihre Konten (5).	Untersuchungen ergaben, dass das Versagen von Individuen, dem Fehlschluss des Spielers zu widerstehen, korrelierte mit der Neigung, ihre Bankkonten zu überziehen.
Missverstehen von zufälligen Ereignissen	
Spieler und Aktien-Spekulanten verkennen Zufalls-Ereignisse (6).	Glücksspieler wehren sich dagegen, den Zufall als Erklärung für »Muster« zu akzeptieren, die sie bei Spielereignissen zu erkennen glauben; Börsianer denken fälschlicherweise, dass sie den Markt »schlagen« können, weil sie die Rolle des Zufalls nicht verstehen.
Die Beweiskraft von Einzelfall-Evidenzen einschätzen, die im Konflikt mit Basisraten sind	
Akademiker überschätzen persönliche Erfahrung (7).	Klinische Psychologen ignorieren valide statistische Beweise zugunsten persönlicher Erfahrung und sogenannter klinischer Intuition. Lehrer stützen sich bei der Auswahl von Mobbing-Präventionsprogrammen eher auf die Berichte von Pädagogen aus anderen Schulen als auf wissenschaftliche Beweise.
Regressions-Effekte verstehen	
Überschätzung von Ausnahme-Phänomenen (8)	Glücksspieler waren weniger in der Lage, in Situationen die Auswirkung von Regressions-Effekten zu identifizieren.
Vernachlässigung der Basisrate	
Ignorieren von Basisraten bei Medizinern (9)	Es wurde festgestellt, dass qualifizierte Ärzte Basisraten missbräuchlich verwenden. In der AIDS-Beratung beispielsweise wurden deren Auswirkungen oft ignoriert.

<table>
<tr><td>B</td><td></td><td>Wissenschaftliches Urteilen</td></tr>
<tr><td colspan="3">Notwendigkeit einer Kontrollgruppe</td></tr>
<tr><td colspan="2">Fehlende Überprüfung von Hypothesen (10)</td><td>Gefälschte Autismus-Therapien verbreiteten sich, weil die Notwendigkeit einer wissenschaftlichen Kontrolle nicht erkannt wurde; unbewiesene pädagogische Modeerscheinungen, wie z. B. »Lernstile«, halten sich hartnäckig, weil sie keiner echten experimentellen Kontrolle unterzogen werden.</td></tr>
<tr><td colspan="3">Diagnostische Hypothesentests</td></tr>
<tr><td colspan="2">Fehlende Überprüfung diagnostischer Tests (11)</td><td>Ärzte und klinische Psychologen versäumen es, diagnostische Hypothesentests durchzuführen.</td></tr>
<tr><td colspan="3">Berücksichtigung einer Gegen-Hypothese</td></tr>
<tr><td colspan="2">Fehlende Berücksichtigung der Gegenhypothese (12)</td><td>Medizin-Studenten versäumten es, Informationen zu Krankheitssymptomen zu berücksichtigen, die eine Berechnung der Wahrscheinlichkeit ermöglichen würden.</td></tr>
<tr><td colspan="3">Beurteilung der diagnostischen Kovarianz</td></tr>
<tr><td colspan="2">Fehlerhafte Bewertung von Kovarianzen (13)</td><td>Klinikärzte nehmen Verbindungen zwischen Rorschach-Antworten und Diagnosen wahr, die nicht vorhanden sind.</td></tr>
<tr><td colspan="3">Vermeidung von »illusorischen« Korrelationen</td></tr>
<tr><td colspan="2">Fehlerhafte Einschätzung von Korrelationen (14)</td><td>Der Glaube an Pseudowissenschaften wie Grafologie und Astrologie wird durch das Phänomen der illusorischen Korrelation gefördert.</td></tr>
<tr><td colspan="3">Unterschied zwischen Korrelation und Kausalität - Erkennen von Scheinkorrelation</td></tr>
<tr><td colspan="2">Mangelhaftes Unterscheiden von Korrelationen und Kausalitäten (15)</td><td>Pädagogen haben Lehr-Programme auf der Annahme aufgebaut, dass ein hohes Selbstwertgefühl zu besseren Leistungen führt, obwohl die Richtung der Ursachenkette - Erfolg-Selbstwertgefühl - genau anders herum verläuft.</td></tr>
<tr><td colspan="3">Verständnis der Falsifizierbarkeit als Rahmen für Bestätigung - Nachdenken über die Alternativhypothese</td></tr>
<tr><td colspan="2">Übersehen der Bedeutung von Falsifizierbarkeit (16)</td><td>Pseudopsychologische Konzepte wie das »wiedererlangte Gedächtnis« werden mit unbeweisbaren Argumenten aufrechterhalten.</td></tr>
<tr><td colspan="3">Würdigung der Konvergenz von Beweisen</td></tr>
<tr><td colspan="2">Fehlende Wertschätzung unabhängiger Erkenntnisse (17)</td><td>Die Unkenntnis des Prinzips der Beweiskonvergenz trägt dazu bei, dass die Belege für eine vom Menschen verursachte globale Erwärmung geleugnet werden.</td></tr>
</table>

Nachlässiges Prozessieren	
C	***Rücksetzen auf autonomen Mind***
Reflektion-versus-Intuition	
Einfluss von Impulsivität (18)	»Problem-Spieler« weisen bei der Messung von Impulsivität höhere Werte auf als Probanden in Kontrollgruppen sowie bei der Messung der Reflexivität niedrigere Werte.
Kognitiver Reflektions-Test (19)	Reflektierte Antworten ließen auf kontraintuitive Überzeugungen wie beispielsweise den Glauben an die Evolution schließen.
Kognitiver Reflektions-Test (20)	Die kognitive Reflexion führte zu weniger negativen Entscheidungen in einem Inventar von 41 Lebensbereichen, einschließlich Risikoverhalten.
Kognitiver Reflektions-Test (21)	Eine geringere kognitive Reflexion stand im Zusammenhang mit der Abhängigkeit von Smartphones und im Gegensatz zu eigenständigem Denken.
Kognitiver Reflektions-Test (22)	Höhere Werte bei der kognitiven Reflektion werden mit besseren Konsumentenentscheidungen in Verbindung gebracht.
Disjunktives Schlussfolgern	
Gewichtung einer Menge von Optionen (23)	Wenn einem Arzt mehr Behandlungsmöglichkeiten zur Verfügung stehen, ist es eher wahrscheinlich, dass er einen Patienten an einen Spezialisten überweist.

D		***Scheitern einer andauernden Überschreibung***

Glaubens-Bias	
Fiktive Geschworenen-Beratung (24)	Geschworene nutzen ihr Vorwissen, um sich ein Bild von einem Rechtsfall zu machen, auch wenn sie dazu aufgefordert werden, dies nicht zu tun.
Verzerrung aufgrund von Glaubens-Grundsätzen (25)	Starker Belief Bias in Verbindung mit risikoreichen Entscheidungen in den Bereichen persönliche Finanzen, Glücksspiel und Drogenkonsum
Ratio Bias	
Größe des Nenners (26)	Eine geringere kognitive Reflexion stand im Zusammenhang mit der Abhängigkeit von Smartphones und im Gegensatz zum eigenständigen Denken.
Temporale Diskontierung	
Verzögerung der Belohnung (27)	Messungen der Selbstdisziplin sagen unabhängig von der Intelligenz die Schulnoten im Langzeitverlauf voraus. Das im Alter von vier Jahren gemessene Aufschieben von Belohnungen sagte die Leistungen bei der College-Aufnahmeprüfung im späteren Leben voraus.
Verzögerung der Belohnung (28)	Messungen zum Aufschub von Belohnungen sagten den Body-Mass-Index dreißig Jahre später voraus.
Zeitliche Abzinsung von Belohnungen (29)	Die Forschung hat einen Zusammenhang zwischen der Diskontierung auf der einen Seite und auf der anderen Seite mit Glücksspielverhalten, Rauchen, Finanzverhalten, vorsichtigem Umgang mit Lebensmitteln und Bildungserfolg festgestellt.
Zeitliche Abzinsung von Belohnungen (30)	Untersuchungen haben einen Zusammenhang zwischen Diskontierung und Drogenmissbrauch ergeben.
Bewertung von Argumenten	
Myside bias (31)	Anleger an einer Börse für politische Prognosen trafen Anlageentscheidungen, die davon beeinflusst wurden, von welchem Kandidaten sie hofften, dass er gewinnen würde.
Fiktive Geschworenen-Beratung (32)	Die Urteile von Geschworenen berücksichtigen irrelevante Informationen.
Bewertung der Akten von Straftätern (33)	Die Risikobewertung der Gerichtspsychologen hing davon ab, ob sie für die Staatsanwaltschaft oder die Verteidigung tätig waren.
Alternatives Denken (34)	Jugendliche, die straffällig geworden sind, brachten weniger Argumente zu praktischen Fragen vor als eine Kontrollgruppe.

E		*Rücksetzen auf serielle assoziative Kognition*
Framing		
Framing-Paradigma (35)		Professionelle Börsenhändler übergewichten Tagesverlustpositionen; im Allgemeinen verkaufen Händler Verlustpositionen zu selten und Gewinnpositionen zu oft.
Anchoring		
Anker-Effekte (36)		Die Größe der Mindestanzahlung wirkt sich auf die Größe der Teilzahlung von Kreditkartenschulden aus. Die Bewertung von Immobilienwerten durch Immobilienmakler wird durch den Angebotspreis beeinflusst.
Präferenz-Anomalien		
Outcome Bias - Status Quo Bias (37)		Es hat sich unter anderem gezeigt, dass Entscheidungen über den Abschluss von Versicherungen und den Kauf von Konsumgütern durch die Einschätzung des Status quo beeinflusst werden.
Häufigkeit versus Wahrscheinlichkeit (38)		Die Risiken wurden bei einer Häufigkeitsangabe (10 von 100) höher eingeschätzt als bei einer Wahrscheinlichkeitsangabe (10 %); Häufigkeitsangaben waren wirksamer als Wahrscheinlichkeitsangaben, um Jugendliche von der Benutzung von Mobiltelefonen beim Fahren abzuhalten.
Betrag versus Prozentangabe (39)		Anleger schätzen das Risiko bei Angaben im Dollarformat höher ein als bei entsprechenden Angaben in Prozentform.
Selbstüberschätzung		
Wissens-Kalibribrierung (40)		Der Grad der Selbstüberschätzung stand im Einklang mit einem »Decision Outcomes Inventory«, das 41 negative Folgen wie Kreditausfall und Trunkenheit am Steuer erfasste.
Unrealistischer Optimismus (41)		Die Wechselkurs-Prognosen der Finanzmanager von Unternehmen sind zu optimistisch. Finanzfachleute sind übermäßig zuversichtlich. Übertriebene Zuversicht erhöht das Handelsvolumen.

Mindware-Probleme	
F ★	***Mindware-Lücken***
Probabilistisches Rechnen	
Wahrscheinlich-keits-Rechnen (42)	Geringe Rechenkompetenzen standen in Zusammenhang mit einer verzerrten Wahrnehmung der Risiken und des Nutzens von Vorsorge-Untersuchungen, einer geringeren Therapietreue und ungünstigen medizinischen Behandlungsergebnissen.
Wahrscheinlich-keits-Rechnen (43)	Die Rechenkompetenz von Probanden wurde mit dem Sparen für den Ruhestand in Verbindung gebracht.
Wahrscheinlich-keits-Rechnen (44)	Die Rechenkompetenz von Individuen stand in Zusammenhang mit der Bewertung von Risiken im Alltag, die mit Konsum- und Gesundheits-Entscheidungen verbunden sind.
Wahrscheinlich-keits-Rechnen (45)	Selbst bei Kontrolle der kognitiven Fähigkeiten (Intelligenz) wurde ein Zusammenhang zwischen der Rechenkompetenz und dem Verständnis medizinischer Entscheidungen und der Interpretation medizinischer Daten festgestellt.
Wahrscheinlich-keits-Rechnen (46)	Höhere Bewertungen der Rechen-Kompetenz wurden mit besseren Konsum-Entscheidungen in Verbindung gebracht.
Finanz-Kompetenz und Wirtschaftswissen	
Kosten-Nutzen-Denken (47)	Argumentation im Fall begrenzter Ressourcen: Umwelt-Vorschriften und andere staatliche Vorschriften werden ineffizient verfasst, weil dem Kosten-Nutzen-Denken nicht genügend Beachtung geschenkt wird.
Wahrnehmung von Opportuni-tätskosten (48)	Das Gehaltsniveau von Individuen stand in Zusammenhang mit der Fähigkeit, Opportunitätskosten zu erkennen.
Vermeidung von »versunkenen Kosten« (49)	Der Trugschluss der versunkenen Kosten (nicht mehr amortisierbare frühere Ausgaben) war mit 41 negativen Folgen wie der Nichtrückzahlung von Krediten und Trunkenheit am Steuer verbunden.
Externe Effekte verstehen (50)	Die meisten Menschen in den Vereinigten Staaten sind sich nicht bewusst, dass die Benzinpreise aufgrund von externen Faktoren zu niedrig und nicht zu hoch sind.
Verständnis für die Logik des expo-nentiellen Wach-stums und des Zinseszinses (51)	Die Menschen haben nicht genügend verstanden, übersehen die Fallstricke von Schneeballsystemen und investieren leichtfertig, weil sie die Mathematik des Zinseszinseffekts nicht kennen.

Finanz-Kompetenz und Wirtschaftswissen (Fortsetzung)	
Verständnis von Nullsummen- und Nicht-Nullsummenspielen (52)	Die Ozeane sind überfischt und Verkehrsstaus verschärfen sich, weil die Dilemmasituation nicht begrenzter individueller Interessen nicht erkannt wird.
Angemessene Kontoführung und Verständnis von Finanzierbarkeit (53)	Viele Menschen verfügen über Geld auf Sparkonten, während sie gleichzeitig Kreditkartenschulden mit viel höheren Zinssätzen haben.
Risiko-Wissen	
Wahrnehmung von Risiken und Vorteilen (54)	Regeln zur Vermeidung von Risiken enthüllen den irrigen Glauben von Personen, dass Risiken und Vorteile von verschiedenen Handlungen in negativer Relation stehen.
Wahrnehmung von Risiken und Vorteilen (55)	Das Überschätzen von Risiken des Fliegens im Vergleich zum Autofahren hat sich nach dem 11. September 2001 in einer Weise verändert, die Hunderte von Menschenleben gekostet hat.

G	◆	***Kontaminierte Mindware***
Zurückweisen abergläubischen Denkens		
Paranormales, abergläubisches Denken und Glaube an Glück; Illusion der Kontrolle (56)	Die Messung erbrachte eine negative Korrelation zwischen der Kontroll-Illusion auf der einen Seite und dem Erfolg sowie der Einkünfte von Aktienhändlern auf der anderen Seite; private Investoren handeln zu viel und senken dadurch ihre Anlage-Renditen.	
Bewertung der Auswirkungen paranormaler Überzeugungen (57)	Paranormale Überzeugungen bedingten die Häufigkeit falscher Vorstellungen über das Verhalten von Personen.	
Zurückweisen antiwissenschaftlicher Theorien		
Vertrauen in Alternativ-Medizin (58)	Die Ablehnung traditioneller Therapien führte zu Widerstand gegen Impfungen.	
»Herz statt Kopf«-Bewertung (59)	Glücksspieler erreichten im Vergleich zu einer Kontrollgruppe schlechtere Ergebnisse bei der Einschätzung der Erfolgsaussichten von intuitiven Entscheidungen im Vergleich zu reflektierten Entscheidungen.	
Erkenntnistheoretisches Verständnis (60)	Erkenntnistheoretische Überzeugungen korrespondieren mit Lern-Effizienz von Probanden.	
Intuitiver Denkstil (61)	Psychotherapeuten mit intuitivem Denkstil lehnen Wissenschaft und wissenschaftlich untermauerte Therapien eher ab.	
Zurückweisen von Konspirations-Theorien		
Umfragen zum Glauben an Verschwörungen (62)	Aufgrund von Konspirations-Glauben trinkt ein Drittel der Amerikaner unfluoriertes Wasser, obwohl es umfangreiche wissenschaftliche Beweise dafür gibt, dass Fluoridierung Karies deutlich reduzieren kann.	
Umfragen zum Glauben an Verschwörungen (63)	Impfpaniken wurden durch den Glauben an eine Verschwörung von Pharmaunternehmen ausgelöst.	

Vermeidung Dysfunktionaler Überzeugungen	
Messungen von irrationalen persönlichen Überzeugungen (64)	Es wurden geringe bis mäßige Korrelationen zu Alkohol- und Drogenproblemen festgestellt.
Messungen von irrationalen persönlichen Überzeugungen (65)	Depressive Personen zeigten häufiger dysfunktionale persönliche Einstellungen als nicht depressive Personen.
Messungen von irrationalen persönlichen Überzeugungen (66)	Kinder mit Angststörungen zeigten mehr negative soziale Erwartungen und Selbstaussagen als Kinder ohne Angststörungen.

Denkstile		
H	▲	***Denk-Dispositionen***
Unveränderliche Überzeugungen		
Actively Open-Minded Thinking – AOT (67)	Glücksspieler waren weniger geneigt, Beweise zu berücksichtigen, und favorisierten ihr Bauchgefühl.	
Actively Open-Minded Thinking – AOT (68)	Personen entschieden sich häufiger dafür, sich über ihr Risiko für Typ-2-Diabetes oder Herz-Kreislauf-Erkrankungen zu informieren, wenn sie zuvor überlegt hatten, Gründe dafür zu finden, diese Informationen zu suchen oder zu ignorieren.	
Deliberatives Denken		
Messungen des Bedürfnisses, kognitive Leistung zu erbringen, und typisches intellektuelles Engagement (69)	Es wurden mäßige negative Korrelationen mit Angst, Neurotizismus und Prokrastination festgestellt.	
Zukunftsorientierung		
Planung und Kontroll-Überzeugungen (70)	Die Neigung, zu planen, korrespondiert mit der Tendenz, für das Lebensalter zu sparen; die Kontroll-Überzeugung korrespondiert mit schulischen und sportlichen Leistungen sowie mit verschiedenen gesundheitlichen Konsequenzen.	
Berücksichtigung zukünftiger Konsequenzen (71)	Eine geringe Zukunfts-Orientierung korrespondiert mit finanzieller Verantwortungslosigkeit - impulsives Kaufen, Kreditkarten-Schulden und geringe Neigung zu Sparen.	
Differenzierung von Emotionen		
Messungen von Alexithymie (72)	Glücksspieler schnitten bei der Messung von Alexithymie schlechter ab als die Kontrollgruppe.	

Quellen

1: (Koehler et al., 2002)
2: (Tversky & Kahneman, 1971)
3: (Sundali & Croson, 2006)
4: (Xu & Harvey, 2014)
5: (Dohmen et al., 2009)
6: (Wagenaar, 1988)
7: (Lilienfeld, 2007)
8: (M. Toplak et al., 2007)
9: (Garcia-Retamero & Hoffrage, 2013)
10: (Offit, 2010)
11: (Groopman, 2007)
12: (Kern & Doherty, 1982)
13: (Chapman & Chapman, 1969)
14: (King & Koehler, 2000)
15: (Baumeister et al., 2003)
16: (Wood et al., 2011)
17: (Begley, 2007)
18: (M. E. Toplak et al., 2010)
19: (Gervais, 2015)
20: (Juanchich et al., 2016)
21: (Barr et al., 2015)
22: (Graffeo et al., 2015a)
23: (Redelmeier & Shafir, 1995)
24: (Hastie & Pennington, 2000)
25: (M. E. Toplak et al., 2017)
26: (Pinto-Prades et al., 2006)
27: (Duckworth & Seligman, 2005)
28: (Schlam et al., 2013)
29: (Petry, 2001)
30: (Ainslie, 2005)
31: (Forsythe et al., 1992)
32: (Arkes et al., 2012)
33: (Murrie et al., 2013)
34: (Sorge et al., 2015)
35: (Brocas & Carrillo, 2003)
36: (Stewart, 2009)
37: (Thaler & Benartzi, 2004)
38: (Wu & Weseley, 2013)
39: (Nelson & Rupar, 2015)
40: (Bruine de Bruin et al., 2007a)
41: (Odean, 1998)
42: (Reyna et al., 2009)
43: (Banks & Oldfield, 2007)
44: (Cokely et al., 2012)
45: (Låg et al., 2014)
46: (Graffeo et al., 2015b)
47: (Sunstein, 2002)
48: (Larrick et al., 1993)
49: (Bruine de Bruin et al., 2007b)
50: (Heath, 2014)
51: (Paulos, 2004)
52: (Baron et al., 2006)
53: (Thaler, 1992)
54: (Thaler, 1992)
55: (Gigerenzer, 2006)
56: (Fenton-O'Creevy et al., 2003)
57: (Bensley et al., 2014)
58: (Browne et al., 2015)
59: (M. E. Toplak et al., 2007a)
60: (Sinatra & Pintrich, 2003)
61: (Gaudiano et al., 2011)
62: (Beck, 2008)
63: (Offit, 2010)
64: (Epstein & Meier, 1989)
65: (Hollon & Kendall, 1980)
66: (Chansky & Kendall, 1997)
67: (M. E. Toplak et al., 2007b)
68: (Howell & Shepperd, 2013)
69: (Cacioppo et al., 1996)
70: (Ameriks et al., 2003)
71: (Joireman et al., 2005)
72: (Lumley & Roby, 1995)

Abschluss: Die zunehmende »Feindlichkeit« unserer Welt durchschauen und bekämpfen

An dieser Stelle folgen wir Keith E. Stanovich noch einmal dabei, wie dieser erklärt, warum IQ–Tests die Herausforderung des Erfüllens rationaler Denk-Standards nicht erfassen. *(Stanovich et al., 2016, S. 321–329)* Dazu holen wir ein wenig aus:

Von Kritikern wird gegenüber der heuristics & biases–Forschung häufig ins Feld geführt, deren Aufgaben würden mit intuitiv zwingenden falschen Antworten arbeiten und würden bei Probanden gezielt Fehler provozieren. Forscher würden Versuchsteilnehmer »austricksen« – so wie etwa Shane Frederick mit seiner Schläger– und Ball–Aufgabe.

Tatsächlich ist aber laut Stanovich die Nutzung von »zwingenden« intuitiven Falschantworten genau das, was solche Aufgaben zur Bewertung von reflektivem bzw. rationalem Denken qualifiziert. Es sei eine korrekte Wahrnehmung: Heuristics & biases–Aufgabenstellungen sind gegenüber den Testpersonen »feindlich« aufgestellt – ganz anders als typische Intelligenz-Testaufgaben. Fragebögen zur Feststellung des IQ enthalten keine »verführerischen« Verlockungen zur Provokation von Antwortfehlern.

Hintergrund ist, dass IQ–Tests, charakteristischer Weise die algorithmische Leistung des Denkens in einer gutartigen Umgebung bewerten. – Wiederholen wir den Hintergrund gutartiger und feindseliger Umgebungen an dieser Stelle noch einmal: Eine gutartige Umgebung enthält für Individuen nützliche Hinweise, auf deren Basis diese erfolgreich verschiedene hilfreiche Heuristiken nutzen können. Heuristiken sind »Daumenregeln«, die helfen, trotz begrenztem Wissen und wenig Überlegung zu Problem–Lösungen zu kommen. Damit eine Umgebung als gutartig eingestuft werden kann, muss sie frei von anderen Individuen sein, die es darauf anlegen, diejenigen auszunutzen und zu übervorteilen, die sich zu sehr auf Heuristiken statt auf gründliches eigenes Nachdenken verlassen. Im Gegensatz dazu ist eine feindliche Umgebung für Heuristiken ein Umfeld, in dem es keine Hinweise gibt, wie heuristische »Kniffe« erfolgreich genutzt werden können, oder das von Akteuren bevölkert ist, die Auslöser für die Nutzung von Heuristiken zu ihrem eigenen Vorteil arrangieren.

Aus Sicht Keith E. Stanovichs ist es das Konzept des CART, diese problematische Situation für Individuen zu simulieren und Denktests in dieses Szenario zu platzieren. Aus seiner Sicht ist deshalb die angebliche Künstlichkeit von heuristics & biases–Aufgaben nicht nur ein wesentliches Designmerkmal des Rationalitäts–Tests, sondern auch sein bedeutendster Vorteil.

Hintergrund ist, dass unsere moderne Welt zunehmend den Charakter einer feindseligen Umgebung annimmt und die Anforderungen an individuelle Rationalität im Rahmen der Entwicklung moderner technologischer Gesellschaften stetig zunimmt. Die im Rahmen des CART bewertete Fähigkeit, in ungewohnten Situationen gute Denkleistungen zu erbringen, gewinnt wachsende Bedeutung.

Wenn die angebliche »Weltfremdheit« der Labor–Tests bemängelt wird, irren sich die Kritiker laut Stanovich grundlegend.

Moderne technologische Gesellschaften konfrontieren Menschen immer wieder mit Situationen, in denen sie ihre gewohnten Denk–Routinen, Vorstellungen und Lebensweisheiten in Frage stellen müssen. Sie sind anders ausgedrückt herausgefordert, Informationen aus einer weiteren Perspektive zu betrachten und von ihren persönlich vertrauten Sichtweisen zu abstrahieren: Sie müssen »dekontextualisieren«.

Das Internet ist dabei symptomatisch für ständig latent drohende Gefahrenquellen für unsere Fähigkeit, realistisches Wissen über die Welt zu gewinnen und darauf abgestimmt optimale Entscheidungen zu fällen. – Allgegenwärtig sind neben Fake–News zu allen denkbaren Themen; Phishing in Form vom E–Mails, die wie die uns vertrauten Briefe unserer Bank gestaltet sind; Tracking und Spyware zur Ausforschung unserer privaten Bedürfnisse; Scareware – Einsatz von Malware, die Nutzern Angst einjagt, um diese zu bestimmten Handlungen zu bewegen usw.

Zwar soll nicht behauptet werden, es wäre immer besser, das zu ignorieren, was wir an Wissen erworben haben. Häufig mögen wir tatsächlich über gut begründetes Vorwissen verfügen, um Probleme zu lösen und gute Entscheidungen zu fällen.

Doch schafft die zunehmend digitalisierte Welt der Moderne immer mehr Situationen, in denen eine konsequente Dekontextualisierung erforderlich ist. Gefordert ist also immer häufiger, das zu ignorieren, was wir wissen oder glauben. *(Stanovich et al., 2016, S. 327)* Mit anderen Worten stellt die Moderne an uns die Anforderung, ständig zu einem »Override« bereit zu sein, indem wir unser personalisiertes Wissen und Know–how überschreiben.

Wie gehen Sie nun vor?

Wie gestalten Sie Ihr persönliches Programm zur Vermeidung der häufig kostspieligen Folgen irrationalen Denkens und Handelns?

ANHANG

Quellenhinweise

Ainslie, G. (2005). Précis of Breakdown of Will. Behavioral and Brain Sciences, 28(5), 635–673.

Ameriks, J., Caplin, A., & Leahy, J. (2003). Wealth accumulation and the propensity to plan. Quarterly Journal of Economics, 118(3), 1007–1047. https://doi.org/10.1162/00335530360698487

Arkes, H. R., Shoots-Reinhard, B., & Mayes, R. S. (2012). Disjunction Between Probability and Verdict in Juror Decision Making. Journal of Behavioral Decision Making, 25(3), 276–294. https://doi.org/10.1002/bdm.734

Bagby, R. M., Parker, J. D. A., & Taylor, G. J. (1994). The twenty-item Toronto Alexithymia scale—I. Item selection and cross-validation of the factor structure. Journal of Psychosomatic Research, 38(1), 23–32. https://doi.org/10.1016/0022-3999(94)90005-1

Banks, J., & Oldfield, Z. (2007). Understanding Pensions: Cognitive Function, Numerical Ability and Retirement Saving. Fiscal Studies, 28(2), 143–170.

Barbas, H., & Rempel-Clower, N. (1997). Cortical structure predicts the pattern of corticocortical connections. Cerebral Cortex (New York, N.Y.: 1991), 7(7), 635–646. https://doi.org/10.1093/cercor/7.7.635

Baron, J. (2005). Rationality and intelligence (1st pbk. ed). Cambridge University Press.

Baron, J. (2007). Thinking and Deciding (4. Aufl.). Cambridge University Press.

Baron, J., & Hershey, J. C. (1988). Outcome bias in decision evaluation. Journal of Personality and Social Psychology, 54(4), 569–579. https://doi.org/10.1037/0022-3514.54.4.569

Baron, J., Bazerman, M. H., & Shonk, K. (2006). Enlarging the societal pie through wise legislation. Perspectives on Psychological Science, 1(2), 123–132. https://doi.org/10.1111/j.1745-6916.2006.00009.x

Barr, N., Pennycook, G., Stolz, J. A., & Fugelsang, J. A. (2015). The brain in your pocket: Evidence that Smartphones are used to supplant thinking. Computers in Human Behavior, 48, 473–480. https://doi.org/10.1016/j.chb.2015.02.029

Barrett, L. F. (2017). The theory of constructed emotion: An active inference account of interoception and categorization. Social Cognitive and Affective Neuroscience, 12(1), 1–23. https://doi.org/10.1093/scan/nsw154

Barrett, L. F. (2018). How emotions are made: The secret life of the brain (Paperback edition). PAN Books.

Barrett, L. F. (2020). Seven and a half lessons about the brain. Houghton Mifflin Harcourt.

Barrett, L. F. (2022). Neuroscience says there‹s no such thing as free will. A psychologist explains why that might not be true. (o. J.). BBC Science Focus Magazine. Abgerufen 22. März 2022, von https://www.sciencefocus.com/the-human-body/free-will/

Barrett, L. F., & Satpute, A. B. (2013). Large-scale brain networks in affective and social neuroscience: Towards an integrative functional architecture of the brain. Current Opinion in Neurobiology, 23(3), 361–372. https://doi.org/10.1016/j.conb.2012.12.012

Barrett, L. F., & Simmons, W. K. (2015). Interoceptive predictions in the brain. Nature Reviews Neuroscience, 16(7), 419–429. https://doi.org/10.1038/nrn3950

Baumeister, R. F., Campbell, J. D., Krueger, J. I., & Vohs, K. D. (2003). Does High Self-Esteem Cause Better Performance, Interpersonal Success, Happiness, or Healthier Lifestyles? Psychological Science in the Public Interest: A Journal of the American Psychological Society, 4(1), 1–44. https://doi.org/10.1111/1529-1006.01431

Beck, M. (2008, November 4). And You Thought the Debate Over Fluoridation Was Settled. Wall Street Journal, (62).

Begley, S. (2007). The truth about denial. Newsweek, 150(7), 20–27, 29.

Bensley, D. A., Lilienfeld, S. O., & Powell, L. A. (2014). A new measure of psychological misconceptions: Relations with academic background, critical thinking, and acceptance of paranormal and pseudoscientific claims. Learning and Individual Differences, 36, 9–18. https://doi.org/10.1016/j.lindif.2014.07.009

Bohner, G., Wänke, M., Schwarz, N., & Bless, H. (1994). Need for Cognition: Eine Skala zur Erfassung von Freude und Engagement bei Denkaufgaben. Zeitschrift für Sozialpsychologie, 25, 147–154.

Brookwood, M. (2021). The Orphans of Davenport: Eugenics, the Great Depression, and the War over Children's Intelligence. Liveright.

Bortz, J. (1977). Lehrbuch der Statistik: Für Sozialwissenschaftler. Springer-Verlag.

Brocas, I., & Carrillo, J. D. (Hrsg.). (2003). The psychology of economic decisions. Oxford University Press.

Brodmann, K. (1909). Vergleichende Lokalisationslehre der Grosshirnrinde in ihren Prinzipien dargestellt auf Grund des Zellenbaues. Leipzig : Barth. http://archive.org/details/b28062449

Brookwood, M. (2021). The Orphans of Davenport: Eugenics, the Great Depression, and the War over Children‹s Intelligence. Liveright.

Browne, M., Thomson, P., Rockloff, M. J., & Pennycook, G. (2015). Going against the Herd: Psychological and Cultural Factors Underlying the ›Vaccination Confidence Gap‹. PLOS ONE, 10(9), e0132562. https://doi.org/10.1371/journal.pone.0132562

Bruine de Bruin, W., Parker, A. M., & Fischhoff, B. (2007a). Individual differences in adult decision-making competence. Journal of Personality and Social Psychology, 92(5), 938–956. https://doi.org/10.1037/0022-3514.92.5.938

Bruine de Bruin, W., Parker, A. M., & Fischhoff, B. (2007b). Individual differences in adult decision-making competence. Journal of Personality and Social Psychology, 92(5), 938–956. https://doi.org/10.1037/0022-3514.92.5.938

Bunge, M., (1984). Das Leib-Seele-Problem: Ein psychobiologischer Versuch. Mohr.

Bunge, M. (1999). Social science under debate: A philosophical perspective (Reprinted). Univ. of Toronto Press.

Bunge, M. (2010). Matter and Mind: A philosophical inquiry. Springer Verlag.

Cacioppo, J. T., Petty, R. E., Feinstein, J. A., & Jarvis, W. B. G. (1996). Dispositional differences in cognitive motivation: The life and times of individuals varying in need for cognition. Psychological Bulletin, 119(2), 197–253. https://doi.org/10.1037/0033-2909.119.2.197

Cattell-Horn-Carroll-Modell. (2020). In Wikipedia. https://de.wikipedia.org/w/index.php?title=Cattell-Horn-Carroll-Modell&oldid=204636442

Chanes, L., & Barrett, L. F. (2016). Redefining the Role of Limbic Areas in Cortical Processing. Trends in Cognitive Sciences, 20(2), 96–106. https://doi.org/10.1016/j.tics.2015.11.005

Chansky, T. E., & Kendall, P. C. (1997). Social expectancies and self-perceptions in anxiety-disordered children. Journal of Anxiety Disorders, 11(4), 347–363. https://doi.org/10.1016/S0887-6185(97)00015-7

Chapman, L. J., & Chapman, J. P. (1969). Illusory correlation as an obstacle to the use of valid psychodiagnostic signs. Journal of Abnormal Psychology, 74(3), 271–280. https://doi.org/10.1037/h0027592

Clark, A. (2014). Mindware: An introduction to the philosophy of cognitive science (Second Edition). Oxford University Press.

Cokely, E. T., Galesic, M., Schulz, E., Ghazal, S., & Garcia-Retamero, R. (2012). Measuring risk literacy: The Berlin Numeracy Test. Judgment and Decision Making, 7(1), 25–47.

Colom, R., Rebollo, I., Palacios, A., Juan-Espinosa, M., & Kyllonen, P. C. (2004). Working memory is (almost) perfectly predicted by g. Intelligence, 32(3), 277–296. https://doi.org/10.1016/j.intell.2003.12.002

Damasio, A. R., & Damasio, A. R. (1997). Descartes‹ Irrtum: Fühlen, Denken und das menschliche Gehirn (3. Aufl). List.

Denes-Raj, V., & Epstein, S. (1994). Conflict between intuitive and rational processing: When people behave against their better judgment. Journal of Personality and Social Psychology, 66(5), 819–829. https://doi.org/10.1037/0022-3514.66.5.819

Dohmen, T., Falk, A., Huffman, D., Sunde, U., & Marklein, F. (2009). Biased Probability Judgment: Evidence of Incidence and Relationship to Economic Outcomes From a Representative Sample. Journal of Economic Behavior & Organization, 72, 903–915. https://doi.org/10.1016/j.jebo.2009.07.014

Droste, H. W. (1984). »Das Verhältnis zwischen der Freiheit des Individuums und der Struktur sozialen Handelns im Vergleich von Kant und Parsons« Hausarbeit zur Erlangung des Grades eines Magister Artium der Philosophischen Fakultät der Universität Düsseldorf.

Droste, H. W. (2015). Turn of the Tide - Gezeitenwechsel: Einführung in Mario Bunges exakte Philosophie (1. Auflage). Alibri Verlag.

Droste, H. W. (2019). AGIL – Kommunikation als kreativer Prozess: Anleitungen, Checklisten, Modelle und Case Stories (Auflage 2). Pedion Verlag.

Droste, H. W. (2020). Kommunikation: Planung und Gestaltung öffentlicher Meinung. Zwei Bände (Auflage 3) Pedion Verlag.

Droste, H. W., The virus of myside bias is spreading among cognitive elites—Interview with Keith E. Stanovich. (2020, Juli 25). AGIL-Blog Wissenschaft & Kommunikation. https://a-g-i-l.de/the-virus-of-myside-bias-is-spreading-among-cognitive-elites-interview-with-keith-e-stanovich/

Duckworth, A. L., & Seligman, M. E. P. (2005). Self-discipline outdoes IQ in predicting academic performance of adolescents. Psychological Science, 16(12), 939–944. https://doi.org/10.1111/j.1467-9280.2005.01641.x

Epstein, S., & Meier, P. (1989). Constructive thinking: A broad coping variable with specific components. Journal of Personality and Social Psychology, 57(2), 332–350. https://doi.org/10.1037/0022-3514.57.2.332

Evans, J. S. B. T. (2006). The Heuristic-Analytic Theory of Reasoning: Extension and Evaluation. Psychonomic bulletin & review, 13, 378–395. https://doi.org/10.3758/BF03193858

Evans, J. S. B. T., & Frankish, K. (Hrsg.). (2009). In two minds: Dual processes and beyond. Oxford University Press.

Evans, J. St. B. T., & Stanovich, K. E. (2013). Dual-Process Theories of Higher Cognition: Advancing the Debate. Perspectives on Psychological Science, 8(3), 223–241. https://doi.org/10.1177/1745691612460685

Evans, J. St. B. T., Manktelow, K. I., Over, D. E., & Elqayam, S. (2012). The science of reason: A festschrift for Jonathan St. B.T. Evans. Psychology.

Fenton-O‹Creevy, M., Nicholson, N., Soane, E., & Willman, P. (2003). Trading on illusions: Unrealistic perceptions of control and trading performance. Journal of Occupational and Organizational Psychology, 76(1), 53–68. https://doi.org/10.1348/096317903321208880

Ferrer, E. (2009). Fluid reasoning and the developing brain. Frontiers in Neuroscience, 3(1). https://doi.org/10.3389/neuro.01.003.2009

Forsythe, R., Nelson, F., Neumann, G. R., & Wright, J. (1992). Anatomy of an Experimental Political Stock Market. American Economic Review, 82(5), 1142–1161.

Frederick, S. (2005). Cognitive Reflection and Decision Making. Journal of Economic Perspectives, 19(4), 25–42. https://doi.org/10.1257/089533005775196732

Garcia-Retamero, R., & Hoffrage, U. (2013). Visual representation of statistical information improves diagnostic inferences in doctors and their patients. Social Science & Medicine (1982), 83, 27–33. https://doi.org/10.1016/j.socscimed.2013.01.034

Gaudiano, B. A., Brown, L. A., & Miller, I. W. (2011). Let your intuition be your guide? Individual differences in the evidence-based practice attitudes of psychotherapists. Journal of Evaluation in Clinical Practice, 17(4), 628–634. https://doi.org/10.1111/j.1365-2753.2010.01508.x

Gervais, W. M. (2015). Override the controversy: Analytic thinking predicts endorsement of evolution. Cognition, 142, 312–321. https://doi.org/10.1016/j.cognition.2015.05.011

Gigerenzer, G. (2006). Out of the frying pan into the fire: Behavioral reactions to terrorist attacks. Risk Analysis: An Official Publication of the Society for Risk Analysis, 26(2), 347–351. https://doi.org/10.1111/j.1539-6924.2006.00753.x

Gigerenzer, G., & Goldstein, D. G. (2011). The recognition heuristic: A decade of research. Judgment and Decision Making, 6(1), 23.

Gopnik, A. (2009). The Philosophical Baby: What Children‹s Minds Tell Us About Truth, Love, and the Meaning of Life (1st edition). Farrar, Straus and Giroux.

Gopnik, A. (2019, Oktober 11). The Ultimate Learning Machines. Wall Street Journal. https://www.wsj.com/articles/the-ultimate-learning-machines-11570806023

Gopnik, A., Meltzoff, A. N., & Kuhl, P. K. (2009). The Scientist In The Crib: Minds. Brains, And How Children Learn (Reprint edition). HarperCollins e-books.

Graffeo, M., Polonio, L., & Bonini, N. (2015a). Individual differences in competent consumer choice: The role of cognitive reflection and numeracy skills. Frontiers in Psychology, 6. https://doi.org/10.3389/fpsyg.2015.00844

Graffeo, M., Polonio, L., & Bonini, N. (2015b). Individual differences in competent consumer choice: The role of cognitive reflection and numeracy skills. Frontiers in Psychology, 6. https://doi.org/10.3389/fpsyg.2015.00844

Grill-Spector, K., & Weiner, K. S. (2014). The functional architecture of the ventral temporal cortex and its role in categorization. Nature Reviews Neuroscience, 15(8), 536–548. https://doi.org/10.1038/nrn3747

Groopman, J. E. (2007). How doctors think: Bd. (11). Houghton Mifflin.

Haidt, J. (2013). The righteous mind: Why good people are divided by politics and religion. Penguin Books.

Hammer, M. (2017). Der Feind in meinem Kopf: Stopp den inneren Kritiker! (5. Auflage). Gräfe und Unzer Verlag GmbH.

Hastie, R., & Pennington, N. (2000). Explanation-based decision making. In Judgment and decision making: An interdisciplinary reader, 2nd ed: Bd. (24) (S. 212–228). Cambridge University Press.

Heath, J. (2014). Efficient society. Pintail. http://rbdigital.oneclickdigital.com

Hollon, S. D., & Kendall, P. C. (1980). Cognitive self-statements in depression: Development of an automatic thoughts questionnaire. Cognitive Therapy and Research, 4(4), 383–395. https://doi.org/10.1007/BF01178214

Howell, J. L., & Shepperd, J. A. (2013). Reducing health-information avoidance through contemplation. Psychological Science, 24(9), 1696–1703. https://doi.org/10.1177/0956797613478616

Hsee, C. K. (1998). Less is better: When low-value options are valued more highly than high-value options. Journal of Behavioral Decision Making, 11(2), 107–121. https://doi.org/10.1002/(SICI)1099-0771(199806)11:2<107::AID-BDM292>3.0.CO;2-Y

Hull, D. L. (2001). Science and selection: Essays on biological evolution and the philosophy of science. Cambridge University Press.

Hunt, E. B. (2012). What Makes Nations Intelligent? Perspectives on Psychological Science, 7(3), 284–306. https://doi.org/10.1177/1745691612442905

Isaacson, W. (2012). Steve Jobs: Die autorisierte Biografie des Apple-Gründers (A. Gittinger, D. Mallett, O. Grasmück, A. Stumpf, G. Werbeck, & E. Martin, Übers.; 8.Auflage, genehmigte Taschenbuchausgabe). btb.

Janssen, E. M., Verkoeijen, P. P. J. L., Heijltjes, A. E. G., Mainhard, T., van Peppen, L. M., & van Gog, T. (2020). Psychometric properties of the Actively Open-minded Thinking scale. Thinking Skills and Creativity, 36, 100659. https://doi.org/10.1016/j.tsc.2020.100659

Jensen, A. R. (1998). The g factor: The science of mental ability. Praeger.

Jessop, A. (2018). Let the Evidence Speak: Using Bayesian Thinking in Law, Medicine, Ecology and Other Areas (1st ed. 2018). Springer International Publishing: Imprint: Springer. https://doi.org/10.1007/978-3-319-71392-2

Joireman, J., Sprott, D. E., & Spangenberg, E. R. (2005). Fiscal responsibility and the consideration of future consequences. Personality and Individual Differences, 39(6), 1159–1168. https://doi.org/10.1016/j.paid.2005.05.002

Juanchich, M., Dewberry, C., Sirota, M., & Narendran, S. (2016). Cognitive reflection predicts real-life decision outcomes, but not over and above personality and decision-making styles. Journal of Behavioral Decision Making, 29(1), 52–59. https://doi.org/10.1002/bdm.1875

Kahneman, D. (2003). A perspective on judgment and choice: Mapping bounded rationality. The American Psychologist, 58(9), 697–720. https://doi.org/10.1037/0003-066X.58.9.697

Kahneman, D. (2011). Thinking, Fast and Slow (Illustrated Edition). Macmillan Us.

Kahneman, D. (2019). Schnelles Denken, langsames Denken (T. Schmidt, Übers.; 25. Auflage). Siedler.

Kahneman, D., & Tversky, A. (1996). On the reality of cognitive illusions. Psychological Review, 103(3), 582–591. https://doi.org/10.1037/0033-295X.103.3.582

Kak, S. (2019). Why a computer will never be truly conscious. The Conversation. Abgerufen 8. März 2022, von http://theconversation.com/why-a-computer-will-never-be-truly-conscious-120644

Kandel, E. R., & Squire, L. R. (2000). Neuroscience: Breaking Down Scientific Barriers to the Study of Brain and Mind. Science, 290(5494), 1113–1120. https://doi.org/10.1126/science.290.5494.1113

Kern, L., & Doherty, M. E. (1982). »Pseudodiagnosticity« in an idealized medical problem-solving environment. Journal of Medical Education, 57(2), 100–104. https://doi.org/10.1097/00001888-198202000-00004

King, R. N., & Koehler, D. J. (2000). Illusory correlations in graphological inference. Journal of Experimental Psychology: Applied, 6(4), 336–348. https://doi.org/10.1037/1076-898X.6.4.336

Kitayama, S. (2021). Perspectives and the Truth: Another Case for Diversity and Inclusion. APS Observer, 34(1). https://www.psychologicalscience.org/observer/kitayama-inclusive-perspectives

Kleckner, I. R., Zhang, J., Touroutoglou, A., Chanes, L., Xia, C., Simmons, W. K., Quigley, K. S., Dickerson, B. C., & Barrett, L. F. (2017). Evidence for a Large-Scale Brain System Supporting Allostasis and Interoception in Humans. Nature human behaviour, 1, 0069. https://doi.org/10.1038/s41562-017-0069

Koehler, D. J., Brenner, L., & Griffin, D. (2002). The calibration of expert judgment: Heuristics and biases beyond the laboratory. In Heuristics and biases: The psychology of intuitive judgment (S. 686–715). Cambridge University Press. https://doi.org/10.1017/CBO9780511808098.041

Krönke, K.-M., Wolff, M., Shi, Y., Kräplin, A., Smolka, M. N., Bühringer, G., & Goschke, T. (2020). Functional connectivity in a triple-network saliency model is associated with real-life self-control. Neuropsychologia, 149, 107667. https://doi.org/10.1016/j.neuropsychologia.2020.107667

Kruglanski, A. W., & Webster, D. M. (1996). Motivated closing of the mind: »Seizing« and »freezing.« Psychological Review, 103(2), 263–283. https://doi.org/10.1037/0033-295X.103.2.263

Låg, T., Bauger, L., Lindberg, M., & Friborg, O. (2014). The role of numeracy and intelligence in health-risk estimation and medical data interpretation. Journal of Behavioral Decision Making, 27(2), 95–108. https://doi.org/10.1002/bdm.1788

Larrick, R. P., Nisbett, R. E., & Morgan, J. N. (1993). Who uses the cost-benefit rules of choice? Implications for the normative status of microeconomic theory. Organizational Behavior and Human Decision Processes, 56(3), 331–347. https://doi.org/10.1006/obhd.1993.1058

Levesque, H. J. (1986). Making believers out of computers. Artificial Intelligence, 30(1), 81–108. https://doi.org/10.1016/0004-3702(86)90068-8

Levesque, H. J. (1989). Logic and the Complexity of Reasoning. In R. H. Thomason (Hrsg.), Philosophical Logic and Artificial Intelligence (S. 73–107). Springer Netherlands. https://doi.org/10.1007/978-94-009-2448-2_4

Lewandowsky, S., Oberauer, K., & Gignac, G. E. (2013). NASA Faked the Moon Landing—Therefore, (Climate) Science Is a Hoax: An Anatomy of the Motivated Rejection of Science. Psychological Science, 24(5), 622–633. https://doi.org/10.1177/0956797612457686

Lewin, K., Dynamics, M. U. R. C. for G., & Dynamics, U. of M. R. C. for G. (1951). Field Theory in Social Science: Selected Theoretical Papers. Harper.

Lichtenstein, S., & Slovic, P. (Hrsg.). (2006). The construction of preference. Cambridge University Press.

Lilienfeld, S. O. (2007). Psychological Treatments That Cause Harm. Perspectives on Psychological Science: A Journal of the Association for Psychological Science, 2(1), 53–70. https://doi.org/10.1111/j.1745-6916.2007.00029.x

Lumley, M. A., & Roby, K. J. (1995). Alexithymia and pathological gambling. Psychotherapy and Psychosomatics, 63(3–4), 201–206. https://doi.org/10.1159/000288960

Lupia, A. (2016). Uninformed: Why people know so little about politics and what we can do about it. Oxford University Press.

Manktelow, K. I. (1999). Reasoning and thinking. Psychology Press.

Mesulam, M. M. (1998). From sensation to cognition. Brain: A Journal of Neurology, 121 (Pt 6), 1013–1052. https://doi.org/10.1093/brain/121.6.1013

Mesulam, M. M. (2012). The evolving landscape of human cortical connectivity: Facts and inferences. NeuroImage, 62(4), 2182–2189. https://doi.org/10.1016/j.neuroimage.2011.12.033

Murrie, D. C., Boccaccini, M. T., Guarnera, L. A., & Rufino, K. A. (2013). Are Forensic Experts Biased by the Side That Retained Them? Psychological Science, 24(10), 1889–1897. https://doi.org/10.1177/0956797613481812

Nelson, M. W., & Rupar, K. K. (2015). Numerical formats within risk disclosures and the moderating effect of investors‹ concerns about management discretion. The Accounting Review, 90(3), 1149–1168.

Nemiah, J. C., Freyberger, H., & Sifneos, P. E. (1976). Alexithymia: A view of the psychosomatic process. In O. W. Hill (Hrsg.): Modern Trends in Psychosomatic Medicine (Bd. 3, S. 430–439). Butterworths.

Odean, T. (1998). Volume, Volatility, Price, and Profit When All Traders Are Above Average. The Journal of Finance, 53(6), 1887–1934. https://doi.org/10.1111/0022-1082.00078

Offit, P. A. (2010). Autism‹s False Prophets: Bad Science, Risky Medicine, and the Search for a Cure: Bd. (10) (63). Columbia University Press.

Oreskes, N., & Conway, E. M. (2010). Merchants of doubt: How a handful of scientists obscured the truth on issues from tobacco smoke to global warming (1st U.S. ed). Bloomsbury Press.

Orwell, G., Orwell, S., & Orwell, G. (1984). As I please: 1943 - 1945 (Repr). Penguin Books.

Paulos, J. A. (2004). A mathematician plays the stock market (1 paperback ed.). Basic Books.

Perkins, D. (1995). Outsmarting IQ: The Emerging Science of Learnable Intelligence. Free Press.

Petry, N. M. (2001). Substance abuse, pathological gambling, and impulsiveness. Drug and Alcohol Dependence, 63(1), 29–38. https://doi.org/10.1016/S0376-8716(00)00188-5

Pinto-Prades, J.-L., Martinez-Perez, J.-E., & Abellán-Perpiñán, J. (2006). The influence of the ratio bias phenomenon on the elicitation of health states utilities. Judgment and Decision Making, 1(2), 118–133.

Popper, K. R., & Eccles, J. C. (1989). Das Ich und sein Gehirn (14. Aufl.). Piper Taschenbuch.

Postman, N. (1988). Conscientious Objections. Knopf.

Pronin, E., Lin, D., & Ross, L. (2002). The Bias Blind Spot: Perceptions of Bias in Self Versus Others. Personality and Social Psychology Bulletin, 28, 369–381. https://doi.org/10.1177/0146167202286008

Quine, W. V. (2016). Grundzüge der Logik (D. Siefkes, Übers.; 14. Auflage). Suhrkamp.

Raichle, M. E. (2006). The Brain's Dark Energy. Science, 314(5803), 1249–1250. https://doi.org/10.1126/science

Raichle, M. E. (2010). The Brain's Dark Energy. Scientific American, 302(3), 44–49. https://doi.org/10.1038/scientificamerican0310-44

Raichle, M. E., & Snyder, A. Z. (2007). A default mode of brain function: A brief history of an evolving idea. NeuroImage, 37(4), 1083–1090. https://doi.org/10.1016/j.neuroimage.2007.02.041

Redelmeier, D. A., & Shafir, E. (1995). Medical decision making in situations that offer multiple alternatives. JAMA, 273(4), 302–305.

Reyna, V. F., Nelson, W. L., Han, P. K., & Dieckmann, N. F. (2009). How numeracy influences risk comprehension and medical decision making. Psychological Bulletin, 135(6), 943–973. https://doi.org/10.1037/a0017327

Richerson, P. J., & Boyd, R. (2005). Not by genes alone: How culture transformed human evolution. University of Chicago Press.

Roth, W. (2020). SOKO Erle: Der Mordfall Carolin G (2. neubearbeitete Auflage). Hansanord-Verlag.

Rothmann, S., & Coetzer, E. P. (2003). The big five personality dimensions and job performance. SA Journal of Industrial Psychology, 29(1). https://doi.org/10.4102/sajip.v29i1.88

Schacter, D. L., Addis, D. R., Hassabis, D., Martin, V. C., Spreng, R. N., & Szpunar, K. K. (2012). The Future of Memory: Remembering, Imagining, and the Brain. Neuron, 76(4), 677–694. https://doi.org/10.1016/j.neuron.2012.11.001

Schlam, T. R., Wilson, N. L., Shoda, Y., Mischel, W., & Ayduk, O. (2013). Preschoolers‹ Delay of Gratification Predicts Their Body Mass 30 Years Later. The Journal of pediatrics, 162(1), 90–93. https://doi.org/10.1016/j.jpeds.2012.06.049

Schneider, W. J., & McGrew, K. S. (2012). The Cattell-Horn-Carroll model of intelligence. In Contemporary intellectual assessment: Theories, tests, and issues, 3rd ed (S. 99–144). The Guilford Press.

Sinatra, G. M., & Hofer, B. K. (2021). *Science denial: Why it happens and what to do about it*. Oxford University Press.

Sinatra, G. M., & Pintrich, P. R. (2003). Intentional Conceptual Change.

Sorge, G. B., Skilling, T. A., & Toplak, M. E. (2015). Intelligence, Executive Functions, and Decision Making as Predictors of Antisocial Behavior in an Adolescent Sample of Justice-Involved Youth and a Community Comparison Group: Decision Making and Antisocial Behavior. Journal of Behavioral Decision Making, 28(5), 477–490. https://doi.org/10.1002/bdm.1864

Stanovich, K. E. (1999). Who is rational? Studies of individual differences in reasoning. Erlbaum.

Stanovich, K. E. (2002). Rationality, intelligence, and levels of analysis in cognitive science: Is dysrationalia possible? In R. J. Sternberg (Hrsg.), Why smart people can be so stupid (S. 124–158). Yale University Press.

Stanovich, K. E. (2005). The robot‹s rebellion: Finding meaning in the age of Darwin. University of Chicago Press.

Stanovich, K. E. (2009a). What Intelligence Tests Miss (1. Aufl.). Yale University Press.

Stanovich, K. E. (2009b). Distinguishing the reflective, algorithmic, and autonomous minds: Is it time for a tri-process theory? In J. Evans & K. Frankish (Hrsg.), In two minds: Dual processes and beyond (S. 55–88). Oxford University Press. https://doi.org/10.1093/acprof:oso/9780199230167.003.0003

Stanovich, K. E. (2011). Rationality and the reflective mind. Oxford University Press.

Stanovich, K. E. (2013). Why humans are (sometimes) less rational than other animals: Cognitive complexity and the axioms of rational choice. Thinking & Reasoning, 19(1), 1–26. https://doi.org/10.1080/13546783.2012.713178

Stanovich, K. E. (2014, Februar). What intelligence tests miss. https://thepsychologist.bps.org.uk. https://thepsychologist.bps.org.uk/volume-27/edition-2/what-intelligence-tests-miss

Stanovich, K. E. (2015, Januar 1). Rational and Irrational Thought: The Thinking That IQ Tests Miss. Scientific American. https://doi.org/10.1038/scientificamericanmind1109-34

Stanovich, K. E. (2016). The Comprehensive Assessment of Rational Thinking. Educational Psychologist, 51(1), 23–34. https://doi.org/10.1080/00461520.2015.1125787

Stanovich, K. E., Were Trump Voters Irrational? (2017, September 28). Quillette. https://quillette.com/2017/09/28/trump-voters-irrational/

Stanovich, K. E. (2021). The Bias That Divides Us: The Science and Politics of Myside Thinking. MIT Press.

Stanovich, K. E., & Stanovich, P. J. (2010). A framework for critical thinking, rational thinking, and intelligence. In Innovations in educational psychology: Perspectives on learning, teaching, and human development (S. 195–237). Springer Publishing Company.

Stanovich, K. E., & Toplak, M. E. (2016). The rationality quotient: Toward a test of rational thinking. MIT Press.

Stanovich, K. E., & Toplak, M. E. (2019). The need for intellectual diversity in psychological science: Our own studies of actively open-minded thinking as a case study. Cognition, 187, 156–166. https://doi.org/10.1016/j.cognition.2019.03.006

Stanovich, K. E. & West, R. F. (1998a). Cognitive Ability and Variation in Selection Task Performance. Thinking & Reasoning, 4(3), 193–230. https://doi.org/10.1080/135467898394139

Stanovich, K. E. & West, R. F. (1998b). Individual Differences in Framing and Conjunction Effects. Thinking & Reasoning, 4(4), 289–317. https://doi.org/10.1080/135467898394094

Stanovich, K. E., & West, R. F. (1997). Reasoning independently of prior belief and individual differences in actively open-minded thinking. Journal of Educational Psychology, 89(2), 342–357. https://doi.org/10.1037/0022-0663.89.2.342

Stanovich, K. E., & West, R. F. (2000). Individual differences in reasoning: Implications for the rationality debate? Behavioral and Brain Sciences, 23(5), 645–665. https://doi.org/10.1017/S0140525X00003435

Stanovich, K. E., & West, R. F. (2008). On the failure of cognitive ability to predict myside and one-sided thinking biases. Thinking & Reasoning, 14(2), 129–167. https://doi.org/10.1080/13546780701679764

Stanovich, K. E., & West, R. F. (2014). The Assessment of Rational Thinking: IQ ≠ RQ. Teaching of Psychology, 41(3), 265–271. https://doi.org/10.1177/0098628314537988

Stanovich, K. E., Toplak, M. E., & West, R. F. (2020). Intelligence and rationality. In R. J. Sternberg (Hrsg.), Sternberg, R. (Ed.). (2020). The Cambridge Handbook of Intelligence (2. Aufl., S. 1106–1139). Cambridge University Press.

Stanovich, K. E., West, R. F., & Toplak, M. E. (2016). TOWARD A RATIONALITY QUOTIENT (RQ)—The Comprehensive Assessment of Rational Thinking (CART). In N. Galbraith, E. Lucas, & D. Over (Hrsg.), The Thinking Mind: A Festschrift for Ken Manktelow. Psychology Press.

Sternberg, R. J. (Hrsg.). (2019). The Cambridge Handbook of Intelligence (2. Aufl.). Cambridge University Press. https://doi.org/10.1017/9781108770422

Stewart, N. (2009). The cost of anchoring on credit-card minimum repayments. Psychological Science, 20(1), 39–41. https://doi.org/10.1111/j.1467-9280.2008.02255.x

Strathman, A., Gleicher, F., Boninger, D. S., & Edwards, C. S. (1994). The consideration of future consequences: Weighing immediate and distant outcomes of behavior. Journal of Personality and Social Psychology, 66(4), 742–752. https://doi.org/10.1037/0022-3514.66.4.742

Sundali, J., & Croson, R. (2006). Biases in casino betting: The hot hand and the gambler‹s fallacy. Judgment and Decision Making, 1(1), 1–12.

Sunstein, C. R. (2002). Risk and reason: Safety, law, and the environment. Cambridge University Press.

Thaler, R. H. (1992). The winner‹s curse: Paradoxes and anomalies of economic life. Princeton University Press.

Thaler, R. H., & Benartzi, S. (2004). Save More TomorrowTM: Using Behavioral Economics to Increase Employee Saving. Journal of Political Economy, 112(S1), S164–S187. https://doi.org/10.1086/380085

Toplak, M. E., Liu, E., Macpherson, R., Toneatto, T., & Stanovich, K. E. (2007b). The reasoning skills and thinking dispositions of problem gamblers: A dual-process taxonomy. Journal of Behavioral Decision Making, 20(2), 103–124. https://doi.org/10.1002/bdm.544

Toplak, M. E., Sorge, G. B., Benoit, A., West, R. F., & Stanovich, K. E. (2010). Decision-making and cognitive abilities: A review of associations between Iowa Gambling Task performance, executive functions, and intelligence. Clinical Psychology Review, 30(5), 562–581. https://doi.org/10.1016/j.cpr.2010.04.002

Toplak, M. E., West, R. F., & Stanovich, K. E. (2014). Assessing miserly information processing: An expansion of the Cognitive Reflection Test. Thinking & Reasoning, 20(2), 147–168. https://doi.org/10.1080/13546783.2013.844729

Toplak, M. E., West, R. F., & Stanovich, K. E. (2017). Real-World Correlates of Performance on Heuristics and Biases Tasks in a Community Sample: Heuristics and Biases Tasks and Outcomes. Journal of Behavioral Decision Making, 30(2), 541–554. https://doi.org/10.1002/bdm.1973

Toplak, M., Liu, E., Macpherson, R., Toneatto, T., & Stanovich, K. (2007). The reasoning skills and thinking dispositions of problem gamblers: A dual-process taxonomy. Journal of Behavioral Decision Making, 20, 103–124. https://doi.org/10.1002/bdm.544

Trepel, M. (2009). Neuroanatomie: Struktur und Funktion ; [mit dem Plus im Web] (4., neu bearb. Aufl., [Nachdr.]). Elsevier, Urban & Fischer.

Tversky, A., & Kahneman, D. (1971). Belief in the law of small numbers. Psychological Bulletin, 76(2), 105–110. https://doi.org/10.1037/h0031322

Tversky, A., & Kahneman, D. (1974). Judgment under Uncertainty: Heuristics and Biases. Science, 185(4157), 1124–1131. https://doi.org/10.1126/science.185.4157.1124

Tversky, A., & Kahneman, D. (1981). The Framing of Decisions and the Psychology of Choice. Science, 211(4481), 453–458. https://doi.org/10.1126/science.7455683

Tversky, A., & Kahneman, D. (1983). Extensional versus intuitive reasoning: The conjunction fallacy in probability judgment. Psychological Review, 90(4), 293–315. https://doi.org/10.1037/0033-295X.90.4.293

Wadman, M. (2021). The nature (and nurture) of IQ The Orphans of Davenport Marilyn Brookwood Liveright, 2021. 352 pp. Science, 373(6554), 498–498. https://doi.org/10.1126/science.abj6806

Wagenaar, W. A. (1988). Paradoxes of gambling behaviour: Bd. (6). L. Erlbaum Associates.

West, R. F., Meserve, R. J., & Stanovich, K. E. (2012). Cognitive sophistication does not attenuate the bias blind spot. Journal of Personality and Social Psychology, 103(3), 506–519. https://doi.org/10.1037/a0028857

Wood, J. M., Nezworski, M. T., & Lilienfeld, S. O. (2011). What‹s Wrong With The Rorschach: Science Confronts the Controversial Inkblo.: Bd. (16). John Wiley & Sons.

Wu, A., & Weseley, A. J. (2013). The effects of statistical format and population specificity on adolescent perceptions of cell phone use while driving. Current Psychology: A Journal for Diverse Perspectives on Diverse Psychological Issues, 32(1), 32–43. https://doi.org/10.1007/s12144-012-9161-2

Xu, J., & Harvey, N. (2014). Carry on winning: The gamblers‹ fallacy creates hot hand effects in online gambling. Cognition, 131, 173–180. https://doi.org/10.1016/j.cognition.2014.01.002

Yamagishi, K. (1997). When a 12.86% mortality is more dangerous than 24.14%: Implications for risk communication. Applied Cognitive Psychology, 11(6), 495–506. https://doi.org/10.1002/(SICI)1099-0720(199712)11:6<495::AID-ACP481>3.0.CO;2-J

Index: Namen- und Sachregister

A

abergläubisches Denken 111, 392, 403–405, 463
Acquiescence Bias 306
Agreement Bias 306
Alexithymie 418, 435, 437–438, 439, 465
Algorithmus 49, 210
Allostase 197–198, 215, 217, 219
Alltagssprache 21, 36–37, 296
Alternativhypothese 31, 139, 274, 457
Amygdala 437
anchoring 327, 338, 344, 353–357, 445, 460, 483
  Anker-Effekt 460
anti-wissenschaftlich 111, 392, 407, 409
AOT 52–53, 418, 422–423, 425–427, 465
Actively Open minded Thinking 52
Arbeitsgedächtnis 25, 128–129, 174–177, 197–198, 218, 419, 447–448
Architektur 36, 45, 47, 72, 86, 190, 204
  Denkarchitektur 56, 86, 89
Association for Psychological Science 16, 214, 479
Automatizität 40, 65, 90–91
Axon 166, 168, 171

B

Bagby, R. M. 438, 472
Barbas, H. 187, 190
Bären-Club 265, 267–272
Baron, J. 364–365, 426, 466, 472
Barrett, L. F. 16, 122, 153, 157–158, 162, 169–170, 172, 180–182, 187, 190–191, 200, 206, 215, 217, 219–220, 472–474, 478
Berger, H. 163
Bewertung von Risiken 372, 389, 391, 461
Bewusstsein 36–37, 150, 156–157, 180, 183, 196, 206, 212–213, 218, 397, 444, 447
bias blind spot 452, 480, 485
  blinder Fleck der Voreingenommenheit 452
Black Box 74, 122
Bortz, J. 57, 234–235, 473
Boyd, R. 72, 481
Brodmann, K. 185, 187
Bunge, M. 16, 117, 165, 212, 219, 222, 474–475

C

Cajal, R. y. 121, 185
CART 7, 8–10, 13–14, 58–59, 106, 108–113, 130–131, 225–229, 233, 238, 250, 252, 257, 263, 283, 286, 290, 301, 305, 315, 319, 323, 327, 345–346, 356, 366, 370, 371, 373, 376, 382, 386, 393, 404, 409, 414, 416, 419–421, 426, 429, 433, 437–438, 444, 446, 453–454, 467–468, 483

CEN 174–175, 197–198
Central Executive Network 173–175, 177, 197–198, 448
CFC 52, 54, 418, 431, 433
Consideration of Future Consequences 52, 54, 418, 431, 433, 477, 483
Cheat-Sheet 15, 448
Clark, A. 86, 181, 474
Coaching 444–445
coachen 9, 13, 446
cognitive miser 42, 72, 123, 146
Geiz 7, 63
Geizkragen 42
schlampig 72, 78–79, 106, 283, 306, 345, 350, 354–355, 371, 373, 400
Computer 36, 201, 207–214, 472, 478–479
Elektronengehirn 208, 212
Cortex 14, 151, 156, 169–170, 178, 183–188, 190, 193, 197, 200–201, 205, 207–209, 212, 217–218, 437–438
agranulär 187, 190, 217–218
granulär 186–187, 190, 200, 217–218
limbisch 178, 183–185, 187–188, 193, 197, 200–201, 206, 208
Präfrontal-Cortex 178
supragranulär 190
CRT 126, 286, 290
Cognitive Reflection Test 126, 286, 484
Reflektions-Test 286

D

Damasio, A. R. 437–438, 474
De-Generation 155, 169
Deliberative Thinking 418, 427, 429
Denkdispositionen 7, 52, 56–60, 64, 82, 111–112, 226, 418–421
Denkfehler 31, 39, 105–109, 252, 283, 323, 345, 390
Denkprozesse 36, 38–40, 46, 49, 112, 120, 139, 142, 146, 150, 172, 178, 213, 218, 283, 306, 314, 345, 354, 380
Descartes, R. 124, 474
Detektion 7, 94–95, 100, 103–104, 115, 125, 142, 161, 172, 175, 178, 197, 204–207, 215, 238, 243, 263, 448
Konflikterkennung 93–95, 97–98, 100–101, 107, 113, 115, 126, 145
disjunktivistisch 282, 293–295, 297, 299
DMN 163–165, 173–175, 197
Default Modus Network 163–164
Droste, H. W. 39, 83, 124, 127, 165–166, 180, 219, 222, 397, 402, 475
Dual-Prozess 38, 44, 86, 91
Zwei-Prozess 38–39, 44–45, 59, 125–126, 193, 196, 204
dysfunktionale persönliche Überzeugungen 111, 392, 416

E

EEG 163
Entkopplung 44, 47, 56, 64, 75–78, 80, 94–95, 104, 106, 126–127, 143,

145, 172, 177–178, 301, 306, 373, 447
Entscheidungsfindung 22–23, 40, 169, 174–175, 233, 327, 332, 344, 362, 382, 390, 429, 437–438, 453
Epstein, S. 314–315, 466, 474–475
Ergebnisverzerrung 362, 364
Evans, J. St. B. T. 30, 38, 41–42, 44, 69–70, 134, 475, 482
Evolution 46, 71–72, 75, 87, 134–137, 156, 196, 213–214, 221, 327, 337, 354, 380, 390, 458, 476–477, 481
biologische Evolution 134, 137, 327, 337
sozial-kulturelle Evolution 134, 221
Exterozeption 217
exterozeptiv 216

F

faculty psychology 162, 178
Fähigkeiten-Psychologie 162
Falsifikation 71, 262, 277–280, 281
Fehler-Alarm 182, 188
Finanzkompetenz 372, 379, 381–383
fMRT 164
Ford Explorer-Problem 321
Framework 7, 38, 85–86, 92, 123, 130, 134, 482
framing 327, 338, 344, 347–351, 354–355, 445, 460, 481, 485
Rahmungseffekt 344, 348, 362
Frankish, K. 38, 44, 475, 482
Frederick, S. 126, 286, 289–291, 467, 476

G

Gall, F. J. 162
Galton, F. 128
Gedächtnis 24, 108, 120, 122, 130, 169, 172–173, 177, 220, 390, 457
Gefühlsblindheit 418, 435, 437–438, 439, 465
Gegenhypothese 262, 265–267, 269–272, 274, 457
Gehirn 7, 14, 25, 36, 38–39, 46, 48–49, 56, 59, 72, 86–87, 105, 117, 120–122, 124, 129–130, 136, 150–159, 162–166, 168–174, 177–178, 180–182, 185, 187–188, 192–193, 195, 198, 201, 205–209, 211–221, 318, 355, 390, 402, 437, 445, 474
Gehirnhälfte 177, 437
Geist 36–37, 117, 124, 162, 214–215
Gewissenhaftigkeit 58, 158–159
Gigerenzer, G. 453, 466, 476
Glückssträhne 246, 255
Goldstein, D. G. 453, 476
Google 37, 210
Gopnik, A. 208–212, 476
Grübeln 59, 421
Grundgesamtheit 232, 237–239, 242, 385
base rate neclect 238

H

Handlungsbezugsrahmen 135
Hershey, J. C. 364, 472
heuristics & biases 9, 12, 38, 109, 125–126, 204, 233, 327, 338, 444–445, 453, 467

heuristics and biases 29, 31, 37, 39–40, 65, 102, 114, 478, 484
Hierarchie 82, 187–188, 199–200, 208
Hirn-Subsysteme 121–122, 124, 164–165, 171
Hofer, B. K. 10, 481
Homunkulus 123–124
Hsee, C. K. 361, 366, 477
Hull, D. L. 72, 477
Hunt, E. B. 128–130, 222, 477

I

Inferenz 181, 190, 192
Inseln falscher Überzeugungen 400–401
Intelligenz
Cattell-Horn-Carroll (CHC)-Theorie 23–24
(CHC)-Theorie 23–24
Cattell 23–24, 87, 474, 481
flüssige Intelligenz 24, 47, 60, 87, 177, 447
fluide Intelligenz 24, 47, 64, 174, 420, 447
hochintelligent 9, 58, 326, 401–402, 446
Intelligenztest 8, 20, 22–23, 25, 27, 32, 45–47, 52, 57, 60, 88, 92–93, 129, 304–305, 447–449
Intelligenz-Konzept 8
IQ 8, 20, 23, 25, 45–48, 52, 56, 88, 93, 326, 396, 419–420, 447–448, 452, 467, 475, 480, 482–483, 485
Kognitive Kompetenz 8, 20, 26, 28, 128, 325, 401, 419–420
kristallisierte Intelligenz 24, 87–88
Interozeption 159, 215–217
interozeptiv 159, 185, 216–217, 219
intrinsisch 153–155, 162, 178, 192, 196, 198, 216, 400
intuitiv 64, 92–95, 97–98, 100, 103–104, 106–107, 111, 125, 145, 152–153, 177, 195, 204, 234, 263, 282–283, 285–289, 291, 295, 301, 306, 314, 318–319, 345, 370, 373, 376, 380, 429, 463, 467, 474, 478, 485

K

Kahneman, D. 11–12, 31–32, 39, 42, 73, 81, 108, 126, 250, 256, 287, 327, 338, 345, 348, 350, 354, 363, 380, 390, 446, 466, 478, 484–485
Kak, S. 212–213, 478
Kandel, E. R. 120–122
Kaskaden 200
Keith E. Stanovich und sein Team
Stanovich, K. E. 8–9, 12–15, 20, 22–28, 30–32, 38–51, 53, 55–56, 58–61, 64–66, 69–70, 72–73, 78, 81, 86–96, 98–103, 105–109, 111–115, 120, 123–127, 130, 134–137, 139–140, 142–143, 146, 193, 196, 204, 214–215, 220, 227–228, 233–234, 237–238, 240–242, 245–247, 249–250, 252, 255–257, 259–260, 261, 263, 265–266, 269, 271, 273–274, 278–279, 283, 285–286, 288, 290, 293–295, 301, 303–307, 313–315, 317–319, 322–323, 325, 327–329, 331, 333, 338, 342, 345, 347–348, 350, 353–356, 362, 366, 369–370,

373, 375–376, 379–381, 385–386, 389–390, 393–397, 400–404, 408–409, 412–416, 419–421, 425–426, 428, 432–433, 436–438, 444–448, 452–453, 467–468, 475, 481–485

Toplak, M. E. 20, 22–23, 26–27, 30, 32, 38–41, 43–45, 47–48, 50–51, 58, 61, 69, 72–73, 86, 88, 90, 92, 94, 96, 99, 101–102, 105, 108, 113–114, 125, 134, 233–234, 237–238, 241, 245–246, 249–250, 255–256, 259–260, 263, 265–266, 273, 278, 283, 285, 293, 295, 301, 304–306, 313–314, 317–318, 347–348, 353–355, 362, 366, 369–370, 373, 375, 379–381, 385, 389–390, 393–394, 400, 403–404, 408, 412–413, 415–416, 419–420, 425, 428, 432, 436, 447–448, 466, 481–484

West, R. F. 12, 20, 43, 66, 134, 322–323, 327, 359, 426, 448, 452, 481–485

Kitayama, S. 214, 478

Kognition

serielle assoziative Kognition 65, 72–73, 79, 81, 89, 106–107, 283, 345, 350, 354, 356, 460

Kognitionswissenschaft 25–27, 31, 44, 49, 66, 105, 400

kognitive Stile 7, 52, 59, 226, 418–419, 421

Konstrukt 24, 32, 180, 376, 420–421, 433, 447, 453

Konstruktion 7, 47, 85, 130, 155–157, 173, 180, 188, 206, 208, 315

Konstruktivismus 180–181

Kontexteffekte 344, 359, 361–363, 365, 367

Kontroll–Wechsel 78, 82

Kontrollgruppe 262–263, 273–275, 396, 404, 433, 457–459, 463, 465

Krankenhaus 256–257

Krönke, K.-M. 174

L

Laien 13, 22, 178, 449

Lehnstuhl–Gelehrte 158

Leine 135–136, 196, 213

kurze Leine 135–136

lange Leine 136, 196

Lewin, K. 9, 444

Lin, D. 452, 480

Linda-Problem 211, 250–252

Logik 67–68, 71, 109, 241, 251, 296, 307–308, 461, 480

Konditional 67–68

logisch 67–69, 71, 126, 303–307, 311, 449

Wahrheitswert 42, 67–68

Lynch, P. J. (medical illustrator) 150–152, 154, 175–176, 182, 184, 189, 437

M

Manktelow, K. I. 30, 66, 475, 479, 483

Mechanismen 7, 10, 14, 38, 46–49, 58, 92, 105, 117, 120–124, 127–128, 151, 156, 159, 161, 163, 165–166, 170,

178, 180, 182, 184, 190, 193, 195, 197, 205, 207–208, 216–217, 362, 366, 390, 414, 419–421, 454
neuronale Mechanismen 38, 128, 195
Meeresklippe 48
Mesulam, M. M. 187
Mind
algorithmic mind 38
algorithmisch 40, 42, 49–52, 56–57, 59–60, 64, 75, 87–88, 92, 94, 123, 125, 139–140, 145, 177, 210–211, 261, 420, 447, 467
autonomous mind 38, 482
autonom 7, 40–41, 43–44, 46, 59–60, 64–65, 70, 72–76, 86–87, 89–92, 94, 97–98, 100–101, 103–104, 106, 115, 123, 136–137, 139–140, 142, 144, 195, 226, 243, 261, 263, 282–283, 288, 290, 295, 301, 306, 319, 345, 370, 373, 376, 380, 437–438, 458
reflective mind 38, 482
reflektierend 49–52, 56–60, 64, 73, 75–78, 80–81, 87–88, 93, 97, 123, 140, 142–143, 172, 177, 193, 196, 218, 263, 327, 338, 345, 373, 420, 427, 445, 447
Mindware 7, 63, 86–92, 94–101, 103–108, 111–113, 115, 125–127, 135–137, 144–146, 192, 198, 200, 204, 207–209, 211–215, 220–221, 226, 263, 283, 289, 319, 345, 372–373, 376, 390, 392–393, 395–403, 409, 413, 416, 444, 461, 463, 474
kontaminierte Mindware 7, 107–108, 111, 226, 390, 392–393, 395, 397, 399, 401–403, 416, 444, 463
Modell 7, 26, 32, 35, 43–45, 56, 58–59, 61, 64, 71–73, 81, 87–90, 109–110, 120, 122–123, 127, 174, 177, 180–181, 190, 193, 195–197, 211, 214–215, 217, 324, 327, 333, 338, 346, 420, 474–475
bottom-up 188, 200
EPIC 16, 122, 153, 157–158, 162, 169–170, 172, 180–182, 187, 190–191, 200, 206, 215, 217, 219–220, 472–474, 478
top-down 181, 188
Molaison, H. M. 129
Motion Compression 200
Murmelspiel 313–315
myside bias 228, 300, 321, 323, 325, 327–339, 341, 343, 404, 459, 475
Myside-Verzerrung 323, 327–329, 331–332, 338

N

Naturzustand 135
Need for Closure 52, 55, 426
Need for Cognition 52, 54, 58, 473–474
Nemiah, J. C. 438, 480
Netzwerk-Organisation 170
Neuron 121–124, 127, 153–157, 165–166, 168–173, 185–187, 190, 192, 198, 200–201, 205–206, 208
Neuron-Kommunikation 166
Prädiktions-Neuron 190
Neurotransmitter 121, 168, 170

Neurowissenschaft 7, 9, 13–16, 37, 39, 117, 119–125, 127–128, 130, 134, 150–152, 155, 159, 162–163, 165–166, 172–175, 178, 180–181, 192–193, 195–198, 204–205, 212, 215–216, 219–220, 437, 444, 447
Maximierung 29, 112, 140, 142, 260, 420–421, 458

O

Opportunitätskosten 394, 461
Orwell, G. 402, 480
Override 41–44, 59–60, 64, 75–76, 88, 94–95, 97, 100–101, 103–107, 113, 115, 125, 127, 142–143, 145, 172, 177, 205, 215, 218, 238, 243, 283, 301, 306, 318–319, 345, 468, 476
  Überschreiben 7, 41, 59–60, 75, 77, 88, 95, 97, 100, 103–104, 106, 113, 125, 127, 142, 144, 172, 178, 204, 226, 300–301, 314–315, 459, 468

P

Pandemie 10, 20, 327, 330, 338–339, 395, 446
Perkins, D. N. 86, 480
PET 164
Philosophie
  Epistemologie 29
  Geisteswissenschaftler 27, 158
  Homo sapiens 26–27, 212, 283, 354
  Kant, I. 219, 475
  Leib-Seele-Problem 16
  Realismus 180–181
  Sensualismus 180
  Wissenschaftstheorie 37
Phrenologie 162
Pinker, S. 32, 480
Popper, K. R. 124
Postman, N. 109
präattentiv 44, 64, 74–75
prädiktiv 181–184, 187–188, 190, 193, 197, 200, 206, 212–213, 217, 219
Präzisions-Zelle 190
Priming 86, 98, 283
Pronin, E. 452, 480
Prozessierung 38, 41, 65, 69–71, 93, 95, 97–98, 100–101, 105–107, 112–113, 115, 123, 125–126, 131, 137, 150, 178, 198, 204, 229, 261, 283, 290, 301, 345, 350, 376, 380–382, 401, 438, 453
Prozessierungs- und Wissens-Raum 112, 131, 453
Psychometrik 51, 419, 444

Q

Quine, W. V. O. 67, 296, 307, 480
Quoten-Verzerrung 300, 313–315, 317–318
  ratio bias 314–315, 318–319, 459, 480

R

Raichle, M. E. 163–165, 173
Rationalität
  epistemische Rationalität 29
  instrumentelle Rationalität 29–30
  Rationalitäts-Konzept 8
  Rationalitäts-Quotient 4, 8, 11–15, 39, 49, 113

Rechenleistung 87, 105
Regression zum Mittelwert 232, 255, 257
regression to the mean 256
Richerson, P. I. 72, 481
Ross, L. 452, 480

S

Schacter, D. L. 172–174, 177
Schnelles Denken, langsames Denken 11–12, 31–32, 39, 42, 73, 81, 108, 126, 250, 256, 287, 327, 338, 345, 348, 350, 354, 363, 380, 390, 446, 466, 478, 484–485
Siehe auch Kahneman, D.
Selbstkontrolle 172, 174, 437
Selbstüberschätzung 344, 370, 460
Sicherheitseffekt 362–363
Sifneos, P. E. 438, 480
Simmons, W. K. 181–182, 187, 191, 215, 473, 478
Simulation 7, 44, 47, 56, 60, 64–66, 70–71, 73, 75–78, 80–81, 87–90, 97–98, 104, 106–107, 125, 140, 143–146, 157–159, 161, 164, 170–173, 177–178, 180–181, 192–193, 195–198, 205–207, 212–216, 218, 220–221, 345, 448
Sinatra, G. E. 10, 466, 481
Skinner, B. F. 121
SN
Salience Network 177–178, 197, 218, 448
Salienz–Netzwerk 174–175
Sozialisation 24, 28, 135, 327, 337
Spielautomat 245
Spielkarten 259, 261, 446
Squire, L. R. 212–213
Standardmodus–Netzwerk 164, 174.
Siehe auch DMN
Statistik 7, 13, 28, 57–58, 88, 128, 210–211, 226, 228, 232–233, 235, 237, 240, 252, 257, 263, 289, 315, 325, 355, 373, 376, 396, 420, 445, 456, 473
Stimulus–Response 195, 205
Response 43–44, 49, 59–60, 64–65, 70, 72, 74–78, 80, 86–87, 89–91, 93–95, 97–98, 100–101, 103–104, 106–107, 111, 115, 121–122, 125–127, 139, 142–145, 195, 205, 260, 261, 263, 283, 295, 301, 314, 318–319, 345, 373, 376, 380, 420, 438
Stimulus 44, 74–75, 106, 121–122, 137, 140, 195, 205, 318, 380
Subcortex 151
Substitution 42, 380
Subtest 7, 112, 130, 226–229, 233–234, 238, 252, 263, 268, 283, 289–290, 301, 345–346, 362, 366, 373, 376, 386, 393, 397, 404, 409, 414, 416, 419–420, 438
Syllogismen 304–308, 327, 330
Syllogismus 304–307, 309–311
Synapsen 121, 168, 181
System 11–12, 39, 49, 165–166, 170–171, 211, 217, 286, 327, 338, 396, 398, 478
Subsystem 164
Systembegriff 39, 165–166

T

Taxiunternehmen 237, 239
Testkategorie 130–131, 227–229
Thalamus 183–184, 192
Therapie 235–236, 273, 395, 457, 463
»Think-Aloud«-Protokoll 70
Trainings-Effekt 445
Trichotomisches Modell 56
Triple-Network-Modell 174, 177, 196
Trugschluss des Spielers 246–247
Turing, A. 213
Tversky, A. 11–12, 31–32, 39, 250, 256, 348, 350, 354, 363, 390, 466, 478, 484–485
Typ 1 39–47, 50, 56, 59, 64–65, 70, 72, 86–87, 89, 92–93, 95, 97–98, 100–101, 104–106, 111, 115, 123, 125–127, 137, 139, 142, 145, 204, 261, 283, 286, 288, 301, 314–315, 323, 345, 380–382
  Typ 1-Denkprozess 39, 46
Typ 2 40–45, 47–48, 50, 56, 64–65, 69–71, 73, 81, 86, 89, 91–93, 97–98, 100, 106, 111, 123, 126–127, 142, 146, 177, 218, 261, 283, 286, 301, 306, 315, 345, 380–381, 438
  Typ 2-Denkprozess 283, 306, 345

U

Überlernen 89, 146
Überzeugungs-Verzerrung 300, 303–305, 307, 309, 311, 318
  belief bias 304, 314, 323, 459
Umgebung 23–24, 39–42, 46, 92, 136–137, 139, 155, 165–166, 181–182, 205, 208–209, 213–215, 218–221, 348, 380–381, 390, 416, 467
  feindliche Umgebung 41, 136–137, 139, 381, 467
  günstige Umgebung 41
  gutartige Umgebung 92, 380, 467
  hilfreiche Umgebung 41
Unterlassungseffekt 365

V

Verdrahtung 166, 169
  verdrahtet 214
Verhaltensbiologie 74
Verifikation 71, 280
Verknüpfungsfehlschluss 232, 249–251, 253
  conjunction fallacy 250, 485
Vernachlässigung der Falsifikation 262, 277–279, 281
Vernunft 9, 22, 26, 28, 117, 130, 162, 211–212, 219, 401, 449
Verschwörung 392, 411–414, 463
Vier-Karten 66, 69, 75, 93, 107, 278, 280, 345, 446
Vorhersagefehler 157–158, 182–184, 188, 190, 192–193, 196–198, 201, 206–208, 216
Vorhersageschleife 157, 206

W

Wahlmöglichkeiten 372, 385–387
Wahrscheinlichkeit 8, 13, 15, 29–32, 44, 58, 73, 86, 95, 100–101, 105, 107–108, 111, 139–140, 143–144, 146, 150, 155, 181, 190, 197–198, 205, 221, 228, 233–243, 246–247,

249–253, 258, 260, 261, 265–267, 269–272, 274–275, 315, 317, 319, 324–325, 327, 329–330, 336, 349–350, 363–365, 369–370, 372–373, 375–377, 389–390, 391, 396, 411, 421, 423, 427, 431, 435, 444, 446, 454, 456–458, 460–461

mit Wahrscheinlichkeiten zu rechnen 376

probabilistisch 7, 107–108, 226, 232–238, 240–241, 246, 250, 252, 263, 373, 376, 390, 420–421, 449, 456, 461

Wahrscheinlichkeitsanpassung 232, 259–260, 261

probability matching 260

Wason, P. C. 66, 69, 75, 93, 107, 278, 280, 345, 446

Watson, J. 121

Weltmodell 70, 180, 209

Weniger-ist-mehr-Effekt 366–367

Wirtschaftswissen 372, 379–380, 461–462

Wissen 7, 10, 24, 29, 32, 41–42, 53, 56, 86–88, 101–105, 107–108, 111–113, 115, 121–122, 125, 128–129, 131, 135, 137, 140, 146, 150, 158, 162, 180, 182, 204, 206–207, 210–212, 215, 218, 222, 226, 229, 233, 240–241, 252, 256–257, 263, 289, 295, 323, 327, 338–341, 344, 356, 370, 372–373, 376, 382, 390, 393–394, 397–402, 404, 409, 426, 449, 453, 460, 462, 467–468

Wissens- und Mindware-Lücken 7, 226, 372–373

Wissenslücken 111, 370

Wissens-Kalibrierung 344, 370

Wissenschaftliches Urteilen 7, 226, 262–263, 373, 457

Würfelwurf 234–235, 261

WYSIATI (What you see is all there is) 73, 81, 345

Y

Yamagishi, K. 366, 485

Youtube 201

Z

zeitliche Diskontierung 319

Problem der zeitlichen Diskontierung 300, 318

zentralen exekutiven Netzwerk 174. *Siehe auch CEN*

Zielerreichung 13, 49, 135, 233, 393

Für Ihre Notizen: